개정판

경찰행정법

이 철 호

도서출판 대영문화사

개정판 머리말

법(률)이라는 것이 수시로 바뀌는 특성을 가지고 있는 바, 매년 바뀐 내용을 책에 신속하게 반영하는 것이 집필자의 자세이며 독자들에 대한 의무라고 생각한다. 필자의 게으름으로 인해 개정판 작업이 늦어졌다.

경찰행정법 개정 작업을 하면서 염두에 둔 부분은 (1) 가능한 한 책의 분량을 최소화한다는 점이었다. 그러면서도 2012년 12월까지 최신 법령을 반영하여 대폭적으로 본문을 개고(改稿)했다. (2) 경찰행정법 내용과 관련한 판례를 최대한 반영했고, 최근 학계의 연구 업적을 반영하고자 노력했다. (3) 초판에서 떨어졌던 가독성을 보완하기 위해 소목차를 달아 가능한 한 본문의 내용을 세분화하여 기술했다. 끝으로 (4) 행정법의 관련 지식을 각주(脚註)에 처리하여 책을 읽는 독자들로 하여금 편리하게끔 시도했다.

우거(寓居) 문향재(文香齋) 좁은 책방과 연구실에서 법령을 검토하여 본문에 반영하고, 본문을 수정 가필하는 일이 그리 녹록치 않은 작업이었다. 도중에 개정 작업을 포기하고 싶은 때도 있었지만 수도승(修道僧)의 자세로 임했다.

이번 개정 작업을 끝내고 보니, 또 부족함과 아쉬움이 많다. 앞으로 개정판을 낼 때마다 내용을 더욱 풍부하게 할 것이며, 집필자로서의 의무를 태만히 하지 않을 것을 약속드린다.

실천 지성의 전형(典型)이신 은사 한상범(韓相範) 선생님의 가르침을 항상 가슴속에 새기며, 선방(禪房)의 수도승처럼 좌선(坐禪)하는 자세로 학교 연구실과 우거(寓居) 서재를 지켜야겠다.

끝으로 개정판 작업을 인내로써 기다려 준 대영문화사 임춘환 사장님을 비롯한 임직원께 거듭 감사드린다.

2013년 1월

우거 문향재(文香齋)에서

이철호

차 례

제 1 장 경찰행정법 서론

제 1 절 경찰행정법의 개념과 내용

1 경찰행정과 경찰행정법의 개념

종래에는 경찰의 임무에 속하던 기능이 오늘날에는 경찰의 기능에서 제외되는 등 경찰작용의 영역은 점점 축소되어 가는 경향에 있다. 그러나 개인과 공동체를 위험으로부터 보호하는 것은 아무리 경찰의 기능이 축소되더라도 질서와 평화의 보호 주체로서 국가의 가장 본질적인 내용을 구성할 수밖에 없으며, 더욱이 과학기술의 발달에 따라 새로운 위험이 계속 증가하고 있으므로 경찰작용의 중요성을 부인할 수는 없는 것이 현실이다.[1)]

경찰행정은 국민의 자유와 권리의 보호 및 사회 공공의 안전과 질서 유지를 목적으로 하는 행정작용을 말한다(경찰관직무집행법 제1조, 제2조 참조). 이러한 경찰행정은 어떤 국가에서도 필수적이고 기본적인 국가작용의 하나를 이루며, 연혁적으로도 오랜 역사성을 가지고 있다.[2)]

1) 박상희 · 서정범, 『경찰작용법제의 개선 방안』, 한국법제연구원(1996), 11면.

한편, 경찰행정법의 개념에 대해 학자에 따라서는 "실질적 의미의 경찰 개념에 기초해 위해 방지에 관한 국가작용의 내용, 범위 및 형식에 관한 성문 및 불문의 법체계를 의미한다"[3]고 정의하기도 한다.

일반적으로 경찰행정법의 개념은 경찰행정작용과 관련한 사항을 규율하는 모든 법을 의미한다고 할 수 있다. 다시 말해서, 경찰조직에 관한 사항, 경찰공무원에 관한 사항, 경찰작용에 관해 규정하고 있는 일체의 법규를 총칭하는 법이라고 정의할 수 있다.

2 경찰행정법의 내용

경찰행정법의 내용은 크게 경찰조직법, 경찰공무원법, 경찰작용법으로 구성된다.[4]

경찰조직법은 경찰 업무를 집행하는 행정기관의 구성, 관할, 경찰관청 상호간의 관계, 경찰행정의 감독 등을 규율하는 법규를 의미한다. 이러한 경찰조직법으로는 정부조직법, 경찰법, 경찰공무원법, 해양경찰설치법, 전투경찰대설치법, 경찰대학설치법 등이 있다.

경찰공무원법은 경찰공무원의 법적 지위, 경찰공무원 관계의 발생·변경·소멸 등을 규율하는 법으로 경찰공무원법, 경찰공무원임용령, 경찰공무원의 복무규정, 경찰공무원징계령 등이 있다.

경찰작용법은 경찰행정의 내용을 규율하는 법규로서, 경찰행정상의 법률관계의 성립, 변경, 소멸에 관련된 모든 법규를 말한다. 다시 말해, 경찰의 직무, 경찰권 발동의 근거와 한계, 경찰책임, 경찰행정의 여러 유형, 경찰상 처분의 법적 효력, 경찰강제 등을 규정하고 있다. 경찰작용법은 크게 '경찰작용 관련 개별법'과 '개별법상의 경찰 관련 규정'으로 나누어 살펴보아야 한다.

---

2) 한견우, 『행정법(Ⅱ)』, 홍문사(1996), 260면.
3) 류지태, 『행정법신론』, 신영사(2006), 749면.
4) 이기우, 경찰작용법의 체계, 『수사연구』(1990. 2), 92면.

'경찰작용 관련 개별법'이란 경찰관직무집행법 이외에 직접 경찰이 관할권을 가지고 경찰작용을 행하는 근거가 되는 법을 말한다. 경찰 관련 개별법으로는 경찰관직무응원법, 청원경찰법, 총포·도검·화약류단속법, 경비업법, 수난구호법, 도로교통법, 풍속영업의 규제에 관한 법률, 집회 및 시위에 관한 법률 등이 있다.

'개별법상의 경찰 관련 규정'은 '협의의 행정경찰 개념'과 '실질적 의미의 경찰 개념'에 포함되는 것으로 경찰 목적이 개별법상의 특별수권에 의해 경찰이 아닌 일반행정청에 의해 이루어지는 경찰작용을 의미한다.

이러한 경우에는 공공의 안녕과 질서를 위한 위험 방지라는 일반적인 경찰 목적 이외에 영업, 건강, 환경 보호, 교통 등 특별한 행정 목적을 위한 경찰 기능이 주목적이다. 경찰 목적이 이러한 개별법에 의해 규율되는 경우에는 일반경찰법의 규정이 적용되지 아니한다.[5]

개별법상의 경찰 관련 법률을 개관해 보면, 보건 및 위생경찰과 관련한 법률로는 공중위생법, 식품위생법, 전염병예방법, 검역법, 의료법, 약사법, 혈액관리법 등이 있다.

영업 경찰 분야와 관계되는 법률에는 풍속영업의 규제에 관한 법률, 공중위생법, 식품위생법, 수산업법, 관광진흥법, 영화법, 공연법, 주세법, 음반 및 비디오물에 관한 법률, 문화재보호법 등 수많은 법률이 존재한다.

또한, 환경과 관련한 경찰 관련 법률로는 자연환경보전법, 소음·진동규제법, 폐기물관리법, 대기환경보전법, 해양오염방지법, 유해화학물질관리법 등이 있다.

건축 관련 경찰작용법으로는 건축법이 있고, 외국인 등에 관련한 경찰작용 법률에는 해외이주법과 출입국관리법이 있다.

교통경찰작용과 관련된 법률로는 자동차관리법, 자동차운수사업법, 도로법, 교통안전법, 해운법, 선박법, 항공법, 철도법 등이 있다.

끝으로 재난과 관련한 경찰작용법률에는 민방위기본법, 소방기본법, 자연재해대책법, 재난 및 안전관리기본법, 재해구호법 등이 있다.

---

5) 박상희·서정범, 『경찰작용법제의 개선 방안』, 105면.

3 경찰행정법의 법원

경찰행정법이 실제적으로 어떠한 형태로 존재하느냐 하는 존재 형식을 경찰행정법의 법원(法源)이라고 한다.

경찰행정법의 법원은 성문법원과 불문법원으로 대별할 수 있는데, 국민의 기본권 보장과 관련해 경찰권 발동의 예측 가능성, 법적 안정성 및 업무 수행의 공정성 보장 등의 이유로 성문법주의를 원칙으로 한다.

1) 성문법원

(1) 헌법

헌법에 경찰행정법에 대한 직접적인 명시 규정은 없지만 학자들은 헌법 제37조 제2항에서 질서 유지를 위해 법률에 의해 기본권을 제한할 수 있음을 규정하고 있으므로, 질서 유지를 위한 법, 즉 경찰행정법의 존재를 예정하고 있다고 본다.[6]

(2) 법률

'국회입법의 원칙'과 '법률에 의한 행정 원칙'에 따라 경찰 관련 법률은 경찰행정법의 법원 가운데 가장 중요한 지위를 가진다. 경찰행정법은 크게 일반경찰행정법과 특별경찰행정법으로 구분할 수 있다. 일반경찰행정법은 원래의 행정 목적 그 자체가 독자적으로 위해 방지의 임무를 내용으로 하는 경찰작용에 관한 법이다.[7]

일반경찰행정법에 해당하는 것으로는 경찰법, 경찰공무원법, 전투경찰대설치법, 경찰관직무집행법, 경찰관직무응원법 등을 들 수 있다. 위에 든 일반경찰행정법 중에서도 경찰법은 경찰 관련법 중에서도 가장 기본적인 법이다. 경찰법은 경찰조직이 독립된 청(廳)으로 승격되면서 1991년에 제정된 법이다.

---

6) 류지태, 『행정법신론』, 749면.
7) 류지태, 『행정법신론』, 749면.

그러나 경찰법은 경찰 '조직'의 기본적인 사항을 상세하게 규정하고 있지만, 그 '작용'에 관해서는 구체적인 규정을 거의 두고 있지 않다. 경찰법상 경찰작용에 관한 규정은 제1조의 목적 규정과 제3조의 경찰의 임무, 제4조의 권한 남용의 금지 규정 정도라고 할 수 있다. 또한, 경찰법 제4조의 권한 남용 금지 규정도 경찰권 행사의 한계에 관한 선언적 내용에 그치고 있을 뿐 아니라, 경찰관직무집행법 제1조 제2항의 내용보다 오히려 간단해 경찰권 행사의 한계에 관해서도 큰 의미를 갖는다고 보기는 어렵다. 결국 1991년에 제정된 경찰법은 경찰조직에 관한 기본법으로서 역할은 다하고 있으나 경찰작용법으로서의 기본법이라고 보기는 어려우며 다만 경찰권 행사의 기본적인 원칙과 한계를 규정하고 있을 뿐이라고 보아야 한다.[8]

그러나 우리나라의 경우 국립경찰이 창설되어 40여 년이 지나도록 제3공화국 초기에 이룩된 신분법으로서 경찰공무원법을 제외하고는 경찰조직이나 경찰작용에 관한 단일법이 아직 제정되지 않고 단편적으로 여러 법령에 흩어져 있었다. 이 같은 사실을 감안한다면, 1991년 5월에 제정된 경찰법은 경찰조직을 위한 단일법이란 점과 법제의 정비라는 차원에서도 중요한 의미를 지닌다.[9]

특별경찰행정법은 원래 행정 목적이 경찰작용이 아니나, 당해 행정의 수행에 수반되는 위해 방지의 필요성에 의해 인정되는 법규정을 의미한다.[10] 다시 말해서, 특별경찰행정법은 협의의 행정경찰 개념에 기초하고 있다고 할 수 있다. 특별경찰행정법은 일반경찰행정법에 비해 특별법적 성격을 갖는 것이므로, 당해 행정작용의 수행 과정에서 나타나는 부수적인 위해 방지의 필요성으로 인해 인정되는 경찰 규정들이다. 이러한 경찰 규정들에 의해 포섭되는 구성 요건에 대해서는 일반경찰법상의 근거 규정은 적용되지 않는다.[11] 여기에는 집회 및 시위에 관한 법률, 경범죄처벌법, 총포·도검·화약류 등 단속법, 식품위생법, 공중위생법, 건축법, 산림법, 폐기물관

8) 장영민, 『경찰관직무집행법에 관한 연구』, 한국형사정책연구원(1995), 22-23면.
9) 정진환, 『경찰행정론』, 대영문화사(1998), 22면.
10) 류지태, 『행정법신론』, 749면.
11) 류지태, 『행정법신론』, 783면.

리법, 고물상영업법, 유실물법 등이 해당한다.

(3) 조약 및 국제법규

조약이란 국가 간 또는 국가와 국제기구 간의 문서에 의한 합의를 말하며, 일반적으로 승인된 국제법규란 우리나라가 조약국이 아닌 조약으로서 일반적으로 국제사회에서 그 규범성이 인정된 것과 국제관습법을 말한다. 헌법에 의해 체결・공포된 조약과 일반적으로 승인된 국제법규는 국내법과 동일한 효력을 가지므로(헌법 제6조 제1항), 경찰 업무 사항에 대한 국가 간의 약속이나 국제사회에서 일반적인 구속력을 갖고 있는 국제법규는 경찰행정법의 법원이 된다.

(4) 명령

명령이란 행정권에 의해 제정되는 법규(법형식)를 말하는 바, 우리 헌법 아래서는 원칙적으로 법률 종속적 명령만이 인정되나, 그 예외로서 긴급명령, 긴급재정・경제명령은 법률과 동위의 효력을 가지고 있다(헌법 제75~76조・제95조).

오늘날의 행정은 고도의 전문성・기술성을 띠고 있고, 또한 명령은 법률에 비해 좀 더 신축성이 있으므로, 법률은 대강만을 정하고 그 세부 사항에 관한 규율은 명령에 위임하는 경우가 늘어나게 됨에 따라 행정법의 법원으로서 명령에 대한 중요성이 부각되고 있다.[12]

명령은 법규명령과 행정규칙(행정명령)으로 구분된다. 또한 명령은 법률의 위임 여부에 따라 위임명령과 집행명령 등이 있다. ① 법규명령은 법규(法規)로서 성질을 가진 명령을 의미하고, 행정법의 법원성에 의문이 없다. 대통령령, 총리령 및 부령[13]은 물론 중앙선거관리위원회규칙・감사원규칙[14]・헌법재판소규칙・대법원규칙・국회의사규칙 등도 이에 속한다. ②

12) 김동희, 『행정법(I)』, 박영사(2004), 44면.

13) 실무상 대통령령은 '~시행령'이라 부르고(예: 소방기본법 시행령), 총리령이나 부령은 실무상 '~시행규칙'이라 부른다(예: 소방기본법 시행규칙).

14) 헌법 제75조와 제95조는 대통령령과 총리령・부령 등으로 법규명령으로 규정하고 있어서, 감사원법 제52조가 규정하고 있는 감사원규칙이 법규명령인지가 문제된다. 이는 헌법 해석과 관련된 문제로, 헌법 규정을 엄격히 해석할 경우 감사원규칙은 '행정규칙'으로

행정규칙은 행정조직 내부에서만 효력을 가질 뿐 일반 국민을 구속하는 효력이 없어 법규성(法規性)이 인정되지 않는 명령을 말한다(이설 있음). 행정규칙의 법원성 여부에 대해서는 학설의 대립이 있다. 다수설은 행정규칙도 넓은 의미에서 법의 일종이며 행정사무의 처리 기준으로서 국민의 권리와 자유에 영향을 미치고 있다는 점에서 법원성을 인정하는 반면, 판례는 훈령·예규 등 행정조직 내부의 일반적·추상적 규정인 행정규칙은 국민이나 법원을 구속하는 효력이 없다고 보고 있다.

(5) 자치법규

자치법규는 지방자치단체가 자치입법권에 의해 법령의 범위 안에서 제정하는 자치에 관한 법규를 말한다(헌법 제117조 제1항). 우리나라는 아직 자치경찰을 인정하고 있지 않으므로 경찰에 관한 일반적인 자치법규는 존재하지 않고, 다만 지방자치단체에서 경찰에 대한 예산 지원 등에 관한 사항만 일부 존재한다.

2) 불문법원

(1) 관습법

행정법 분야에서 행정관습법이란 행정 영역에서 장기간에 걸쳐 관행이 반복되고, 그러한 관행이 일반 국민의 법적 확신을 얻어 법규범으로 승인된 것이라 정의할 수 있다. 행정관습법에 대해 법원성을 인정할 것인가에 대해 견해의 대립이 있으나, 성문법의 보충적 효력을 갖는 행정관습법의 법원성을 인정하는 견해가 통설의 입장이다.[15]

보게 될 것이나, 이를 완화하여 예시 규정으로 해석할 경우에는 감사원규칙 역시 법규명령에 해당하고 법원성도 인정된다(다수설).

15) 관습법과 사실인 관습의 차이: 관습법이란 사회의 거듭된 관행으로 생성한 사회생활 규범이 사회의 법적 확신과 인식에 의하여 법적 규범으로 승인·강행되기에 이르는 것을 말하고, 사실인 관습은 사회의 관행에 의하여 발생한 사회생활 규범인 점에서 관습법과 같으나 사회의 법적 확신이나 인식에 의하여 법적 규범으로서 승인된 정도에 이르지 않은 것을 말하는 바, 관습법은 바로 법원으로서 법령과 같은 효력을 갖는 관습으로서 법령에 저촉되지 않는 한 법칙으로서의 효력이 있는 것이며, 이에 반하여 사실인 관습은 법령으로서의 효력이 없는 단순한 관행으로서 법률행위의 당사자의 의사를 보충함에

관습법의 성립 요건에 대해서는 법적 확신설(法的 確信說)과 국가승인설(國家承認說)이 대립한다.[16] ① 법적 확신설은 '관행'(객관적 요건)과 '법적 확신(주관적 요건)'으로 관습법이 성립한다는 견해로 통설의 입장이다. ② 반면, 국가승인설은 '관행'과 '법적 확신' 외에 '국가기관의 승인'이 있어야 관습법으로 성립한다는 견해이다. 물론 관습법은 헌법적 가치 질서와 성문 법령에 위배되어서는 아니 된다.[17]

(가) 관습법의 효력

관습법의 법원으로서의 효력과 관련하여 성문법개폐설과 성문법보충설이 있다. ① 성문법개폐설은 성문법이 있는 분야에서도 관습법이 성립할 수 있고 성문법을 개폐하는 효력까지 갖는다는 견해이다. ② 반면, 성문법보충설은 제정법을 우위로 하는 성문법주의 국가에서 관습법은 성문의 법규를 보완하는 보충적 효력만을 가진다는 견해이다(통설). 판례 역시 가정의례준칙 제13조와 관련하여 "본조의 규정과 배치되는 관습법의 효력을 인정하는 것은 관습법의 제정법에 대한 열후적·보충적 성격에 비추어 본조의 취지에 어긋나는 것이다"라고 판시하여 관습법의 보충적 효력을 인정하고 있다.[18]

(나) 종류

㉮ 행정선례법

행정청에서 장기간 반복적으로 시행된 선례가 국민의 법적 확신을 얻어 법적 효력을 가지게 된 것을 말한다. 예컨대, 상급 행정청이 훈령·예규 등

그치는 것이다(대판 1983.6.14, 80다3231).

16) 관습법의 법원성과 관련해서도 긍정설과 부정설이 대립한다. 긍정설은 현대 행정은 복잡다기하여 모든 영역에 성문법규가 완비될 수 없으므로 보충적 효력을 가진 행정관습법을 인정해야 한다고 한다(다수설). 반면, 부정설은 행정법의 법률적합성의 원칙에 충실하여 명문의 규정이 없는 한 관습법의 법원을 인정할 수 없다고 한다(O. Mayer 등 형식적 법실증주의자).

17) 사회의 거듭된 관행으로 생성한 어떤 사회생활 규범이 법적 규범으로 승인되기 이르렀다고 하기 위해서는 그 사회생활 규범은 헌법을 최상위 규범으로 하는 전체 법질서에 반하지 아니하는 것으로서 정당성과 합리성이 있다고 인정될 수 있는 것이어야 하고, 그렇지 아니한 사회생활 규범은 비록 그것이 사회의 거듭된 관행으로 생성된 것이라 할지라도 이를 법적 규범으로서의 효력을 인정할 수 없다(대판 2005.7.21, 2002다13850).

18) 대판 1983.6.14, 80다3231.

이 발한 경우 하급 행정청은 그것을 기준으로 하여 사무를 처리하게 되고, 또한 행정청은 법규 해석이 모호한 경우 행정부 내에서 법령의 유권해석권을 가진 법제처나 법무부의 해석에 기하여 적용하게 되는데, 이것이 반복적으로 시행·적용되면 행정선례법으로 성립될 수 있다. 국세기본법 제18조 제3항은 "세법의 해석 또는 국세행정의 관행이 일반적으로 납세자에게 받아들여진 후에는 그 해석 또는 관행에 의한 행위 또는 계산은 정당한 것으로 보며, 새로운 해석 또는 관행에 의하여 소급하여 과세되지 아니한다"고 하여 이를 긍정하고 있다.

㉯ 민중관습법

민중 사이에서 행정법 관계에 관한 관행이 장기간 계속되어 그것이 다수의 국민에 의해 법으로 인식됨으로써 성립된 것을 말한다. 주로 공물·공수 등의 사용 관계에서 성립하며, 관개용수이용권, 유수사용권, 공유수면이용·인수·배수권, 하천용수권, 입어권,[19] 온천사용권 등이 이에 속한다. 예컨대, 수산업법 제2조 제11호는 "입어자란 제47조에 따라 어업 신고를 한 자로서 마을어업권이 설정되기 전부터 해당 수면에서 계속하여 수산동식물을 포획·채취하여 온 사실이 대다수 사람들에게 인정되는 자 중 대통령령으로 정하는 바에 따라 어업권원부(漁業權原簿)에 등록된 자를 말한다"고 규정하고, 제47조(신고어업) 제1항은 "제8조·제41조·제42조 또는 제45조에 따른 어업 외의 어업으로서 대통령령으로 정하는 어업을 하려면 어선·어구 또는 시설마다 시장·군수·구청장에게 농림수산식품부령으로 정하는 바에 따라 신고하여야 한다"고 규정하고 있는데, 이처럼 입어자에게 어업권을 인정하는 것은 관행적으로 고기잡이를 해온 어민들에게 관습법상 권리가 있음을 성문법으로 보장한 것으로 볼 수 있다.

(2) 판례법

판례법이란 법원이 재판에서 추상적인 행정법규를 해석·적용하여 내린 판단인 판결이 다른 동종의 사건에 해석 기준으로 적용되어 법원으로 인정

---

19) 입어권과 달리 어업권은 형성적 행정행위의 일종인 특허로서 어업 면허에 의해 발생하는 준물권(사권, 재산권)이라 할 수 있다.

하는 경우처럼, 판례의 형태로 존재하는 법을 말한다. 판례법은 선판례가 존재하는 경우 그와 같은 동종의 사건에 대해서는 선판례에 의해 구속한다는 것을 의미한다(선례 구속의 원칙과 법관의 법규창조력의 인정을 전제로 한다).

(가) 판례의 법원성

판례가 행정법의 법원이 될 수 있는지가 문제된다. 영미법계 국가에서는 일반적으로 선례 구속의 원칙을 인정하고 있으며 이에 따라 판례의 법원성이 인정된다. 반면, 대륙법계 국가에서는 상급 법원의 판례가 하급 법원을 법률상 구속한다는 원칙이 인정되지 않는다. 우리나라의 경우 긍정설과 부정설이 대립하고 있다. ① 긍정설은 법관은 현실적으로 판례상 확립된 원칙을 무시할 수 없으므로 사실상 상급심의 판결이 하급심에 대해 구속력을 가지고 마치 판례법처럼 작용하고 있다는 점(사실상의 구속력), 판례 변경이 곤란하고 판례 위반이 상고 이유가 된다는 점, 일반 국민과 행정청 역시 대법원 판례에 대해 구속력을 기대하고 있기도 하다는 점, 판례 변경에 대한 법원조직법 규정 등을 근거로 판례의 법원성을 인정한다. ② 부정설은 명문 규정이 없다는 점, 법원조직법 제8조는 "상급 법원의 재판에 있어서의 판단은 '당해 사건'에 관하여 하급심을 구속한다"고 규정하고 있다는 점, 법원조직법은 상급 법원의 판례 변경 가능성을 규정한 것이고 권력 분립의 원칙과 판례의 판단은 개별 사건에서만 구속력을 갖는다는 점 등을 근거로 판례의 법원성을 부정한다(다수설).

다수설인 부정설이 타당하다. 판례도 부정설의 입장이다.[20] 위법·부당한 판결에 대한 제도적 통제 방법이 결여되어 있다는 점, 대법원이 스스로 판결을 통해 잘못된 판례를 변경하지 않는 한 그러한 판례가 동종의 사건에 대해 구속력을 가지게 되어 위헌·위법적인 판결을 부추기게 된다는 점, 법원조직법 제8조는 이러한 상황을 확인하고 판례법의 법원성을 부정하려

20) 대법원의 판례가 법률 해석의 일반적인 기준을 제시한 경우에 유사한 사건을 재판하는 하급심 법원의 법관은 판례의 견해를 존중하여 재판해야 하는 것이나, 판례가 사안이 서로 다른 사건을 재판하는 하급심 법원을 직접 기속하는 효력이 있는 것은 아니다(대판 1996.10.25, 96다31307).

는 입법자의 의지가 입법화된 경우라는 점 등에서 판례의 법원성을 인정할 수 없다.

(나) 헌법재판소 결정

대법원 판결은 법원성이 부정되는 반면, 헌법재판소법 제47조 제1항 “법률의 위헌 결정은 법원 기타 국가기관 및 지방자치단체를 기속한다”는 규정에 비추어 헌법재판소의 위헌 결정은 모든 국가기관에 구속력이 있으므로 정부와 법원이 따라야 하는 행정법의 법원이 된다.

(3) 조리

조리(條理)란 사물의 본질적 법칙 또는 사회 일반의 정의감에 비추어 반드시 그러해야 할 것이라고 인정되는 것을 말한다. 조리는 행정법 해석의 기본 원리로서뿐만 아니라 성문법·관습법·판례법이 모두 없는 경우에 적용되는 최후의 보충적 법원으로서 중요한 의미를 가진다.

조리의 내용은 시대와 사회에 따라 변천하는 바, 신뢰 보호의 원칙·비례의 원칙(과잉 금지의 원칙)·평등의 원칙·과잉급부 금지의 원칙·부당결부 금지 원칙 등이 주요 내용이 된다. 조리상의 원칙은 경찰행정법 관계에서도 최후의 보충적 법원으로서 중요한 의미를 갖는다.

제 2 절 경찰의 개념

1 형식적 의미의 경찰

형식적 의미의 경찰은 역사적·제도적으로 발전되어 온 개념으로서, 현행법상 보통경찰행정기관에 의해 관장되는 모든 경찰작용을 의미한다. 다시 말해 경찰청, 지방경찰청, 경찰서, 지구대(파출소)에서 경찰공무원에 의해 이루어지는 모든 경찰작용을 말한다.

형식적 의미의 경찰은 보통경찰기관이 관장하는 모든 행정작용을 뜻하는 것이기 때문에 형식적 의미의 경찰 가운데는 '병사자(病死者)의 보호나 호구(戶口)조사' 등과 같이 성질상 경찰작용이라고 볼 수 없는 것이 있는가 하면, 일반행정기관의 소관에 속하는 행정작용 중에도 '부정식품의 단속'과 같이 실질적 의미의 경찰작용이 적지 아니하다. 그러므로 형식적 의미의 경찰과 실질적 의미의 경찰 개념이 반드시 일치하는 것이 아니며, 형식적 의미의 경찰사무의 범위를 정하는 것은 그 나라의 입법정책(立法政策)의 문제이다.[21] 형식적 의미의 경찰 개념에는 위험 방지와 같은 직무뿐만 아니라 서비스(service) 활동까지도 포함된다.

따라서 실정법상 경찰이 담당하도록 규정되어 있는 사항은 그것이 소극적 질서 유지에 관한 사항이든지, 적극적 성격을 띠든지를 불문하고 모두 형식적 의미의 경찰사무에 속한다.

2 실질적 의미의 경찰

실질적 의미의 경찰은 경찰작용을 담당하는 기관이 어디인지를 불문하고 그 국가작용의 성질을 표준으로 해서 일정한 성질의 작용을 경찰이라 하고, 그것을 지배하고 있는 공통의 법원리를 탐구하려는 학문적 의미의 개념이다.[22] 이러한 경찰의 개념은 다시 말해, 행정작용 전체 중에서 경찰작용이 가지는 성질상의 특수성(特殊性)에 착안해, 경찰작용이 일반적으로 가지는 공통적인 법적 특성을 가려낸 것이다.

따라서 실질적 의미의 경찰이란 "공공의 안녕과 질서 유지를 위해 일반통치권에 의거해 국민에게 명령·강제함으로써 국민의 자연적 자유(自然的自由)를 제한하는 작용"이라 정의할 수 있다.[23] 따라서 비권력작용인 서비

---

21) 이명구, 『행정법원론』, 대명출판사(2000), 949면; 박윤흔, 『최신행정법강의(하)』, 박영사(2001), 284면; 김동희, 『행정법(Ⅱ)』, 박영사(2004), 153면.

22) 실질적 의미의 경찰 개념을 정립하는 이유는 보통경찰기관의 소관 사항이면서도 사법경찰(司法警察)과 같이 성질상으로는 경찰에 포함되지 아니한 것도 있고, 다른 행정기관의 소관 사항이면서도 복리행정(福利行政)에 부수된 질서유지 작용과 같이 성질상으로는 경찰에 포함되는 것도 있기 때문이다(박윤흔, 『최신행정법강의(하)』, 186면 참조).

스 활동이나 특별권력 관계 내부의 명령·강제하는 작용은 실질적 의미의 경찰에 해당하지 아니한다.

실질적 의미의 경찰 개념은 목적·수단·권력적 기초라는 세 가지 면에서 다른 행정작용과 구별되는 특성을 가지고 있다.

1) 경찰의 목적

경찰은 직접 사회 공공의 안녕과 질서를 유지하고, 이에 대한 위해를 제거함을 목적으로 한다(경찰법 제3조 참조). 여기에서 '공공의 안녕'이란 국가의 존립 그 기능 및 법질서뿐만 아니라 개인의 생명·신체·재산·명예 등이 침해되지 않는 상태, 즉 국가적 법익과 개인적 법익이 침해되지 않는 상태를 의미한다. 그리고 '공공의 질서'는 사회의 지배적인 가치관 및 윤리관에 비추어 건전한 공동생활을 위해 불가결하다고 여겨지는 규범의 총체로서 법규범 이외의 것을 말한다.

사회 공공의 안녕과 질서에 대한 위해(危害)는 사람의 행위뿐만 아니라, 폭풍·폭우 등 자연적 재해에 의해서도 발생한다. 사회 공공의 안녕과 질서에 대한 위험은 장해(위해) 발생의 단순한 가능성만으로는 부족하고, 경험법칙상 장해 발생의 개연성(蓋然性)이 있는 것으로 객관적으로 인정될 수 있는 사태를 말한다. 그리고 사회 공공의 안녕과 질서에 대한 장해(위해)는 이러한 위험이 이미 발생한 상태를 말한다.[24]

실질적 의미의 경찰은 공공의 안녕과 질서 유지라는 소극적 목적을 위해 발동되어야 하며, 적극적으로 복리 증진을 위해 발동될 수 없다는 '경찰 소극 목적의 원칙'이 지배한다. 경찰관직무집행법에서 "경찰권은 그 목적을 위해 필요한 최소 한도 내에서 행사되어야 하며 남용해서는 아니 된다"(경찰관직무집행법 제1조 2항)라고 규정해 '경찰 목적의 소극성'을 명문화하고 있다.

---

23) 이명구, 행정법원론, 950면; 박윤흔, 『최신행정법강의(하)』, 286면; 김동희, 『행정법(II)』, 155면; 김남진, 『행정법(II)』, 법문사(2001), 243면.

24) 김동희, 『행정법(II)』, 146면.

경찰과 같이 명령강제작용이라도 그 목적을 달리하는 다른 행정작용은 경찰작용과 구별된다.[25] 경찰은 질서 유지를 위한 작용이기 때문에 이러한 목적을 가지고 있지 않은 조직·재정·외교·군사작용은 국가의 조직 또는 존립을 직접 목적으로 하므로 경찰작용과 구별된다. 또한, 경찰작용은 적극적으로 공공복리의 증진을 목적으로 하는 복지작용과 구별된다. 끝으로 경찰작용은 사법작용(司法作用)과 구별된다. 사법작용은 직접적으로 법적 질서의 유지를 목적으로 하고 있는 점에서 경찰과 구별된다. 사법작용에는 민사작용(民事作用)과 형사작용(刑事作用)으로 구분할 수 있다. 민사작용은 사인 상호간의 법률 관계에 관한 법적 질서를 유지함을 목적으로 하며 사회 공공의 안녕 질서를 유지함을 직접 목적으로 하는 것이 아니다. 반면에 경찰은 사회 질서의 유지를 직접 목적으로 하며 사인(私人) 상호간의 법률 관계에는 관여할 수 없다는 점에서 구별된다.[26] 또한, 경찰은 장래에 향해 사회 질서 유지를 직접 목적으로 하지만, 형사작용은 이미 발생한 범죄에 대한 응보·교정적 제재로서 형벌을 과하는 것을 직접 목적으로 하는 형벌 목적적 작용이라는 면에서 구별된다.

2) 경찰의 수단

경찰은 공공 질서의 유지를 위해 권력으로써 국민에게 명령과 강제하는 것을 그 수단으로 한다. 다시 말해, 경찰은 권력으로 개인에게 명령하고 강제함으로써 자연적 자유(自然的 自由)[27]를 제한하거나 이미 가해진 제한을 해제하는 작용이다.

그 구체적인 수단에는 경찰하명(警察下命)·경찰허가(警察許可)·경찰강제(警察强制) 등이 있다.

---

25) 박윤흔, 『최신행정법강의(하)』, 289면.

26) 이명구, 『행정법원론』, 953면; 박윤흔, 『최신행정법강의(하)』, 290면; 김동희, 행정법(II), 155면.

27) 자연적 자유에 대해 박윤흔 교수는 "사람이 출생하면서부터 가지고 있는 바로서 자기의 신체 또는 정신력을 자유로이 활동시켜 자기의 지배에 속하는 사안을 처리할 수 있다는 의미의 자유를 말한다"고 정의하고 있으며(박윤흔, 『최신행정법강의(하)』, 292면), 김남진 교수는 "본래 개인이 자유로이 활동하고 자기가 지배하는 물건을 자유로이 처분·관리·이용할 수 있음을 의미한다"고 정의하고 있다(김남진, 『행정법(II)』, 244면).

그 밖에도 명령·강제작용의 부수적인 것으로 확인[28]·공증[29]·수리[30]·통지[31] 등 이른바 준법률행위적 행정행위(準法律行爲的 行政行爲)[32]

---

28) (1) 확인은 특정한 사실 또는 법률 관계의 존부 또는 정부에 관하여 의문이 있거나 다툼이 있는 경우에 행정청이 공적인 권위로서 그 존부 또는 정부를 판단·확정하는 행위를 말한다(예: 발명특허, 교과서의 검인정, 행정심판의 재결 등). 실정법상으로는 재결·결정·사정·검증 등 여러 용어가 사용되고 있다. (2) 확인은 형성적 행정행위인 특허와 같이 새로운 법률 관계를 설정하는 것이 아니라, 단지 기존의 사실 또는 법률 관계의 존부나 정부를 유권적으로 확정하는 판단의 표시이므로 법선언적 행위이다. 확인은 기존의 사실 또는 법률 관계에 대한 공권적 판단작용이라는 점에서 법원의 판결과 유사한 준사법적 행위이다. 확인은 판단작용이기 때문에 일정한 사실 또는 법률 관계가 존재하거나 정당하다고 판단되는 경우에는 반드시 확인하지 않으면 안 되는 기속행위이다. 종래 통설에 의하면, 확인은 행정청의 판단에 법률상 일정한 효과가 결부되는 행위이므로 부관을 붙일 수 없다.

29) (1) 공증이란 특정한 사실 또는 법률 관계의 존부를 공적으로 증명하여 공적 증거력을 부여하는 행정행위를 말한다(예: 각종의 등기·등록·증명서 발급 등). (2) 공증은 '효과의사'의 표시도 아니고 확정적인 '판단 표시'도 아니며 단순히 공적인 인식을 증명하는 행위이다. 공증은 일정한 사실·법률 관계의 존재를 증명하는 인식 표시행위로 의문이나 다툼이 없는 행위를 전제로 한다는 점에서, 판단의 표시로 특정 사실 또는 법률 관계에 관한 의문이나 다툼이 있는 행위에 대하여 행해지는 확인과 구별된다. 또한, 공증은 단순한 인식작용으로서, 증명의 대상이 되는 특정 사실이 발생한 경우 또는 법률 관계가 객관적으로 존재하는 때에는 반드시 증명해야 하므로 기속행위이다. (3) 공증의 예로는 부동산 등기·외국인 등록과 같은 등기부·등록부에의 등기·등록, 선거인 명부·토지대장과 같은 각종의 명부·장부 등에의 등재, 의사록·회의록 등에의 기재, 당선증서·합격증서와 같은 각종의 증명서 발급, 영수증 교부, 여권·감찰 등의 발급 등을 들 수 있다. (4) 언제나 구체적인 처분의 형식으로 발한다. 원칙적으로 문서로써 하고 일정한 서식이 요구되는 것이 보통이다. 따라서 공증은 원칙적으로 요식행위이다(행정절차법 제24조).

30) (1) 수리라 함은 행정청이 다른 사람의 행위를 유효한 것으로서 받아들이는 행정행위를 말한다. 수리는 타인의 행위를 유효한 행위로 판단하고 수령하는 인식 표시행위(認識表示行爲)인 점에서 단순한 접수와 도달과는 구별된다. 수리의 예로는 혼인신고서의 수리, 행정심판의 수리 등을 들 수 있다. (2) 행정청이 타인의 행위를 유효한 행위로 판단하여 수령하는 수동적 의사행위이다(예: 각종 신청서·신고서의 수리, 청원서·행정심판청구서의 수리 등). 수리는 기속행위이므로, 신청을 받은 행정청은 관계 법규에 정하는 제한에 배치되지 않고 그 신청이 법적 등록 요건에 합치되는 경우에는 특별한 사정이 없는 한 이를 수리해야 하고, 관계 법령에서 정하는 제한 사유 이외의 사유를 들어 등록을 거부할 수 없다. 판례는 심사 결과 관계 법령의 제한 이외의 중대한 공익상 필요가 있는 경우에는 그 수리를 거부할 수 있다고 보고 있다. (3) 수리의 효과는 개별법이 정하는 바에 따라 달리 발생한다. 사법상 효과를 발생할 때도 있고(예: 혼인신고의 수리), 공법적 효과로서 행정청의 처리 의무를 발생시키는 때도 있다(예: 이의신청·행정심판청구서의 수리). 그리고 수리거절행위는 소극적 행정행위로 행정쟁송이 가능하다.

를 행하기도 하고, 또한 비권력적 작용으로서 행정지도(行政指導) 등을 행하기도 하는데 비권력적 작용의 비중이 점점 커지고 있는 실정이다.[33] 그러나, 이러한 준법률행위적 행정행위 또는 비권력적 작용이 경찰기관에 의해 질서 유지 작용으로 행해지더라도 경찰행정으로 보기 어렵다는 견해도 있다.[34]

3) 경찰권의 기초

경찰은 일반통치권에 권력의 기초를 둔 작용으로서, 경찰권은 국가통치권의 일부로서 통치권이 직접으로 사회 공공의 안녕 질서 유지를 위해 개인에게 명령·강제하는 권력으로서 발동하는 경우에 이를 경찰권이라고 한다.

경찰은 일반통치권에 기초를 둔 작용이므로 특별권력에 기초하고 있는 국회의 질서를 유지하기 위해 국회의장이 행사하는 강제작용인 의원경찰(議院警察)이나 법정(法廷)의 질서를 유지하기 위해 재판장이 행사하는 강제작용인 법정경찰(法廷警察)과 구별된다(국회법 제143조 및 법원조직법 제58조).

또한 경찰은 국가의 일반통치권에 의한 작용이므로 국가의 일반통치권에 복종하는 자는 자연인·법인·내국인·외국인을 막론하고 경찰권에 복종해야 한다.

---

31) 통지라 함은 공고(公告)와 독촉(督促)과 같이 특정인 또는 불특정 다수인에게 특정한 사실을 알리는 행정행위를 말한다. 여기서 말하는 통지는 그 자체가 독립한 행정행위인 것으로서, 그것은 특정한 법규명령 또는 행정행위의 효력 발생 요건인 공포·교부 또는 송달(送達)과는 구별되는 것이다.

32) 준법률행위적 행정행위는 의사표시 이외의 정신작용(예: 판단·인식·관념의 표시)을 요소로 하고, 그 법적 효과는 행위자의 의사 여하를 불문하고 전적으로 법이 정한 바에 따라 발생하는 행정행위이다.

33) 김동희, 『행정법(Ⅱ)』, 156면; 김남진, 『행정법(Ⅱ)』, 244면.

34) 석종현, 『행정법강의(Ⅱ)』, 삼영사(2001), 219면.

제 3 절 경찰의 종류

경찰은 담당 기능이나 부서에 따라 경무·교통·방범·수사·정보 등으로 분류하기도 하지만, 실제로 경찰행정법상 구별이 필요한 것으로는 행정경찰과 사법경찰, 보안경찰과 협의의 행정경찰, 예방경찰과 진압경찰, 고등경찰과 보통경찰, 비상경찰과 평시경찰, 국가경찰과 자치체경찰, 일반경찰과 청원경찰, 비경찰(非警察), 질서경찰과 봉사경찰 등으로 분류할 수 있다.

1 행정경찰과 사법경찰

행정경찰(行政警察)과 사법경찰(司法警察)은 경찰의 직접적 목적을 기준으로 한 분류이다. 행정경찰은 사회 공공의 안녕·질서의 유지를 그 직접 목적으로 하는 경찰작용을 말하며, 사법경찰은 프랑스에서 전래한 개념으로서 범죄의 수사, 피의자의 체포 등을 목적으로 하는 형사사법권의 작용을 말한다.[35] 사법경찰을 흔히 수사경찰(搜查警察)이라고도 하며, 경찰기관의 사법경찰관, 검찰청의 수사관 등이 이에 해당한다.[36]

우리나라에서는 조직상으로 행정경찰과 사법경찰을 구분하지 않고, 일반경찰기관이 양자를 아울러 관장하고 있는 바, 이론상으로만 양자의 구별을 인정하고 있다. 행정경찰은 경찰작용이기 때문에 행정법규(경찰법규)의 적용을 받으나, 사법경찰은 형벌권(刑罰權)의 작용이기 때문에 형사소송법의 적용을 받고, 검사(檢事)의 지휘를 받아 수행된다는 점에서 구별 실익이 있다.[37]

---

35) 김남진, 『행정법(Ⅱ)』, 245면.
36) 이상안, 『신경찰행정학』, 대명출판사(1999), 116면.
37) 박윤흔, 『최신행정법강의(하)』, 294면.

2 보안경찰과 협의의 행정경찰

보안경찰(保安警察)과 협의의 행정경찰은 다른 행정작용에 부수하느냐의 여부에 따른 구별이다.

보안경찰은 사회 공공의 안녕·질서를 유지하기 위해 다른 행정작용에 부수하지 않는 그 자체로서 독립된 고유의 경찰작용을 말한다(교통·소방·풍속·해양·방범 등). 반면에 협의의 행정경찰이란 다른 행정작용에 부수해 그 행정작용에 관련해 발생하는 위해(危害)를 방지하고 실제적으로 발생한 위해를 제거하기 위해 행하는 경찰작용을 의미한다(건축경찰·산업경찰·경제경찰·위생경찰·철도경찰 등).

협의의 행정경찰 개념은 19세기 독일에서 성립한 것이며, 당시에 일반경찰기관은 보안경찰 사무와 좁은 의미의 행정경찰 사무를 동시에 관장하고 있었기 때문에 그것은 현실적인 경찰조직상의 구분을 기초로 하여 생긴 것이다.[38] 보안경찰과 협의의 행정경찰의 구별은 보안경찰은 일반경찰기관이, 협의의 행정경찰은 당해 행정의 권한을 가지는 행정기관이 관장한다는 점에서 구별 실익이 있다.

3 예방경찰과 진압경찰

예방경찰(豫防警察)과 진압경찰(鎭壓警察)의 구분은 경찰권 발동의 시점을 기준으로 한 분류이다. 이 분류는 행정경찰과 사법경찰의 분류와 거의 일치한다.

예방경찰이라 함은 범죄의 발생을 예방하기 위해 하는 권력작용을 말하며, 예방경찰의 예로서 정신착란자·만취자의 보호 조치, 광견 등의 사살, 화약류·총포류의 취급 제한이 예방경찰에 속한다(경찰관직무집행법 제4조 제1항, 총포·도검·화약류 등 단속법 제10조, 가축전염병예방법 제10

38) 석종현, 『행정법강의 (II)』, 225면.

조 제1항).

진압경찰이라 함은 범죄가 이미 발생한 후에 범죄를 수사하고 피의자를 체포하기 위해 하는 권력작용을 말하며, 범죄의 수사, 범죄의 제지, 범인의 체포 등이 진압경찰의 임무이다. 이 진압경찰의 권력적 작용은 사법경찰과 일치한다고 볼 수 있다.

4 평시경찰과 비상경찰

평시경찰(平時警察)과 비상경찰(非常警察)의 구분은 경찰기관에 의한 분류이다. 평시경찰은 평상시에 일반경찰기관이 일반경찰법규에 의해 행하는 경찰작용을 말하며, 비상경찰은 비상시 또는 이에 준하는 국가비상사태에 병력(군대)에 의해 사회의 안녕과 질서 유지 작용을 행하는 경찰작용을 말한다(헌법 제77조 및 계엄법 제2조 및 제7조 참조).

5 고등경찰과 보통경찰

고등경찰(高等警察)과 보통경찰(普通警察)의 개념은 경찰에 의해 보호되는 법익을 기준으로 한 분류이다. 이 구별은 프랑스법에서 유래한 것으로 고등경찰(Politische Polizei)이란 본래 사회적 가치가 더 높은 이익을 보호하는 것을 목적으로 하는 경찰을 의미했으나, 오늘날에 와서는 사상・종교・집회・결사 및 언론의 자유에 대한 경찰활동 등과 같이 국가조직의 근본에 대한 위해(危害)의 예방 및 제거를 위한 경찰작용을 뜻한다.[39]

우리나라는 제도적으로는 고등경찰과 보통경찰을 구별하지 않고 있으나, 보통경찰기관 내부에서의 사무분장 또는 행정조직에서 권한의 확정과의 관계에서는 고등경찰과 보통경찰을 일응 구분하고 있다(경찰청과 그 소속기

39) 박윤흔, 『최신행정법강의(하)』, 296면; 이명구, 『행정법원론』, 959면; 석종현, 『행정법강의(Ⅱ)』, 226면.

관 등 직제 제16조 제6항·제16조 제4항 및 제9항, 해양경찰청과 그 소속기관 직제 제11조 제4항·제5항, 정부조직법 제16조, 국가정보원법 제2조 참조).[40] 각 경찰부서 내의 정보과, 국가정보원 등이 고등경찰을 담당하는 기관으로 볼 수 있다.[41]

반면에 보통경찰은 고등경찰에 속하지 않는 작용으로서 교통·풍속·범죄 예방 등과 같이 일반사회 공공의 안녕·질서 유지를 위한 경찰작용을 의미한다고 볼 수 있다.

6 국가경찰과 자치체경찰

국가경찰(國家警察)과 자치체경찰(自治體警察)의 분류는 경찰 유지의 권한과 책임의 소재에 따른 분류로서, 다시 말하면 경찰조직에 대한 권한이나 예산에 대한 책임이 국가에 있느냐 지방자치단체에 있느냐에 따른 구별이라고 볼 수 있다. 경찰 유지의 권한과 책임이 국가에 있는 경우가 국가경찰이고, 지방자치단체에 있는 경우가 자치체경찰(지방경찰)이다.[42] 여기서 경찰 유지의 권한과 책임이란 구체적으로는 조직권, 인사권 및 경비부담권을 말한다.[43]

우리나라는 소방경찰에 관해서만 지방자치단체의 관장을 인정하고(지방자치법 제9조 제2항 제6호, 소방법 제3조), 그 이외에는 모두 중앙집권적 국가경찰이다. 다만, 소방사무는 지방자치단체의 사무로 되어 있다는 점에서 부분적이며 예외적으로 자치경찰제가 인정되고 있다고 보는 견해[44]도

---

40) 석종현, 『행정법강의(Ⅱ)』, 226면.

41) 김남진, 『행정법(Ⅱ)』, 247면.

42) 자치경찰제도에 대해 자세하게 논의하고 있는 문헌으로는 정균환, 『자치경찰』, 도서출판 신유영사(1996) 및 경찰개혁위원회와 한국경찰학회·치안연구소가 공동으로 1998년 12월 7일부터 9일까지 동국대학교 학술문화관 덕암세미나실에서 주최한 '자치경찰제도 공청회' 세미나 자료집을 참조할 것.

43) 김남진, 『행정법(Ⅱ)』, 247면.

44) 박윤흔, 『최신행정법강의(하)』, 297면; 이명구, 『행정법원론』, 960면; 석종현, 『행정법강의(Ⅱ)』, 228면.

있다.

우리나라의 경우 「제주특별자치도 설치 및 국제자유도시 조성을 위한 특별법」의 시행으로 제주특별자치도에 자치경찰제가 도입·시행되고 있다. 「제주특별자치도 설치 및 국제자유도시 조성을 위한 특별법」은 제주자치경찰단이 처리하는 사무로 ① 주민의 생활안전 활동에 관한 사무(㉮ 생활안전을 위한 순찰 및 시설 운영, ㉯ 주민참여 방범활동의 지원 및 지도, ㉰ 안전사고 및 재해재난 등으로부터의 주민 보호, ㉱ 아동·청소년·노인·여성 등 사회적 보호가 필요한 자에 대한 보호 및 가정·학교 폭력 등의 예방, ㉲ 주민의 일상생활과 관련된 사회 질서의 유지 및 그 위반행위의 지도·단속), ② 지역교통 활동에 관한 사무(㉮ 교통 안전 및 교통 소통에 관한 사무, ㉯ 교통법규 위반 지도·단속, ㉰ 주민참여 지역교통 활동의 지원 및 지도), ③ 공공시설 및 지역행사장 등의 지역경비에 관한 사무, ④ 「사법경찰관리의 직무를 행할 자와 그 직무 범위에 관한 법률」에서 자치경찰공무원의 직무로 규정하고 있는 사법경찰관리의 직무를 규정하고 있다(동법 제108조).

자치경찰단장은 도지사가 임명하며, 도지사의 지휘·감독을 받는다. 자치경찰단장은 자치총경으로 보한다. 다만, 도지사는 필요하다고 인정하는 경우에는 개방형 직위로 지정하여 운영할 수 있다. 도지사는 자치경찰단장의 직위를 개방형 직위로 지정하여 운영하는 경우에는 임용 기간 만료일에 60세가 초과되지 아니하는 자로서 ① 당해 자치경찰단장에 보할 수 있는 계급에 있거나 차하위 계급에 있는 자로서 승진에 있어 제131조 제5항 및 제6항의 규정에 의한 계급별 최저 근무연수를 경과한 자치경찰공무원, ② 제1호에 상응하는 국가경찰공무원, ③ 제1호 또는 제2호에 해당하였던 자로서 퇴직한 날부터 2년이 경과되지 아니한 자, ④ 법관·검사 또는 변호사의 직에 5년 이상 근무한 자를 임용하여야 한다. 이 경우 미리 자치경찰공무원인사위원회의 심의·의결을 거쳐야 한다. 개방형 직위로 지정·운영되는 자치경찰단장의 임용 절차·임용 기간 등에 관하여는 도조례로 정한다(동법 제107조).

7 청원경찰과 일반경찰

청원경찰(請願警察)이란 청원경찰법에 의해 중요 산업시설·중요 사업장의 경영자나 국내 주재 외국기관의 시설이나 경비를 행하기 위해 배치하는 경찰이다. 반면에 일반경찰(一般警察)은 경찰공무원법에 의해 일반 공안의 유지를 임무로 한다.

청원경찰은 청원자의 신청에 의해 임용되며 청원경찰의 배치 신청은 지방경찰청장에게 한다. 청원경찰의 배치 장소는 국가기관 또는 공공단체와 그 관리 하에 있는 중요 시설 또는 사업장·국내 주재 외국 기관·기타 행정안전부령으로 정하는 중요 시설, 사업장 또는 장소이다(청원경찰법 제2조).

청원경찰은 근무 중 제복을 착용하여야 한다(청원경찰법 제8조 제1항). 지방경찰청장은 청원경찰이 직무를 수행하기 위하여 필요하다고 인정하면 청원주의 신청을 받아 관할 경찰서장으로 하여금 청원경찰에게 무기를 대여하여 지니게 할 수 있다(청원경찰법 제8조 제2항).

청원경찰은 청원주의 구체적인 지휘·감독과 관할 경찰서장의 지도·감독을 받아 경비구역 내에 한해 경찰관직무집행법에 의한 경찰관의 직무를 행한다. 따라서 불심검문은 물론 무기 사용까지도 가능하다. 그러나 범죄수사는 할 수 없다.

8 비경찰

경찰이란 이름으로 불리나 경찰작용이 아닌 것을 비경찰(非警察)이라 하며, 비경찰작용에는 의원경찰(議院警察)과 법정경찰(法廷警察)이 있다. 의원경찰이란 국회의 원내의 질서 유지를 위해 국회의장이 국회의원이나 방청인 기타 원내에 있는 자에 대해 실력으로써 명령·강제하는 작용을 말한다(국회법 제143조). 의원경찰은 특별권력 관계에 기초한 명령·강제이기 때문에 경찰작용에 속하지 않는다. 법정경찰이란 법원 또는 법관이 법정의 질서를 유지하기 위해 법정 내에 있는 사람에 대해 행하는 명령·강제작용이므로 이는 재판권의 작용이지 경찰작용이 아니다(법원조직법 第58조).

9 질서경찰과 봉사경찰

질서경찰(秩序警察)과 봉사경찰(奉仕警察)은 실정법상 경찰(형식적 의미의 경찰) 중에서 경찰 서비스의 질과 내용을 기준으로 한 분류이다. 질서경찰은 정부조직법 및 경찰법상에서 경찰조직의 직무 범위로 확정된 것 중 주로 강제력을 1차 수단으로 사회 공공의 안녕과 질서 유지를 위한 법집행을 주로 하는 경찰을 말한다. 범죄 수사·진압·경범죄 처벌·즉시강제 등이 질서경찰에 속한다. 반면에 봉사경찰은 목적면에서 질서경찰과 동일하면서도 1차 수단이 강제력이 아닌 계몽·지도·서비스를 통해 법집행을 하는 경찰을 말한다. 이에는 청소년 선도·교통 안내·방범순찰·재난구호 등이 있다.[45]

45) 이상안, 『신경찰행정학』, 117면.

제 2 장

경찰조직법

제 1 절 개요

우리나라의 경찰조직은 중앙집권적 국가행정조직이며, 지방경찰청이 설치되어 있기는 하나 엄밀한 의미의 자치경찰을 인정하고 있지 않다. 현행 법상으로 경찰권도 행정권의 일부이기 때문에 대통령을 수반으로 하는 정부에 속한다(헌법 제66조 제4항). 따라서 경찰권은 대통령과 국무총리의 통할(統轄) 하에서 행사된다.

경찰조직법이란 '경찰조직에 관한 법'이다. 경찰조직법을 경찰조직에 관한 법이라고 할 때, 그 경찰조직을 어떻게 이해하는가에 따라서 경찰조직법의 범위는 달라지게 된다. 즉, 경찰조직을 광의(廣義)로 이해하는 입장에서는 경찰조직법에 경찰조직에 관한 법, 경찰공무원법, 공물법 등이 포함되는 것으로 본다. 그러나 경찰조직을 협의(狹義)로 이해하게 되면 경찰기관의 조직에 관한 일반적 사항, 즉 경찰기관의 설치 · 경찰관청 상호 관계 · 경찰관청의 권한 등만을 경찰조직법의 범위로 파악하게 된다.[1)]

이하에서는 경찰조직법의 특징과 경찰조직의 지도 원리, 경찰의 조직, 경

1) 김남진 · 서정범, 『경찰법』, 화학사(1998), 105면.

찰관청의 권한의 위임과 대리, 경찰관청 상호간의 관계 등을 살펴본다.

제 2 절 경찰조직법의 의의와 특징

1 경찰조직법의 의의

경찰조직법은 '경찰조직에 관한 법'이다. 다시 말해, 경찰조직법은 경찰행정기관의 설치·구성 및 권한 등에 관해 규정한 여러 가지 법을 총칭한다. 경찰조직법으로는 정부조직법, 경찰법, 경찰공무원법, 전투경찰대설치법 등이 있다.

2 우리나라 경찰조직의 특징

우리나라 경찰조직은 중앙집권적인 국가경찰 제도를 채택하고 있고, 전면적인 자치체경찰을 인정하지 않는 것이 큰 특징이다. 그러나 예외적으로 제주특별자치도 설치 및 국제자유도시 조성을 위한 특별법(2006. 7)의 시행과 함께 제주특별자치도에 자치경찰제가 도입되었다.

경찰법은 경찰의 민주적인 관리·운영과 효율적인 임무 수행을 위해 경찰의 기본 조직 및 직무 범위를 정하고 있으며, 분단국가로서 안보 상황과 치안 여건에 효율적으로 대처하기 위해 중앙집권적인 국가경찰 체제를 고수하고 있는 것이 특징이다.[2)]

제 3 절 경찰조직의 지도 원리

경찰의 목적은 공공의 안녕과 질서 유지를 위해 개인의 자유와 권리를

2) 이황우, 『경찰행정학』, 법문사(2006), 115면.

제한하는 권력적 작용인 동시에 개인의 자유와 권리의 보호를 목적으로 한다.[3] 따라서 이러한 목적을 능률적으로 수행할 수 있도록 경찰조직을 편성하고 규율하는 지표가 경찰조직의 지도 원리라 할 수 있다.

경찰조직은 그 국가의 정치적·경제적·기술적인 여러 요청의 타협의 산물이므로 그 구성 원리도 국가마다 각기 다양하다.[4] 우리나라의 경찰조직은 민주성, 중립성, 능률성, 집권성을 그 지도 원리로 하고 있다.

1 경찰조직의 민주성

경찰은 공공의 안녕과 질서를 유지하기 위한 권력작용이므로, 개인의 권리와 자유를 침해할 우려가 많을 뿐만 아니라 권력작용의 성질상 재량의 여지가 많아서 다른 행정작용에 비해 법치행정의 원칙이 엄격히 적용되고 경찰조직은 그 민주성의 확보가 강력히 요구된다.

현행법상 경찰조직의 민주성에 대한 규정으로는 주권재민(헌법 제1조 제1항)과 국민 전체에 대한 봉사성과 책임성(헌법 제7조 제1항), 경찰관청의 설치와 직무 범위의 법률주의를 채택하고 있다(정부조직법 제2조, 경찰법 제1조). 또한, 국가공무원법 제65조에서 정치활동을 금지시킴으로써 경찰권을 민주적으로 그 직무를 수행하도록 보장하고 있으며, 경찰위원회를 두어 경찰의 인사·예산·장비·통신 등에 관한 주요 정책 및 경찰 업무 발전에 관한 사항과 인권 보호와 관련되는 경찰의 운영·개선에 관한 사항 등을 심의·의결하도록 하고 있는 것 등은 경찰조직의 민주성 요구에 대한 일례이다.[5]

2 경찰조직의 능률성

경찰의 기능 및 활동은 국민의 생명과 재산 보호라는 직접적 이익을 국

3) 이명구, 『행정법원론』, 960-961면.
4) 김남진·서정범, 『경찰법』, 106면.
5) 이명구, 『행정법원론』, 961면.

민에게 실현하고 질서의 유지라는 반사적 이익을 신속하게 법집행 수준에서 이루어내야 하는 특성이 있기 때문에 그 기능의 능률적인 수행이 가장 중요한 요인이 되고 있다 그러므로, 경찰조직은 다른 행정조직에 비해 고도의 기동력을 필요로 한다.[6)]

우리나라의 경찰조직은 중앙집권적 국가행정조직으로 일원화되고 계선형 행정조직을 통해 경찰조직의 능률성을 확보하고 있다. 경찰의 능률성을 강조하는 것으로 "경찰청장은 돌발 사태의 진압이나 특수지역의 경비에 당하기 위하여 특히 필요한 때에는 경찰관으로서 경찰기동대를 편성해 필요한 지역에 파견할 수 있다"(경찰관직무응원법 제4조)는 규정이 그 예이다.

3 경찰조직의 중립성

우리나라 경찰에 대한 국민의 이미지는 일제 식민지 탄압경찰로부터 시작해 자유당, 정치경찰, 유신(維新) 이후 시국치안 경찰로 이어져 불신의 연속이었다고 할 수 있다.[7)] 다시 말해, 경찰 창설 50년 가까이 '정권의 파수꾼' 역할만 거듭했다고 평가해도 지나치지 않다.

경찰작용은 전형적인 권력작용으로 국민의 기본적 인권과 밀접한 관련을 가지고 있으므로 경찰조직의 권력적 작용이 특정 정당이나 개인을 위해 편파적으로 행사될 수 없도록 경찰 중립성의 제도적 보장이 요구된다.

경찰권의 행사가 공정하게 행해지지 않으면 경찰의 민주화는 실천될 수 없으므로 경찰의 중립화는 경찰의 민주화의 본질적 요소라고 할 것이다.

경찰조직의 중립성을 보장하기 위한 현행법의 규정을 살펴보면, 헌법은 공무원의 신분과 정치적 중립성을 명시하고 있으며(헌법 제7조 제2항), 국가공무원법은 공무원의 정치운동 금지를 명문화하고 있다(국가공무원법 제65조). 그리고 경찰법은 '경찰의 공정중립성(公正中立性)'(동법 제4조)과

---

6) 박기륜, 『통일한국경찰론』, 육서당(1998), 8-9면.
7) 이황우, 지방자치와 경찰의 정치적 중립화 방안, 『서재근박사 화갑기념논문집』, 1989, 90면.

정당에 소속되었던 사람은 당적(黨籍)을 이탈한 날로부터 3년이 경과하지 아니한 자는 경찰위원회 위원이 될 수 없도록 규정하고 있다(경찰법 제6·7조).

4 경찰조직의 집권성

우리나라의 경찰조직은 중앙집권적인 국가행정조직으로서 '국가경찰제'를 원칙으로 하고 있다. 현행법상 경찰권도 행정권의 일부이며 대통령과 국무총리의 통할 아래 현실적으로 경찰사무를 관장하는 경찰행정관청과 경찰집행기관이 있다.

제 4 절 경찰의 조직

경찰기관이란 국가의 경찰사무를 담당하는 기관을 말한다. 경찰조직은 크게 보통경찰기관과 특별경찰기관으로 나뉜다. 보통경찰기관이란 다른 행정작용과 직접 관련됨이 없이 그 자체로서 공공의 안녕과 질서 유지를 행하는 경찰작용을 주된 관장사무(管掌事務)로 하는 경찰기관을 의미하고, 특별경찰기관은 다른 행정작용에 부수해 경찰작용을 행하거나, 비상시에 경찰작용을 행하는 경찰기관을 의미한다.

경찰기관에서는 그것이 단순한 국가 의사의 표현인지, 아니면 그 스스로 인격을 가지는지가 문제가 된다. 경찰기관은 대외적 관계에서 국가의 표현기관으로서 지위를 가질 뿐이다. 따라서 경찰기관이 행한 명령·처분은 국가의 명령·처분으로서 효력을 가지게 된다. 또한, 경찰기관은 대내적 관계에서 때때로 자기의 명의로 행위하고 그것에 일정한 법률상 효과가 귀속되는 경우도 있으므로 경찰기관의 인격이 인정될 수도 있다.[8]

---

8) 김남진·서정범, 『경찰법』, 109면.

1 보통경찰기관

보통경찰기관이란 위에 기술한 것처럼, 다른 행정작용과 직접 관련됨이 없이 그 자체로서 공공의 안녕과 질서의 유지를 위해 경찰작용을 주된 관장사무로 하는 경찰기관을 말한다. 보통경찰기관의 종류에는 ① 경찰행정관청(보통경찰관청), ② 경찰의결기관 및 경찰협의기관, ③ 경찰집행기관이 있다.

1) 경찰행정관청(보통경찰관청)

경찰에 관한 국가의 의사를 결정하고 결정된 의사를 외부에 표시하는 권한을 가진 경찰행정기관을 말한다. 경찰행정관청은 법령의 범위 내에서 국가 의사(國家意思)를 결정 · 표시한다는 점에서 경찰행정관청의 명을 받아 경찰에 관한 국가 의사를 실력 행사를 통해 집행하는 경찰집행기관(警察執行機關)과 구별되며, 경찰행정관청을 보조 · 자문하는 보조기관 · 자문기관과도 구별된다.

보통경찰행정관청의 종류에는 상급 경찰관청으로서 '경찰청장', 중급 경찰관청으로서 '지방경찰청장', 그리고 하급 경찰관청으로서 '경찰서장'이 있다.

(1) 경찰청장

경찰청장은 중앙보통경찰관청으로서 최상급의 경찰관청이다. 경찰에 관한 사무를 통할하고 청무(廳務)를 관장하며, 소속 공무원 및 각급 경찰기관의 장을 지휘 · 감독한다(경찰법 제11조 제3항). 경찰청장은 치안총감(治安總監)으로 보하며(경찰법 제11조 제1항), 경찰위원회의 동의를 얻어 행정안전부 장관의 제청으로 국무총리를 거쳐 대통령이 임명한다(경찰법 제11조 제2항). 경찰청장의 임기는 2년이며, 중임할 수 없다(경찰법 제11조 제5항). 또한 경찰청장이 그 직무 집행에 있어서 헌법이나 법률을 위반할 때에는 국회는 탄핵의 소추를 의결할 수 있다(경찰법 제11조 제6항).

경찰청장의 경찰행정에 관한 보조기관으로는 차장 · 국장 · 과장 또는 담당관이 있으며, 보좌기관으로는 공보관 및 기획관리관 · 감사관 · 전산통신관리관 및 외사관리관이 있다. 또한, 경찰청장의 경찰사무를 보조하기 위한 부속기관으로는 경찰대학, 경찰교육원, 중앙경찰학교, 경찰병원이 있다. 그러나 국립과학수사연구원[9]은 행정안전부 장관 소속하에 있다.

(2) 지방경찰청장

지방경찰청장은 지방 상급의 경찰행정기관이다. 지방경찰청장은 경찰청장의 지휘 · 감독을 받아 관할구역 안의 경찰사무를 관장하고 소속 공무원 및 경찰기관의 장을 지휘 · 감독한다(경찰법 제14조 제2항). 지방경찰청장은 치안정감 · 치안감 또는 경무관으로 보한다(경찰법 제14조 제1항). 현재의 지방경찰청장의 계급을 살펴보면, 서울특별시 지방경찰청장 · 경기지방경찰청장 · 부산지방경찰청장은 치안정감, 제주도지방경찰청장은 경무관, 그 외 나머지 지방경찰청장은 치안감으로 보하고 있다.

지방경찰청장의 보조기관으로서 지방경찰차장을 둘 수 있으며, 차장은 지방경찰청장을 보좌해 소관 사무를 처리하고 지방경찰청장이 부득이한 사유로 직무를 수행할 수 없을 때에는 그 직무를 대행한다(경찰법 제15조 제2항).

지방경찰청장은 특별시장 · 광역시장 및 도지사 소속하에 있지만(경찰법 제2조 제2항), 시장 · 도지사의 지휘 · 감독을 받지 않고 경찰청장의 지휘 · 감독을 받아 관할구역 안의 경찰사무를 관장하고 소속 공무원 및 경찰기관의 장을 지휘 · 감독한다(경찰법 제14조 제2항).

현행 지방경찰청장의 지위에 관한 경찰법의 규정 태도는 의문이 있다. 경찰법은 지방경찰청장의 소속과 지휘 · 감독의 체계를 달리하고 있다.[10] 그러나 지방경찰청장을 시 · 도지사 소속하에 둔 것은 다른 행정과 협의 · 조정을 거쳐 처리되어야 함을 나타내는 것이라 할 것이며, 또한 장래 지방

---

9) 국립과학수사연구원은 범죄수사 증거물에 대한 과학적 감정 및 연구활동을 통해 사건을 해결하고 범인을 검거할 수 있도록 지원함으로써 국민의 기본권을 보장하고 생명과 안전을 지키고자 하는 목적에서 1955년 3월 25일 내무부 소속하에 설립되었다.

10) 홍정선, 『행정법원론(하)』, 박영사(2004), 234면.

경찰을 자치체경찰(自治體警察)로 전환하는 경우를 대비한 것으로 보인다.[11]

(3) 경찰서장

경찰서장은 지방 하급 경찰관청이다. 경찰서장은 경찰서장은 경무관, 총경(總警) 또는 경정(警正)으로 보하며, 지방경찰청장의 지휘・감독을 받아 관할구역 안의 소관 사무를 관장하고 소속 공무원을 지휘・감독한다(경찰법 제17조 제1항・제2항). 또한, 경찰서장 소속하에 지구대 또는 파출소를 둘 수 있다. 필요한 경우에는 출장소를 둘 수도 있다(경찰법 제17조 제3항). 그러나 파출소는 법상 행정기관이 아니고 경찰서 소속의 보조기관에 불과하다.

(4) 해양경찰청장과 해양경찰서장

해양에서의 경찰 및 오염 방제에 관한 사무를 관장하기 위하여 국토해양부 장관 소속으로 해양경찰청을 둔다(정부조직법 제37조 제3항). 해양경찰청에 청장 1명과 차장 1명을 두되, 청장 및 차장은 경찰공무원으로 보한다(정부조직법 제37조 제4항).

해양경찰청장은 국토해양부 장관의 제청으로 국무총리를 거쳐 대통령이 임명한다. 해양경찰청장은 치안총감으로 보하며, 해양경찰청 차장은 치안정감으로 보한다(해양경찰청과 그 소속기관 직제 제4조 및 제5조).

해양경찰청장의 관장사무를 지원하기 위하여 해양경찰청장 소속으로 해양경찰학교 및 해양경찰연구소를 둔다. 해양경찰청장의 관장사무를 분장하기 위하여 해양경찰청장 소속으로 지방해양경찰청 및 직할해양경찰서를 두고, 지방해양경찰청장 소속으로 해양경찰서를 둔다(해양경찰청과 그 소속기관 직제 제2조 제1항・제2항). 해양경찰청장의 관장사무를 지원하기 위하여 「책임운영기관의 설치・운영에 관한 법률」에 따라 해양경찰청장 소속의 책임운영기관으로 해양경찰정비창을 둔다(책임운영기관의 설치・운영

11) 김동희, 『행정법(II)』, 152면; 박윤흔, 『최신행정법강의(하)』, 300면; 행정개혁위원회, 行政改革에 관한 建議(1989. 7), 179면 참조.

에 관한 법률 제4조 제1항 및 해양경찰청과 그 소속기관 직제 제2조 제3항 참조). 해양경찰정비창은 함정의 정비 및 수리에 관한 사무를 관장한다(해양경찰청과 그 소속기관 직제 제29조).

지방해양경찰청 및 직할해양경찰서는 관할 해양에서의 경찰 및 오염 방제에 관한 사무를 수행한다(해양경찰청과 그 소속기관 직제 제22조).

지방해양경찰청에 청장 1명을 둔다. 서해지방해양경찰청의 청장은 치안감으로, 그 밖의 지방해양경찰청의 청장은 경무관으로 보한다. 지방해양경찰청장은 해양경찰청장의 명을 받아 소관사무를 통할하고, 소속 공무원을 지휘·감독한다(해양경찰청과 그 소속기관 직제 제24조).

해양경찰청에는 직할해양경찰서에 서장 1명을 두며, 서장은 총경으로 보한다. 해양경찰청의 직할해양경찰서는 인천해양경찰서이다. 직할해양경찰서장은 해양경찰청장의 명을 받아 소관사무를 통할하고, 소속 공무원을 지휘·감독한다(해양경찰청과 그 소속기관 직제 제26조).

해양경찰서에 서장 1명을 둔다. 서장은 총경으로 보한다. 서장은 지방해양경찰청장의 명을 받아 소관사무를 통할하고, 소속 공무원을 지휘·감독한다(해양경찰청과 그 소속기관 직제 제27조).

지방해양경찰청장은 해양경찰서장의 소관사무를 분장하기 위하여 국토해양부령으로 정하는 바에 따라 해양경찰서장 소속으로 파출소를 둘 수 있다. 지방해양경찰청장은 임시로 필요한 때에는 해양경찰서장 소속으로 출장소를 둘 수 있다(해양경찰청과 그 소속기관 직제 제28조).

해양경찰청은 협의(狹義)의 행정경찰기관이 아니고, 경찰청과 마찬가지로 보통경찰관청의 하나라 할 것이다. 그것은 경찰청이 육상(陸上)에서의 모든 경찰사무를 관장하는 것과 마찬가지로, 해양경찰청은 국토해양부 장관이 관장하는 행정작용에 부수해 일어나는 질서 유지에 관한 사무만을 담당하는 것이 아니고, 해양에서의 모든 경찰사무를 담당하며, 그 구성원도 경찰청의 구성원과 동일한 경찰공무원법에 의한 경찰공무원이기 때문이다.[12]

---

12) 박윤흔, 『최신행정법강의(하)』, 301면.

2) 경찰의결기관 및 경찰협의기관

(1) 경찰위원회

경찰위원회는 경찰행정에 관한 주요 정책 및 경찰 업무 발전에 관한 사항을 심의·의결하기 위해 행정안전부에 설치한 합의제 경찰기관이다. 국가 의사를 심의·의결함에 그치고 그 이상 의사(意思)를 대외적으로 표시해 대표할 권한이 없다는 점에서 행정관청과 구별된다. 또한, 경찰위원회는 국가 의사에 대한 심의·의결권을 가진다는 점에서 단순한 보조기관이나 자문기관과 구별된다.

(가) 경찰위원회의 구성과 위원의 임기

경찰위원회는 위원장 1인을 포함한 7인의 위원으로 구성하되, 위원장 및 5명의 위원은 비상임으로 하며, 1인의 위원은 상임(常任)으로 한다(동법 제5조 제2항). 상임위원은 정무직으로 한다(동법 제5조 제3항). 위원의 임기는 3년으로 하며, 연임할 수 없다. 보궐위원의 임기는 전임자의 잔임 기간으로 한다(경찰법 제7조 제1항).

경찰위원회 위원장은 비상임위원 중에서 호선한다(경찰위원회규정 제2조 제2항). 위원장이 사고가 있을 때에는 상임위원, 위원 중 연장자 순으로 위원장의 직무를 대리한다(경찰위원회규정 제2조 제3항). 위원장은 위원회를 대표하며, 그 회무를 통할한다(경찰위원회규정 제2조 제1항).

(나) 경찰위원의 임명과 결격 사유(缺格事由)

경찰위원은 행정안전부 장관의 제청으로 국무총리를 거쳐 대통령이 임명한다(경찰법 제6조 제1항). 위원 중 2인은 법관 자격이 있는 자이어야 한다(경찰법 제6조 제3항). 아울러 행정안전부 장관은 위원을 제청함에 있어서 경찰의 정치적 중립이 보장되도록 해야 한다(경찰법 제6조 제2항). 위원은 중대한 심신상의 장애로 직무를 수행할 수 없게 된 경우를 제외하고는 그 의사에 반해 면직되지 아니한다(경찰법 제7조 제3항). 위원이 중대한 심신상의 장애로 직무를 수행할 수 없게 되어 면직하는 경우에는 위원회의 의결이 있어야 한다. 면직 의결 요구는 위원장 또는 행정안전부 장관이 한다(경찰위원회규정 제4조).

다음의 사유에 해당하는 사람은 경찰위원이 될 수 없다(경찰법 제6조 제4항). ① 당적을 이탈한 날로부터 3년이 지나지 아니한 사람, ② 선거에 의하여 취임하는 공직에서 퇴직한 날로부터 3년이 지나지 아니한 사람, ③ 경찰·검찰·국가정보원 직원 또는 군인의 직에서 퇴직한 날로부터 3년이 지나지 아니한 사람, ④ 국가공무원법 제33조 각 호의 1에 해당하는 사람(공무원의 임용 자격이 없는 자)이다.[13]

경찰위원에 대하여는 「국가공무원법」 제60조(비밀 엄수의 의무) 및 제65조(정치운동의 금지)의 규정을 준용한다(경찰법 제8조).

(다) 경찰위원회의 심의·의결 사항

경찰위원회의 심의·의결 사항은 ① 국가경찰의 인사·예산·장비·통신 등에 관한 주요 정책 및 국가경찰 업무 발전에 관한 사항,[14] ② 인권 보호와 관련되는 국가경찰의 운용·개선에 관한 사항,[15] ③ 국가경찰 임무 외의 다른 국가기관으로부터의 업무 협조 요청에 관한 사항, ④ 제주특별자치도의 자치경찰에 대한 국가경찰의 지원·협조 및 협약 체결의 조정 등에 관한 주요 정책 사항, ⑤ 그 밖에 행정안전부 장관 및 경찰청장이 중요

---

13) 국가공무원법 제33조(결격 사유) 다음 각 호의 어느 하나에 해당하는 자는 공무원으로 임용될 수 없다. 1. 금치산자 또는 한정치산자 2. 파산선고를 받고 복권되지 아니한 자 3. 금고 이상의 실형을 선고받고 그 집행이 종료되거나 집행을 받지 아니하기로 확정된 후 5년이 지나지 아니한 자 4. 금고 이상의 형을 선고받고 그 집행유예 기간이 끝난 날부터 2년이 지나지 아니한 자 5. 금고 이상의 형의 선고유예를 받은 경우에 그 선고유예 기간 중에 있는 자 6. 법원의 판결 또는 다른 법률에 따라 자격이 상실되거나 정지된 자 6의2. 공무원으로 재직 기간 중 직무와 관련하여 「형법」 제355조 및 제356조에 규정된 죄를 범한 자로서 300만 원 이상의 벌금형을 선고받고 그 형이 확정된 후 2년이 지나지 아니한 자 7. 징계로 파면처분을 받은 때부터 5년이 지나지 아니한 자 8. 징계로 해임처분을 받은 때부터 3년이 지나지 아니한 자이다.

14) 경찰법 제9조 제1항 제1호가 규정하고 있는 국가경찰의 인사, 예산, 장비, 통신 등에 관한 주요 정책 및 국가경찰 업무 발전에 관한 사항의 구체적 범위는 ① 경찰인사에 관계되는 법규·훈령·예규 및 운영 기준에 관한 사항, ② 경찰교육 기본계획, ③ 경찰장비와 통신의 개발·보강 및 운영에 관한 기본계획, ④ 경찰 예산편성 기본기획, ⑤ 경찰 중·장기 발전계획에 관한 사항이다(경찰위원회규정 제5조 제1항).

15) 경찰법 제9조 제1항 제2호가 규정하고 있는 인권 보호와 관련되는 국가경찰의 운영·개선에 관한 사항의 구체적 범위는 ① 국민의 권리·의무와 직접 관계되는 경찰행정 및 수사절차, ② 경찰행정과 관련되는 과태료·범칙금 기타 벌칙에 관한 사항, ③ 경찰행정과 관련되는 국민의 부담에 관한 사항이다(경찰위원회규정 제5조 제2항).

하다고 인정하여 위원회에 회부한 사항이다(경찰법 제9조 제1항).

행정안전부 장관은 경찰위원회에서 심의·의결된 내용이 적정하지 아니하다고 판단할 때에는 재의(再議)를 요구할 수 있다(경찰법 제9조 제2항). 그러나 이는 사실상 거부를 의미하는 것으로 해석할 수 있다. 경찰위원회는 외국의 공안위원회와 같이 독립된 합의제 경찰기관으로서 경찰행정에 관한 독자적인 정책을 결정하거나 경찰규칙 등을 제정할 수 있는 권한이 있는 것은 아니다.[16]

행정안전부 장관이 재의를 요구하는 경우에는 의결한 날부터 10일 이내에 재의요구서를 위원회에 제출하여야 한다. 위원장은 재의 요구가 있는 경우에는 그 요구를 받은 날부터 7일 이내에 회의를 소집하여 다시 의결하여야 한다(경찰위원회규정 제6조).

(라) 경찰위원회의 회기와 운영

경찰위원회의 회의는 정기회의와 임시회의로 구분한다. 정기회의는 특별한 사유가 있는 경우를 제외하고는 매월 1회 위원장이 소집한다. 위원장은 필요한 경우 임시회의를 소집할 수 있으며, 위원 3인 이상과 행정안전부 장관 또는 경찰청장은 위원장에게 임시회의의 소집을 요구할 수 있다. 임시회의 소집 요구가 있는 경우에는 위원장은 특별한 사유가 없는 한 회의를 소집하여야 한다(경찰위원회규정 제7조). 위원회에 간사 1인을 두되, 간사는 경찰청 기획담당관이 된다(경찰위원회규정 제8조). 간사는 위원장의 명을 받아 의안의 작성, 회의 진행에 필요한 준비, 회의록 작성과 보관, 기타 위원회의 사무를 처리한다.

경찰위원회의 사무는 경찰청에서 수행하며, 위원회의 회의는 재적 위원 과반수의 출석과 출석 위원 과반수의 찬성으로 의결한다(경찰법 제10조).[17]

16) 이황우, 『경찰행정학』, 120-121면.
17) 경찰위원회 제도의 개선 방향에 대해서는 이강종, 『주요 국가의 경찰관리』, 유성사(2004), 201-220면 참조.

(2) 치안행정협의회

치안행정협의회는 지방행정과 치안행정의 업무 조정과 그 밖에 필요한 사항을 협의·조정하기 위하여 시·도지사(제주특별자치도지사는 제외한다) 소속으로 치안행정협의회를 둔다(경찰법 제16조).

우리나라 경찰은 경찰청장을 정점으로 하는 중앙집권적 국가경찰 제도를 채택하고 있으므로 지방자치가 실시되고 있는 현재의 상황에서 지방행정기관과의 유기적인 업무 협조가 필요하기 때문에 이와 같은 협의기구를 둔 것이다.[18] 치안행정협의회의 법적 성격은 단순 자문기구로 보는 것이 타당하다.

(가) 치안행정협의회의 기능

치안행정협의회는 ① 지역 안정 및 질서 유지에 관한 사항, ② 민방위 및 재해대책 운영에 관한 사항, ③ 질서 확립운동 등 지역사회운동의 효율적 추진에 관한 사항, ④ 지역주민과 경찰 간의 협조 및 요망 사항, ⑤ 기타 지방행정과 치안행정 간 상호 지원에 관한 사항과 시·도지사 및 지방경찰청장이 회의에 부치는 사항을 협의한다(치안행정협의회규정 제2조).

(나) 치안행정협의회의 구성과 운영

치안행정협의회는 위원장을 포함한 위원 9인으로 구성한다. 위원장은 서울특별시·직할시 또는 도의 부시장 또는 부지사가 되고, 위원은 ① 시·도 소속 공무원 중 서울특별시장·직할시장 또는 도지사가 임명하는 자 2인, ② 지방경찰청 소속 경찰공무원 중 지방경찰청장의 추천으로 시·도지사가 임명하는 자 3인, ③ 지방행정과 치안행정에 관한 학식과 경험이 있는 자로서 지방경찰청장의 의견을 들어 시·도지사가 위촉하는 자 3인이 된다(치안행정협의회규정 제3조 제2항). 제3호의 위원의 임기는 2년으로 한다(치안행정협의회규정 제3조 제3항).

위원장은 치안행정협의회를 대표하며 그 회무를 통할하고, 위원장이 사고가 있을 때에는 위원장이 미리 지명하는 자가 그 직무를 대행한다(치안행정협의회규정 제4조). 위원장은 협의회의 심의를 위하여 필요한 경우에

---

18) 이황우, 『경찰행정학』, 121면.

는 관계 공무원 또는 관계 전문가의 출석·발언이나 자료의 제출을 요구할 수 있다(치안행정협의회규정 제7조).

치안행정협의회의 회의는 매분기 1회 개최하되, 특정 사안에 관하여 지방행정과 치안행정과의 업무 협조 등을 위하여 필요한 경우에는 수시로 개최할 수 있다. 회의는 위원장이 소집한다(치안행정협의회규정 제5조).

치안행정협의회의 사무를 처리하게 하기 위하여 간사 2인을 두되, 시·도의 기획담당관 및 지방경찰청 경무과장이 된다. 간사는 위원장의 명을 받아 ① 소관 의안의 작성, ② 회의 진행에 필요한 준비, ③ 회의록의 작성과 보관, ④ 기타 위원회의 사무를 처리한다(치안행정협의회규정 제6조).

3) 경찰집행기관

경찰집행기관이란 소속 경찰관청의 명을 받아 경찰에 관한 국가 의사를 실력으로써 현장에서 현실적으로 직접 수행하는 경찰기관을 말한다.[19] 경찰집행기관은 직무의 일반성 여하에 따라 일반경찰집행기관과 특별경찰집행기관으로 구분한다.

(1) 일반경찰집행기관

일반경찰집행기관은 경찰 업무 일반에 관한 집행기관을 말하며, 이러한 경찰집행기관으로는 경찰공무원으로 경찰공무원법의 적용을 받는 특정직 국가공무원이다. 다시 말해, 일반경찰 업무를 집행하는 경찰관을 말하며, 경찰공무원은 한 사람 한 사람이 경찰집행기관이 된다. 경찰집행기관인 경찰공무원의 계급에는 치안총감·치안정감·치안감·경무관·총경·경정·경감·경위·경사·경장·순경이 있다(경찰공무원법 제2조). 보통 경찰집행기관인 경찰공무원은 제복(制服)을 착용하고, 직무 수행을 위해 필요한 때에는 무기를 휴대할 수 있다(경찰공무원법 제20조).

일반경찰집행기관은 원칙적으로 관할구역 내의 경찰 업무를 담당하지만 지방경찰청장 또는 지방해양경찰관서의 장은 돌발 사태를 진압하거나 공공

19) 홍정선, 『행정법원론(하)』, 237면; 박윤흔, 『최신행정법강의(하)』, 301면; 김남진, 『행정법(Ⅱ)』, 250면.

질서가 교란(攪亂)되었거나 교란될 우려가 현저한 지역을 경비할 때 그 소관 경찰력으로는 이를 감당하기 곤란하다고 인정할 때에는 응원(應援)을 받기 위하여 다른 지방경찰청장이나 지방해양경찰관서의 장 또는 자치경찰단을 설치한 제주특별자치도지사에게 경찰관 파견을 요구할 수 있고, 경찰청장이나 해양경찰청장은 돌발 사태를 진압하거나 특수지구를 경비할 때 긴급한 경우에는 지방경찰청장, 소속 경찰기관의 장 또는 지방해양경찰관서의 장에게 다른 지방경찰청 또는 지방해양경찰관서의 경찰관을 응원하도록 소속 경찰관의 파견을 명할 수 있다(경찰관직무응원법 제1조).

일반경찰집행기관을 이루는 경찰공무원은 사법경찰(司法警察)에 관한 사무를 아울러 담당하며(형사소송법 제196조), 이러한 업무를 담당하는 경찰공무원을 사법경찰관리(司法警察官吏)라고 한다. 사법경찰관리는 검사의 지휘를 받으며 형사소송법에 따라 그 직무를 수행한다.

(2) 특별경찰집행기관

특별경찰집행기관이란 특정 분야의 경찰작용에 관한 집행기관을 말한다. 여기에는 전투경찰대, 소방공무원, 헌병, 청원경찰, 해양경찰청 등이 그 예이다.

(가) 전투경찰대

전투경찰대는 간첩(무장공비를 포함한다)의 침투 거부(浸透拒否), 포착(捕捉), 섬멸(殲滅), 그 밖의 대(對)간첩작전을 수행하고 치안 업무를 보조하기 위하여 지방경찰청장 및 대통령령으로 정하는 국가경찰기관의 장 또는 해양경찰기관의 장 소속으로 하는 특별경찰집행기관이다(전투경찰대설치법 제1조 제1항). 경찰청장 또는 해양경찰청장은 필요하면 그 소속으로 따로 전투경찰대를 두거나 대통령령으로 정하는 바에 따라 전투경찰대의 총괄기관을 둘 수 있다(전투경찰대설치법 제1조 제2항). 전투경찰대의 조직은 경찰공무원법의 적용을 받는 경찰공무원과 의무 복무를 조건으로 하는 전투경찰순경으로 구성되는데 군 편제와 비슷한 특수조직이다.

전투경찰대는 그 조직과 임무에서 보면 군대와 비슷하지만 그 임무가 치안 유지의 일환이며, 그 구성원이 군인이 아닌 점에서 군대는 아니다. 전투경찰대를 구성하는 전투경찰순경은 일반경찰관이 아니며, 대간첩작전 수행을 임무로 하는 전투경찰순경은 「병역법」 제24조 제2항[20]에 따라 전환 복무(轉換服務)된 사람 중에서 임용한다. 또한 치안 업무의 보조를 임무로 하는 전투경찰순경은 「병역법」 제25조 제1항[21]에 따라 전환 복무된 사람 중에서 임용한다.[22] 이들에 대해서는 경찰공무원법 중 일부 규정만이 준용(準用)된다(전투경찰대설치법 제4조 제1항). 전투경찰순경은 군에서 소정의 군사교육만을 받고 전임해 현역 복무에 갈음해 전투경찰대에서 복무하는 것이다(병역법 제24조 제3항).[23][24] 또한 「병역법」(동법 제25조 제1항)에 따라 전환 복무된 사람 중 경찰대학을 졸업하고 경위로 임용된 사람은 전환 복무 기간 중 전투경찰대의 대원으로 복무하여야 한다(전투경찰대설치법 제2조의3 제3항).

(나) 소방공무원

소방공무원은 화재를 예방·경계하거나 진압하고 화재, 재난·재해, 그 밖의 위급한 상황에서의 구조·구급 활동 등을 통하여 국민의 생명·신체 및 재산을 보호함으로써 공공의 안녕 및 질서 유지와 복리 증진에 이바지함을 목적으로 하는 특별경찰집행기관이다(소방기본법 제1조). 소방공무원에는 국가소방공무원과 지방소방공무원이 있다(소방공무원법 제2조).

---

20) 국방부 장관은 「전투경찰대설치법」 제3조 제1항에 따라 대간첩작전의 수행을 임무로 하는 전투경찰순경의 임용 예정 인원 배정을 요청받으면 현역병으로 입영하여 정하여진 군사교육을 마친 사람 중에서 필요한 인원을 전환 복무시킬 수 있다(병역법 제24조 제2항).

21) 국방부 장관은 경찰청장 또는 해양경찰청장으로부터 「전투경찰대설치법」 제3조 제2항과 제3항에 따라 치안 업무의 보조를 임무로 하는 전투경찰순경 임용 예정자와 경찰대학 졸업 예정자로서 전투경찰대에 복무할 사람을 추천받은 경우에는 그 추천을 받은 사람을 현역병 지원자로 보고 지방병무청장으로 하여금 이들을 입영하게 하여 정하여진 군사교육을 마치게 한 후 전환 복무시킬 수 있다(병역법 제25조 제1항).

22) 의무전투경찰순경은 치안 업무를 보조하는 업무의 일환으로서 경찰공무원법의 규정에 의한 경찰공무원과 마찬가지로 단독으로 교통 정리를 위한 지시 또는 신호를 할 수 있다(대법원 1998.7.24, 98다18339).

23) 박윤흔, 『최신행정법강의(하)』, 302면.

24) 대간첩작전의 수행을 임무로 하는 전투경찰순경과 치안 업무의 보조를 임무로 하는 전투경찰순경 간에는 그 전임 대상자가 될 요건에 차이가 있다 하더라도 소속 상관의 시위 진압을 위한 직무상의 명령이 있는 이상 대간첩작전의 수행을 임무로 하는 전투경찰순경도 이에 복종하여야 한다(대법원 1994.6.14, 94도778).

(다) 헌병

군사 및 군인·군무원에 관한 경찰집행기관으로서, 그에 관한 보안경찰과 사법경찰작용을 담당한다(군사법원법 제43조 내지 46조). 헌병은 원칙적으로 일반인에 대해서는 경찰권을 행사할 수 없으나, 군사 또는 군인·군속의 범죄에 관련 있는 범죄와 「군용물 등 범죄에 관한 특별조치법」에 규정된 군용물·군용시설·군사기밀에 관한 일반인의 범죄에 관해서는 수사할 수 있다(군사법원법 제44조 제1호 및 사법경찰관리의 직무를 행할 자와 그 직무 범위에 관한 법률 제9조).

(라) 청원경찰

청원경찰은 청원주(請願主)와 배치된 기관·시설 또는 사업장 등의 구역을 관할하는 경찰서장의 감독을 받아 그 경비구역만의 경비를 목적으로 필요한 범위에서 「경찰관직무집행법」에 따른 경찰관의 직무를 수행한다(청원경찰법 제3조). 따라서 불심검문은 물론 무기 사용까지도 가능하다. 그러나 범죄 수사는 할 수 없다.

청원경찰을 배치받으려는 자는 대통령령으로 정하는 바에 따라 관할 지방경찰청장에게 청원경찰 배치를 신청하여야 한다. 지방경찰청장은 청원경찰 배치 신청을 받으면 지체없이 그 배치 여부를 결정하여 신청인에게 알려야 한다. 지방경찰청장은 청원경찰 배치가 필요하다고 인정하는 기관의 장 또는 시설·사업장의 경영자에게 청원경찰을 배치할 것을 요청할 수 있다(청원경찰법 제4조).[25]

---

25) 헌법상 법치주의의 한 내용인 법률유보의 원칙은 국민의 기본권 실현에 관련된 영역에서 국가 행정권의 행사에 관해 적용되는 것이지, 기본권규범과 관련 없는 경우에까지 준수되도록 요청되는 것은 아니라 할 것인데, 청원경찰은 근무의 공공성 때문에 일정한 경우에 공무원과 유사한 대우를 받고 있는 등으로 일반 근로자와 공무원의 복합적 성질을 가지고 있지만, 그 임면 주체는 국가 행정권이 아니라 청원경찰법상의 청원주로서 그 근로 관계의 창설과 존속 등이 본질적으로 사법상 고용계약의 성질을 가지는 바, 청원경찰의 징계로 인하여 사적 고용계약상의 문제인 근로관계의 존속에 영향을 받을 수 있다 하더라도 이는 국가 행정 주체와 관련되고 기본권의 보호가 문제되는 것이 아니어서 여기에 법률유보의 원칙이 적용될 여지가 없으므로, 그 징계에 관한 사항을 법률에 정하지 않았다고 하여 법률유보의 원칙에 위반된다 할 수 없다. 청원경찰의 징계 사유나 종류, 효력, 절차 등은 청원경찰이 배치된 기관·시설 또는 사업장의 특성에 따라 달

청원경찰은 청원주가 임용하되, 임용을 할 때에는 미리 지방경찰청장의 승인을 받아야 한다. 「국가공무원법」(동법 제33조)의 결격 사유에 해당하는 사람은 청원경찰로 임용될 수 없다. 청원경찰의 임용 자격·임용 방법·교육 및 보수에 관하여는 대통령령으로 정한다(청원경찰법 제5조 제3항). 청원경찰의 복무에 관하여는 「국가공무원법」 제57조(복종의 의무), 제58조 제1항(직장 이탈 금지), 제60조(비밀 엄수의 의무), 제66조 제1항(집단행위의 금지) 및 「경찰공무원법」 제18조(허위 보고 등의 금지)를 준용한다(청원경찰법 제5조).

청원주는 청원경찰이 ① 직무상의 의무를 위반하거나 직무를 태만히 한 때, ② 품위를 손상하는 행위를 한 때에는 대통령령으로 정하는 징계절차를 거쳐 징계처분을 하여야 한다. 청원경찰에 대한 징계의 종류는 파면, 해임, 정직, 감봉 및 견책으로 구분한다.[26] 청원경찰의 징계에 관하여 그 밖에 필요한 사항은 대통령령으로 정한다(청원경찰법 제5조의2).[27]

라질 수 있어 탄력적인 규율의 필요성이 인정되고, 청원경찰 복무의 복합적 성격을 감안하면 대통령령에 규정될 징계 사유, 종류, 효력 및 절차 등, 내용의 대강이 일반 근로자를 기본으로 하되 국가공무원 내지는 경찰공무원의 성질이 가미되는 복합적 내용이 될 것이라는 점을 충분히 예측할 수 있으므로, 이 사건 법률 조항은 포괄위임입법 금지원칙에 위반되지 아니한다. 청원경찰은 기본적으로 공무원이 아니고 청원주가 임명하는 일반 근로자이므로 공무원과 청원경찰을 동일한 비교집단이라고 보기 어려워 동일한 비교집단임을 전제로 공무원과 비교하여 합리적 이유 없는 차별이 있다고 볼 수 없고, 설령 청원경찰 복무의 공공성만을 취하여 일반 공무원이나 경찰공무원과 비교하더라도 청원경찰의 징계 사유나 종류, 효력, 절차 등이 사업장의 특성에 따라 다르고 경영자가 소요경비를 부담하고 임용 역시 청원주가 결정한다는 점을 고려하면 징계에 관한 규정 형식이 일반 공무원과 다르다고 하여 합리적인 이유 없는 차별에 해당한다고 보기 어렵다(2008헌바160, 2010.2.25).

26) 국가나 지방자치단체에 근무하는 청원경찰은 국가공무원법이나 지방공무원법상의 공무원은 아니지만, 다른 청원경찰과는 달리 그 임용권자가 행정기관의 장이고, 국가나 지방자치단체로부터 보수를 받으며, 산업재해보상보험법이나 근로기준법이 아닌 공무원연금법에 따른 재해보상과 퇴직급여를 지급받고, 직무상의 불법행위에 대하여도 민법이 아닌 국가배상법이 적용되는 등의 특질이 있으며 그외 임용자격, 직무, 복무 의무 내용 등을 종합하여 볼 때, 그 근무 관계를 사법상의 고용계약 관계로 보기는 어려우므로 그에 대한 징계처분의 시정을 구하는 소는 행정소송의 대상이지 민사소송의 대상이 아니다(대법원 1993.7.13, 92다47564).

27) 청원경찰법 시행령 제8조(징계) ① 관할 경찰서장은 청원경찰이 법 제5조의2 제1항 각 호의 어느 하나에 해당한다고 인정되면 청원주에게 해당 청원경찰에 대하여 징계처분

청원경찰은 근무 중 제복을 착용하여야 한다. 지방경찰청장은 청원경찰이 직무를 수행하기 위하여 필요하다고 인정하면 청원주의 신청을 받아 관할 경찰서장으로 하여금 청원경찰에게 무기를 대여하여 지니게 할 수 있다. 청원경찰의 복제(服制)와 무기 휴대에 필요한 사항은 대통령령으로 정한다(청원경찰법 제8조).[28] 청원경찰(국가기관이나 지방자치단체에 근무하는 청원경찰은 제외한다)의 직무상 불법행위에 대한 배상 책임에 관하여는 「민법」의 규정을 따른다(청원경찰법 제10조의2).

(마) 해양경찰청

해양경찰청은 국토해양부 장관의 소속하에 설치되며, 해상경비·해난구조·해상 오염의 감시 및 방제사업 등 해상에서의 경찰에 관한 업무를 관장한다. 해양경찰청 소속 경찰공무원은 사법경찰관리로서의 사무도 겸한다.

2 특별경찰기관

일반경찰기관에 대응한 개념으로 협의의 행정경찰작용과 비상경찰작용을 담당하는 경찰기관을 특별경찰기관이라고 한다. 이와 같은 특별경찰기

을 하도록 요청할 수 있다. ② 법 제5조의2 제2항의 정직(停職)은 1개월 이상 3개월 이하로 하고, 그 기간에 청원경찰의 신분은 보유하나 직무에 종사하지 못하며, 보수의 3분의 2를 줄인다. ③ 법 제5조의2 제2항의 감봉은 1개월 이상 3개월 이하로 하고, 그 기간에 보수의 3분의 1을 줄인다. ④ 법 제5조의2 제2항의 견책(譴責)은 전과(前過)에 대하여 훈계하고 회개하게 한다. ⑤ 청원주는 청원경찰 배치 결정의 통지를 받았을 때에는 통지를 받은 날부터 15일 이내에 청원경찰에 대한 징계 규정을 제정하여 관할 지방경찰청장에게 신고하여야 한다. 징계규정을 변경할 때에도 또한 같다. ⑥ 지방경찰청장은 제5항에 따른 징계 규정의 보완이 필요하다고 인정할 때에는 청원주에게 그 보완을 요구할 수 있다.

28) 청원경찰법 시행령 제16조(무기 휴대) ① 청원주가 법 제8조 제2항에 따라 청원경찰이 휴대할 무기를 대여받으려는 경우에는 관할 경찰서장을 거쳐 지방경찰청장에게 무기대여를 신청하여야 한다. ② 제1항의 신청을 받은 지방경찰청장이 무기를 대여하여 휴대하게 하려는 경우에는 청원주로부터 국가에 기부채납된 무기에 한정하여 관할 경찰서장으로 하여금 무기를 대여하여 휴대하게 할 수 있다. ③ 제1항에 따라 무기를 대여하였을 때에는 관할 경찰서장은 청원경찰의 무기관리 상황을 수시로 점검하여야 한다. ④ 청원주 및 청원경찰은 행정안전부령으로 정하는 무기관리수칙을 준수하여야 한다.

관을 설치하는 이유로는 특별 내용이나 특정 지역에서의 경찰사무는 기술적·전문적 견지에서 볼 때 보통경찰기관과는 별개의 전문적 기관에 맡기는 것이 편리하고 효과적이기 때문이다.[29]

1) 협의의 행정경찰기관

협의의 행정경찰은 다른 주된 행정작용에 부수되어 일어나는 장해를 제거함으로써 사회의 안녕과 사회 질서를 유지하기 위한 권력작용을 말한다. 협의의 행정경찰관청은 그 주된 행정작용을 관장하는 행정관청이 된다. 예를 들면, 산림경찰·관세경찰·철도경찰·위생경찰이 이에 해당한다. 협의의 행정경찰집행기관은 협의의 행정경찰관청의 소속 공무원이 된다. 그리고 이들은 대부분 사법경찰관리로서의 신분을 가진다. 관장기관은 각 주무장관이 된다. 예를 들면, 위생경찰은 보건복지부 장관, 철도경찰은 국토해양부 장관, 조세경찰은 관세청장, 산림경찰은 산림청장이 된다.

2) 비상경찰기관

비상경찰기관이란 보통경찰기관만으로는 치안을 유지할 수 없는 비상사태시에 병력(兵力)으로써 치안 질서를 유지·담당하는 기관을 말한다. 비상경찰기관으로는 계엄사령관(戒嚴司令官), 위수사령관(衛戍司令官)이 이에 해당한다.

(1) 계엄사령관

전시·사변 또는 이에 준하는 국가비상사태에서 병력으로 군사상의 필요에 응하거나 공공의 안녕·질서를 유지할 필요가 있을 때에는 대통령은 계엄을 선포할 수 있는 바(헌법 제77조 제1항), 계엄이 선포되면 계엄사령관이 병력으로 당해 지역 내의 경찰작용을 수행한다.

계엄사령관은 경비계엄의 선포와 동시에 계엄지역 안의 군사에 관한 행정사무(行政事務)와 사법사무(司法事務)를 관장하며(계엄법 제7조 제2항),

---

29) 김남진·서정범, 『경찰법』, 111면.

비상계엄의 선포와 동시에 계엄지역 안의 모든 행정사무와 사법사무를 관장한다(계엄법 제7조 제1항). 계엄의 시행에 관해 계엄지역이 일부 지역에 국한되는 경우에는 국방부 장관의 지휘·감독을 받으나, 계엄지역이 전국에 걸치는 경우에는 대통령의 지휘·감독을 받는다.

(2) 위수사령관

위수사령관은 위수 근무를 행하게 하기 위해 위수지역에 두며(위수령 제2조 제1항), 위수사령관은 재해 또는 비상사태가 발생해 일반경찰력으로 치안을 담당하기 어려울 때 특별시장·광역시장·도지사로부터 병력 출동을 요청받거나, 치안 유지에 대한 조치에 관해 시장·군수·경찰서장 사이의 협의에 의해 병력 출동의 요청을 받았을 때 육군참모총장의 승인을 얻어 이에 응할 수 있다(위수령 제12조).

위수사령관에 의한 병력 출동은 군사기관의 독자적인 경찰작용이 아니고 일반경찰기관의 요청에 의해 그를 응원하는 행정응원(行政應援)의 일종이며,[30] 따라서 경비·순찰과 같은 본래의 위수 활동과 구분되는 경찰작용으로서의 성질을 가지며, 그 한도에서 경찰관직무집행법이 정한 활동을 할 수 있다.[31]

위수령은 모법(母法)의 근거조차 없는 비상명령으로 계엄령 선포와 같은 군사력을 동원할 수 있다. 위수령은 1950년 3월 27일 이승만이 대통령령 제296호로 선포한 후, 박정희 정권에서 1970년 4월 20일 대통령령 제4949호로 그 효력을 인정했다.[32]

---

30) 박윤흔, 『최신행정법강의(하)』, 303면; 석종현, 『행정법강의(Ⅱ)』, 235면; 이명구, 『행정법원론』, 966면.

31) 김남진, 『행정법(Ⅱ)』, 253면.

32) 이철호·남궁승태, 긴급권 남용의 실태와 그 문제점, 『한국법학 50년: 과거·현재·미래(Ⅰ)』, 한국법학교수회(1998), 35면. 위수령과 전투경찰대설치법 등의 남용 실태와 문제점에 대한 자세한 설명은 위의 논문 35-37면 참조.

제 5 절 경찰관청의 권한의 대리와 위임

1 경찰관청의 권한

1) 경찰관청의 권한의 의의

권한이란 조직의 단일체가 갖는 사무의 범위 내지 그 사무 수행에 필요한 각종 권능과 의무의 총체를 말한다고 할 수 있다.[33] 따라서 경찰관청의 권한이란 경찰관청이 법령상 행정 주체를 위해 그 의사(意思)를 결정하고 표시할 수 있는 범위를 말한다.[34]

2) 경찰관청의 권한의 획정

경찰관청의 권한의 범위는 일반적으로 경찰관청을 설치하는 근거 법규에 의해 결정되며 이는 경찰관청의 권한의 사항적 한계를 이룬다. 따라서 경찰관청은 스스로 그 직무 범위를 변경할 수는 없다. 행정관청의 권한 획정의 목적은 ① 행정의 중복과 모순 제거 및 명확한 책임 소재의 규명, ② 행정의 전문화 도모, ③ 행정 임무 수행에서의 외부적 영향력 배제, ④ 사인(私人)의 권리구제의 확충이다.[35]

3) 경찰관청의 권한의 한계

경찰관청은 그 직무 범위가 정해져 있으므로 그 직무의 범위 내에서 권한을 행사해야만 한다. 이것을 경찰관청의 권한의 한계라고 하며, 이 한계를 벗어난 행위는 원칙적으로 무효이다. 행정관청의 한계에는 사항적 한계, 지역적 한계, 대인적 한계, 형식적 한계가 있다.

---

33) 홍정선, 『행정법원론(상)』, 박영사(2004), 578면.
34) 김동희, 『행정법Ⅱ』, 13면.
35) 류지태, 『행정법신론』, 544면; 홍정선, 『행정법원론(상)』, 579면.

(1) 사항적 한계

사항적 한계를 사물관할(事物管轄) 또는 실질적 권한이라고도 하며, 이는 행정관청 사이의 횡적·종적 관계에서 다른 행정관청의 권한에 속하는 사항을 처리할 수 없는 것을 말한다. 다시 말해, 상급 행정청은 하급 행정청을 지휘·감독할 수 있으나 법령에 특별한 규정이 없는 한 하급 관청의 권한을 대신 행사할 수는 없다.

(2) 지역적 한계

행정관청의 권한이 일정한 지역 내에서만 효력이 발생할 수 있는 것을 말하며, 이를 토지관할이라고도 한다. 행정관청의 권한이 전국에 미치는 경우를 중앙관청이라 하고, 일부 지방에 미치는 것을 지역관청이라고 한다.

(3) 대인적 한계

일정한 인적 범위에 한정되는 것으로 인적 관할이라고도 한다. 국립대학교 총장의 권한이 그 대학의 교직원과 학생에게만 미치는 것을 의미한다.

(4) 형식적 한계

행정관청의 권한 행사에 일정한 형식에 한계가 있는데, 형식적 권한이라고도 한다. 국무총리와 각부 장관은 모두 행정입법권이 있으나, 그 권한 행사는 총리령과 부령의 형식에 의하도록 되어 있는 것이 그 예이다.[36]

4) 권한 행사의 효과

(1) 외부적 효과

권한 행사의 외부적 효과로서 행정관청이 권한의 범위 내에서 권한을 행사한 경우에는 그 행위가 국가 또는 지방자치단체의 행위로서 효력을 가진다. 따라서 그 행위의 법적 효력은 행정관청 구성원의 변경이 있을지라도 영향을 받지 않는다.[37] 경찰관청이 그의 권한의 한계를 넘어서 권한을 행사한 때에는 그 권한 행사는 위법한 것이 된다.

---

36) 김동희, 『행정법(II)』, 14면.
37) 김동희, 『행정법(II)』, 15면.

(2) 내부적 효과

권한 행사의 내부적 효과로서 행정관청의 권한은 동급의 행정관청뿐만 아니라 상급 행정관청이라 할지라도 법규의 명시적 권한이 없는 한 하급 행정관청의 권한에 속하는 행위를 직접 행할 수 없다.

2 경찰관청의 권한의 대리

1) 의의

경찰관청의 권한의 대리라고 함은, 경찰관청 권한의 전부 또는 일부를 타기관(보조기관이나 타경찰관청)이 피대리관청을 위한 것임을 표시하고 대리경찰관청 자신의 이름으로 행하여 그 행위 효과는 직접 피대리관청의 행위로서 법률상 효과가 발생하는 것을 말한다. 이를 정부조직법에서는 권한의 대행, 직무대행(정부조직법 제7조 제2항, 동법 제19조)이라고 표현하고 있다.

2) 유사 개념과의 구별

(1) 권한의 위임

대리는 권한 자체의 이전(移轉)을 가져오지 않는 반면에, 권한의 위임은 권한 자체가 실질적으로 수임청에게 이전되는 점에서 구별된다.

(2) 서리

피대리청의 구성원이 궐위되어 있는 경우의 대리를 의미하는 바, 행정청의 지위에 있는 자에게 사고가 있는 경우의 대리와는 달리 대리되는 자가 없다는 점에서 대리와 구별된다. 서리(署理)는 피대리관청의 구성원이 행정관청 구성자가 사망·면직 등의 사유로 궐위된 경우 정식으로 후임자를 임명하기 전에 임시로 지정된 대리자를 말한다.

3) 대리의 종류

경찰관청의 권한의 대리는 발생 원인을 표준으로 해 임의대리(任意代理)와 법정대리(法定代理)로 구분할 수 있다.

(1) 임의대리

피대리관청의 수권(授權)에 의해 성립되는 대리로서 수권대리 또는 위임대리라고도 한다. 이때의 수권(授權)은 개별적 법령의 근거 없이도 행해질 수 있다.[38] 실제상 임의대리가 활용하는 경우는 많지 않은 것으로 보인다. 수권행위는 상대방의 동의를 요하지 않는 일방적 행위이다.[39]

(2) 법정대리

법정대리라 함은 법령의 규정에 의해 법정된 사실의 발생과 더불어 당연히 또는 일정한 자의 지정에 의해 대리 관계가 발생하는 것을 의미한다. 법정대리의 종류에는 대리자의 결정 방법에 따라 협의(狹義)의 법정대리와 지정대리(指定代理)가 있다.

(가) 협의의 법정대리

법정 사실이 발생했을 때에 법률상 당연히 대리 관계가 발생하는 경우를 말한다(헌법 제71조, 정부조직법 제7조 제2항 · 제12조 제2항 · 제19조, 직무대리규정 제3조). 다시 말해, 법령에 대리자가 명시되어 있기 때문에 법정 사실이 발생한 경우 다른 보조적 행위를 기다릴 것도 없이 법률상 당연히 대리권이 발생하는 경우이다.

(나) 지정대리

법정 사실이 발생했을 때에, 일정한 자가 대리자를 지정함으로써 비로소 대리 관계가 발생하는 경우이다. 예를 들면, 국무총리가 사고로 직무를 수행할 수 없는 경우에는 대통령의 지명이 있으면 그 지명을 받은 국무위원

---

38) 임의대리의 법적 근거에 대해, 임의대리라 해도 법률에 의한 행정의 원리와 관련해 임의대리라 해도 내부적으로는 관계 행정기관 상호간의 권한 배분의 변동을 가져오는 것이므로, 행정조직의 민주적 통제의 견지에서 법령의 명시적 근거와 공시를 요한다는 견해도 있다(박윤흔, 『최신행정법강의(하)』, 38면 참조).

39) 홍정선, 『행정법원론(상)』, 582면.

이, 지명이 없는 경우에는 정부조직법(제22조 제1항)에 규정된 순서에 따라 국무위원이 그 직무를 대행한다(정부조직법 제22조). 이때의 대리 지정(指定)은 '대리명령서(代理命令書)'에 의한다(직무대리규정 제6조 제2항).[40]

서리(署理)와 본래의 지정대리는 법정 사실이 발생하여 행정청이 그 권한을 행사할 수 없게 된 경우에 법령의 규정에 따라 대리자가 지정되고, 대리자는 피대리행정청의 권한 전부를 행사한다는 점에서는 동일하나, 피대리행정청의 지위에 있는 자가 본래의 지정대리에서는 존재하고, 서리에서는 존재하지 않는다는 점에서는 차이가 있다. 서리는 서리라는 지위를 표시하여 자기의 이름과 책임으로 당해 행정청에 부여되는 모든 권한을 행사한다.[41]

4) 대리권의 범위

(1) 임의대리

임의대리의 경우 대리권의 범위는 수권행위에 의해 정해진다. 임의대리의 경우 피대리관청(被代理官廳)의 권한의 일부에 대해서만 가능하다. 권한의 전부에 대해 대리권을 부여하는 것은 법령에 정해진 권한의 사실상의 포기를 의미하는 것이 되기 때문이다. 따라서 권한의 포괄적인 대리는 금

40) 직무대리규정 제4조(기관장과 부기관장의 직무대리) ① 기관장에게 사고가 발생한 경우에는 부기관장이 기관장의 직무대리를 한다. ② 부기관장에게 사고가 발생한 경우에는 실·국을 설치하는 법령에 규정된 실·국의 순위에 따른 실장·국장(본부장·단장·부장, 그 밖에 이에 준하는 직위에 재직 중인 공무원을 포함하며, 실·국이 설치되어 있지 아니한 기관에서는 과장이나 이에 준하는 보조기관을 말한다. 이하 같다)이 부기관장의 직무대리를 한다. 다만, 실장·국장보다 상위 직위가 설치되어 있는 경우에는 그 직위를 설치하는 법령에 규정된 순위에 따라 그 상위 직위에 재직 중인 공무원이 실장·국장에 우선하여 부기관장의 직무대리를 한다. ③ 기관장은 대리하게 할 업무가 특수하거나 그 밖의 부득이한 사유로 제2항의 순위에 따른 직무대리가 적당하지 아니하다고 인정되는 경우에는 제2항에도 불구하고 직무대리의 취지에 맞게 부기관장 직무대리의 순위를 미리 정하여 운영하여야 한다. ④ 기관장과 부기관장 모두에게 사고가 발생한 경우에는 제2항의 순위(제3항에 따라 미리 정해진 직무대리 순위가 있는 경우에는 그 순위를 말한다)에 따른 직위에 재직 중인 공무원이 순차적으로 각각 기관장, 부기관장의 직무대리를 한다.

41) 박균성·김재광, 『경찰행정법』, 박영사(2010), 105면.

지된다. 그리고 성질상 또는 법령이 반드시 특정의 기관만이 수행하도록 규정한 행위는 수권의 대상이 될 수 없다.[42]

(2) 법정대리

법정대리의 경우 대리권의 범위는 피대리관청이 궐위되어 있거나 사고가 있어서 그 권한을 행사할 수 없을 때 성립하는 것이므로, 대리권은 협의의 법정대리인가 지정대리인가를 묻지 않고 피대리관청의 권한의 전부에 미친다.

5) 대리행위에 대한 책임

(1) 임의대리

임의대리의 경우 대리자는 대리권 행사에서 피대리관청의 지휘·감독을 받으며, 그의 대리행위에 대해서는 대리자 자신이 공무원법상·사법상 등의 책임을 진다. 다만, 피대리관청은 대리자의 선임·지휘·감독상의 책임을 면할 수 없다.

(2) 법정대리

법정대리의 경우 대리관청은 대리권 행사에서 피대리관청의 지휘·감독을 받지 않으며, 피대리관청의 권한을 대리자 자신의 책임 하에 행사하므로 모든 책임을 진다. 그러나 법정대리는 신뢰 관계에 근거한 수권행위가 없기 때문에 피대리관청은 대리관청의 선임·지휘·감독에 대한 책임을 지지 않는다.

6) 복대리의 문제

대리인이 자기의 권한 내의 행위를 행하기 위해, 자기의 이름으로 선임한 본인의 대리인을 복대리(複代理)라고 한다. 대리자가 그 대리권의 행사를 다시 타인으로 하여금 대리케 하는 것으로서, 법령에 규정이 있는 경우에는 문제가 없으나, 법령에 특별한 규정이 없는 경우에 문제가 된다.

---

42) 류지태, 『행정법신론』, 548면.

임의대리의 경우 수권행위를 통한 신뢰 관계가 기초가 되므로 원칙적으로 복대리가 허용되지 않는다고 보아야 한다.

법정대리의 경우에는 신뢰 관계와는 관계없이 일정한 법정 사실의 발생에 따라 대리 관계가 성립하고 대리권의 범위가 피대리관청의 권한의 전부에 미치므로 그 대리권의 일부에 대해 복대리가 가능하다 할 것이다. 이 경우의 복대리는 임의대리이다.

7) 대리권의 행사 방법

대리행위는 민법상의 현명주의(顯名主義)에 관한 규정이 유추 적용된다고 보아야 할 것이다(민법 제114조). 대리자가 피대리관청의 권한을 행사하는 경우 당연히 그 뜻을 명시(明示)하여야 하는 바, 실무상으로는 직무대리(職務代理) 등의 직함을 붙여 표시하는 것이 관례이다.

대리자가 현명을 하지 않고 대리자 자신의 이름으로 행정권을 행사한 경우에는 대리자의 행위는 대리자 자신의 무권한(無權限)의 행위로 보면 무효라고 볼 수 있지만, 대리권 행사 방식에 하자(瑕疵)가 있는 행위로서 형식의 하자가 있는 행위로 보는 것이 타당하므로 취소할 수 있는 행위로 보는 것이 타당하다.[43] 대리 관계를 표시하지 않은 경우에도 이해관계인이 피대리관청의 행위로 믿을 만한 사정이 있을 때에는 민법상 표현대리(表見代理)에 관한 규정을 유추 적용하여 적법한 대리행위로 볼 수 있을 것이다.[44]

8) 대리권의 소멸

경찰관청의 권한의 대리는 법률 원인이 소멸함으로써 당연히 종료하게 된다.

임의대리는 피대리관청에 의한 수권행위의 철회, 수권행위에서 정한 기한의 경과, 신분의 상실 등에 의해 대리 관계가 종료한다.

---

43) 박균성 · 김재광, 『경찰행정법』, 107면.

44) 박윤흔, 『최신행정법강의(하)』, 37면; 박균성 · 김재광, 『경찰행정법』, 107면.

법정대리는 대리권을 발생케 한 법정 사실의 소멸에 의해 대리 관계가 종료된다.

3 경찰관청의 권한의 위임

1) 경찰관청의 권한위임의 의의

경찰관청의 권한의 위임(delegation of power)이란 경찰관청이 자기에게 주어진 권한을 스스로 행사하지 않고 법령에 근거해 권한의 일부를 하급관청 또는 보조기관에게 실질적으로 이전해 수임기관이 위임(委任)받은 권한 내지 특정 사무를 수임기관 자신의 이름과 책임으로 처리・행사하도록 하는 것을 말한다(행정 권한의 위임 및 위탁에 관한 규정 제8조 참조).

여기서 '실질적으로'란 모법(母法: 授權法)상으로는 위임행정청의 권한이지만, 위임의 법리에 따른 위임입법에 의해 그 권한이 이전됨을 의미한다.[45] 경우에 따라서는 지휘・감독 관계에 있는 관청 간에는 협의의 위임이라 부르며, 대등 관계에 있는 관청 간에는 위탁(委託)이라고 부르는 수도 있으나, 양자간에는 성질상의 차이가 없으므로 합해 그냥 위임이라고 한다.[46]

경찰관청 권한위임의 대표적인 예를 들면 경찰공무원법 제6조 제3항을 들 수 있다. 동법은 "경찰청장 또는 해양경찰청장은 대통령령[47]으로 정하는 바에 따라 경찰공무원의 임용에 관한 권한의 일부를 소속 기관의 장, 지방경찰청장 또는 지방해양경찰관서의 장에게 위임할 수 있다"고 규정하고 있다(경찰공무원법 제6조 제3항).

---

45) 홍정선, 『행정법원론(상)』, 585면.

46) 류지태, 『행정법신론』, 550면; 홍정선, 『행정법원론(상)』, 585면.

47) 경찰공무원임용령은 "경찰청장은 경찰대학・경찰교육원・중앙경찰학교・경찰수사연수원・경찰병원 및 지방경찰청의 장에게 그 소속 경찰공무원 중 경정의 전보・파견・휴직・직위해제 및 복직에 관한 권한과 경감 이하의 임용권을 위임할 수 있다"고 규정하고 있다(경찰공무원임용령 제4조 제1항).

2) 유사 개념과의 구별

(1) 내부위임

내부위임(內部委任)은 경찰관청이 하급경찰관청 또는 보조기관에게 일정한 사항의 권한을 위임하여 수임기관이 대외적으로 위임자(委任者)의 명의로 권한을 행사하게 하는 것을 말한다. 내부위임은 권한의 귀속 자체에 대한 변경, 즉 권한의 이전이 없다는 점에서 위임(委任)과 구별되며 수임자가 위임관청의 명의로 권한을 행사한다는 점에서 대리(代理)와 구별된다.

(2) 위임전결

위임전결(委任專決)이란 경찰관청의 의사결정 내지 권한의 일부를 보조기관에게 실질적으로 위임하되, 대외적인 권한의 행사는 경찰관청의 명의로 하게 하는 것을 말한다. 위임전결은 위에 기술한 내부위임과 동일하지만, 다만 내부위임은 상하 경찰관청 간에 행해짐이 보통이지만, 위임전결은 경찰관청과 보조기관 간에 행해지는 점에 차이가 있다.

(3) 대결

대결(代決)이라 함은 경찰관청의 결재권자의 부재 시 또는 사고 등으로 결재할 수 없는 경우에 보조기관이 외부에 표시함이 없이 결재하는 것을 말한다. 대결은 그 구조가 위임전결이나 내부위임과 동일하지만, 내부적으로 권한의 이전이 없고 결재를 대리하는 것이며 일시적으로만 행해진다는 점에서 계속적으로 권한이 내부적으로 이전되는 내부위임이나 위임전결과 구별된다.

3) 위임의 법적 근거

권한의 위임은 법령으로 정해진 경찰관청의 권한을 다른 경찰관청에 이전해 권한의 법적 귀속을 변경하는 효과를 가져오므로 반드시 법적 근거를 요한다. 따라서 법령의 근거가 없는 권한의 위임은 무효이다.

권한의 위임에 관한 일반적 근거법으로는 정부조직법 제6조[48]와 그에 기

48) 정부조직법 제6조(권한의 위임 또는 위탁) ① 행정기관은 법령으로 정하는 바에 따라

해 제정된 「행정 권한의 위임 및 위탁에 관한 규정」, 지방자치법 제102조 및 제104조 등이다. 또한 여객자동차운수사업법 등과 같이 개별 법률들도 권한위임의 근거 조항을 두고 있다.

개별법상 권한의 위임에 관한 명시적 규정이 없는 경우에 정부조직법 제6조에 근거해 권한을 위임할 수 있는지 여부가 문제된다. 이 문제에 대해 정부조직법 제6조는 행정관청 권한의 위임 가능성에 대한 일반 원칙을 선언한 것에 불과하다는 견해와 정부조직법 제6조는 권한위임과 재위임의 근거(일반적 근거 규정)가 된다고 보는 견해가 대립하고 있다.[49] 판례는 정부조직법 제6조를 권한의 위임과 재위임에 관한 일반적 근거 규정으로 보고 있다(대판 1990.2.27, 89누5287).[50]

그 소관사무의 일부를 보조기관 또는 하급 행정기관에 위임하거나 다른 행정기관·지방자치단체 또는 그 기관에 위탁 또는 위임할 수 있다. 이 경우 위임 또는 위탁을 받은 기관은 특히 필요한 경우에는 법령으로 정하는 바에 따라 위임 또는 위탁을 받은 사무의 일부를 보조기관 또는 하급 행정기관에 재위임할 수 있다. ② 보조기관은 위임받은 사항에 대하여는 그 범위에서 행정기관으로서 그 사무를 수행한다. ③ 행정기관은 법령으로 정하는 바에 따라 그 소관사무 중 조사·검사·검정·관리 업무 등 국민의 권리·의무와 직접 관계되지 아니하는 사무를 지방자치단체가 아닌 법인·단체 또는 그 기관이나 개인에게 위탁할 수 있다.

49) 정부조직법 제6조 제1항과 권한위임규정이 권한의 위임 및 재위임의 근거가 될 수 있다고 해석하는 견해의 논거로는 ① 국민의 권리 도는 의무에 직접적으로 관계없는 행정조직에서는 어느 정도 포괄적인 위임도 가능하다. ② 여러 법령에 의해 부여된 중앙행정기관의 권한을 일괄하여 지방에 이관하고자 한 정부조직법 제6조 제1항 및 권한위임규정의 입법 배경을 고려해야 한다는 점을 들고 있다. 반면 정부조직법 제6조 제1항 및 권한위임규정 제3조 및 제4조는 권한의 위임이나 수임 권한의 재위임에 관한 근거 규정이 되지 아니한다고 보는 견해의 논거는 ① 정부조직법 제6조 제1항은 권한의 위임 및 재위임의 기준을 정함이 없이 권한의 위임 및 재위임이 가능하다는 원칙만을 선언하고 있는 데 불과하고, 권한의 위임의 근거가 되는 법률이라고 볼 수 없다. ② 만일 정부조직법 제6조 제1항이 대통령령인 권한위임규정에 대한 위임의 근거가 되는 규정이라고 한다면 행정 권한 법정주의에 반하는 포괄적 수권을 한 것이므로 위헌·위법인 법률 규정이라고 보아야 한다는 점을 들고 있다(박균성·김재광, 『경찰행정법』, 110-111면 참조).

50) "행정기관은 법령이 정하는 바에 의하여 그 소관사무의 일부를 보조기관 또는 하급행정기관에 위임하거나 다른 행정기관·지방자치단체 또는 그 기관에 위탁 또는 위임할 수 있다. 이 경우 위임 또는 위탁을 받은 기관은 특히 필요한 때에는 법령이 정하는 바에 의하여 위임 또는 위탁받은 사무의 일부를 보조기관 또는 하급 행정기관에 재위임할 수 있다"고 규정한 정부조직법 제5조 제1항과 "서울특별시장·직할시장 또는 도지사(서울특별시·직할시·도교육위원회의 교육감을 포함한다)는 행정의 능률 향상과 주민의 편

정부조직법 제6조가 권한의 위임의 일반적인 근거가 된다고 하면, 그것은 권한을 법령으로 명확히 정하라는 행정조직법정주의에 상치되는 결과를 가져오고, 아울러 시민의 입장에서는 권한의 소재를 판단하는 데 많은 어려움을 갖게 될 것이다.[51]

4) 위임의 상대방

권한의 위임은 통상적으로 상하 행정기관 사이에서만 행해지고 있었다. 그러나 행정 기능의 질적·양적 발달에 따라 권한의 위임은 대등 관청 또는 지휘감독 계통을 달리하는 하급 행정관청과 지방자치단체 또는 그 기관 또는 사인(私人)에 대해서도 행해지고 있다.[52]

권한위임의 형태는 ① 하급 관청에 대한 위임, ② 보조기관에 대한 위임, ③ 대등 관청 또는 다른 경찰관청에 대한 위임(위탁), ④ 지방자치단체 또는 그외 기관에 대한 위임(단체위임, 기관위임), ⑤ 지방자치단체 이외의 법인이나 자연인에 대한 위임(민간위탁)으로 구분할 수 있다.

5) 위임의 방식

위임을 위해서는 상대방(수임기관)에게의 통지뿐만 아니라, 경우에 따라

의를 위하여 필요하다고 인정할 때에는 수임사무의 일부를 그 위임기관의 장의 승인을 얻어 규칙이 정하는 바에 따라 구청장·시장·군수(교육구청장·교육장을 포함한다) 기타 소속기관의 장에게 다시 위임할 수 있다"고 규정한 「행정 권한의 위임 및 위탁에 관한 규정」 제4조에 의하면, 도지사가 상급 행정기관인 동력자원부 장관으로부터 석유사업법 제13조 제3항에 따라서 석유판매업자에게 사업의 정지를 명할 수 있는 행정 권한을 위임받은 경우, 그 위임기관의 장인 동력자원부 장관의 승인을 얻어 규칙이 정하는 바에 따라 군수 기타 소속기관의 장에게 그 수임 권한을 다시 위임할 수 있다고 보는 것이 당원의 판례(1989.12.26.선고 89구4000판결; 1990.2.27.선고 89누5287 판결 등)이다. 정부조직법 제5조 제1항과 행정 권한의 위임 및 위탁에 관한 규정 제4조에 의하면, 도지사가 상급 행정기관인 동력자원부 장관으로부터 석유사업법 제13조 제3항에 따라서 석유판매업자에게 사업의 정지를 명할 수 있는 행정 권한을 위임받은 경우, 그 위임기관의 장인 동력자원부 장관의 승인을 얻어 규칙이 정하는 바에 따라 군수 기타 소속기관의 장에게 그 수임 권한을 다시 위임할 수 있다(대법원 1990.7.27, 89누6846).

51) 홍정선, 『행정법원론(상)』, 587면.

52) 김동희, 『행정법(II)』, 22면.

서는 관보(官報)를 통한 일반에게의 공시가 필요하게 된다. 공시 사항으로는 위임청, 수임청, 위임 기간 등이 포함된다.[53] 따라서 법령에 정하고 있는 위임 방식을 위반한 위임은 위법이 된다.

6) 위임의 한계

(1) 일부위임

권한의 위임은 권한 일부의 위임을 의미하는 것이지 권한 전부의 위임을 의미하는 것은 아니다. 왜냐하면 권한 전부의 위임은 사실상 위임행정청의 권한 자체의 폐지를 뜻하는 것이 되기 때문이다.[54]

(2) 재위임

권한의 위임을 받은 수임청은 법령이 정하는 바에 의해 위임받은 권한이나 사무의 일부를 보조기관이나 하급 행정청에 재위임할 수 있다(정부조직법 제6조 제1항 후단 참조).

7) 위임의 효과와 비용 부담

(1) 위임의 효과

권한의 위임이 있으면 권한의 위임으로 위임청은 당해 위임사무(사항)를 처리할 수 있는 권한을 상실하며, 그 권한은 수임청의 권한이 된다.

권한을 위임받은 기관(受任機關)은 자기의 명의(名義)와 책임 하에 권한을 행사하고, 위임된 사항에 관한 쟁송 시 수임청 자신이 피청구인 또는 피고가 된다.

위임기관은 본래 수임기관의 사무 처리에 대해 지휘·감독할 수 있는 지위에 있으므로, 수임기관의 사무 처리가 위법하거나 부당하다고 인정할 때에는 이를 취소하거나 중지시킬 수 있다(행정 권한의 위임 및 위탁에 관한 규정 제6조). 그러나 이에 대해 수임기관이 위임청의 보조기관이나 그 지

---

53) 류지태, 『행정법신론』, 552면.
54) 홍정선, 『행정법원론(상)』, 587면.

휘·감독하에 있는 하급기관인 때에는 위임청은 상급 행정청의 본래의 권한에 기해 이를 지휘·감독할 수 있으나, 그 지휘·감독하에 있지 않은 기관인 경우에는 그러한 권한이 없다고 보는 견해도 있다.55)

(2) 비용 부담

권한의 위임에 따른 비용은 원칙적으로 법령에 특별한 규정이 없는 한 '위임자 부담의 원칙'이 적용된다. 「행정 권한의 위임 및 위탁에 관한 규정」은 "행정기관의 장은 행정 권한을 위임 및 위탁할 때에는 위임 및 위탁하기 전에 수임기관의 수임 능력 여부를 점검하고, 필요한 인력 및 예산을 이관하여야 한다"고 규정하고 있다(동 규정 제3조 제2항).

8) 위임의 종료

권한의 위임은 위임의 해제, 종기의 도래 및 근거 법령의 소멸에 의해 종료된다.

위임의 해제는 위임이 직접 법령에 의해 이루어진 경우에는 법령의 형식으로, 위임이 법령에 의거한 위임청의 의사에 의해 이루어진 때에는 그 의사(意思)로써 행해야 하는데 후자의 경우에는 공시를 요한다.56) 권한위임이 종료되면 위임된 권한은 다시 위임청의 권한으로 복귀된다.

제 6 절 경찰관청 상호간의 관계

피라미드 구조의 국가적 행정계층제는 국가의 사무를 담당하는 수많은 행정관청으로 구성되어 있는데, 행정 과제의 통일적인 수행을 위해서는 이들 행정관청 상호간 상하 또는 대등 관계에서 합리적·합목적적인 관계 정립이 요청된다.57)

55) 김동희, 『행정법(II)』, 24면.
56) 김동희, 『행정법(II)』, 25면.

경찰조직은 경찰 목적을 수행하기 위해 분업과 계층제에 의해 수평 및 수직으로 분화되어 있으며 여러 가지 원리에 의해 편성되어 있다.[58] 따라서 각급 경찰관청은 경찰 목적을 통일적이고 효율적으로 수행하기 위해 상하 또는 대등의 위치에서 각종의 법률 관계를 맺으면서 상호 밀접한 관계를 갖고 활동한다. 경찰관청의 상호간의 관계에는 상하 경찰관청 사이의 관계와 대등 경찰관청 사이의 관계로 파악할 수 있다.

1 상하 경찰관청 간의 관계

상하 행정관청 간의 관계는 권한대리 관계, 권한위임 관계 및 권한감독 관계로 나뉜다. 권한대리 관계, 권한위임 관계는 앞에서 살펴보았으므로, 여기서는 권한감독 관계만 기술하기로 한다.

1) 권한의 감독 관계

권한의 감독이란 하급 경찰관청의 권한 행사가 합법성·합목적성을 확보할 수 있도록 하기 위해 상급 관청이 하급 관청에 대해 행하는 여러 종류의 지도적 내지 통제적 작용을 말한다.[59]

일반적으로 하급 관청의 행정작용마다 법적 근거가 있어야만 상급 관청이 감독권을 갖는 것은 아니다. 그러한 것은 실제상 곤란할 뿐만 아니라 계층적 조직체로서 행정조직의 원리에도 합당하지 않기 때문이다. 그러나 상급 관청이 하급 관청에 대해 일반적으로 감독권을 갖는다는 감독권 자체에 대한 법적 근거는 필요하다.[60] 감독권의 범위는 행정관청의 종류와 사무의 성질에 따라 다르나, 상급 관청의 감독 수단으로 통상적으로 인정되고 있는 것으로는 감시·인가·훈령·취소 또는 정지와 권한쟁의의 결정이 있다.[61]

57) 류지태, 『행정법신론』, 556면.
58) 경찰대학 교재편찬위원회, 『경찰경무론』, 경찰대학(2000), 116면.
59) 홍정선, 『행정법원론(상)』, 590면.
60) 홍정선, 『행정법원론(상)』, 590-591면.

(1) 감시권

상급 경찰기관이 행사하는 사무처리 상황을 파악하기 위해 하급기관으로부터 보고를 받거나 사무감독 등을 행하는 권한을 말한다. 감시권은 하급기관의 위법하고 부당한 권한 행사를 방지하기 위한 예방적 감독 수단이 원칙이지만, 교정적 감독 수단일 때도 있다. 또한, 감시권은 특별한 법적 근거를 요하지 않는다.[62]

(2) 훈령권

(가) 의의

훈령(訓令)이란, 상급 경찰관청이 하급 경찰관청 또는 보조기관의 권한 행사를 지휘하기 위해 발하는 명령을 말한다. 훈령권은 하급 관청의 권한 행사를 지휘 감독할 수 있음에 그치며, 법령에 특별한 규정이 없는 한 하급 관청이 훈령에 위반하더라도 상급 관청이 권한을 대행할 수 없다.[63]

훈령은 상급 관청의 하급 관청에 대한 명령이라는 점에서, 상관의 부하 직원에 대한 직무상의 명령인 직무명령과 구별된다. 훈령은 기관 의사를 구속, 즉 기관구성원이 교체·변경되더라도 효력이 유효해 훈령의 효력에 영향이 없다. 그러나 직무명령은 공무원 개인을 구속, 즉 기관구성자가 교체·변경되면 효력을 상실하게 된다. 훈령은 하급 행정기관의 권한 행사에 대한 명령이지만, 직무명령은 본래의 직무 사항뿐만 아니라 직무 수행에 필요하다고 인정되는 공무원의 생활 활동까지도 구속할 수 있다. 훈령은 동시에 직무명령으로서의 성질을 갖지만, 직무명령은 훈령으로서의 성질을 갖지 못한다.

(나) 훈령의 성질

훈령의 법적 성질과 관련해서는 법규설·비법규설·준(準)법규설 등이 대립하고 있다.

훈령은 경찰조직 내부에서 하급 경찰관청에 대해 발하는 명령에 그치므

61) 김동희, 『행정법(II)』, 26면.
62) 류지태, 『행정법신론』, 557면; 홍정선, 『행정법원론(상)』, 591면.
63) 류지태, 『행정법신론』, 559면.

로 비록 일반적인 법조(法條)의 형식을 취하더라도 법규가 아니므로 일반 국민을 구속할 수 없다는 것이 통설 · 판례의 입장이다. 따라서 훈령 위반은 위법이 아니므로 그 행위 자체의 효력에는 영향이 없다. 다만, 훈령 위반은 명령복종 의무 위반이 되므로 훈령 위반 행위자에게는 징계 사유가 되는 데 그친다.

훈령 중에서 행정사무 처리 또는 법령 해석의 기준을 제시하는 일반적 · 추상적 내용을 가진 훈령은 하급 관청을 구속하여 하급 관청의 행정작용의 기준이 되므로 실질적으로 '법의 보충적 기능'을 하고, 개인에게 '실질적 영향'을 미치게 되므로 법규성(法規性)을 가진다고 본다.[64] 훈령이 대외적 구속력이 있는 행정규칙(行政規則)인 경우에는 당해 훈령에 위반한 행위는 위법한 행위가 된다.

(다) 훈령의 종류

훈령의 종류에는 협의의 훈령, 지시, 예규, 일일명령 등이 있다.

협의의 훈령이란 상급 관청이 장기간에 걸쳐 권한의 행사를 일반적으로 지휘하기 위해 발하는 명령이다. 지시는 상급 관청이 직권 또는 하급기관의 신청 · 문의에 의해 개별적 · 구체적으로 발하는 명령을 말한다. 예규는 반복적으로 행해지는 경찰행정 사무의 기준을 제시하고자 발해지는 명령을 말하며, 이는 행정사무의 통일을 기하기 위한 것이다. 일일명령은 출장 · 당직 · 휴가 등 일일사무에 관해 발하는 명령이다.

(라) 훈령의 요건과 훈령에 대한 하급 관청의 심사권

훈령이 유효하기 위해서는 다음의 요건을 갖추어야 한다. 훈령의 요건에는 형식적 요건과 실질적 요건으로 나뉘는데, 형식적 요건으로는 ① 훈령권을 발할 수 있는 권한이 있는 상급 관청에 의해 발한 것일 것, ② 하급 관청의 권한 내의 사항에 관한 것일 것, ③ 하급 관청의 직무상 독립의 범위에 속하는 사항에 관한 것이 아닐 것이다. 실질적 요건으로는 ① 훈령이 적법하고 타당해야 하며, ② 실현 가능하고 명백한 것이어야 한다.

훈령의 요건과 관련해 하급 관청이 훈령의 요건을 심사할 수 있는지가

---

64) 김춘환, 『경찰행정법』, 조선대학교출판부(2011), 98면.

문제된다. 통설의 입장은 형식적 요건에 대해서는 하급 관청이 심사할 수 있으나, 실질적 요건에 대한 심사권에 대해서는 견해가 나뉘어 있다.

실질적 요건에 대해서는 하급 행정기관은 심사권이 없고 그것이 위법해도 복종해야 한다는 견해와 하자가 중대하고 명백한 것인 때에는 무효로서 복종 의무가 없다고 하는 견해, 명백한 하자가 있는 훈령은 무효로서 그에 대한 복종 의무가 없다는 견해, 객관적으로 위법한 것이면 무효로서 그에 대한 복종 의무가 없다고 하는 견해 등이 제시되고 있다.[65] 실질적 요건에 대해서도 하급 관청이 심사권을 가지고 검토할 수 있으며, 이에 따라서 훈령에 객관적으로 명백한 위법 사유가 있거나 범죄행위를 구성하는 훈령인 때에는 그에 대한 복종을 거부할 수 있다고 보아야 할 것이다.[66]

(마) 훈령의 경합

서로 모순되는 둘 이상의 상급 관청의 훈령이 경합할 때에는 하급 관청은 주관 상급 관청의 훈령에 따라야 하고, 상급 관청이 상하 관계의 경우일 경우에는 행정조직의 계층적 질서의 존중이라는 측면에서 직근(直近) 상급 관청의 훈령에 따라야 한다.

주관 상급 관청과 비주관 상급 관청의 훈령이 경합된 경우에는 주관 상급 관청의 훈령을 따라야 한다. 그러나 주관 상급 관청이 불명확한 때에는 주관 쟁의 결정(主管爭議決定) 방법에 따라 해결해야 한다.

(바) 훈령의 형식과 절차

훈령은 특별한 형식을 요하지 않기 때문에 구두나 문서 등 어느 형식으로도 가능하다. 그러나 사무관리규정(事務管理規程)은 훈령의 형식을 정해, 좁은 의미의 훈령 및 예규는 법령과 같은 조문 형식 또는 일정한 서식에 의해, 누년 일련번호(累年一連番號)를 붙이도록 했다. 그러나 이런 형식에 관한 규정은 훈시적 규정에 불과하고, 따라서 그러한 형식에 의하지 않고 훈령을 발한 경우에도 그 효력에는 영향이 없다고 할 것이다.[67]

훈령은 상대방에게 통지함으로써 효력을 발생하는데, 관보(官報)로 공고

---

65) 김동희, 『행정법(II)』, 27면.
66) 류지태, 『행정법신론』, 561면.
67) 박윤흔, 『최신행정법강의(하)』, 51면.

하는 경우에는 법령에 특별한 규정이 없는 한 그 공고가 있는 후 5일이 지난 후부터 효력을 발생한다. 훈령의 발동에 대한 절차에는 특별히 정하고 있지 않다. 그러나 대통령이나 국무총리가 발하는 훈령은 관례적으로 법제처의 심사를 거치고 있다. 또한, 대통령의 지시에 의해 모든 중앙행정기관의 훈령 중 민원 사항과 관련이 있는 것 등은 법제처의 사전평가제를 실시하고 있으며, 국무총리 훈령에 의해 모든 중앙행정기관의 훈령에 대해 법제처의 사후평가제를 실시하고 있다.[68]

(3) 인가권(승인권)

예방적 감독 수단의 일종으로서 하급 경찰관청이 일정한 권한 행사에 앞서 미리 상급 경찰관청의 동의를 받는 것을 말한다. 인가(認可)는 사전적 감독 수단의 일종이며, 법령의 근거 없이도 가능하다. 여기서 말하는 인가(認可)는 조직법상의 행위로서 행정행위인 개인에 대한 인가와는 다르다. 따라서 인가가 거부되었다 하더라도 하급 경찰관청은 쟁송 절차(항고소송)로 그것을 다툴 수는 없다.[69] 인가권은 법령에 명시적으로 규정될 때도 있고, 법령에 근거가 없는 경우에도 상급 경찰관청이 필요하다고 판단할 때 하급 경찰관청에 인가받을 것을 지시하는 경우도 있다.

인가가 법령에 명문의 근거가 있을 때에는 하급 경찰관청의 권한 행사의 유효 요건이다. 따라서 하급 경찰관청의 행위는 위법·무효가 된다. 그러나 인가가 법령에 근거한 것이 아닌 경우에는 인가를 받지 않고 행한 행위는 위법·무효가 되지 않는다.

(4) 주관쟁의결정권

주관쟁의결정권(主管爭議決定權)이란 소속 하급 경찰관청 간에 권한에 관해 다툼이 있는 경우에 상급 경찰관청이 그에 관해 결정하는 권한을 말한다.

권한쟁의는 원칙적으로 행정청의 관할이 분명하지 아니하는 경우에는

68) 박윤흔, 『최신행정법강의(하)』, 52면; 한견우, 『행정법Ⅱ』, 256면.
69) 박윤흔, 『최신행정법강의(하)』, 53면.

당해 행정청을 공통으로 감독하는 상급 행정청이 그 관할을 결정하며, 공통으로 감독하는 상급 행정청이 없는 경우에는 각 상급 행정청의 협의로 그 관할을 결정한다(행정절차법 제6조 제2항). 공통의 상급 관청 사이에 협의가 이루어지지 않을 때에는 최종적으로 행정 각 부문 간의 주관 쟁의로 되어 국무회의의 심의를 거쳐 대통령이 결정한다(헌법 제89조 10호).

행정관청 간의 권한쟁의는 행정조직 내부의 문제이지 권리에 관한 다툼이 아니므로 법률상 쟁송(爭訟)이 아니며, 행정권에 의해 해결되어야 하며, 법원에 제소할 수 있는 것은 아니다.[70]

(5) 취소·정지권

취소·정지권은 사후적·교정적 감독 수단으로서, 상급 경찰관청이 하급 경찰관청의 권한 행사가 위법·부당한 경우 직권이나 행정심판의 청구에 의해 하급 경찰관청의 위법·부당한 행위를 취소하거나 정지하는 것을 말한다. 여기서 취소(取消)란 그 행위의 효과를 행위 시에 소급해 또는 단순히 장래에 향해 영구적으로 소멸시키는 것을 말하며, 정지란 그 행위의 효과를 일시적으로 소멸시키는 것을 뜻한다.[71]

법령에 명문의 근거 규정이 있는 경우에는 상급 경찰관청이 하급 경찰관청에 대해 당연히 취소·정지권을 행사할 수 있지만, 법령에 명문의 근거 규정이 없는 경우에도 상급 경찰관청이 감독권의 일종으로서 취소·정지권을 행사할 수 있는지에 대해 견해가 대립하고 있다.

적극설은 취소·정지권은 하급 경찰관청의 행위가 위법·부당하다고 인정되는 경우에 이를 교정하는 것은 감독의 목적 달성을 위한 불가결의 수단으로서 감독권에 당연히 내포되므로 명문의 규정이 없는 경우에도 행사가 가능하다고 본다.[72] 반면에 소극설은 취소·정지는 그 효과가 직접적으로 행정 객체에 미치며, 하급 관청의 권한의 대행을 의미하므로 법령에 특별한 규정이 없는 한 하급 관청의 행위를 취소·정지할 수 없고, 오직 하급

70) 김동희, 『행정법(Ⅱ)』, 29면; 박윤흔, 『최신행정법강의(하)』, 53면; 류지태, 『행정법신론』, 558면.

71) 류지태, 『행정법신론』, 558면.

72) 홍정선, 『행정법원론(상)』, 593-594면.

관청에 대해 취소 또는 정지를 명할 수 있다고 보는 견해이다.[73]

감독청은 법령에 명문의 규정이 있는 경우를 제외하고는 피감독청에 대한 취소·정지의 명령권만을 가진다고 봄이 타당하다. 왜냐하면 취소·정지의 효과는 행정조직의 내부에 그치지 않고 당연히 국민에게 미치게 되며, 또한, 하급 관청이 행한 행위를 감독청이 취소·정지한다는 것은 하급 관청의 권한을 감독청이 대행한다는 대집행적 성질을 가진다고 보기 때문이다.[74] 또한, 현대 행정의 전문성을 고려하면 원칙적으로 감독청에는 취소·정지권을 인정하지 않는 것이 타당하다.[75]

2 대등 경찰관청 간의 관계

1) 권한의 존중 관계

대등 관청 상호간에는 서로 다른 관청의 권한을 존중해 이를 서로 침범하지 못한다. 이는 자기의 권한이 다른 경찰관청에 의해 침해되는 것을 배제할 뿐만 아니라 다른 경찰관청의 권한을 침범하지 않는 것을 의미한다. 이를 달리 표현하면, 권한불가침의 구속이라고도 한다.

행정관청이 그 권한 안에서 행한 행위는 비록 흠이 있더라도 그것이 중대하고 명백한 흠을 이유로 한 처음부터 당연무효가 아닌 한 국가행위로서 공정력(公定力: 구성 요건적 효력)을 가지므로 다른 행정관청도 이를 존중해 그 내용에 구속된다.[76] 대등 경찰관청 간의 주관 권한에 관해 다툼이 있는 경우에는 주관쟁의결정권에 의해 결정된다. 즉, 공통의 상급 경찰관청, 쌍방 관청의 상급 경찰관청 간의 협의, 경찰청장의 순으로 결정권을 가지고 결정한다.[77]

---

73) 박윤흔, 『최신행정법강의(하)』, 53-54면.
74) 류지태, 『행정법신론』, 559면.
75) 한견우, 『행정법(II)』, 258면.
76) 박윤흔, 『최신행정법강의(하)』, 54면; 류지태, 『행정법신론』, 563면; 한견우, 『행정법(II)』, 258면.

2) 권한의 협력 관계

(1) 협의

특정 사항이 둘 이상의 대등 경찰관청의 권한에 관련된 경우에는 경찰관청 상호간의 협의(協議)에 의해 결정·처리한다.

원칙적으로 관계 기관의 협의 의견은 주무 행정관청을 구속하지 않는다. 판례는 법에 정해진 협의를 거치지 않은 처분을 원칙상 취소할 수 있는 행위로 본다. 협의 절차가 법령에 의해 정해진 것이 아닌 경우에는 협의 절차를 이행하지 않고 처분을 하여도 그것만으로 당해 처분이 위법하다고 할 수 없다.[78]

(2) 사무위탁 · 촉탁

대등 관청 사이에 한 관청의 직무상 필요한 사무가 다른 경찰관청의 관할에 속한 경우, 다른 경찰관청에 사무 처리를 위탁해 처리하게 하는 것을 말한다.

(3) 행정응원

행정절차법은 행정응원에 관한 일반적 내용을 규정하고 있다(행정절차법 제8조).

행정응원(行政應援)이란 경찰관직무응원법 제1조 및 소방기본법 등에서 보는 바와 같이 재해·사변 기타 비상시에 처해 어떤 행정청의 단일의 기능만으로는 행정 목적을 달성할 수 없는 때에, 다른 행정청의 청구에 의해 또는 자발적으로 그 기능의 전부 또는 일부로써 다른 행정청을 원조하는 법제도를 말한다.[79] 이를 협의의 행정응원이라고 한다. 일반적인 행정응원을 말할 때에는 이 협의의 행정응원을 의미한다. 여기에는 현행법상으로 경찰응원(경찰관직무응원법 제1조)·소방응원(소방기본법 제11조)·군사응원(위수령 제7조·제8조·제12조·제18조) 등이 있다.[80]

---

77) 김남진·서정범, 『경찰법』, 127면.
78) 박균성·김재광, 『경찰행정법』, 121면.
79) 류지태, 『행정법신론』, 564면.

넓은 의미의 행정응원은 대등 관청의 일방이 직무 수행상 필요한 특정 행위나 필요한 공무원의 파견근무 기타 일반적 협력을 다른 관청에 요구하는 것을 말한다. 여기에는 장부·서류의 제출, 의견의 제출, 보고, 파견근무 등을 들 수 있다. 넓은 의미의 행정응원은 법령에 특별한 규정이 없어도 할 수 있으나, 법령에 특별한 규정이 있는 경우에는 피요구 관청은 이를 거부하지 못한다(자연재해대책법 제34조, 행정절차법 제8조 제5항, 공무원임용령 제8조 제2항 등).

행정응원에 소요되는 비용은 응원을 요청한 행정청이 부담하며, 그 부담금액 및 부담 방법은 응원을 요청한 행정청과 응원을 행하는 행정청이 협의하여 결정한다(행정절차법 제8조 제6항).

경찰관청은 자기의 관할구역 내에서만 그의 권한을 행사할 수 있는 것이 원칙이나 어떤 경찰관청의 관할구역 내에서 돌발 사태의 발생 등으로 그 경찰관청의 경찰력만으로는 치안을 유지하기 곤란한 경우에 경찰관청의 일방이 타방의 요청에 의해 또는 자발적으로 다른 관청의 권한 행사에 협력하는 것을 경찰응원(警察應援)이라 한다.[81]

80) 행정응원에 관한 자세한 내용은 김수진, 행정응원에 관한 연구: 독일 Amtshilfe 법리를 중심으로, 『공법연구』 제36집 제2호(2007. 12), 187-211면 참조.

81) 중앙경찰학교, 『경찰행정법』, 77면.

제 3 장

경찰공무원법

제 1 절 경찰공무원의 개념과 경찰공무원 제도

1 경찰공무원의 개념

1) 경찰공무원의 의의와 종류

(1) 경찰공무원의 의의

경찰공무원은 국가공무원법 및 경찰공무원법의 적용을 받는 특정직 공무원으로 국민의 자유와 권리의 보호 및 사회 공공의 안녕과 질서 유지를 목적으로 하는 공무원을 말한다.[1)]

1) 공무원이란 직접 또는 간접적으로 국민에 의하여 선출되거나 임용되어 국가 또는 공공단체와 공법상의 근로 관계를 맺고 공공적 업무를 담당하고 있는 자를 의미한다(1992.4.28. 90헌바27-34 등). 선거에 의한 공무원을 제외하고는 공무원의 실질적 임명권은 대통령이 가진다(헌법 제78조). 공무원은 임용 주체와・담당사무를 기준으로 ① 국가공무원과 지방공무원으로 구분된다. 공무원은 임용 자격, 신분 보장의 유무 및 직무 내용의 정치성 유무를 기준으로 ② 경력직 공무원과 특수경력직 공무원 등으로 분류할 수 있다. 경력직 공무원은 실적과 자격에 의하여 임용되고, 그 신분이 보장되며 평생토록 공무원으로 근무할 것이 예정되는 공무원을 말하는 바, 여기에는 일반직 공무원과 특정직 공무원, 기능

경찰공무원은 공공의 안녕과 질서 유지라는 경찰의 소극 목적을 주임무로 하고 있으며, 복리 증진과 같은 적극적인 목적은 그 임무에 포함하지 않는다.

경찰공무원은 그 담당 업무가 일반공무원과는 달리 특수한 면이 많아서 임용·교육훈련·신분 보장·복무 등에서 특수성을 인정해 경찰공무원법에 따로 규정하고 있다(경찰공무원법 제1조 참조). 그러나 경찰공무원법이 규정하고 있지 않는 사항은 경찰공무원이 국가공무원의 신분을 가지므로 국가공무원법의 적용을 받는다.

국가경찰공무원법의 법원(法源)으로는 경찰공무원법을 비롯하여 경찰공무원령, 경찰공무원승진임용규정, 경찰공무원징계령, 경찰공무원교육훈련규정, 경찰공무원복무규정, 경찰관복제 등이 있다.

직 공무원으로 구분된다. 그러나 공무원의 개념과 범위는 그것을 규정하고 있는 헌법 조항에 따라 반드시 같지 아니하다. 국가공무원법상 공무원의 구분은 다음과 같다(제2조).

경력직	일반직	기술, 연구 또는 행정 일반에 대한 업무를 담당하며 직군·직렬별로 분류되는 공무원
	특정직	법관·검사·외무공무원·경찰공무원·소방공무원·교육공무원·군인·군무원 및 국가정보원의 직원과 특수 분야의 업무를 담당하는 공무원으로서 다른 법률이 특정직 공무원으로 지정하는 공무원
	기능직	기능적인 업무를 담당하며 그 기능별로 분류되는 공무원
특수경력직	정무직	i) 선거에 의하여 취임하거나 임명에 있어서 국회의 동의를 요하는 공무원, ii) 감사원의 원장·감사위원 및 사무총장, 민주평화통일자문회의의 사무총장, 국회의 사무총장·차장·의정연수원장 및 도서관장, 헌법재판소의 재판관 및 사무처장, 중앙선거관리위원회의 상임위원·사무총장 및 차장, iii) 국무총리, 국무위원, 처의 차장, 각원·부·처의 차관 또는 차장, 청장(단, 통계청장·기상청장·경찰청장 및 해양경찰청장과 중앙행정기관이 아닌 청의 장 제외), 행정조정실장, 차관급 상당 이상의 보수를 받는 비서관, iv) 국가정보원의 부장 및 차장, 국가과학기술자문회의의 위원장, v) 기타 다른 법령이 정무직으로 지정하는 공무원
	별정직	i) 국회수석전문위원, ii) 감사원 사무차장 및 서울특별시·광역시·도선거관리위원회 상임위원, iii) 국가정보원 기획조정실장, 각급 노동위원회 상임위원, 해난심판원장 및 심판관, iv) 비서관·비서 기타 다른 법령이 별정직으로 지정하는 공무원
	전문직	국가와 채용계약에 의해 일정기간 종사하는 과학자, 기술자, 특수 분야 전문가
	고용직	단순한 노무에 종사하는 공무원

(2) 경찰공무원의 종류

경찰공무원에는 국가경찰공무원과 자치경찰공무원이 있다. 자치경찰공무원은 제주특별자치도에만 설치되어 있다.

국가경찰공무원은 국가에 의해 임명되며 특정직 공무원으로 분류된다. 제주특별자치도 자치경찰공무원은 제주특별자치도지사에 의해 임용된다(제주특별자치도 설치 및 국제자유도시 조성을 위한 특별법 제107조 및 제126조 참조).

2) 경찰공무원의 계급

경찰공무원은 조직의 통일성 확보와 책임 소재의 명확화를 위해 계급제도를 취하고 있다. 경찰조직에 계급제도의 필요성은 경찰공무원은 경찰집행기관으로서 그 직무를 수행할 때 부대조직을 취해야 하는 경우가 대부분이다. 흉악범의 체포, 진압 등 생명의 위험을 무릅쓰고 직무를 수행하는 등 계급에 의한 상명하복(上命下服)의 엄수와 조직의 통일성 확보 없이는 직무를 수행하기 어렵기 때문이다. 또한, 경찰공무원은 실력(實力)으로써 경찰 목적을 실현하는 집행기관이며 그 직무 집행을 할 때 국민의 자유를 구속하는 등 강제력(强制力)을 행사하는 경우가 많으므로 그 신분과 책임 소재를 명확히 하는 계급이 필요하다.[2]

국가경찰공무원의 계급은 치안총감 · 치안정감 · 치안감 · 경무관 · 총경 · 경정 · 경감 · 경위 · 경사 · 경장 · 순경 등 11단계로 이루어져 있다(경찰공무원법 제2조). 제주특별자치도 자치경찰공무원의 계급은 자치총경, 자치경정, 자치경감, 자치경위, 자치경사, 자치경장, 자치순경으로 구분하고 있다(제주특별자치도 설치 및 국제자유도시 조성을 위한 특별법 제125조).

3) 경찰공무원의 경과 및 특기

경찰공무원은 직무의 종류에 따라 경과(警科)에 의해 구분할 수 있다(경찰공무원법 제3조). 경과를 두고 있는 이유는 복잡하게 이루어지고 있는 경

2) 중앙경찰학교, 『경찰행정법』, 86면.

찰 업무를 구분해 그 전문화(專門化)를 이루기 위해서이다.

경과는 일반경과 · 수사경과 · 보안경과 · 특수경과(해양경과, 운전경과, 항공경과, 정보통신경과)로 구분하며 총경 이하에만 적용된다. 다만, 수사경과 및 보안경과는 경정이하 경찰공무원으로 하고, 특수경과의 하나인 운전경과는 경사 이하 경찰공무원으로 한다(경찰공무원임용령 제3조 제1항). 임용권자 또는 임용제청권자(경찰공무원법 제6조 제1항의 규정에 의한 추천이 필요한 경우에는 경찰청장 또는 해양경찰청장을 포함한다. 이하 같다)는 경찰공무원을 신규채용할 때에 경과를 부여하여야 한다(경찰공무원임용령 제3조 제2항).

임용권자 또는 임용제청권자는 일정한 요건을 갖춘 경위 이상 경정 이하의 경찰공무원에 대하여 그 경과별 직무 분야에 따라 일반특기 또는 전문특기를 부여할 수 있다(경찰공무원임용령 제3조 제3항). 경찰청장 또는 해양경찰청장은 전시 · 사변 또는 이에 준하는 비상사태에 있어서 필요하다고 인정될 때에는 경과 및 특기의 일부를 폐지 또는 병합하거나 신설할 수 있다(경찰공무원임용령 제3조 제4항). 경과 및 특기별 직무의 종류, 전과, 특기의 부여 및 변경 등에 관하여 필요한 사항은 행정안전부령 또는 국토해양부령[3]으로 정한다(경찰공무원임용령 제3조 제5항).

2 우리나라의 경찰공무원 제도

우리나라의 경찰 공무원 제도는 '민주적 경찰공무원 제도'와 '직업적 경찰공무원 제도'를 기본 원리로 하고 있다.

---

3) 제21조(특기 분류) ① 영 제3조 제3항의 규정에 의한 일반특기 및 전문특기는 다음 각 호와 같이 분류한다. 1. 일반특기 : 기획 · 감사 · 경무 · 해상안전 · 형사 · 수사 · 경비 · 작전 · 정보 · 보안 및 외사특기 2. 전문특기 : 형사 · 조사 · 과학수사 · 정보관리 · 정보분석 · 보안수사공작 · 보안수사신문 · 외사 및 기술(함정 · 정보통신 · 항공 · 잠수)특기 ② 전문특기를 부여하여 전문화관리를 할 수 있는 범위는 해당 일반특기 분야 정원의 3할 이내로 하되, 경찰교육 훈련기관에 해당 분야 전문화 교육과정이 설치되어 있는 경우에는 그 교육을 받은 자에 한하여 전문특기를 부여한다.

1) 민주적 경찰공무원 제도

우리 헌법은 "공무원은 국민 전체에 대한 봉사자이며, 국민에 대하여 책임을 진다"고 규정함으로써(헌법 제7조 제1항), 경찰공무원도 국가공무원의 일종으로서 국민 전체의 봉사자이며 국민에 대해 책임을 지는 민주적 경찰공무원 제도를 확립하고 있다.

민주적 경찰공무원 제도의 구체적 내용으로는 국민에 대한 봉사자, 국민에 대한 책임, 공무 담임의 기회 균등과 임용의 민주성, 인사행정의 민주적 통제를 들 수 있다.

첫째, '국민에 대한 봉사자'란 경찰공무원은 국민 전체에 대한 봉사자로서 공정 중립을 지켜야 하며(헌법 제7조, 국가공무원법 제1조), 직무를 수행하기 위해 부여된 권한을 남용해서는 안 된다는 것이다(경찰법 제4조).

둘째, '국민에 대한 책임'이란 경찰공무원은 주권자(主權者)인 국민으로부터 임무를 부여받은 수임자(受任者)이므로 국민에 대해 책임을 진다. 경찰공무원이 직무상 불법행위를 한 경우나 주어진 임무를 충실히 이행하지 못한 경우에는 형사책임 · 민사책임 · 징계책임 등을 진다.

셋째, '공무담임의 기회 균등과 임용의 민주성'이란 헌법은 공무담임권(헌법 제25조)과 평등권(헌법 제11조)을 국민의 기본권으로 보장하고 있다. 따라서 경찰공무원이 될 기회는 누구에게나 균등하게 부여되어 있으며, 경찰공무원의 임용 시에도 성별 · 종교 또는 사회적 신분에 의해 차별받지 않고 공개 경쟁에 의한 시험으로 동일한 자격을 가진 모든 국민에게 공개되어 있다.

넷째, '인사행정의 민주적 통제'란 경찰 인사행정이 집권층이나 외부의 압력에 의해 지배되지 않고 민주적 방식에 의해 운영되도록 경찰공무원의 인사에 관한 사항은 원칙적으로 법률로 정하고 있다. 다시 말해, 경찰의 인사를 법률로 정하고 있는 것은 외부 압력을 제도적으로 배제하기 위한 것이다. 경찰의 민주적 인사행정을 위해 경찰위원회(경찰법 제2장), 경찰공무원인사위원회(경찰공무원법 제4조), 징계위원회(경찰공무원법 제26조) 등을 설치 · 운영하고 있다.

2) 직업적 경찰공무원 제도

직업공무원 제도란 정권 교체와 상관없이 행정의 독립성을 유지하고 공무원의 신분을 보장하는 제도를 말한다(헌법 제7조 제2항). 이는 엽관 제도(獵官制度, spoil system),[4] 정실인사 등을 배제하고 정권 교체에 관계없는 직업공무원제의 확립을 위한 것이다.

한편, 직업적 경찰공무원 제도란 행정 기능의 양적 확대와 질적 변화는 행정의 전문화·기술화를 초래했으며, 이에 따라 행정인 또는 전문지식을 갖춘 유능한 인재를 필요로 하게 되었다. 이와같이 유능한 인재를 경찰직에 흡수·확보함은 물론 이들이 경찰직에 근무함으로써 이를 일생의 영예로 생각하고 긍지를 느끼게 하는 공직관을 갖도록 하는 제도를 경찰직업공무원 제도라 한다.[5]

직업적 경찰공무원 제도(경찰직업공무원 제도)의 확립을 위한 내용으로 정치적 중립성, 성적주의(merit system), 신분 보장, 능률성 등의 요소가 있다.

(1) 정치적 중립성

경찰행정의 정치적 중립성이란 경찰의 임무 수행은 권력 행사를 수단으로 하기 때문에 어떤 정당이나 특수계층의 이익을 위해 봉사하는 기관이 되어서는 안 된다는 것을 의미한다.[6]

정권의 교체에도 불구하고 공무원의 지위가 안정되기 위해서는 공무원의 중립성이 전제되어야 하는 바, 헌법은 "공무원의 …… 정치적 중립성은 법률이 정하는 바에 의하여 보장된다"(제7조 제2항)고 규정하고, 이를 근거로 하여 국가공무원법은 제65조와 제66조에서 정치운동의 금지와 집단행위의 금지를 규정함으로써 정치적 중립을 규정하고 있다.

---

4) 엽관제는 공무원의 임용이 선거에 승리한 집권당의 임의적 의사로 행해지는 공무원제도를 말한다. 이 제도는 공무원 임면(任免)을 선거의 결과에 의존케 함으로써 공무원의 특권화를 방지하려는 데 그 본래의 뜻이 있었다고 할 수 있다. 그러나 이 엽관제는 필연적으로 공무원의 부패를 초래하는 동시에 전문화의 요청에 부응하지 못함으로써 그 자리를 성적주의(merit system)에 내주기에 이르렀다(김춘환, 『경찰행정법』, 109면).

5) 이상안, 『신경찰행정학』, 421면.

6) 이황우, 『경찰행정학』, 36면.

경찰공무원의 정치적 중립의 보장은 경찰행정의 안정성을 도모할 수 있으며 정책도 일관성 있게 추진할 수 있어서 능률적인 행정을 할 수가 있게 된다. 특히 우리나라 경찰은 정부 수립 당시부터 정치적 중립성에 대한 논쟁이 있어 왔으나 1991년에 와서야 경찰청으로 발전되고 경찰위원회를 두어 비로소 정치적 중립을 위한 기초를 마련했다고 할 수 있다.[7)]

(2) 성적주의

국가공무원법은 "공무원의 임용은 시험성적·근무성적 기타 능력의 실증에 의하여 행한다"(제26조)고 하여 성적주의(成績主義)를 명시하고 현행 법상 단계적으로 실시할 수 있도록 되어 있는 직위분류제(국가공무원법 제3장 참조)[8)]는 승진 제도의 합리화에 기여한다고 할 수 있다.

경찰공무원의 신규채용이나 승진에 공개경쟁시험과 근무성적·경력평정에 의하도록 하고 있는 것도 성적주의를 표현하고 있다(경찰공무원법 제8조, 제11조 참조).

(3) 신분 보장

직업공무원제는 경찰공무원의 신분 보장이 충분 조건이다. 헌법은 "공무원의 신분……은 법률이 정하는 바에 의하여 보장된다"(제7조 제2항)고 규정하고, 국가공무원법은 "공무원은 형의 선고·징계처분 또는 이 법에 정하는 사유에 의하지 아니하고는 그 의사에 반하여 휴직·강임 또는 면직을 당하지 아니한다"(국가공무원법 제68조)고 규정하여 경찰공무원의 신분 보장을 구체화하고 있다.

치안총감과 치안정감은 국가공무원법 제68조 본문을 적용하지 아니한다(경찰공무원법 제30조 제1항).[9)]

---

7) 이황우, 『경찰행정학』, 36면.

8) 직위분류제란 계급제에 반대되는 인사 제도로서 모든 직위를 직무의 종류와 곤란성 및 책임도에 따라 분류하고는 동일 직급에 속하는 직위에 대해서는 동일한 자격 요건을 필요로 함과 동시에 동일한 보수를 지급하는 인사 제도를 의미한다.

9) 국가공무원법 제68조(의사에 반한 신분 조치) 공무원은 형의 선고, 징계처분 또는 이 법에서 정하는 사유에 따르지 아니하고는 본인의 의사에 반하여 휴직·강임 또는 면직을 당하지 아니한다. 다만, 1급 공무원과 제23조에 따라 배정된 직무 등급이 가장 높은 등급

(4) 능률성

우리나라에서는 중앙집권적인 국가경찰조직으로 일원화되고 계층적 행정조직을 이루고 있음으로써 경찰조직의 능률성을 도모하고 있으며, 증가일로에 있는 각종 사회적 장해를 기동성 있게 제거하고 있다.[10] 다시 말해, 경찰공무원의 직무가 전문화되고 직업공무원 제도가 확립됨으로써 경찰공무원의 능률성 제고는 현대 경찰행정의 중요한 과제라 할 수 있다. 경찰공무원법은 "경찰청장 또는 해양경찰청장은 모든 경찰공무원에게 균등한 교육훈련의 기회가 주어지도록 교육훈련에 관한 종합적인 기획 및 조정을 하여야 한다"(경찰공무원법 제17조 제1항) 등의 규정에서 보는 바와 같이 교육훈련을 통해 능률성을 제고하고 있다(경찰공무원법 제17조 참조). 그리고 근무성적의 평정(경찰공무원법 제11조),[11] 상훈과 표창(국가공무원법 제54조), 경력평정, 생활보장(국가공무원법 제47조), 제안제도(국가공무원법 제53조), 사회보장 제도(국가공무원법 제77조) 등의 규정을 두어 다방면으로 능률성의 향상을 기하고 있다.

3) 우리나라 경찰직업공무원 제도의 문제점

직업공무원 제도는 일반적으로 관료에 대한 민주적 통제를 어렵게 만들어 관료화할 우려가 있고, 사회 변동이나 발전에 무관심 내지는 저항하는 경우가 있다. 우리나라의 경우 직업공무원 제도의 문제점으로 지적되는 것을 들어보면, ① 고급공무원의 신규채용 및 부당한 인사 청탁, ② 승진 제도의 결함, ③ 보수 제도의 불합리, ④ 훈련 및 장기 인력수급 계획의 미비, ⑤ 관존민비의 사상, ⑥ 계급정년제, ⑦ 전문경과제의 미성숙 등의 문제점을 지적할 수 있다.[12]

의 직위에 임용된 고위공무원단에 속하는 공무원은 그러하지 아니하다.

10) 이황우, 『경찰행정학』, 35면.

11) 근무성적의 평정은 경찰공무원의 근무 실적과 능력, 적성이나 근무 태도, 그리고 공직관이나 개인적 성품을 판정해 점수를 기록함으로써 승진이나 보직, 그리고 상벌에 활용하는 제도로서 실적주의 인사행정 구현의 중요한 수단이다(경찰대학 교재편찬위원회, 『경찰경무론』, 경찰대학, 2000, 172면 참조).

12) 이상안, 『현대경찰행정학』, 형설출판사(1986), 264면.

제 2 절 경찰공무원 관계의 발생·변경·소멸

경찰공무원의 신분을 보장하기 위해 현대 국가에서는 경찰공무원의 임명에서부터 공무원 신분의 종료에 이르기까지를 법으로 엄격히 규정하고 있다. 이러한 공무원의 신분 보장은 공무원으로 하여금 공무에 전념하고 행정사무를 능률적으로 처리하게 할 뿐만 아니라, 오랫동안 자신의 행정영역에 종사하게 함으로써 전문적 지식과 기술 및 경험을 축적시켜 현대 행정 기능의 질적·양적 증가에 대응할 수 있게 하기 위해서이다.[13)]

경찰공무원 관계의 발생·변경·소멸이라 함은 경찰공무원 신분의 획득에서부터 경찰공무원 신분이 소멸하는 것을 말한다. 다시 말해, 임명행위(채용)를 통해 경찰공무원 신분을 설정하며, 승진·전보와 같이 경찰공무원 신분을 유지하면서 경찰공무원 관계의 내용이 바뀌며, 면직·해임 또는 파면 등을 통해 경찰공무원 신분을 상실하게 되는 일련의 근무 관계를 의미한다.

1 경찰공무원 관계의 발생

공무원 관계는 보통 임명 또는 선거나 법률 규정에 의해 강제 설정·계약에 의해 이루어진다. 경찰공무원은 임명행위에 의해 이루어지는 것만을 인정하고(경찰공무원법 제6조), 임명이란 용어 대신 임용(任用)이란 용어를 사용하고 있다. 경찰공무원 관계는 임명행위에 의해 비로소 설정된다.

1) 임명의 의의

경찰공무원의 임명(任命)이라 함은 국가가 특정인과 공법상의 근무 관계

13) 한견우, 『행정법(Ⅱ)』, 17면.

를 설정하는 행위를 말한다. 각종 공무원법은 임명을 임용이라 하고, 임용은 신규채용, 승진임용, 전직(轉職), 전보, 겸임, 파견, 강임(降任), 휴직, 직위해제, 정직, 강등, 복직, 면직, 해임 및 파면을 포함하는 넓은 의미의 개념으로 사용된다(공무원임용령 제2조 제1호).

좁은 의미의 임명이란 국가 또는 지방자치단체가 특정 사인과 특별행정법 관계(공법상의 근무 관계)를 설정하는 행위를 말한다.[14]

임용은 임명에 해당하는 신규채용을 포함하는 개념이다. 그러나 학자들은 임용을 좁은 의미로 사용할 때에는 임명을 의미하는 것으로 해석한다.[15]

2) 임명의 성질

경찰공무원 관계가 설정되는 임명행위의 법적 성질에 대해 공법상 계약설, 단독행위설, 쌍방적 행정행위설(다수설) 등이 대립하고 있다.

① 공법상 계약설이란 임명은 공법상 근무 관계의 설정이라는 공법적 효과의 발생을 목적으로 하는 공법상 계약이라는 견해이다. 그러나 공무원의 근무 관계의 내용은 국가 등에 의해 일방적으로 결정되고, 공무원은 그 근무 조건이 불리하게 변경되어도 그에 대항할 수 없다는 점을 고려하면 임명행위를 공법상 계약이라고 볼 수 없을 것이다.[16]

② 동의(同意)를 전제로 하는 단독행위설은 임명은 상대방의 동의를 전제로 하는 국가의 단독행위라고 보는 견해이다. 여기서 상대방의 동의가 없이 국가가 공무원을 임명한 행위에 대해서는 당연무효로 보지 않고, 상대방이 임명행위의 위법을 이유로 취소(取消)를 청구할 수 있다고 본다.[17]

③ 쌍방적 행정행위설의 견해는 임명이라는 것은 상대방의 동의를 전제로 하는 행정행위로서 이 경우의 동의는 임명이 유효하게 성립되기 위한 절대적 요건이라는 입장이다. 이 견해는 협의의 임명행위에 관한 한 국민이 그 의사에 반해 공무를 담당할 법적 의무는 없는 것이므로, 임명행위는

14) 김동희, 『행정법(Ⅱ)』, 117면.
15) 류지태, 『행정법신론』, 598면.
16) 김동희, 『행정법(Ⅱ)』, 118면.
17) 한견우, 『행정법(Ⅱ)』, 18면.

단독행위로서의 행정행위이기는 하나 그에는 상대방의 동의가 필요하다고 보며, 이러한 점에서 상대방의 동의가 결여된 임명행위는 무효로 보는 견해이다.[18]

좁은 의미의 임명은 신규채용, 즉 경찰공무원이라는 신분을 설정하는 행위로서 경찰공무원이 되고자 하는 사람의 의사도 필요하나 그것이 국가의 의사와 대등한 것이 아니라는 의미에서 경찰공무원의 임명행위를 협력을 요하는 쌍방적 행정행위로 보는 것이 타당하다고 본다.[19][20]

임명행위는 보직행위와 구별된다. 임명행위는 공무원의 신분 설정행위인데 반해, 보직행위는 임명에 의해 이미 공무원의 신분을 취득한 자에게 직위를 수여하는 것을 말한다.[21]

3) 경찰공무원의 임명 요건

경찰공무원의 임명 요건에는 능력 요건과 자격 요건을 갖추어야 한다.

(1) 능력 요건

능력 요건(能力要件)이란 경찰공무원으로 임명되기 위해서는 법정의 결격 사유가 없어야 한다. 다시 말해, 일정한 결격 사유에 해당하는 사람은 경찰공무원으로 임명될 수 없다. 능력 요건을 소극적 요건이라고도 한다.

경찰공무원법은 경찰공무원이 될 수 없는 법정 결격 사유로 ① 대한민국 국적을 가지지 아니한 사람, ② 「국적법」(제11조의2 제1항)에 따른 복수 국적자, ③ 금치산자 또는 한정치산자, ④ 파산선고를 받고 복권되지 아니한 사람, ⑤ 자격 정지 이상의 형(刑)을 선고받은 사람, ⑥ 자격 정지 이상의 형의 선고유예를 선고받고 그 유예 기간 중에 있는 사람, ⑦ 징계에 의하여 파면 또는 해임처분을 받은 사람을 열거하고 있다(경찰공무원법 제7조 제2

18) 김동희, 『행정법(II)』, 118면.
19) 홍정선, 『행정법원론(하)』, 155면.
20) 대부분의 공무원은 행정행위를 통해 임명되지만, 계약직 공무원과 같이 계약(공법계약)에 의해 임용되는 공무원도 있기 때문에 오늘날 임명의 성질과 관련한 학설 대립은 무의미하다는 견해도 있다(김춘환, 『경찰행정법』, 115면 참조).
21) 한견우, 『행정법(II)』, 18면.

항). 위의 결격 사유에 해당하는 자를 경찰공무원으로 임명하는 행위는 무효이다. 또한, 재직 중에 결격 사유가 발생할 때에는 당연퇴직 사유가 된다(경찰공무원법 제21조).[22] 다만, 자격 정지 이상의 형의 선고유예를 선고받고 그 유예 기간 중에 있는 사람(경찰공무원법 제7조 제2항 제6호)에 해당하게 된 경우에는 그러하지 아니하다(경찰공무원법 제21조 단서).

대법원도 공무원 임용 결격 사유와 관련하여, "경찰공무원법에 규정되어 있는 경찰관 임용 결격 사유는 경찰관으로 임용되기 위한 절대적인 소극적 요건으로서 임용 당시 경찰관 임용 결격 사유가 있었다면 비록 임용권자의

---

22) 국가공무원법 제33조 제1항, 제69조 및 경찰공무원법 제7조 제2항, 제21조가 일정한 유죄 판결을 받은 자 등을 국가공무원(경찰공무원 포함)에 임용될 수 없도록 정함과 동시에 국가공무원(경찰공무원 포함)으로 임용된 후에 임용 결격자에 해당하게 된 자가 당연퇴직되도록 정하고 있는 것은 그러한 자로 하여금 국가의 공무를 집행하도록 허용한다면 그 공무는 물론 국가의 공무 일반에 대한 국민의 신뢰가 손상될 우려가 있으므로 그러한 자를 공무의 집행에서 배제함으로써 공무에 대한 국민의 신뢰를 확보하려는 것을 목적으로 하는 것인데, 국가공무원은 국민 전체에 대한 봉사자로서 국민에 대하여 책임을 지고(헌법 제7조 제1항) 공직 전체의 불명예를 가져오는 품위손상행위를 하지 아니하여야 할 의무를 부담하는(국가공무원법 제63조) 등 그 지위의 특수성 및 직무의 공공성이 있고 또한 우리 형사제도의 실정 및 국민의 법감정에 비추어 금고나 자격 정지 이상의 선고유예 판결 등을 받은 자는 공무원의 신분을 보유하기에 부적당하다고 보이므로 이와 같은 법의 목적 및 그 목적 달성을 위하여 임용 결격 사유를 그대로 당연퇴직 사유로 정한 것은 합리적이라고 인정되고, 한편 경찰공무원법 제7조 제2항 제5호, 제21조는 경찰공무원의 임용 결격 사유 및 당연퇴직 사유의 하나로 '자격 정지 이상의 형의 선고유예를 받아 그 선고 유예 기간 중에 있는 자'를 규정함으로써 자격정지 이상의 형의 선고유예를 받은 경우와 자격정지 미만의 형의 선고유예를 받은 경우를 차별함과 아울러 '금고 이상의 형의 선고유예를 받은 경우에 그 선고 유예 기간 중에 있는 자'를 국가공무원의 임용 결격 사유 및 당연퇴직 사유의 하나로 규정한 국가공무원법 제33조 제1항 제5호, 제69조의 규정과 비교하여 볼 때 경찰공무원의 임용 결격 사유 및 당연퇴직 사유를 다른 국가공무원의 그것보다 확대하고 있지만, 경찰공무원이 자격 정지의 형의 선고유예를 받은 경우에는 경찰공무원의 책임 및 직무의 중요성과 신분 및 근무조건의 특수성과 국민의 법감정에 비추어 그를 경찰공무의 집행에서 배제함으로써 경찰공무에 대한 국민의 신뢰를 확보하여야 할 필요성이 같은 형의 선고유예를 받은 다른 국가공무원이나 자격 정지 미만의 형의 선고유예를 받은 경찰공무원에 비하여 보다 크다고 할 것이므로 이와 같은 차별은 합리적이라고 인정되고, 따라서 위 경찰공무원법의 규정들이 헌법 제7조 제2항(공무원의 신분 보장), 헌법 제10조(인간으로서의 존엄과 가치 및 행복추구권), 제11조 제1항(평등과 차별 금지), 제12조 제1항(적법절차), 제25조(공무담임권), 제27조 제1항(재판을 받을 권리)의 규정들에 위반되는 위헌·무효의 규정이라고 할 수 없다(대법원 1997.7.8, 96누4275).

과실에 의하여 임용 결격자임을 밝혀내지 못했다 하더라도 그 임용행위는 당연무효로 보아야 한다"고 판시했다(대판 2005.7.28, 2003두469).[23]

(2) 자격 요건

자격 요건(資格要件)이란 경찰공무원으로 임명되기 위해서는 결격 사유에 해당하지 않을 뿐만 아니라 적극적으로 일정한 자격을 갖추어야 한다. 다시 말해서, 경찰공무원의 임명은 능력 요건을 갖춘 자 중에서도 시험성적·근무성적 기타 능력의 실증에 의해 행한다(국가공무원법 제26조, 지방공무원법 제25조).

경찰공무원의 임명은 공개경쟁시험이 원칙이나, 예외적으로 퇴직한 경찰공무원의 재임용과 같이 특별채용시험에 의해 이루어질 수도 있다.[24]

경찰공무원은 다른 공무원과 달리 엄격한 연령 조건과 신체 조건을 요구한다. 경찰 업무는 불굴의 신체적 민첩성과 인내력이 요구되기 때문에 의학적 또는 신체적으로 적합한 자가 선발되어야 한다. 경찰공무원의 신체적

23) 원고가 경찰공무원으로 임용된 후 70일 만에 원고가 선고받은 형이 사면 등으로 실효되어 결격 사유가 소멸된 후 30년 3개월 동안 사실상 공무원으로 계속 근무를 하였다고 하더라도 그것만으로는 임용권자가 원고에 대하여 묵시적으로 새로운 임용처분을 한 것으로 볼 수 없고(위 당원 1995.10.12. 선고 95누5905 판결, 1995.11.21. 선고 95누9914 판결 참조), 또한 1982년경에 원고가 임용 당시 결격자였다는 사실이 밝혀졌는데도 서울특별시 경찰국장이 일반사면령 등의 공포로 현재 결격 사유에 해당하지 아니한다는 이유로 원고의 당연퇴직은 불가하다는 조치를 내려서 원고가 그 후 정년퇴직 시까지 계속 사실상 근무하도록 한 것이 임용권자가 일반사면령의 시행으로 공무원 자격을 구비한 후의 원고의 근무행위를 유효한 것으로 임용권자가 추인하였다거나 장래에 향하여 원고를 공무원으로 새로 임용하는 효력이 있다고 볼 수 없을 뿐만 아니라, 1982년 당시 경장이었던 원고의 임용권자는 당시 시행된 경찰공무원법 및 경찰공무원임용령의 규정상 서울특별시장이지 경찰국장이 아니었음이 분명하여, 무효인 원고의 임용행위를 임용권자가 추인하였다거나 원고를 장래에 향하여 공무원으로 임용하는 새로운 처분이 있었던 것으로 보아야 한다는 소론은 어느 모로 보나 받아들일 수 없다. 논지도 이유 없다(대법원 1996.2.27, 95누9617).

24) 신규채용(공개채용)은 경찰공무원법에 규정된 경찰공무원이 될 수 있는 자격을 갖춘 사람에게는 균등한 기회를 제공하며, 동일한 조건 아래서 공정한 경쟁 과정을 거쳐 경찰공무원으로 임용될 수 있게 하는 제도이다. 공개채용은 현재 경정, 간부후보생, 경찰대학생과 순경 선발에 이용하고 있다. 경정(警正) 이하의 경찰공무원은 1년 동안의 시보임용 기간을 거친다. 그러나 경찰대학 출신 경위와 간부후보 출신 경위는 시보 기간이 면제된다(경찰대학 교재편찬위원회, 『경찰경무론』, 153-155면 참조).

적합성으로는 좋은 호흡기관, 낮은 비만도, 적절한 근력, 그리고 인내와 유연성과 같은 특성을 지녀야만 효과적으로 경찰 업무를 수행할 수 있게 된다.[25]

연령 조건에서 공개경쟁채용의 경우, 경정 이상은 25세 이상~40세 이하에 해당해야 하며, 간부후보생은 21세 이상~40세 이하, 순경은 18세 이상~40세 이하에 해당해야 한다.

특별채용의 경우, 경정 이상은 27세 이상~40세 이하, 경감·경위는 23세 이상~40세 이하(정보통신 및 항공 분야는 23세 이상~45세 이하), 경사·경장·순경은 20세 이상~40세 이하(함정요원은 18세 이상~40세 이하, 전투경찰순경으로 임용되어 소정의 복무를 마친 것을 요건으로 특별채용하는 경우에는 21세 이상~30세 이하)에 해당해야 한다(경찰공무원임용령 제39조 참조).

4) 경찰공무원의 임명권자

경찰공무원의 임명권자는 크게 대통령, 경찰청장, 지방경찰청장(지방해양경찰청장)이다.

(1) 총경 이상의 임용권자

총경 이상의 경찰공무원은 경찰청장 또는 해양경찰청장의 추천을 받아 행정안전부 장관 또는 국토해양부 장관의 제청으로 국무총리를 거쳐 대통령이 임용한다. 다만, 해양경찰청장은 국토해양부 장관의 제청으로 국무총리를 거쳐 대통령이 임명하고, 총경의 전보, 휴직, 직위해제, 강등, 정직 및 복직은 경찰청장 또는 해양경찰청장이 한다(경찰공무원법 제6조 제1항).

(2) 경정 이하의 임용권자

경정 이하의 경찰공무원은 경찰청장 또는 해양경찰청장이 임용한다. 다만, 경정으로의 신규채용, 승진임용 및 면직은 경찰청장 또는 해양경찰청장의 제청으로 국무총리를 거쳐 대통령이 한다(경찰공무원법 제6조 제2항).

---

25) 이황우, 『경찰행정학』, 239면.

(3) 임용권의 위임

경찰청장 또는 해양경찰청장은 대통령령으로 정하는 바에 따라 경찰공무원의 임용에 관한 권한의 일부를 소속 기관의 장, 지방경찰청장 또는 지방해양경찰관서의 장에게 위임할 수 있다(경찰공무원법 제6조 제3항).

경찰청장은 경찰대학·경찰교육원·중앙경찰학교·경찰수사연수원·경찰병원 및 지방경찰청의 장에게 그 소속 경찰공무원 중 경정의 전보·파견·휴직·직위해제 및 복직에 관한 권한과 경감 이하의 임용권을 위임할 수 있다(경찰공무원임용령 제4조 제1항). 다시 말해, 지방경찰청장은 경찰청장의 위임이 있을 때에 경정의 전보·파견·휴직·직위해제 및 복직이나 경감 이하의 임용권자가 될 수 있다.

경찰서장은 지방경찰청장의 위임하에 경감 이하 경찰공무원에 대한 당해 경찰서 내에서의 전보권을 가질 수 있다(경찰공무원임용령 제4조 제2항). 그러나 임명권은 갖지 못한다.

5) 경찰공무원의 임용 절차

(1) 신규임용

(가) 경정 및 순경

경정 및 순경의 신규채용은 공개경쟁시험으로 한다(경찰공무원법 제8조 제1항).

(나) 경위

경위의 신규채용은 경찰대학을 졸업한 사람 및 대통령령으로 정하는 자격을 갖추고 공개경쟁시험으로 선발된 사람(경찰 간부후보생)으로서 교육훈련을 마치고 정하여진 시험에 합격한 사람 중에서 한다(경찰공무원법 제8조 제2항).

(다) 특별채용

특별채용은 공개채용에 의한 채용이 부적당하거나 곤란한 경우 또는 특별한 자격을 가지고 있는 사람을 채용하고자 하는 경우의 채용 방법을 말한다. 따라서 특채는 인력 조달의 융통성, 전문 고급인력의 확보 등 공개채

용으로써는 얻을 수 없는 이점을 가지고 있다.[26]

다음과 같은 경우에는 특별채용시험으로 경찰공무원을 신규채용할 수 있다(경찰공무원법 제8조 제3항). ① 퇴직한 경찰공무원을 퇴직한 날부터 2년 이내에 퇴직 시에 재직하였던 계급의 경찰공무원으로 재임용하는 경우, ② 공개경쟁시험으로 임용하는 것이 부적당한 경우에 임용예정 직무에 관련된 자격증 소지자를 임용하는 경우, ③ 임용 예정직에 상응하는 근무실적 또는 연구 실적이 있거나 전문지식을 가진 사람을 임용하는 경우, ④ 「국가공무원법」에 따른 5급 공무원의 공개경쟁채용시험이나 「사법시험법」에 따른 사법시험에 합격한 사람을 경정 이하의 경찰공무원으로 임용하는 경우, ⑤ 「국가공무원법」 제85조에 따라 재학 중에 장학금을 받고 졸업한 사람을 임용하는 경우, ⑥ 섬, 외딴 곳 등 특수지역에서 근무할 사람을 임용하는 경우, ⑦ 외국어에 능통한 사람을 임용하는 경우, ⑧ 제주특별자치도의 자치경찰공무원(이하 "자치경찰공무원"이라 한다)을 그 계급에 상응하는 경찰공무원으로 임용하는 경우이다. 그러나 종전의 재직 기관에서 감봉 이상의 징계를 받은 사람이나, 계급정년으로 퇴직한 사람은 특채의 대상이 될 수 없다.

특별채용을 할 때에는 동일한 사유에 해당하는 여러 사람을 제한 경쟁의 방법으로 채용할 수 있다(경찰공무원법 제8조 제4항).

(2) 채용후보자명부의 작성 및 채용

경찰청장 또는 해양경찰청장은 신규채용시험에 합격한 자를 성적 순위에 따라 채용후보자명부에 등재하고(경찰공무원법 제9조 제1항), 경찰공무원의 신규채용은 채용후보자명부의 등재 순위(登載順位)에 의해 임명해야 한다. 다만, 채용후보자가 경찰교육기관에서 신임교육을 받은 경우에는 그 교육 성적 순위에 따른다(경찰공무원법 제9조 제2항).

채용후보자명부는 임용 예정 계급별로 작성하되, 채용후보자의 서류를 심사하여 임용 적격자만을 등재한다. 임용권자 또는 임용 제청권자는 채용

26) 경찰대학 교재편찬위원회, 『경찰경무론』, 156면.

후보자명부에의 등재 여부를 본인에게 알려야 한다(경찰공무원임용령 제18조).

신규채용후보자명부의 유효 기간은 2년의 범위 내에서 대통령령으로 정하되 1년의 범위 내에서 그 기간을 연장할 수 있다(경찰공무원법 제9조 제3항). 그러나 경찰청장 또는 해양경찰청장이 채용후보자명부의 유효 기간을 연장하기로 결정한 때에는 이를 공고(公告)하여야 한다(경찰공무원법 제9조 제4항).

임용권자나 임용 제청권자는 결원을 보충할 때 공개경쟁 채용시험 합격자와 공개경쟁 승진시험 합격자를 우선하여 임용하거나 임용 제청하여야 한다(국가공무원법 제31조 제1항). 임용권자는 경찰공무원의 결원을 보충할 때 채용후보자명부 또는 승진후보자명부에 등재된 후보자 수가 결원 수보다 적고, 인사행정 운영상 특히 필요하다고 인정할 때에는 그 결원된 계급에 관하여 다른 임용권자가 작성한 자치경찰공무원의 신규임용후보자명부 또는 승진후보자명부를 해당 기관의 채용후보자명부 또는 승진후보자명부로 보아 해당 자치경찰공무원을 임용할 수 있다. 이 경우 임용권자는 그 자치경찰공무원의 임용권자와 협의하여야 한다(경찰공무원법 제9조 제6항).

(3) 시보임용

경정 이하의 경찰공무원을 신규채용하는 경우 자질과 적성 등 경찰관으로서의 적격성을 보유하고 있는지를 확인하기 위해 시보임용 기간(試補任用期間)을 거친다. 아울러 시보임용 기간 중에는 경찰공무원의 신분 보장이 되지 않는다.

경정 이하의 경찰공무원을 신규채용할 때에는 1년간 시보(試補)로 임용하고, 그 기간이 만료된 다음 날에 정규 경찰공무원으로 임용한다(경찰공무원법 제10조 제1항). 휴직 기간, 직위해제 기간 및 징계에 의한 정직처분 또는 감봉처분을 받은 기간은 시보임용 기간에 산입하지 아니한다(경찰공무원법 제10조 제2항). 시보임용 기간 중에 있는 경찰공무원이 근무성적 또는 교육훈련 성적이 불량할 때에는 「국가공무원법」 제68조(의사에 반한 신분조치) 및 「경찰공무원법」 제22조(직권면직)에도 불구하고 면직시키거나 면직을 제청할 수 있다(경찰공무원법 제10조 제3항).

시보임용 기간을 거치지 않는 경우가 있다. ① 경찰대학을 졸업한 사람 또는 경찰 간부후보생으로서 정하여진 교육을 마친 사람을 경위로 임용하는 경우, ② 경찰공무원으로서 대통령령으로 정하는 상위 계급으로의 승진에 필요한 자격 요건을 갖추고 임용 예정 계급에 상응하는 공개경쟁 채용시험에 합격한 사람을 해당 계급의 경찰공무원으로 임용하는 경우, ③ 퇴직한 경찰공무원으로서 퇴직 시에 재직하였던 계급의 채용시험에 합격한 사람을 재임용하는 경우, ④ 자치경찰 공무원을 그 계급에 상응하는 경찰공무원으로 임용하는 경우이다(경찰공무원법 제10조 제4항).

6) 경찰공무원의 임명의 형식과 효력 발생 시기

임명은 임용장을 교부함으로써 행하는 것이 원칙이다. 그러나 임명행위는 요식행위가 아니기 때문에, 임명장의 교부는 유효 요건이 아니고, 임명행위를 형식적으로 표시·증명하는 선언적·공증적 효력밖에 없다.[27]

경찰공무원의 임용 시기는 "경찰공무원은 임용장 또는 임용통지서에 기재된 일자에 임용된 것으로 본다"(경찰공무원임용령 제5조 제1항). 이때에 임용장이나 임용통지서는 임용될 자에게 도달할 수 있도록 발령해야 하므로(공무원임용령 제6조 제2항), 이러한 임용의 의사표시가 상대방에게 도달하지 아니하면 효력이 발생되지 않는다고 보아야 한다(대판 1962.11.15, 62누165). 따라서 임용장 등에 기재된 일자보다 늦게 도달한 경우에는 사실상 교부받은 날에 효력을 발생한다고 보아야 할 것이다(지방공무원임용령 제5조 제1항 단서). 이는 당사자로서는 임용장을 받기 전까지는 자신이 공무원에 임명되었는지의 여부를 확인할 수 없으며, 임용장 등을 받은 후에야 공무원으로서의 권리를 주장할 수 있다고 보아야 할 것이기 때문이다.[28]

임용장에 기재하는 그 일자를 소급(遡及)해서는 안 된다. 그러나 ① 재직

27) 한견우, 『행정법(II)』, 23면.
28) 류지태, 『행정법신론』, 603면.

중 공적이 특히 현저한 자가 공무로 사망한 때에는 그 사망 전일을 임용일자로 하여 추서하는 경우, ② 형사사건으로 기소된 때에 그 기소된 날을 임용일자로 하여 직위해제하는 경우, ③ 「국가공무원법」 제70조 제1항 제4호의 규정에 의하여 직권면직하는 때에 휴직 기간의 만료일 또는 휴직 사유의 소멸일을 임용일자로 하여 면직하는 경우에는 소급할 수 있다(경찰공무원임용령 제6조).

2 경찰공무원 관계의 변경

경찰공무원 관계의 변경이란 경찰공무원으로서의 신분을 유지하면서 직위·직렬 등 경찰공무원 관계의 내용이 일부 또는 전부를 일시적 혹은 영구적으로 변경하는 것을 말한다. 경찰공무원 관계의 변경 요인으로는 승진·복직·휴직·파견·전보·직위해제 등이 있으며, 경찰공무원 관계의 변경은 국가의 일방적 행정행위로서 행해진다는 것이 특징이다.

1) 경찰공무원 관계 변경의 유형

(1) 승진

승진(昇進)이란 동일 직렬 내의 하위 직급에서 상위 직급에 임용되는 것을 말한다. 승진은 상위직에 있던 자의 승진이나 퇴직 등으로 결원이 생기거나 조직 규모의 확장으로 상위직의 자리가 증가할 경우에 실시된다. 일반적으로 승진은 자격·능력·전문적 지식 등에 따라 판단될 성질의 것이며, 그 판단은 임명권자의 평가적인 인식행위로서 제한된 범위 내에서만 사법심사의 대상이 될 수 있을 것이다.[29] 경찰공무원은 바로 아래 하위 계급에 있는 경찰공무원 중에서 근무성적평정, 경력평정, 그 밖의 능력을 실증(實證)하여 승진임용한다(경찰공무원법 제11조 제1항).

경찰공무원의 승진 방법에는 시험승진, 심사승진, 특별승진, 근속승진이

29) 홍정선, 『행정법원론(하)』, 162면.

있다.

경찰공무원의 승진은 필요한 최저 근무연수 제도를 전제로 한다. 승진필요 최저 근무연수를 보면, 총경은 4년, 경정·경감은 3년, 경위·경사는 2년, 경장·순경은 1년의 기간이 최소한 경과해야 승진 대상자가 된다. 최저 근무연수에는 징계처분 중에 있는 기간, 휴직 기간, 직위해제 기간은 기간 산입에서 배제된다(경찰공무원 승진임용규정 제5조). 승진 최저 근무연수의 계산은 정기승진 1월 1일을 기준으로 한다.

최저 근무연수에 달한 자라도 징계의결 요구·징계처분·직위해제·휴직 또는 시보임용 기간 중에 있는 자, 징계처분의 집행이 끝난 날로부터 일정 기간이 경과하지 아니한 자, 경찰과는 다른 직종에서 근무하다 경찰로 임용된 경우로 종전의 신분에서 강등의 징계를 받고 그 종료일로부터 18개월이 경과되지 아니한 자, 근신·영창·기타 이와 유사한 징계처분을 받고 그 처분 종료일로부터 6월이 경과되지 아니한 자, 정년의 연장을 받은 자 등은 승진임용의 제한을 받는다(경찰공무원 승진임용 규정 제6조 제1항). 승진임용 제한 기간 중에 있는 자가 다시 징계처분을 받은 경우의 승진임용 제한 기간은 전 처분에 대한 제한 기간이 끝난 날부터 계산하고, 징계처분으로 승진임용 제한 기간 중에 있는 사람이 휴직하는 경우 징계처분에 따른 남은 승진임용 제한 기간은 복직일부터 계산한다(경찰공무원 승진임용 규정 제6조 제2항). 경찰공무원이 징계처분을 받은 후 당해 계급에서 훈장·포장·모범공무원 포상·국무총리 이상의 표창 또는 제안의 채택 시행으로 포상을 받은 경우에는 「경찰공무원 승진임용 규정」 제6조 제1항 제2호[30] 및 제3호[31]의 규정에 의한 승진임용 제한 기간의 2분의 1을 단축할

---

30) 징계처분의 집행이 끝난 날부터 다음 각 목의 구분에 따른 기간(금품 및 향응 수수, 공금의 횡령·유용에 따른 징계처분의 경우에는 각각 3개월을 더한 기간)이 지나지 아니한 사람
   가. 강등·정직: 18개월
   나. 감봉: 12개월
   다. 견책: 6개월

31) 징계에 관하여 경찰공무원과 다른 법령의 적용을 받는 공무원이 경찰공무원으로 임용된 경우, 종전의 신분에서 강등의 징계처분을 받고 그 처분 종료일로부터 18개월이 경과되지 아니한 자와 근신·영창 기타 이와 유사한 징계처분을 받고 그 처분 종료일로부터 6

수 있다(경찰공무원 승진임용 규정 제6조 제3항).

(가) 시험승진

시험승진(試驗昇進)이란 시험성적에 의해 승진 임용하는 것을 말한다(경찰공무원법 제11조 제1항). 경찰공무원의 승진시험은 계급별로 실시한다. 경정 이하 계급으로의 승진은 대통령령으로 정하는 비율에 따라 승진시험과 승진심사를 병행할 수 있다(경찰공무원법 제11조 제2항).

승진시험은 매년 1회 실시하며, 경찰공무원의 승진시험은 경찰청장 또는 해양경찰청장이 실시하는 것이 원칙이다. 다만, 경찰청장 또는 해양경찰청장이 필요하다고 인정할 때에는 대통령령[32]으로 정하는 바에 따라 그 권한의 일부를 소속 기관의 장, 지방경찰청장 또는 지방해양경찰관서의 장에게 위임할 수 있다(경찰공무원법 제15조 제1항).

시험에 있어서 부정행위를 한 경찰공무원에 대하여는 당해 시험을 정지 또는 무효로 하며, 5년간 이 영에 의한 시험에 응시할 수 없다(경찰공무원 승진임용 규정 제35조).

(나) 심사승진

심사승진(審査昇進)이란 경무관 이하의 계급에의 승진에서 사용되는 방법이나, 실제적으로는 경정 이하의 경우에는 심사승진과 시험승진이 각 50%의 비율로 행해지고 있다(경찰공무원법 제11조 제2항 및 경찰공무원 승진임용 규정 제4조).

경찰공무원의 승진심사는 계급별로 실시한다. 다만, 경찰청장 또는 해양경찰청장이 필요하다고 인정할 때에는 계급별·직무 분야별로 실시할 수 있다. 경찰공무원의 경정 이하로의 승진심사는 연 1회 1월 2일부터 3월 31

월이 경과되지 아니한 자.

32) 경찰공무원임용령 제33조(시험실시권) 경찰청장 또는 해양경찰청장은 법 제15조 제1항의 규정에 의하여 순경(항공경찰 분야에 종사할 자를 제외한다)의 공개경쟁채용시험의 실시권과 전투경찰순경으로 임용되어 소정의 복무를 마친 자에 대한 순경으로의 특별채용시험의 실시권을 소속기관 등의 장에게, 경찰 간부후보생의 공개경쟁선발시험의 실시권을 경찰교육원의 장에게 각각 위임한다. 다만, 경찰청장 또는 해양경찰청장은 시험 출제 수준의 균형을 유지하기 위하여 특히 필요하다고 인정하는 경우에는 시험 출제 업무를 행할 수 있다.

일 사이에 실시한다. 다만, 경찰청장 또는 해양경찰청장이 그 기간 내에 승진심사를 할 수 없다고 인정하는 경우에는 그 기간을 연장할 수 있으며, 경찰공무원의 증원이나 그 밖의 특별한 사유가 있는 경우에는 추가로 승진심사를 할 수 있다(경찰공무원 승진임용 규정 제14조).

승진심사를 하기 위하여 경찰청과 해양경찰청에 중앙승진심사위원회를 두고, 경찰청·해양경찰청·지방경찰청과 대통령령으로 정하는 경찰기관 및 지방해양경찰관서에 보통승진심사위원회를 둔다(경찰공무원법 제12조 제1항). 승진심사위원회에는 중앙승진심사위원회와 보통승진심사위원회가 있다. 중앙승진심사위원회는 총경 이상의 심사를 위해 경찰청에 설치하며, 보통승진심사위원회는 경정 이하의 심사를 위해 경찰청 및 각 하부 경찰기관에 설치한다.

(ㄱ) 중앙승진심사위원회

중앙승진심사위원회는 위원장을 포함한 위원 5인 이상 7인 이하로 구성한다. 경무관에의 승진심사를 위하여 구성되는 중앙승진심사위원회에 부의할 사항에 대한 사전심의를 위하여 당해 중앙승진심사위원회에 복수의 승진심의위원회를 둘 수 있으며, 승진심의위원회는 각각 위원장을 포함한 위원 5인 이상 7인 이하로 구성한다(경찰공무원 승진임용 규정 제15조 제1항 및 제2항).

그러나 해양경찰청에 두는 중앙승진심사위원회 및 승진심의위원회의 위원은 위원장을 포함한 위원 3인 이상으로 구성할 수 있다(경찰공무원 승진임용 규정 제15조 제3항).

중앙승진심사위원회 및 승진심의위원회의 위원은 회의 소집일 전에 승진심사 대상자보다 상위의 계급인 경찰공무원 중에서 경찰청장 또는 해양경찰청장이 임명하며, 위원장은 위원 중 최상위 계급 또는 선임 경찰공무원이 된다. 다만, 승진심의위원회를 두는 경우 중앙승진심사위원회의 위원은 승진심의위원회의 위원 중에서 임명한다(경찰공무원 승진임용 규정 제15조 제4항).

(ㄴ) 보통승진심사위원회

보통승진심사위원회는 경찰청·소속기관 등·경찰서·해양경찰청·해양경찰학교·해양경찰연구소·직할해양경찰서·지방해양경찰청·해양경찰서 및 정비창에 둔다(경찰공무원 승진임용 규정 제16조 제1항). 보통승진심사위원회는 위원장을 포함한 위원 5인 이상 7인 이하로 구성한다(경찰공무원 승진임용 규정 제16조 제2항).

보통승진심사위원회의 위원은 당해 보통승진심사위원회가 설치된 경찰기관의 장이 경감 이상이고 승진심사 대상자보다 상위의 계급인 소속 경찰공무원 중에서 임명하며, 위원장은 위원 중 최상위 계급 또는 선임 경찰공무원이 된다(경찰공무원 승진임용 규정 제16조 제4항). 보통승진심사위원회가 설치된 경찰기관에 경감 이상의 경찰공무원이 위원 수에 부족될 때에는 경위 이상의 경찰공무원 중에서 위원을 임명할 수 있다(경찰공무원 승진임용 규정 제16조 제5항).

(ㄷ) 승진심사위원회의 관할과 회의

중앙승진심사위원회는 총경 이상에의 승진심사를, 보통승진심사위원회는 경정 이하에의 승진심사를 하되, 경찰서 소속 경찰공무원 중 경위 이하에의 승진심사는 경찰서의 보통승진심사위원회에서 한다. 다만, 경찰청장은 승진 예정 인원 등을 고려하여 부득이한 경우에는 경찰서 소속 경찰공무원 중 경위 이하에의 승진심사를 지방경찰청의 보통승진심사위원회에서 심사하게 할 수 있다(경찰공무원 승진임용 규정 제17조 제1항). 해양경찰청 소속 경찰공무원에 대한 승진심사위원회의 관할은 따로 대통령령으로 정한다(경찰공무원 승진임용 규정 제17조 제2항).

중앙승진심사위원회의 회의는 경찰청장이 소집하며, 보통승진심사위원회의 회의는 당해 경찰기관의 장이 경찰청장(경찰서의 보통승진심사위원회의 회의는 지방경찰청장)의 승인을 얻어 이를 소집한다(경찰공무원 승진임용 규정 제18조 제1항). 승진심사위원회의 회의는 재적위원 과반수의 찬성으로 의결한다. 승진심사위원회의 회의는 비공개로 한다(경찰공무원 승진임용 규정 제18조 제2항 및 제3항).

승진심사 기준은 경험한 직책, 승진 기록, 경찰 직무와 관련된 교육 경력, 현 계급에서의 연도별 근무성적, 상벌, 소속 경찰기관의 장의 평가·추천, 국가관, 청렴도, 적격성 및 발전성, 인품 항목에 의한다(경찰공무원 승진임용 규정 제22조 제1항). 임용권자 또는 임용제청권자는 소속 경찰공무원을 승진심사를 거쳐 승진임용하거나 승진임용 제청하고자 하는 때에는 승진심사 대상자의 상위·동일·하위 계급의 경찰공무원, 업무와 관련된 민원인 등의 평가를 실시하여 그 결과를 반영할 수 있다(경찰공무원 승진임용 규정 제22조의 2 제1항).

(다) 특별승진

특별승진(特別昇進)은 경찰공무원으로서 전사(戰死) 또는 순직(殉職)한 자, 직무 수행에 남달리 뛰어난 공적이 있는 자가 심사승진에 의하지 않고 1계급 또는 2계급 승진되는 것을 말한다.

경찰공무원법은 특별승진에 관하여 경찰공무원으로서 ①「국가공무원법」 제40조의4 제1항 제1호부터 제4호까지의 규정 중 어느 하나에 해당되는 사람, ② 전사하거나 순직한 사람, ③ 직무 수행 중 현저한 공적을 세운 사람에 대하여는 제11조에도 불구하고 1계급 특별승진시킬 수 있다. 다만, 경위 이하의 경찰공무원으로서 모든 경찰공무원의 귀감이 되는 공을 세우고 전사하거나 순직한 사람에 대하여는 2계급 특별승진시킬 수 있다고 규정하고 있다(경찰공무원법 제14조 제1항).

경찰공무원의 특별승진은 경찰청장 또는 해양경찰청장이 특히 필요하다고 인정하는 경우에 수시로 이를 실시할 수 있다. 다만, 제37조 제1항 제2호의 규정[33]에 의한 경찰공무원의 특별승진은 경찰청장 또는 해양경찰청장이 정하는 바에 따라 매분기 또는 매월 실시한다(경찰공무원 승진임용 규정 제39조).

임용권자 또는 임용제청권자는 소속 경찰공무원을 특별승진시키고자 할 때에는 중앙승진심사위원회의 심사를 거쳐야 한다. 다만, 경위 이하의 경찰공무원을 특별승진시키고자 하는 경우에는 경찰청장 또는 해양경찰청장이 정하는 바에 의하여 해당 보통승진심사위원회의 심사로 중앙승진심사위원회의 심사를 갈음할 수 있다(경찰공무원 승진임용 규정 제41조 제1항). 특

33) 「국가공무원법」 제40조의4 제1항 제2호의 규정에 의한 경우에는 소속기관 등의 장이 행정의 능률을 향상시키고 예산을 절감하는 등 직무 수행 능력이 탁월하여 경찰행정 발전에 기여한 공이 매우 크다고 인정하는 자.

별승진 대상자가 「경찰공무원 교육훈련 규정」에 의한 교육을 수료하지 아니한 경우에는 당해 교육을 수료한 후에 심사를 거치게 하여야 한다. 다만, 제37조 제1항 제4호, 제2항 또는 제3항 제1호 내지 제5호의 규정에 해당하는 특별승진 대상자의 경우에는 그러하지 아니하다(경찰공무원 승진임용 규정 제41조 제2항).

임용권자 또는 임용 제청권자는 특별승진 임용 예정자로 선발된 자에 대하여 특별승진후보자명부를 작성하여야 한다. 특별승진후보자명부의 등재 순위는 승진심사위원회의 특별승진 의결 일자 순으로 하되, 의결 일자가 같을 경우에는 근무성적 평정점 순으로 작성한다. 특별승진 임용은 특별한 경우 외에는 특별승진후보자명부의 등재 순위에 의한다. 임용권자 또는 임용 제청권자는 특별승진후보자명부에 등재된 자가 승진임용되기 전에 정직 이상의 징계처분을 받은 경우에는 특별승진후보자명부에서 이를 삭제하여야 한다(경찰공무원 승진임용 규정 제42조).

(라) 근속승진

근속승진(勤續昇進)이란 경찰관들의 승진 경쟁이 과열되고 승진시험 준비로 직무 수행에 지장을 초래하는 문제점을 해결하고, 장기간 성실하게 근무한 경찰관의 사기를 증진시키는 면에서 도입한 제도이다.

경찰청장 또는 해양경찰청장은 해당 계급에서 ① 순경을 경장으로 근속승진임용하려는 경우: 해당 계급에서 5년 이상 근속자, ② 경장을 경사로 근속승진 임용하려는 경우: 해당 계급에서 6년 이상 근속자, ③ 경사를 경위로 근속승진 임용하려는 경우: 해당 계급에서 7년 6개월 이상 근속자, ④ 경위를 경감으로 근속승진 임용하려는 경우: 해당 계급에서 12년 이상 근속자의 기간 동안 재직한 사람을 경장, 경사, 경위, 경감으로 각각 근속승진 임용할 수 있다(경찰공무원법 제11조의2 제1항).

근속승진한 경찰공무원이 근무하는 기간에는 그에 해당하는 직급의 정원이 따로 있는 것으로 보고, 종전 직급의 정원은 감축된 것으로 본다(경찰공무원법 제11조의2 제2항).

(마) 승진과 권리구제

승진을 실시할 것인지 여부는 인사권자의 재량에 속한다. 승진후보자 및 순위의 결정도 처분으로 보아야 한다. 승진 결정은 재량행위이므로 재량권의 일탈이나 남용이 없는 한 위법하지 않다.[34]

(2) 전직

전직(轉職)이란 직렬을 달리하는 임용을 말한다. 예를 들면, 외무사무관을 행정사무관으로 임용하는 것과 같은 경우이다. 전직은 일정한 제한 하에서 전직시험을 거쳐 행함을 원칙으로 한다. 그러나 일정한 경우에는 시험의 일부 또는 전부를 면제할 수 있다(국가공무원법 제28조의3).

(3) 전과

전과(轉科)란 경과(警科)를 달리하는 임명을 말한다(경찰공무원임용령 제2조 제3호). 전과를 원하는 경찰공무원은 소정의 전과시험에 합격해야 하며, 경과별 정원 및 인원을 고려해 임명권자가 전과 발령을 행하는 것이 원칙이다.

(4) 전보

전보(轉補)란 동일 직위(계급)에서 장기 근무로 인한 침체를 방지하고 직무 수행 능률을 높이기 위한 동일 직급 내에서의 보직 변경을 말한다(국가공무원법 제5조 제6호). 전보는 경찰공무원으로 하여금 일정 기간 안정된 공무원 생활을 가능하게 하기 위함이다. 그러나 공무원의 같은 직위에서의 장기 근무로 인한 침체를 방지하여 창의적으로 직무를 수행하게 하고, 과다하게 잦은 전보로 인한 전문성 및 능률의 저하를 방지하여 안정적으로 직무를 수행할 수 있게 하기 위하여 정기적으로 전보를 실시하도록 하고 있다(공무원임용령 제44조). 또한, 전보의 목적은 같은 직위에 장기적으로 근무함으로써 발생 가능한 '학습된 무기력' 현상을 막고 신선한 자극을 주어 활력이 넘치는 업무 수행으로 조직효과성을 높이는 데 있다.[35]

임용권자 또는 임용 제청권자는 소속 공무원을 해당 직위에 임용된 날부터 1년 이내(감사 업무를 담당하는 경찰공무원의 경우에는 2년 이내)에 다

---

34) 박균성 · 김재광, 『경찰행정법』, 135면.

35) 경찰대학 교재편찬위원회, 『경찰경무론』, 160면.

른 직위에 전보할 수 없다(경찰공무원임용령 제27조 제1항). 그러나 예외적으로 ① 직제상의 최저 단위 보조기관(담당관을 포함한다) 내에서의 전보, ② 경찰청 및 해양경찰청과 소속기관 등 또는 소속기관 등 상호간의 교류를 위한 전보, ③ 기구의 개편, 직제 또는 정원의 변경으로 인한 해당 경찰공무원의 전보, ④ 당해 경찰공무원을 승진시키는 경우, ⑤ 특수한 기술을 가진 경찰공무원 또는 전문특기자를 당해 직무 분야에 보직하는 경우, ⑥ 징계처분을 받은 경우, ⑦ 형사사건에 관련되어 수사기관에서 조사를 받고 있는 경우, ⑧ 경찰기동대 기타 특수 임무 부서와의 정기적인 교체에 의하는 경우, ⑨ 교육훈련기관의 교수요원으로 보직하는 경우, ⑩ 시보임용 중인 경우, ⑪ 신규채용된 경찰공무원으로서 제22조 제5항의 규정에 의한 보직관리 기준에 따라 순환보직 중인 자의 전보 및 이와 관련한 전보, ⑫ 감사 담당 경찰공무원 가운데 부적격자로 인정되는 경우는 예외이다(경찰공무원임용령 제27조 제1항 단서).

경찰대학·경찰교육원·중앙경찰학교·경찰수사연수원 또는 해양경찰학교의 교수요원으로 임용된 자는 그 임용일로부터 1년 이상 3년 이하의 범위 안에서 경찰청장 또는 해양경찰청장이 정하는 기간 안에는 다른 직위에 전보할 수 없다. 다만, 기구의 개편, 직제·정원의 변경 또는 교육과정의 개폐가 있거나 교수요원으로서 부적당하다고 인정될 때에는 그러하지 아니하다(경찰공무원임용령 제27조 제2항).

섬, 외딴곳 등 특수지역에서 근무할 조건으로(경찰공무원법 제8조 제3항 제6호) 특별채용된 경찰공무원은 그 채용일부터 5년의 범위에서 경찰청장 또는 해양경찰청장이 정하는 기간(휴직 기간, 직위해제 기간 및 정직 기간은 포함하지 아니한다) 안에는 채용 조건에 해당하는 기관 또는 부서 외의 기관 또는 부서로 전보할 수 없다(경찰공무원임용령 제27조 제3항).

(5) 휴직

휴직(休職)이란 경찰공무원으로서의 신분은 보유하면서 직무 담임을 일정한 기간 동안 해제하는 행위를 말한다(국가공무원법 제73조 제1항 참조). 다시 말해, 휴직은 경찰공무원 신분은 보유하나 직무에는 종사하지 못하는 것을 말한다. 휴직은 직위해제와 달리 제재적 성격이 없음이 특징이다.

휴직의 종류에는 임용권자의 직권에 의한 직권휴직(職權休職)과 경찰공무원 본인의 의사에 의해 임용권자가 행하는 의원휴직(依願休職)이 있다.

(가) 직권휴직

직권휴직의 경우 다음의 사유가 발생하면 임용권자는 본인의 의사에 관계없이 당연히 휴직을 명해야 한다(국가공무원법 제71조 제1항).

(ㄱ) 직권휴직 사유

공무원이 ① 신체·정신상의 장애로 장기 요양이 필요할 때, ② 「병역법」에 따른 병역 복무를 마치기 위하여 징집 또는 소집된 때, ③ 천재지변이나 전시·사변, 그 밖의 사유로 생사(生死) 또는 소재(所在)가 불명확하게 된 때, ④ 그 밖에 법률의 규정에 따른 의무를 수행하기 위하여 직무를 이탈하게 된 때, ⑤ 「공무원의 노동조합 설립 및 운영 등에 관한 법률」 제7조에 따라 노동조합 전임자로 종사하게 된 때에 해당하면 임용권자는 본인의 의사에도 불구하고 휴직을 명하여야 한다(국가공무원법 제71조 제1항).

(ㄴ) 직권휴직 기간

① 신체·정신상의 장애로 장기요양을 요할 때는 휴직 기간은 1년(「공무원연금법」에 따른 공무상 질병 또는 부상으로 인한 휴직 기간은 3년) 이내로 한다(국가공무원법 제72조 제1호). ② 「병역법」에 따른 병역 복무를 마치기 위하여 징집 또는 소집된 때나 그 밖에 법률의 규정에 따른 의무를 수행하기 위하여 직무를 이탈하게 된 때 따른 휴직 기간은 그 복무 기간이 끝날 때까지로 한다(국가공무원법 제72조 제2호). ③ 천재지변이나 전시·사변, 그 밖의 사유로 생사(生死) 또는 소재(所在)가 불명확하게 된 때에 따른 휴직 기간은 3개월 이내로 한다(국가공무원법 제72조 제3호). 그러나 천재지변이나 전시·사변, 그 밖의 사유로 생사 또는 소재가 불명확하게 된 사유로 인한 경찰공무원의 휴직 기간은 법원의 실종선고(失踪宣告)를 받는 날까지로 한다(경찰공무원법 제23조 제1항). 실종에 의한 경찰공무원의 휴직자가 있는 경우에는 그 휴직자의 계급에 해당하는 정원이 따로 있는 것으로 보고, 결원을 보충할 수 있다(경찰공무원법 제23조 제2항). ④ 「공무

원의 노동조합 설립 및 운영 등에 관한 법률」 제7조에 따라 노동조합 전임자로 종사하게 된 때에 따른 휴직 기간은 그 전임 기간으로 한다(국가공무원법 제72조 제9호).

(나) 의원휴직

의원휴직의 경우 경찰공무원이 다음의 사유로 휴직을 원하면 임용권자는 휴직을 명할 수 있다(국가공무원법 제71조 제2항).

(ㄱ) 의원휴직 사유

임용권자는 공무원이 ① 국제기구, 외국 기관, 국내외의 대학·연구기관, 다른 국가기관 또는 대통령령으로 정하는 민간기업, 그 밖의 기관에 임시로 채용될 때, ② 국외 유학을 하게 된 때, ③ 중앙인사관장기관의 장이 지정하는 연구기관이나 교육기관 등에서 연수하게 된 때, ④ 만 8세 이하(취학 중인 경우에는 초등학교 2학년 이하를 말한다)의 자녀를 양육하기 위하여 필요하거나 여성 공무원이 임신 또는 출산하게 된 때, ⑤ 사고나 질병 등으로 장기간 요양이 필요한 부모, 배우자, 자녀 또는 배우자의 부모를 간호하기 위하여 필요한 때, ⑥ 외국에서 근무·유학 또는 연수하게 되는 배우자를 동반하게 된 때에 해당하는 사유로 휴직을 원하면 휴직을 명할 수 있다. 다만, 제4호의 경우에는 대통령령으로 정하는 특별한 사정이 없으면 휴직을 명하여야 한다(국가공무원법 제71조 제2항).

(ㄴ) 의원휴직 기간

① 국제기구, 외국 기관, 국내외의 대학·연구기관, 다른 국가기관 또는 대통령령으로 정하는 민간기업, 그 밖의 기관에 임시로 채용될 때에 따른 휴직 기간은 그 채용 기간으로 한다. 다만, 민간기업이나 그 밖의 기관에 채용되면 3년 이내로 한다(국가공무원법 제72조 제4호). ② 국외 유학을 하게 된 때와 외국에서 근무·유학 또는 연수하게 되는 배우자를 동반하게 된 때에 따른 휴직 기간은 3년 이내로 하되, 부득이한 경우에는 2년의 범위에서 연장할 수 있다(국가공무원법 제72조 제5호). ③ 중앙인사관장기관의 장이 지정하는 연구기관이나 교육기관 등에서 연수하게 된 때에 따른 휴직 기간은 2년 이내로 한다(국가공무원법 제72조 제6호). ④ 만 8세 이하(취학 중인 경우에는 초등학교 2학년 이하를 말한다)의 자녀를 양육하기 위하

여 필요하거나 여성 공무원이 임신 또는 출산하게 된 때에 따른 휴직 기간은 자녀 1명에 대하여 1년(여성 공무원은 3년) 이내로 한다(국가공무원법 제72조 제7호). 양육이나 출산에 따른 휴직을 이유로 인사에 불리한 처우를 하여서는 아니 된다(국가공무원법 제71조 제4항). ⑤ 사고나 질병 등으로 장기간 요양이 필요한 부모, 배우자, 자녀 또는 배우자의 부모를 간호하기 위하여 필요한 때에 따른 휴직 기간은 1년 이내로 하되, 재직 기간 중 총 3년을 넘을 수 없다(국가공무원법 제72조 제8호).

(다) 휴직의 효력

휴직 중인 경찰공무원은 공무원의 신분은 보유하지만, 휴직 기간 중에 직무에 종사하지는 못한다(국가공무원법 제73조 제1항). 휴직 기간 중에 휴직 사유가 소멸되었을 때에는 30일 이내에 임용권자 또는 임용제청권자에게 신고해야 하며, 임용권자는 지체없이 복직을 명해야 한다(국가공무원법 제73조 제2항). 또한, 휴직 기간이 끝난 경찰공무원이 30일 이내에 복직 신청을 한 때에는 당연 복직된다(국가공무원법 제73조 제3항).

(6) 직위해제

직위해제(職位解除)라 함은 공무원 본인에게 직위를 계속 유지시킬 수 없는 사유가 있는 경우에 직위를 부여하지 않는 것을 말한다(국가공무원법 제73조의3 제1항 참조). 직위해제는 휴직과는 달리 제재적(制裁的) 성격을 가지는 보직의 해제이며, 또한 복직이 보장되지 않는다.

직위해제처분이 공무원에 대한 불이익한 처분이긴 하나 징계처분과 같은 성질의 처분이라 할 수 없으므로 동일한 사유로 직위해제처분을 하고 다시 감봉처분(減俸處分)을 했다 하여 '일사부재리(一事不再理)의 원칙'에 위배된다 할 수 없다(대판 1983.5.24, 82누410).[36]

(가) 직위해제 사유

직위해제의 사유로는 ① 직무 수행 능력이 부족하거나 근무성적이 극히 나쁜 자, 이 경우 직위해제된 자에 대해 3월 이내의 기간 대기(待機)를 명

36) 이명구, 『행정법원론』, 902면.

한다(국가공무원법 제73조의3 제3항). ② 파면·해임·강등 또는 정직에 해당하는 징계 의결이 요구 중인 자, ③ 형사사건으로 기소된 자(약식명령으로 기소된 때는 제외), ④ 고위공무원단에 속하는 일반직 공무원으로서 제70조의2 제1항 제2호 및 제3호의 사유[37]로 적격심사를 요구받은 자 등이다.

(나) 직위해제의 효과

직위가 해제되면 담당할 직무가 없으므로 직무에 종사하지 못하며, 직무수행을 전제로 한 출근 의무도 없다.

직위해제 사유가 소멸한 때에는 임용권자 또는 임용 제청권자는 지체없이 직위를 부여해야 한다(국가공무원법 제73조의3 제2항).

대기명령을 받은 자에게 능력 회복이나 근무성적의 향상을 위한 교육훈련 또는 특별한 연구과제의 부여 등 필요한 조치를 하여야 한다(국가공무원법 제73조의3 제4항).

직무 수행 능력이 부족하거나 근무성적이 극히 불량함으로 인해 직위해제를 당한 경우, 대기명령을 받은 기간 중 능력 또는 근무성적의 향상을 기대하기 어렵다고 인정될 때에는 징계위원회의 동의를 얻어 임용권자가 직권면직시킬 수 있다(경찰공무원법 제22조 제1항 제1호 및 동조 제2항).

직위해제 기간은 승진소요 최저 연수에 산입되지 아니하며(공무원임용령 제31조 제2항), 직위해제된 자에게는 봉급의 8할을 지급한다.

직위해제에 대해 종래 직위해제 기간의 경과로 당연퇴직되게 한 제도보다 징계위원회의 동의와 직권면직으로 바꿈으로써 공무원의 신분 보장의 견지에서 개선된 것이나, 능력의 향상이나 개전(改悛)의 정(情)이 있느냐의 여부를 판단하는 것은 극히 주관적일 수밖에 없고, 능력의 향상이나 개전

---

37) 국가공무원법 제70조의2(적격심사) ① 고위공무원단에 속하는 일반직 공무원은 다음 각 호의 어느 하나에 해당하면 고위공무원으로서 적격한지 여부에 대한 심사(이하 "적격심사"라 한다)를 받아야 한다. 2. 근무성적평정에서 최하위 등급의 평정을 총 2년 이상 받은 때. 이 경우 고위공무원단에 속하는 일반직 공무원으로 임용되기 전에 고위공무원단에 속하는 별정직 공무원 또는 계약직 공무원으로 재직한 경우에는 그 재직 기간 중에 받은 최하위 등급의 평정을 포함한다. 3. 대통령령으로 정하는 정당한 사유 없이 직위를 부여받지 못한 기간이 총 2년에 이른 때.

의 정을 보이기 위해 3월이라는 기간도 너무 짧다는 비판이 있다.[38)]

(7) 복직

복직(復職)이란 휴직 또는 직위해제 또는 정직(강등에 따른 정직을 포함한다) 중에 있는 경찰공무원을 직위에 복귀시키는 것을 말한다(경찰공무원법 제1조의2 제3호, 국가공무원법 제5조 참조). 휴직 중인 경찰공무원은 휴직 기간 중 그 사유가 없어지면 30일 이내에 임용권자 또는 임용 제청권자에게 신고하여야 하며, 임용권자는 지체없이 복직을 명하여야 한다. 휴직 기간이 끝난 공무원이 30일 이내에 복귀 신고를 하면 당연히 복직된다(국가공무원법 제73조 제2항 및 제3항).

(8) 강임

강임(降任)이란 동일한 직렬 내에서 하위의 직급(계급)에 임명하거나 하위의 직급이 없어 다른 직렬의 하위 직급으로 임명하는 것을 말한다.

임용권자는 직제 또는 정원의 변경이나 예산의 감소 등으로 직위가 폐직되거나 하위의 직위로 변경되어 과원이 된 경우 또는 본인이 동의한 경우에는 소속 공무원을 강임(降任)할 수 있다(국가공무원법 제73조의4 제1항). 강임된 공무원은 상위 직급 또는 고위공무원단 직위에 결원이 생기면, 우선 임용된다. 다만, 본인이 동의하여 강임된 공무원은 본인의 경력과 해당 기관의 인력 사정 등을 고려하여 우선 임용될 수 있다(국가공무원법 제73조의4 제2항).

(9) 파견근무

파견근무(派遣勤務)는 국가기관의 장은 국가적 사업의 수행 또는 그 업무 수행과 관련된 행정 지원이나 연수, 그 밖에 능력 개발 등을 위하여 필요하면 소속 공무원을 다른 국가기관·공공단체·정부투자기관·국내외의 교육기관·연구기관, 그 밖의 기관에 일정 기간 파견근무하는 것을 말한다(국가공무원법 제32조의4 제1항, 경찰공무원임용령 제29조 참조). 파견은 전보에 준하는 변경 행위의 일종이라 할 것이다.[39)]

---

38) 한견우, 『행정법(Ⅱ)』, 58면; 이명구, 『행정법원론』, 903면.

(가) 파견근무 사유

경찰공무원의 파견근무는 임용권자 또는 임용 제청권자는 ① 국가기관 외의 기관·단체에서의 국가적 사업의 수행을 위하여 특히 필요한 경우, ② 다른 기관의 업무 폭주로 인한 행정 지원의 경우, ③ 관련 기관 간의 긴밀한 협조를 요하는 특수 업무의 공동 수행을 위하여 필요한 경우, ④ 「공무원교육훈련법」에 의한 교육훈련을 위하여 필요한 경우, ⑤ 「공무원교육훈련법」에 의한 공무원교육훈련기관의 교수요원으로 선발된 경우, ⑥ 국제기구, 외국의 정부 또는 연구기관에서의 업무 수행 및 능력 개발을 위하여 필요한 경우, ⑦ 국내의 연구기관·민간기관 및 단체에서의 관련 업무 수행·능력 개발이나 국가 정책 수립과 관련된 자료 수집 등을 위하여 필요한 경우에 해당하는 경우에는 「국가공무원법」 32조의4의 규정에 의하여 경찰공무원을 파견할 수 있다(경찰공무원임용령 제30조 제1항).

(나) 파견근무 기간

국가기관외의 기관·단체에서의 국가적 사업의 수행을 위하여 특히 필요한 경우, 다른 기관의 업무 폭주로 인한 행정 지원의 경우, 관련 기관 간의 긴밀한 협조를 요하는 특수 업무의 공동 수행을 위하여 필요한 경우, 국내의 연구기관·민간기관 및 단체에서의 관련 업무 수행·능력 개발이나 국가 정책 수립과 관련된 자료 수집 등을 위하여 필요한 경우의 파견 기간은 2년 이내로 하되, 필요한 경우에는 총 파견 기간이 5년을 초과하지 않는 범위에서 파견 기간을 연장할 수 있다.

「공무원교육훈련법」에 의한 교육훈련을 위하여 필요한 경우나 국제기구, 외국의 정부 또는 연구기관에서의 업무 수행 및 능력 개발을 위하여 필요한 경우에 따른 파견 기간은 그 교육훈련·업무 수행 및 능력 개발을 위하여 필요한 기간으로 한다. 「공무원교육훈련법」에 의한 공무원교육훈련기관의 교수요원으로 선발된 경우에 따른 파견 기간은 1년 이내로 하되, 필요한 경우에는 총 파견 기간이 2년을 초과하지 않은 범위에서 파견 기간을 연장할 수 있다(경찰공무원임용령 제30조 제2항).

39) 한견우, 『행정법(Ⅱ)』, 56면.

(10) 정직

정직(停職)이란 징계의 일종으로 1개월 이상 3개월 이하의 기간 동안 경찰공무원의 신분은 보유하나 직무에 종사하지 못하고 보수의 3분의 2를 감하게 된다(국가공무원법 제80조 제1항).

(11) 감봉

감봉(減俸)이란 경찰공무원으로 신분을 보유하고 직무를 수행하지만, 보수를 감하는 행위이다(국가공무원법 제80조 제2항). 감봉도 1개월 이상 3개월 이하의 기간 동안 보수의 3분의 1을 감한다.

3 경찰공무원 관계의 소멸

경찰공무원 관계의 소멸이란 경찰공무원으로서의 신분을 상실하는 것을 말한다. 경찰공무원 관계는 법정주의(法定主義) 원칙에 따라 법이 정하거나 허용하는 일정 전제 요건과 형식에 따라서만 종료될 수 있다. 이러한 법정주의에 의해 공무원 관계의 자의적인 종료는 방지될 수 있다.[40] 경찰공무원 관계의 소멸 원인에는 당연퇴직(當然退職)과 면직(免職)이 있다.

1) 당연퇴직

당연퇴직(當然退職)이란 일정한 법정 사유가 발생함에 따라 별도의 행위를 기다릴 것이 없이 당연히 경찰공무원의 신분을 상실하는 것을 말한다.

당연퇴직 제도를 두는 입법 목적은 임용 결격 사유에 해당하는 자를 공무원의 직무로부터 배제함으로써 그 직무 수행에 대한 국민의 신뢰, 공무원직에 대한 신용 등을 유지하고, 그 직무의 정상적인 운영을 확보하며, 공무원 범죄를 사전에 예방하고, 공직사회의 질서를 유지하고자 함에 있다. 이러한 입법 목적은 입법자가 추구할 수 있는 헌법상 정당한 공익이라고

---

40) 홍정선, 『행정법원론(하)』, 167면.

할 것이고, 이러한 공익을 실현하여야 할 현실적 필요성이 존재한다는 것도 명백하다. 또한 공무원이 범죄로 인하여 형사 유죄 판결의 일종인 선고유예의 판결을 받은 경우에 공직 전체에 대한 신뢰의 유지라는 공익에 영향을 미치므로, 이 경우 당해 공무원에게 그에 상응하는 신분상의 불이익을 가하는 것은 공익을 위하여 적절한 수단이 될 수 있다(헌재 2004.9.23, 2004헌가12).

따라서 당연퇴직 발령은 임용권자의 처분에 의해서가 아니고 일정한 사유의 발생으로 인해 퇴직된 사실을 알리는 확인행위인 관념의 표시에 불과하다(대판 1992.1.21, 91누2687; 대판 1983.2.8, 81누263).

당연퇴직 사유에는 국가공무원법이 규정하고 있는 결격 사유의 하나에 해당한 때(국가공무원법 제69조), 사망 · 임기 만료 · 정년에 달한 때 등에 의해 원칙적으로 공무원 관계가 소멸한다.

(가) 경찰공무원의 퇴직 사유

경찰공무원이 ① 대한민국 국적을 가지지 아니한 사람, ② 「국적법」 제11조의2 제1항에 따른 복수 국적자, ③ 금치산자 또는 한정치산자, ④ 파산선고를 받고 복권되지 아니한 사람, ⑤ 자격 정지 이상의 형(刑)을 선고받은 사람, ⑥ 자격 정지 이상의 형의 선고유예를 선고받고 그 유예 기간 중에 있는 사람, ⑦ 징계에 의하여 파면 또는 해임처분을 받은 사람에 해당하게 된 경우에는 당연히 퇴직한다. 그러나 자격 정지 이상의 형의 선고유예를 선고받고 그 유예 기간 중에 있는 사람에 해당하게 된 경우에는 그러하지 아니하다(경찰공무원법 제21조).[41][42]

---

41) 경찰공무원으로서 자격 정지 이상의 형의 선고유예를 받고 그 선고유예 기간 중에 있는 자는 당연퇴직된다는 경찰공무원법 제21조, 제7조 제2항 제5호 규정은 위 법이 1982.12.31 법률 제3606호로 전면 개정되면서 신설된 것이므로 위 규정은 위 신법 시행 이후에 자격 정지 이상의 형의 선고유예 판결을 받고 그때부터 비로소 선고유예 기간 중에 있는 자에 한하여 적용되고 구법 시행 당시에 자격정지형의 선고유예 판결을 받아 그 판결이 확정된 자에 대하여는 비록 신법 시행 당시 그 선고유예 기간 중에 있다 하더라도 이를 적용할 것이 아니다(대판 1985.7.23, 84누374).

42) 경찰공무원이 자격정지 이상의 형의 선고유예를 받은 경우 공무원직에서 당연퇴직하도록 규정하고 있는 이 사건 법률 조항은 자격 정지 이상의 선고유예 판결을 받은 모든 범죄를 포괄하여 규정하고 있을 뿐만 아니라 심지어 오늘날 누구에게나 위험이 상존하

(나) 경찰공무원의 정년

경찰공무원의 정년퇴직은 법정 연령에 도달함으로써 퇴직하는 것을 말한다. 경찰공무원의 정년은 계급에 따라서 달리하므로 살펴볼 필요가 있다. 여기에는 연령정년과 계급정년이 있다.

경찰공무원의 연령정년은 60세이며(경찰공무원법 제24조 제1항 제1호), 계급정년의 경우 치안감은 4년, 경무관은 6년, 총경은 11년, 경정은 14년이다(경찰공무원법 제24조 제1항 제2호). 계급정년을 산정할 때 자치경찰공무원으로 근무한 경력이 있는 경찰공무원의 경우에는 그 계급에 상응하는 자치경찰공무원으로 근무한 연수(年數)를 산입한다(경찰공무원법 제24조 제6항).

징계로 인하여 강등(경감으로 강등된 경우를 포함한다)된 경찰공무원의 계급정년은 ① 강등된 계급의 계급정년은 강등되기 전 계급 중 가장 높은 계급의 계급정년으로 한다. ② 계급정년을 산정할 때에는 강등되기 전 계급의 근무연수와 강등 이후의 근무연수를 합산한다(경찰공무원법 제24조 제2항).

수사, 정보, 외사(外事), 보안 등 특수 부문에 근무하는 경찰공무원으로서 대통령령으로 정하는 바에 따라 지정을 받은 사람은 총경 및 경정의 경우에는 3년의 범위에서 계급정년을 연장할 수 있다(경찰공무원법 제24조 제3항). 경찰청장 또는 해양경찰청장은 전시·사변이나 그 밖에 이에 준하는 비상사태에서는 2년의 범위에서 계급정년을 연장할 수 있다. 이 경우 경무관 이상의 경찰공무원에 대하여는 행정안전부 장관 또는 국토해양부 장관과 국무총리를 거쳐 대통령의 승인을 받아야 하고, 총경·경정의 경찰공무

는 교통사고 관련 범죄 등 과실범의 경우마저 당연퇴직의 사유에서 제외하지 않고 있으므로 최소 침해성의 원칙에 반한다. 또한, 오늘날 사회국가 원리에 입각한 공직 제도의 중요성이 강조되면서 개개 공무원의 공무담임권 보장의 중요성은 더욱 큰 의미를 가지고 있다. 일단 공무원으로 채용된 공무원을 퇴직시키는 것은 공무원이 장기간 쌓은 지위를 박탈해 버리는 것이므로 같은 입법 목적을 위한 것이라고 하여도 당연퇴직 사유를 임용 결격 사유와 동일하게 취급하는 것은 타당하다고 할 수 없다. 따라서 이 사건 법률조항은 헌법 제25조의 공무담임권을 침해한 위헌 법률이다(헌재 2004.9.23, 2004헌가12, 공보 제97호, 962).

원에 대하여는 국무총리를 거쳐 대통령의 승인을 받아야 한다(경찰공무원법 제24조 제4항).

경찰공무원은 그 정년이 된 날이 1월에서 6월 사이에 있으면 6월 30일에 당연퇴직하고, 7월에서 12월 사이에 있으면 12월 31일에 당연퇴직한다(경찰공무원법 제24조 제5항).

2) 면직

면직(免職)이라 함은 경찰공무원의 신분을 상실시키는 행위를 말한다. 면직의 종류에는 의원면직과 직권면직이 있다.

(1) 의원면직

의원면직(依願免職)이란 경찰공무원 본인의 사의 표시에 의해 공무원 관계를 소멸시키는 행위를 말한다. 명예퇴직이나 권고사직은 의원면직에 속한다. 의원면직 행위는 경찰공무원 본인의 신청을 요건으로 하는 쌍방적 행정행위로 본다. 따라서 공무원의 사의 표시가 있어도 임용권자에 의해 면직처분이 있기까지는 공무원 관계가 존속한다. 사직원을 제출한 공무원도 사직원이 수리될 때까지는 출근하여 직무를 수행하는 등 공무원으로서 모든 의무를 다해야 한다. 경찰공무원이 사직원만 제출하고 직장을 무단 이탈하면 징계 및 형사 책임의 원인이 된다.

그렇다고 면직처분이 있을 때까지 무한정 기다릴 수 없기 때문에, 후임의 보충 기타 업무의 공백을 막기 위해 필요한 조치를 취할 수 있는 상당한 기간까지는 수리해야 한다고 본다.[43][44]

의원면직은 경찰공무원의 자유로운 사의 표시를 전제로 하는 것이므로, 상사(上司) 등의 강요에 의한 사의 표시에 의한 면직처분은 위법한 것으로

---

43) 한견우, 『행정법(Ⅱ)』, 60면.

44) 사직원(辭職願)의 수리는 준법률행위적 행정행위로서의 수리행위이다. 사직원이 제출된 경우에 임용권자에게 수리 의무가 있는가 하는 문제가 제기된다. 공무 담임은 권리이지만 의무는 아니며 공무원의 직업 선택의 자유 등을 고려할 때 병역 의무 등 법률상 복무 의무가 있는 경우를 제외하고는 임용권자에게 수리 의무가 있다고 보아야 한다(박균성 · 김재광, 『경찰행정법』, 140면 참조).

취소 또는 무효 사유가 된다(대판 1975.6.24, 75누46).[45]

경찰공무원이 책임을 면탈(免脫)하려는 의도로 사직원을 제출한 경우에 임용권자는 사직원의 수리를 거절하고, 징계절차를 진행할 수 있다.

(2) 일방적 면직

일방적 면직이란 본인의 의사와 상관없이 일방적으로 행해지는 면직처분으로서, 여기에는 징계면직과 직권면직이 있다.

(가) 징계면직

징계면직은 징계처분에 의해 공무원 신분을 소멸시키는 처분으로 이러한 징계면직에는 파면과 해임이 있다.

파면(罷免)이란 공무원의 신분을 박탈하고 연금을 제한해 지급하는 것을 내용으로 한다. 해임(解任)이란 공무원의 신분을 박탈하나, 연금(年金)의 전액을 지급하는 것이다. 경찰공무원에 대한 파면의 경우, 경찰공무원 관계로 파면됨과 동시에 퇴직 급여액의 1/4~1/2을 감액해 지급한다.[46] 그리고, 5년간 공직 재임용이 제한된다. 반면에 해임의 경우에는 경찰공무원 관계에서 배제되며 3년간 공직 재임용에 제한을 받는다.

(나) 직권면직

직권면직이라 함은 일정한 법정 사유가 존재하는 경우에 경찰공무원 본인의 의사에도 불구하고 임용권자가 직권으로 행하는 면직처분을 말한다.

(ㄱ) 직권면직 사유

경찰공무원의 직권면직 사유에는 ① ㉠ 직제와 정원의 개폐 또는 예산의 감소 등에 따라 폐직(廢職) 또는 과원(過員)이 되었을 때, ㉡ 휴직 기간이 끝나거나 휴직 사유가 소멸된 후에도 직무에 복귀하지 아니하거나 직무를 감당할 수 없을 때, ㉢ 대기 명령을 받은 자가 그 기간에 능력 또는 근무성적의 향상을 기대하기 어렵다고 인정된 때(국가공무원법 제70조 제1항 제3호~제5호)의 어느 하나에 해당될 때, ② 경찰공무원으로는 부적합할 정도

45) 김동희, 『행정법(II)』, 124면.

46) 재직 기간이 5년 미만인 사람에 대해서는 퇴직 급여액의 1/4을 지급하고, 재직 기간이 5년 이상인 사람에 대해서는 1/2을 감액해 지급한다.

로 직무 수행 능력이나 성실성이 현저하게 결여된 사람으로서 대통령령(경찰공무원임용령 제47조 제1항 1호·2호)[47]으로 정하는 사유에 해당된다고 인정될 때, ③ 직무를 수행하는 데에 위험을 일으킬 우려가 있을 정도의 성격적 또는 도덕적 결함이 있는 사람으로서 대통령령(경찰공무원임용령 제47조 제2항 1호·2호)[48]으로 정하는 사유에 해당된다고 인정될 때, ④ 해당 경과에서 직무를 수행하는 데 필요한 자격증의 효력이 상실되거나 면허가 취소되어 담당 직무를 수행할 수 없게 되었을 때에는 직권으로 면직시킬 수 있다(경찰공무원법 제22조 제1항).

(ㄴ) 직권면직의 절차와 기준

임용권자는 직권 면직사유에 의하여 경찰공무원을 면직시키는 경우에는 미리 '징계위원회의 의견'을 들어야 하며, ① 경찰공무원으로는 부적합할 정도로 직무 수행 능력이나 성실성이 현저하게 결여된 사람으로서 대통령령으로 정하는 사유에 해당된다고 인정될 때, ② 직무를 수행하는 데에 위험을 일으킬 우려가 있을 정도의 성격적 또는 도덕적 결함이 있는 사람으로서 대통령령으로 정하는 사유에 해당된다고 인정될 때, ③ 대기명령을 받은 자가 그 기간에 능력 또는 근무성적의 향상을 기대하기 어렵다고 인정된 때의 사유로 면직시킬 경우에는 '징계위원회의 동의'를 받아야 한다(국가공무원법 제70조 제2항 및 경찰공무원법 제22조 제2항).

임용권자나 임용 제청권자는 '직제와 정원의 개폐 또는 예산의 감소 등에 따라 폐직(廢職) 또는 과원(過員)'에 따라 소속 공무원을 면직시킬 때에는 임용 형태, 업무 실적, 직무 수행 능력, 징계처분 사실 등을 고려하여 면직 기준을 정하여야 한다(국가공무원법 제70조 제3항). 이때 면직 기준을 정하거나 면직 대상자를 결정할 때에는 임용권자 또는 임용 제청권자(임용권자나 임용 제청권자가 분명하지 아니하면 중앙인사관장기관의 장을 말한

---

47) 지능 저하 또는 판단력의 부족으로 경찰 업무를 감당할 수 없는 경우, 책임감의 결여로 직무 수행에 성의가 없고 위험한 직무에 당하여 고의로 직무 수행을 기피 또는 포기하는 경우(경찰공무원임용령 제47조 제1항 1호·2호).

48) 인격장애, 알코올·약물 중독 그 밖의 정신장애로 인하여 경찰 업무를 감당할 수 없는 경우, 사행행위 또는 재산의 낭비로 인한 채무 과다, 부정한 이성 관계 등 도덕적 결함이 현저하여 타인의 비난을 받는 경우(경찰공무원임용령 제47조 제2항 1호·2호).

다)별로 심사위원회를 구성하여 그 심사위원회의 심의·의결을 거쳐야 한다(국가공무원법 제70조 제4항).

(ㄷ) 직위해제와 직권면직과의 관계

직위해제를 받은 후에 직권면직을 당한 자가 직위해제의 위법성(違法性)을 이유로 직권면직의 위법성을 주장할 수 있는가가 문제될 수 있다. 대법원은 관련 사건에서 직위해제처분의 불가쟁성(不可爭性)을 이유로 직권면직처분에 대한 취소청구를 행할 수 없는 것으로 판시했다(대판 1984.9. 11, 84누191).

그러나 직위해제처분에 대한 쟁송 제기의 기대 가능성이 적은 점, 소청 제기 기간이 짧은 점 등을 이유로 직위해제처분의 위법성을 이유로 한 직권면직처분에 대한 가쟁성(可爭性)이 인정된다고 하고, 이 문제를 행정행위의 하자 승계 또는 선행행위의 후행행위에 대한 구속력 등의 이름으로 다루고 있다.[49]

제 3 절 경찰공무원의 법적 지위

1 서언

경찰은 국민에 대한 강제하는 권력적 작용을 본질로 하므로 법치주의의 원칙이 더욱 엄격히 적용되어야 하는 바 행정권의 일부인 경찰권의 행사는 당연히 일정한 법적 근거에 의해 일정한 한계 내에서 이루어져야 한다. 한편, 경찰공무원은 경찰의 고유한 업무라고 할 수 있는 국민의 생명·신체 및 재산의 보호, 범죄 통제, 질서 유지 이외에 경찰 본연의 업무처럼 간주된 수많은 타기관 협조 업무를 담당하고 있으며, 남북 분단이라고 하는 국가적 현실 때문에 대간첩작전의 수행이라는 안보 업무까지도 담당하는[50]

49) 김남진, 『행정법(Ⅰ)』, 341면; 김춘환, 『경찰행정법』, 131면.

등 업무의 특수성 때문에 그 직계(職階)를 군대에 준하는 계급제로 운영하며 정복을 입고, 무기를 휴대하도록 하고 있다.

경찰공무원의 법적 지위는 경찰공무원이 경찰법상 어떠한 권리를 가지고, 어떠한 의무와 책임을 지는가 하는 문제이다. 경찰공무원은 특정직 국가공무원으로서 국가에 대해 공법상의 특별권력 관계에 있으며, 국가의 일선 집행기관인 동시에 국가경찰행정을 담당하고 있는 기관의 구성원이므로 국가는 경찰공무원에 대해 법령의 범위 안에서 또는 행정 목적 달성을 위해 필요한 한도 내에서 포괄적 지배권을 가지며, 경찰공무원은 이에 대응해 일반 국민이 지지 아니하는 특별한 의무와 책임을 지는 반면에 국가에 대해 특별한 권리를 가진다. 다시 말해, 경찰공무원의 권리와 의무 및 책임에 관한 법률 관계의 내용은 사법상의 고용 관계의 법률 관계와는 다른 특색을 가지고 있다. 또한, 다른 분야의 국가공무원의 권리와 의무 및 책임과도 다른 점을 가지고 있다. 예를 들면, 일반직 공무원에게서 볼 수 없는 군(軍)에 준하는 강한 상명하복 관계(上命下服關係)를 형성하고 있다는 점이다. 이하에서는 관계 법령을 중심으로 경찰공무원의 권리와 의무·책임에 대해 살펴보기로 한다.

2 경찰공무원의 권리

공무원은 일반 국민으로서 지위와 국가기관 구성원으로서 지위를 동시에 갖는다. 아울러 경찰공무원도 공무원의 일종으로 국민으로서 헌법상의 기본권을 가지며, 한편으로는 일반 국민이 가지고 있지 않은 특별한 권리를 가지고 있으며, 사회 질서 유지라는 직무의 특수성으로 인해 다른 공무원이 가지고 있지 아니하는 특수한 권리를 가지고 있다. 이러한 권리들은 경찰공무원이 국가에 대해 가지는 일종의 개인적 공권(公權)이므로 사권(私權)과는 다른 특수성을 가지고 있다. 경찰공무원의 권리는 신분상의 권리와 재산상의 권리로 나뉜다.

---

50) 이황우, 『경찰행정학』, 26면.

1) 신분상의 권리

경찰공무원의 신분상의 권리란 공무원으로서 신분 자체에 직접 관계되는 권리로서 신분 및 직위보유권·직무집행권·직명사용권·제복착용권·무기휴대권 등으로 나뉜다.

(1) 신분보유권·직위보유권

(가) 신분보유권

헌법은 "공무원의 신분과 정치적 중립성은 법률이 정하는 바에 의하여 보장된다"고 규정하고(헌법 제7조 제2항), 국가공무원법은 "공무원은 형의 선고, 징계처분 또는 이 법에서 정하는 사유에 따르지 아니하고는 본인의 의사에 반하여 휴직·강임 또는 면직을 당하지 아니한다"고 규정하여(국가공무원법 제68조) 공무원의 신분보장권을 명문으로 보장하고 있다.

경찰공무원은 특정직 공무원이지만 경찰공무원법에 의해 신분 보장을 받기 때문에 법에 규정한 사유와 절차에 의하지 아니하고는 그 신분과 직위로부터 당사자의 의사에 반해 일방적으로 박탈되거나 상실당하지 아니할 권리를 가진다. 그러나 경찰공무원 중에서 치안총감과 치안정감에 대하여는 「국가공무원법」 제68조 본문을 적용하지 아니하므로 신분을 보장받지 못한다(경찰공무원법 제30조 제1항). 한편 위법·부당한 불이익처분에 대해서는 권리구제 절차를 갖추고 있다.

(나) 직위보유권

공무원의 직위보유권(職位保有權)은 일정한 직위를 부여받을 권리와 부여받은 직위를 부당하게 박탈당하지 않을 권리를 말한다. 국가공무원법은 "임용권자나 임용 제청권자는 법령으로 따로 정하는 경우 외에는 소속 공무원의 직급과 직류를 고려하여 그 직급에 상응하는 일정한 직위를 부여하여야 한다"고 규정하고 있다(국가공무원법 제32조의5 제1항).

(2) 직무집행권

경찰공무원은 자기가 담당하는 직무를 아무런 방해도 받지 않고 수행할 권리를 가진다. 상급자라 하더라도 하급 공무원의 직무집행권을 부당하게 침해하여서는 안 된다. 이를 방해한 자는 형법상의 공무집행방해죄를 구성하게 된다(형법 제136조 참조).

(3) 직명사용권 및 제복착용권 · 무기휴대권

경찰공무원은 자기의 직명을 사용할 권리를 가진다. 직명사용권은 행정조직 및 행정 업무 수행의 편의상 인정되는 것이므로 직명사용권을 공무원의 공권으로 보는 것은 타당하지 않다고 보는 견해[51]도 있다.

경찰공무원은 제복을 착용한다(경찰공무원법 제20조 제1항).[52] 경찰공무원의 복제에 관해 필요한 사항은 행정안전부령 또는 국토해양부령으로 정한다.

직무 수행을 위해 필요한 때에는 무기를 휴대할 권리를 가진다(경찰공무원법 제20조).[53] 경찰관직무집행법은 "경찰관은 범인의 체포·도주의 방지, 자기 또는 타인의 생명·신체에 대한 방호, 공무 집행에 대한 항거의 억제를 위하여 필요하다고 인정되는 상당한 이유가 있을 때에는 그 사태를 합리적으로 판단하여 필요한 한도 내에서 무기를 사용할 수 있다"고 규정하고 있다(경찰관직무집행법 제10조의4).[54]

---

51) 박균성·김재광, 『경찰행정법』, 145면.

52) 제복을 입는다는 것은 오늘날의 의미에서는 공무원 개인이 갖는 기본권에 비추어 특권이라기보다는 제약으로서의 성질이 강하므로, 이는 권리로서 파악하기보다는 의무로서의 성질을 강조하는 것이 타당하리라고 본다며 제복착용권을 부인하는 견해도 있다(류지태, 『행정법신론』, 612면).

53) 경찰공무원법 제20조 제2항은 "경찰공무원은 직무 수행을 위하여 필요한 때에는 무기를 휴대할 수 있다"고 규정하고 있다. 그런데, 위 경찰공무원법의 규정 취지는 경찰공무원이 직무 수행을 위하여 필요하다고 인정되는 경우에 한하여 무기를 휴대할 수 있다는 것뿐이지, 경찰관이라 하여 허가 없이 개인적으로 총포 등을 구입하여 소지하는 것을 허용하는 것은 아니라 할 것이다(대판 1996.7.30, 95도2408).

54) (1) 경찰관은 범인의 체포, 도주의 방지, 자기 또는 타인의 생명·신체에 대한 방호, 공무 집행에 대한 항거의 억제를 위하여 무기를 사용할 수 있으나, 이 경우에도 무기는 목적 달성에 필요하다고 인정되는 상당한 이유가 있을 때 그 사태를 합리적으로 판단하여 필요한 한도 내에서 사용하여야 하는 바(경찰관직무집행법 제10조의4), 경찰관의 무기 사용이 이러한 요건을 충족하는지 여부는 범죄의 종류, 죄질, 피해 법익의 경중, 위해의 급박성, 저항의 강약, 범인과 경찰관의 수, 무기의 종류, 무기 사용의 태양, 주변의 상황 등을 고려하여 사회 통념상 상당하다고 평가되는지 여부에 따라 판단하여야 하고, 특히 사람에게 위해를 가할 위험성이 큰 권총의 사용에 있어서는 그 요건을 더욱 엄격하게

(4) 행정쟁송권

경찰공무원이 위법·부당하게 신분 보장이 침해된 경우에는 행정심판(소청)과 행정소송 등을 통해 그것을 바로잡을 수 있는 권리를 가진다(경찰공무원법 제28조 참조). 이러한 쟁송제기권은 공무원으로서의 권리가 침해된 경우의 구제 수단이기는 하나, 그것은 권익의 침해를 받은 국민 일반에 인정되는 것이므로, 이를 경찰공무원의 고유한 권리라고 할 수는 없을 것이다.[55] 경찰공무원은 징계처분이나 휴직 또는 면직처분, 기타 그 의사에 반한 불리한 처분에 대해 행정소송을 제기할 수 있다. 이때에는 경찰청장 또는 해양경찰청장을 피고로 해야 한다(경찰공무원법 제28조).

경찰기관 소속 공무원의 징계처분, 그 밖에 그 의사에 반하는 불리한 처분이나 부작위에 대한 소청을 심사·결정하게 하기 위하여 행정안전부에 소청심사위원회를 둔다(국가공무원법 제9조 제1항 및 제4항).

(5) 고충심사청구권

공무원은 누구나 인사·조직·처우 등 각종 직무 조건과 그 밖에 신상문제에 대하여 인사 상담이나 고충 심사를 청구할 수 있으며, 이를 이유로 불이익한 처분이나 대우를 받지 아니한다(국가공무원법 제76조의2 제1항).

고충심사 제도는 공무원으로서의 권익을 보장하고 적정한 근무환경을 조성해 주기 위해 인사관리 또는 근무 조건 기타 신상문제에 대해 법률적인 쟁송의 절차에 의해서가 아니라 사실상의 절차에 의해 그 시정과 개선책을 청구하는 제도이다.

고충처리 제도는 공무원이 갖는 불만이나 어려움을 해소함으로써 근무의욕을 드높이고, 이로써 직무에 좀 더 충실을 기하게 하고자 하는 제도이다. 고충처리 제도는 공무원이면 누구나 위법한 처분의 존재를 전제로 함

판단하여야 한다(대판 2008.2.1, 2006다6713). (2) 50cc 소형 오토바이 1대를 절취하여 운전 중인 15~16세의 절도 혐의자 3인이 경찰관의 검문에 불응하며 도주하자, 경찰관이 체포 목적으로 오토바이의 바퀴를 조준하여 실탄을 발사하였으나 오토바이에 타고 있던 1인이 총상을 입게 된 경우, 제반 사정에 비추어 경찰관의 총기 사용이 사회 통념상 허용 범위를 벗어나 위법하다(대판 2004.5.13, 2003다57956).

55) 김동희, 『행정법(II)』, 129면.

이 없이 직무 조건・신상 문제 등 그 어떠한 문제에 대해서도 기간의 제약 없이 심사 청구가 가능한 제도이다.[56]

경찰공무원의 인사상담 및 고충을 심사하기 위하여 경찰청, 해양경찰청, 지방경찰청, 대통령령으로 정하는 경찰기관 및 지방해양경찰관서에 경찰공무원 고충심사위원회를 둔다(경찰공무원법 제25조 제1항). 경찰공무원 고충심사위원회의 심사를 거친 재심 청구와 경정 이상의 경찰공무원의 인사상담 및 고충심사는 「국가공무원법」에 따라 설치된 중앙고충심사위원회에서 한다(경찰공무원법 제25조 제2항). 경찰공무원 고충심사위원회의 구성, 심사 절차 및 운영에 필요한 사항은 대통령령으로 정한다(경찰공무원법 제25조 제3항).

2) 재산상의 권리

경찰공무원은 국가에 대해 경제적 의미를 갖는 각종 재산상의 권리를 가진다. 즉, 보수・보상・연금・실비 변상・실물급대여 등을 받을 권리가 그것이다.

(1) 보수청구권

(가) 보수의 의의

경찰공무원은 국가에 대해 보수청구권을 가진다. 보수(報酬)란 봉급과 그 밖의 각종 수당을 합산한 금액을 말한다. 다만, 연봉제 적용 대상 공무원은 연봉과 그 밖의 각종 수당을 합산한 금액을 말한다(공무원보수규정 제4조 제1호).

봉급(俸給)이란 직무의 곤란성과 책임의 정도에 따라 직책별로 지급되는 기본급여 또는 직무의 곤란성과 책임의 정도 및 재직 기간 등에 따라 계급별, 호봉별로 지급되는 기본급여를 말하고(공무원보수규정 제4조 제2호), 수당(手當)이란 직무 여건 및 생활 여건 등에 따라 지급되는 부가급여를 말한다(공무원보수규정 제4조 제3호).

---

56) 김춘환, 『경찰행정법』, 134면.

(나) 보수의 성질

보수의 성질에 대해서는 보수는 근무에 대한 대가로 지급되는 것이라는 반대급부설(反對給付說)과 보수는 공무원의 생활 보장을 위해 국가 등이 지급하는 금품이라는 생활자금설(生活資金說)이 대립하고 있다.

보수에 대해 국가공무원법은 "공무원의 보수는 직무의 곤란성과 책임의 정도에 맞도록 계급별 · 직위별 또는 직무 등급별로 정한다"고 규정하고 있으며(국가공무원법 제46조 제1항), 또한 결근한 사람 · 휴직한 공무원 · 직위해제된 사람 등에 대하여 본급을 감액하여 지급토록 규정하고 있는 바(공무원보수규정 제27~제29조 참조), 이는 보수의 반대급부적 성격을 나타낸 것으로 해석할 수 있다. 한편 "공무원의 보수는 일반의 표준 생계비, 물가 수준, 그 밖의 사정을 고려하여 정하되, 민간 부문의 임금 수준과 적절한 균형을 유지하도록 노력하여야 한다"(국가공무원법 제46조 제2항)고 규정하고 있는 바, 이는 보수의 생활자금적 성격을 반영한 것이라고 볼 수 있다. 따라서 보수가 반대급부설과 생활자금설의 성질을 동시에 가지고 있다고 볼 수 있다.

(다) 보수의 내용

경찰공무원의 봉급은 본봉 · 직책수당 및 근속수당을 합산한 액을 말한다. 여기서 말하는 본봉이란 계급별로 지급되는 기본급여를 말하며, 직책수당이란 직무의 책임성과 곤란성 기타의 특수성을 고려하여 지급되는 계급별 수당액을 말한다. 그리고 근속수당이란 계급에 관계없이 재직 기간에 따라 호봉별로 지급되는 수당액을 말한다.

봉급 이외의 보수를 수당이라고 하며, 수당에 관해서는 「공무원보수규정」과 「공무원 수당 등에 관한 규정」으로 정하고 있다.[57] 수당의 개념에는 광의와 협의의 두 가지가 있다. 광의의 수당이란 '수당'이라는 용어를 사용하는 일체의 수당을 의미하며, 협의의 수당이란 광의의 수당 중에서 공무원보수규정상 봉급에 포함시키고 있는 직책수당과 근속수당을 제외함은 물론

57) 우리나라 경찰의 보수 수준은 업무의 특수성에 비추어 매우 낮고, 호봉 간의 보수 편차가 작으며, 여러 가지 수당 제도가 비체계적인 실정이라고 하는 연구보고서가 있다(치안연구소, 경찰보수 체계에 관한 비교 연구, 1997 참조).

사실상 봉급의 범주 내에 포함시키고 있는 조정수당과 기말수당을 제외한 각종 수당을 의미하는 것으로 여기서 말하는 수당이란 협의의 수당을 가리킨다.

수당의 종류를 살펴보면, ① 특명에 의해 규정된 근무 시간 외에 근무한 자에 대해 지급되는 시간외 근무수당, ② 야간에 한해 근무하는 자와 주야 교체 근무자로서 야간근무를 하는 자에 대해 지급하는 야간근무수당, ③ 휴일에 근무하는 자에 지급되는 휴일근무수당, ④ 일직 및 숙직 근무자에게 지급하는 일직·수직수당수당, ⑤ 근무성적이 우량한 자에게 지급하는 상여수당, ⑥ 교통이 불편하여 문화·교육의 시설이 거의 없는 지역에 근무하는 자에 대해 지급하는 특수지 근무수당, ⑦ 부양가족에 대해 지급하는 가족수당, ⑧ 특수한 직무에 종사하는 경찰공무원에 대해 지급하는 특수근무수당이 있다. 특수근무수당을 받는 경찰공무원은 조정수당을 지급받을 수 없다. 공무원수당규정에 규정하고 있는 특수근무수당에는 항공수당, 교재연구수당, 통신기술업무수당 등이 있다. 끝으로, ⑨ 경찰대학에서 교육중인 간부후보생에 대해 지급하는 경찰간부후보생수당이다. 공무원수당규정에 근거하지 않은 것으로는 특별방법수당, 교통요원수당, 경호수당, 비상경계근무수당, 비상동원수당, 해난구조수당 등이 있다. 그러나 우리나라 경찰의 경우 모든 다른 부처의 일반공무원보다 훨씬 더 많은 시간을 초과근무하고 있으면서도 적절한 초과 근무수당을 받지 못하고 있는 실정이다.[58]

(라) 보수청구권의 성질

경찰공무원의 보수청구권은 공법 관계인 공무원 관계를 이루는 것이므로 공권(公權)으로 보아야 한다. 따라서 경찰공무원의 보수청구권은 경찰공무원 관계에서 발생하는 공법상의 권리로서의 성질을 가지므로 사법상의 채권과는 다른 특수한 성질을 가지고 있다.

보수청구권의 압류는 원칙적으로 금지되지만 예외적으로 봉급액의 2분의 1까지는 압류가 허용되므로 이 한도 내에서 이전성이 인정되고 있다(국세징수법 제33조 참조).[59]

58) 이황우, 『경찰행정학』, 277면.

보수청구권의 소멸시효는 민법 규정에 의하지 않고(민법 제163조), 예산회계법에 의해 5년이다(국가재정법 제96조).

보수청구권은 공무원 관계에서 발생하는 공권이므로 이에 관한 소송(보수지급청구소송 · 보수청구확인소송)은 행정소송으로서 공법상의 당사자소송에 의해야 한다.

(2) 보상청구권

공무원이 질병 · 부상 · 폐질(廢疾) · 퇴직 · 사망 또는 재해를 입으면 본인이나 유족에게 법률로 정하는 바에 따라 적절한 급여를 지급하게 되어 있다(국가공무원법 제77조). 경찰공무원 및 전투경찰대원으로서 전투 또는 이에 준하는 직무 수행으로 인해 상이(傷痍)를 입은 자와 사망한 자의 유족은 「국가유공자 예우 등에 관한 법률」에 의해 예우를 받는다.

(3) 연금청구권

(가) 연금의 의의

연금(年金)이란 공무원의 퇴직 또는 사망과 공무(公務)로 인한 부상 · 질병 · 장애에 대하여 적절한 급여를 지급함으로써, 공무원 및 그 유족의 생활 안정과 복리 향상에 이바지함을 목적으로 지급하는 급여를 말한다(공무원연금법 제1조).

공무원연금 제도는 연금 제도 본래의 기능인 퇴직연금 외에도 기업의 퇴직금에 해당하는 일시금 및 퇴직수당, 민간의 산재보험에 해당하는 공무상 재해보상급여 기타 일반재해에 대한 각종 부조급여를 실시하는 등의 폭넓은 보장 기능이 있으며, 아울러 전 · 현직 공무원을 위한 다양한 후생복지 프로그램도 마련하고 있다. 즉, 공무원연금 제도는 공무원이라는 특수직역

---

59) 국세징수법 제33조(급여채권의 압류 제한) ① 급료 · 연금 · 임금 · 봉급 · 상여금 · 세비 · 퇴직연금, 그 밖에 이와 비슷한 성질을 가진 급여채권에 대하여는 그 총액의 2분의 1에 해당하는 금액은 압류하지 못한다. 다만, 그 금액이 「국민기초생활보장법」에 따른 최저생계비를 고려하여 대통령령으로 정하는 금액에 미치지 못하는 경우 또는 표준적인 가구의 생계비를 고려하여 대통령령으로 정하는 금액을 초과하는 경우에는 각각 대통령령으로 정하는 금액을 압류하지 못한다. ② 퇴직금이나 그 밖에 이와 비슷한 성질을 가진 급여채권에 대하여는 그 총액의 2분의 1에 해당하는 금액은 압류하지 못한다.

을 대상으로 한 노후소득 보장, 근로보상, 재해보상, 부조 및 후생복지 등을 포괄적으로 실시하는 종합적인 사회보장 제도이다.

경찰공무원이 공무로 인한 부상이나 질병으로 퇴직 또는 사망하거나 일정한 연한을 근무하고 퇴직한 경우에 「공무원연금법」이 정하는 바에 따라 연금을 지급받을 권리가 있다.

(나) 연금의 성질

연금의 성질에 대해 연금은 ① 퇴직 공무원이나 공무원의 유족에 대한 사회보장이라는 사회보장설(社會保障說), ② 연금은 은혜적으로 지급되는 것이라는 은혜설(恩惠說), ③ 연금은 지급이 연기된 봉급이라는 봉급연불설(俸給延拂說) 등의 대립이 있다.

연금은 공무원의 봉급에서 매월 납부되는 기여금과 국가 등의 분담금을 기금으로 하여 지급되는 것이므로 연금은 모든 견해의 성질을 가지므로 어느 하나의 학설이 타당할 수는 없고, 모든 견해를 종합적으로 고려해야 함이 타당하다고 본다(공무원연금법 제65~66조 참조).[60]

연금청구권은 양도, 압류하거나 담보로 제공할 수 없다. 다만, 연금인 급여를 받을 권리는 대통령령으로 정하는 금융기관에 담보로 제공할 수 있고, 「국세징수법」, 「지방세기본법」, 그 밖의 법률에 따른 체납처분의 대상으로 할 수 있다(공무원연금법 제32조).

(다) 연금의 종류

공무원연금법상의 급여는 크게 단기급여와 장기급여로 나뉜다. ① 단기급여로는 공무상요양비・공무상요양일시금・재해부조금・사망조위금 등 4종이 있다(공무원연금법 제34조). ② 장기급여로는 퇴직급여 4종(퇴직연금・퇴직연금일시금・퇴직연금공제일시금・퇴직일시금), 장해급여 2종(장해연금・장해보상금), 유족급여 8종(유족연금・유족연금부가금・유족연금특

60) 공무원연금법상의 각종 급여는 퇴직수당과 같이 후불임금의 성격이 강한 것도 있고 그렇지 아니한 것도 있지만, 기본적으로는 모두 사회보장적 급여로서 성격을 가짐과 동시에 공로보상 내지 후불임금으로서 성격도 함께 가진다고 할 것이다(헌재 2002.7.18, 2000헌바57, 판례집 제14권 2집, 1 ; 헌재 1998.12.24, 96헌바73, 판례집 10-2, 856, 866; 헌재 2000.3.30, 99헌바53 등 판례집 12-1, 344, 352).

별부가금 · 유족연금일시금 · 유족일시금 · 유족보상금 · 순직유족연금 · 순직유족보상금) 및 퇴직수당 등 15종이 있다(공무원연금법 제42조).

이러한 공무원연금법상의 급여를 그 보호 내용의 성격에 따라 구분해 보면, ① 퇴직이나 사망 등에 의한 소득 상실 시 그 소득을 보장해 주는 소득보장적 성격의 퇴직급여와 유족급여, ② 민간의 법정 퇴직금에 해당하는 근로보상적 성격의 퇴직수당, ③ 근로재해에 대해 보상을 해주는 재해보상적 성격의 공무상 요양급여(공무상 요양비 · 공무상 요양일시금), 장해급여 및 유족보상금, ④ 일반재해에 대해 위로하는 차원에서 지급하는 부조적 성격의 재해부조금과 사망조위금 등으로 나뉜다.

(라) 연금급여의 결정과 쟁송 방법

공무원연금법이 정하고 있는 소정의 연금의 급여는 법령에 의해 직접 발생하는 것이 아니라 급여를 받을 권리를 가진 자가 당해 공무원이 소속했던 소속기관장의 확인을 거쳐 공무원연금관리공단에 신청하고, 공무원연금관리공단이 그 지급 결정을 함으로써 구체적인 권리가 발생하는 것이므로, 공무원연금관리공단의 급여에 관한 결정은 행정처분에 해당한다.[61]

급여에 관한 결정, 기여금의 징수, 그 밖에 공무원연금법에 따른 급여에 관하여 이의가 있는 자는 '공무원연금급여 재심위원회'에 그 심사를 청구할 수 있다(공무원연금법 제80조 제1항). '공무원연금급여 재심위원회'에 심사 청구는 급여에 관한 결정 등이 있었던 날부터 180일, 그 사실을 안 날부터 90일 이내에 하여야 한다. 다만, 그 기간 내에 정당한 사유가 있어 심사 청구를 할 수 없었던 것을 증명한 경우에는 예외로 한다(공무원연금법 제80조 제2항).

'공무원연금급여 재심위원회'의 결정에 다시 불복하는 경우에는 취소소송을 청구할 수 있다.

(4) 실비 변상을 받을 권리

경찰공무원은 보수를 받는 이외에 공무집행상 직무에 소요되는 실비를 요할 때에는 실비를 변상받을 권리를 가지며(국가공무원법 제48조 제1항),

61) 박균성 · 김재광, 『경찰행정법』, 148면.

소속기관의 장(長)의 허가를 받아 본래의 업무 수행에 지장이 없는 범위 안에서 담당 직무 외의 특수한 연구과제를 위탁받아 이를 처리한 경우에도 그 보상을 지급받을 수 있다(국가공무원법 제48조 제2항). 실비 변상은 대통령령이 정하는 바에 의해 지급받을 수 있다. 실비 변상은 「공무원 여비 규정」(동 규정 제2조 참조)이 정하는 바에 따라 운임·일비·식비·숙박료 등을 받는다.

(5) 실물급대여를 받을 권리

경찰공무원은 「경찰공무원 급여품 및 대여품 규칙」에 의해 피복 등 실물의 급대여품을 받는다.

급여품은 물품으로 지급하여야 한다. 급여품 및 대여품의 보수(補修)에 드는 비용은 해당 물품을 지급받은 사람이 부담한다(경찰공무원 급여품 및 대여품 규칙 제4조).

경찰공무원이 급여품 또는 대여품을 분실하거나 훼손하였을 때에는 대용품(代用品)을 지급한다. 분실이나 훼손이 경찰공무원의 고의 또는 중대한 과실로 인한 것일 때에는 그 대가를 변상하게 하여야 한다(경찰공무원 급여품 및 대여품 규칙 제5조).

경찰공무원이 퇴직할 때에는 대여품을 반납하여야 한다. 경찰공무원의 고의 또는 중대한 과실로 대여품을 분실하거나 훼손하여 그 대여품을 반납할 수 없을 때에는 그 대가를 변상하게 하여야 한다(경찰공무원 급여품 및 대여품 규칙 제6조).

3 경찰공무원의 의무

경찰공무원은 국민 전체에 대한 봉사자로서 국민의 자유와 권리를 최대한으로 보호해야 하며, 경찰공무원의 근무 관계는 경찰공무원의 직무의 공익적 성격으로 인해 일반 국민이나 사법상의 고용 관계에서 볼 수 없는 특수성을 가지고 있다.

경찰공무원의 의무가 발생하는 근거는 공법상의 근무 관계의 기초가 되고 있는 특별권력 관계에 있는 것이므로 그 의무는 포괄적인 의무이다. 따라서 법령상의 경찰공무원의 여러 가지 의무 규정은 이러한 포괄적인 의무의 예시에 불과하다. 그러나 경찰공무원이 부담하는 의무는 경찰공무원이 특별권력 관계에 놓이기 때문에 법적 근거 없이도 당연히 인정된다는 논리는 타당하지 않다. 경찰공무원에게 부과되는 의무도 반드시 법적 근거를 요한다. 왜냐하면 경찰공무원 관계도 공법상의 법 관계이고, 그 법 관계는 법치주의 원칙 내에서만 존재하는 것이기 때문이다.[62]

경찰공무원은 특정직 공무원으로서 일반직 공무원에게서 볼 수 없는 특수한 의무를 지고 있으며, 군에 준하는 강한 상명하복 관계를 형성하고 있는 것이 특징이다.

경찰공무원의 의무는 선서 의무, 성실 의무, 직무상 의무, 신분상 의무 등으로 나누어 볼 수 있다.

1) 선서 의무

경찰공무원은 취임할 때 소속기관의 장(長) 앞에서 선서를 해야 하는데, 이는 국민의 봉사자로서 경찰공무원에게 주어진 모든 직무를 다하겠다는 서약이다. 다만, 불가피한 사유가 있을 때에는 취임 후에 선서를 할 수 있다(국가공무원법 제55조 참조).[63]

국가공무원복무규정이 규정하고 있는 공무원의 선서문은 “나는 대한민

---

62) 홍정선, 『행정법원론(하)』, 176면.

63) 「국가공무원 선서에 관한 규칙」이 규정하고 있는 선서의 시기 및 장소·방식을 보면, ① 행정부 소속 국가공무원은 최초로 임용되어 임명장을 수여받을 때 소속기관의 장 앞에서 선서를 하고, 부득이한 사유가 있는 경우에는 임명장을 수여받은 후에 선서를 하게 할 수 있다. 이 경우 “소속기관의 장”이란 고위공무원단에 속하는 공무원 이상의 공무원인 경우에는 임용제청권자를 말하고, 3급 이하 공무원 및 기능직 공무원인 경우에는 임용권자를 말한다. 취임식을 개최하는 정무직 공무원의 경우에는 제1항에도 불구하고 취임식에서 선서를 한다. 이 경우 공직에 처음 임용되었는지 여부와 관계 없이 선서를 한다. 선서는 일어서서 오른손을 들고 선서문을 낭독하는 방식으로 한다. 2명 이상이 함께 선서를 하는 경우에는 전원이 일어서서 오른손을 들고 대표자 1명이 낭독하게 할 수 있다(동 규칙 제2조 및 제3조 참조).

국 공무원으로서 헌법과 법령을 준수하고, 국가를 수호하며, 국민에 대한 봉사자로서의 임무를 성실히 수행할 것을 엄숙히 선서합니다"(국가공무원 복무규정 제2조 제2항 [별표 1] 참조)라는 내용이다.

2) 성실 의무

경찰공무원은 법령을 준수하고 성실히 그 직무를 수행해야 하며, 그 직무를 태만히 하거나 유기해서는 아니 된다(국가공무원법 제 56조, 지방공무원법 제48조).

성실의 의무는 공무원에게 부과된 가장 기본적인 중요한 의무로서 최대한으로 공공의 이익을 도모하고 그 불이익을 방지하기 위해 전인격과 양심을 바쳐서 직무를 수행해야 하는 것을 내용으로 하는 의무이다.[64]

성실 의무는 국가의 이익을 도모하고 또 최대한으로 국민의 복리를 기해야 할 경찰공무원의 기본적 의무를 말한다. 성실 의무는 윤리성을 본질로 하는 것이므로 경제성에 의해 지배되는 사법상의 고용 관계에서의 노무급부 의무와는 그 성질이 다르다.[65] 경찰공무원의 성실 의무는 국민 전체에 대한 봉사자로서 직무를 공정하게 수행하고, 자신의 사익과는 무관하게 불편부당하게 수행하는 구체적인 법적 의무로서의 성격을 갖는다.

3) 직무상 의무

경찰공무원의 직무상 의무에는 법령 준수 의무, 복종 의무, 직무 전념 의무 등이 있다.

(1) 법령 준수 의무

경찰공무원은 직무를 집행할 때 법령을 준수해야 한다(국가공무원법 제56조). 이는 경찰공무원이 직무 수행을 하는 데 가장 기본적인 의무이다.

경찰공무원이 법령에 위반하면 징계 책임뿐만 아니라 형사 책임과 민사 책임도 부담하게 된다. 경찰공무원이 법령에 위반한 행위는 위법 또는 불

64) 대판 1989.5.23, 88누3161.
65) 김동희, 『행정법(Ⅱ)』, 127면.

법행위로서 무효 혹은 취소의 원인이 되어 그 효력이 부인된다.

(2) 복종 의무

경찰공무원은 소속 상관의 직무상의 명령에 복종해야 하여야 한다(국가공무원법 제57조). 여기서 소속 상관이라 함은 당해 경찰공무원의 직무에 관해 지휘·감독할 권한을 가진 상급의 직위에 있는 자를 말한다. 다시 말해, 소속 상관이란 그 기관이 행정청인지 보조기관인지의 여부와 관계없이 당해 공무원의 직무에 관해 지휘·감독권을 가진 사람 모두를 포함하는 개념이다.[66]

(가) 직무명령의 의의와 요건

직무명령이라 함은 직무와 관련하여 소속 상관이 당해 공무원에 대해 발하는 명령을 말한다. 직무명령은 특별한 규정이 없는 한 문서 또는 구두 등 어느 형식에 의해서도 무방하다. 또한, 특정 또는 불특정 다수의 경찰공무원에 대한 경우 등 그 형식이나 절차는 일정하지 않다.

직무명령은 하급 공무원을 구속할 뿐 일반 국민을 구속하지는 않는다. 다시 말해, 직무명령은 법규가 아니다. 직무명령 위반은 위법이 아니고 징계 사유가 될 뿐이다. 또한 직무명령은 때로는 훈령의 형식을 취하는 경우가 있으나, 상관이 부하 공무원에 대해 발하는 명령이라는 점에서 상급 관

66) 상급자가 하급자에게 발하는 직무상의 명령이 유효하게 성립하기 위하여는 상급자가 하급자의 직무 범위 내에 속하는 사항에 대하여 발하는 명령이어야 하는 것인바, 검찰총장이 검사에 대한 비리 혐의를 내사하는 과정에서 해당 검사에게 참고인과 대질신문을 받도록 담당부서에 출석할 것을 지시한 경우, 검찰총장의 위 출석명령은 "검찰총장은 대검찰청의 사무를 맡아 처리하고 검찰사무를 통할하며 검찰청의 공무원을 지휘·감독한다"고 규정한 검찰청법 제12조 제2항을 근거로 하고 있으나, 위 규정은 검찰총장이 직무상의 명령을 발할 수 있는 일반적인 근거 규정에 불과하고, 구체적으로 그러한 직무상의 명령이 유효하게 성립하기 위해서는 하급자인 그 검사의 직무 범위 내에 속하는 사항을 대상으로 하여야 할 것인데, 그 검사가 대질신문을 받기 위하여 대검찰청에 출석하는 행위는 검찰청법 제4조 제1항에서 규정하고 있는 검사의 고유한 직무인 검찰사무에 속하지 아니할 뿐만 아니라, 또한 그 검사가 소속 검찰청의 구성원으로서 맡아 처리하는 이른바 검찰행정사무에 속한다고 볼 수도 없는 것이고, 따라서 위 출석명령은 그 검사의 직무 범위 내에 속하지 아니하는 사항을 대상으로 한 것이므로 그 검사에게 복종 의무를 발생시키는 직무상의 명령이라고 볼 수는 없다(대판 2001.8.24, 2000두7704 판결, [공2001.10.1.(139), 2088]).

청이 하급 관청에 발하는 명령인 훈령과 구별된다.

직무명령은 형식적 요건과 실질적 요건을 갖추었을 때에만 유효하다. 형식적 요건은 ① 권한 있는 직무상의 소속 상관이 발한 것일 것, ② 하급(부하) 공무원의 직무 범위 내에 속하는 사항일 것, ③ 하급(부하) 공무원의 직무상 독립이 보장되는 범위에 관한 것이 아닐 것, ④ 법정의 형식·절차가 있을 때에는 이를 갖춘 것일 것 등이며, 실질적 요건은 직무명령의 내용이 적법·타당하며, 실현 가능하고 명백한 것이어야 한다.

(나) 복종 의무의 한계

서로 상하 관계에 있는 둘 이상의 상관이 중복하여 발한 직무명령에 모순이 있는 경우, 어느 명령에 복종해야 하는가에 대해, 하급의 상관이 발한 직무명령은 구속력을 잃고 수명자는 상급의 상관이 발한 명령에 따라야 한다는 견해와 계층적 상하 관계의 질서로 볼 때 직근 상관의 명령에 따라야 한다는 두 가지 설이 있는데, 이런 경우에는 직근 상관의 명령에 복종하는 것이 타당하다고 본다.

상관의 직무명령이 형식적·실질적 요건을 갖추지 아니한 직무명령이나 또는 위법명령의 경우 부하 공무원의 복종 의무가 있는가에 대해, 직무명령의 형식적 요건은 그 구비 여부가 외관상 명백한 것이 보통이므로 부하 공무원은 이를 심사할 수 있고, 그 요건이 결여된 경우에는 복종을 거부할 수 있다는 데 이설(異說)이 없다.[67]

실질적 요건에 관해서는 부하 공무원이 심사할 수 없고, 실질적 요건을 갖추지 못한 직무명령에 대해서는 의견을 진술할 수 있을 뿐 복종을 거부할 수는 없다. 그러나 그 직무명령이 중대하고 명백한 법규 위반으로 절대 무효라고 인정되는 경우에는 복종을 거부할 수 있고, 또 거부할 의무가 있다고 본다.[68] 왜냐하면, 공무원은 복종 의무 외에도 법령 준수 의무를 지고

---

67) 김동희, 『행정법(II)』, 135면.

68) "설령 대공수사단 직원은 상관의 명령에 절대 복종해야 한다는 것이 불문율로 되어 있다 할지라도 국민의 기본권인 신체의 자유를 침해하는 고문행위 등이 금지되어 있는 우리의 국법 질서에 비추어볼 때 그와 같은 불문율이 있다는 것만으로는 고문 치사와 같이 중대하고도 명백한 위법명령에 따른 행위가 정당한 행위에 해당하거나 강요된 행위로서 적법행위에 대한 기대 가능성이 없는 경우에 해당하게 되는 것이라고는 볼 수 없

있으므로, 공무원의 복종 의무의 대상인 직무명령은 법령에 위반되지 아니해야 하기 때문이다. 만약 부하 공무원이 위법명령에 복종하면, 부하 공무원은 그 결과에 대해 징계·변상·형사 책임 등을 져야 한다.[69]

대법원 판례는 "공무원이 그 직무를 수행함에 있어 상관은 부하에 대해 범죄행위 등 위법한 행위를 하도록 명령할 직권이 없는 것이고 부하는 소속 상관의 적법한 명령에 복종할 의무는 있으나 그 명령이 참고인으로 소환된 사람에게 가혹행위를 가하라는 등과 같이 명백한 위법 내지 불법한 명령인 때에는 이는 벌써 직무상의 지시명령이라 할 수 없으므로 이에 따라야 할 의무는 없다"[70]며 상관의 위법한 직무명령에는 복종 의무가 없다는 입장이다.

단순 위법한 직무명령에 복종하지 않은 것은 복종 의무 위반으로 징계의 대상이 된다. 한편 위법한 명령을 발한 상관은 법령 준수 의무 위반으로 징계 대상이 된다.

(3) 직무 전념 의무

경찰공무원은 국민 전체에 대한 봉사자이고 성실 의무를 부여받고 있기에 전력을 다해 직무를 수행해야 하는데, 이를 위한 의무에는 직장 이탈 금지 의무, 허위 보고 금지 의무, 영리 업무 및 겸직 금지 의무, 정치운동 금지 의무, 집단행동 금지 의무 등이 있다.

(가) 직장 이탈 금지 의무

경찰공무원은 소속 상관의 허가 또는 정당한 이유 없이 근무지 또는 직장을 이탈해서는 아니 된다(국가공무원법 제58조 제1항, 지방공무원법 제50조 제1항).

직장 이탈 금지 의무는 통상적으로 근무 시간 중에 존재하는 것이나, 소속 장관이 시간 외의 근무를 명한 경우에는 이러한 시간 외 근무에서도 인

다"(대판 1980.5.20, 80도306).

69) 대법원 판례는 "비록 상사의 명령에 의해 한 행위라 하더라도 위법한 상사의 명령에는 복종할 의무가 없는 것이므로 그 책임을 면할 수 없다"며 위법성을 알면서도 그에 따라 행한 직무명령에 대해 책임을 묻고 있다(대판 1967.2.7, 66누168).

70) 대판 1988.2.23, 87도2358.

정된다. 그러나 공휴일·휴가 중·휴직 중·직위해제 중에는 이러한 의무는 인정되지 않는다.[71]

직장 이탈 금지 의무는 휴가를 신청한 것만으로 책임을 면하는 것은 아니다. 휴가 신청 후 소속 행정기관의 장(長)의 허가가 있기 이전에 근무지를 이탈한 행위는 특단의 사정이 없는 한 국가공무원법 제58조에 위반되는 행위로서 징계 사유가 된다.[72] 행정기관의 장이 「국가공무원 복무규정」 제11조 제1항에 의해 공휴일 근무를 명한 경우 직장 이탈 금지 의무에 위배되어 징계 책임뿐만 아니라 형법상 직무유기죄를 구성하게 된다.

(나) 영리 업무 및 겸직 금지 의무

경찰공무원은 공무 이외의 영리를 목적으로 하는 업무에 종사하지 못하며, 소속기관장의 허가 없이 다른 직무를 겸하지 못한다(국가공무원법 제64조).

(ㄱ) 영리 업무 금지 의무

공무원에게 영리 업무의 종사가 금지되는 이유는 직무 능률의 저하, 공무에 대한 부당한 영향, 국가의 이익과 상반되는 이득의 취득 또는 정부에 대한 불명예 등을 방지하기 위해서이다(국가공무원 복무규정 제25조).

공무원에게 금지된 영리 업무로는 ① 공무원이 상업, 공업, 금융업 또는 그 밖의 영리적인 업무를 스스로 경영하여 영리를 추구함이 뚜렷한 업무, ② 공무원이 상업, 공업, 금융업 또는 그 밖에 영리를 목적으로 하는 사기업체(私企業體)의 이사·감사 업무를 집행하는 무한책임사원·지배인·발기인 또는 그 밖의 임원이 되는 것, ③ 공무원 본인의 직무와 관련 있는 타인의 기업에 대한 투자, ④ 그 밖에 계속적으로 재산상 이득을 목적으로 하는 업무이다(국가공무원 복무규정 제25조).

(ㄴ) 겸직 금지 의무

공무원이 영리 업무에 해당하지 아니하는 다른 직무를 겸하려는 경우에는 소속기관의 장의 사전 허가를 받아야 한다. 겸직 허가는 담당 직무 수행

71) 홍정선, 『행정법원론(하)』, 182면.
72) 대판 1996.6.14, 96누2521.

에 지장이 없는 경우에만 한다. '소속 기관의 장'이란 고위공무원단에 속하는 공무원 이상의 공무원에 대해서는 임용 제청권자, 3급 이하 공무원 및 기능직 공무원에 대해서는 임용권자를 말한다(국가공무원 복무규정 제26조).

(다) 영예 제한 의무

경찰공무원은 대통령의 허가 없이 외국 정부로부터 영예 또는 증여를 받지 못한다(국가공무원법 제 62조, 지방공무원법 제54조).

(라) 정치운동 금지 의무

경찰공무원은 국민 전체의 봉사자로서 정치적 중립성을 지켜야 하므로 경찰공무원에게는 일정한 내용의 정치운동이 금지된다(헌법 제7조 제2항).

경찰공무원은 정당 기타 정치단체의 결성에 관여하거나 이에 가입할 수 없다(국가공무원법 제65조 제1항, 지방공무원법 제57조 제1항). 또한, 경찰공무원은 선거에서 특정 정당 또는 특정인의 지지나 반대를 하기 위해, ① 투표를 하거나 하지 아니하도록 권유운동을 하는 것, ② 서명운동을 기도·주재하거나 권유하는 것, ③ 문서 또는 도서를 공공시설 등에 게시하거나 게시하게 하는 것, ④ 기부금을 모집 또는 모집하게 하거나 공공자금을 이용 또는 이용하게 하는 것, ⑤ 타인으로 하여금 정당 기타 정치단체에 가입하거나 또는 가입하지 아니하도록 권유운동을 해서도 안 된다(국가공무원법 제65조 제2항). 또한, 경찰공무원은 다른 공무원에게 위의 정당 결성 등의 금지나 선거운동 금지에 위배되는 행위를 하도록 요구하거나 또는 정치적 행위의 보상 또는 보복으로서 이익 또는 불이익을 약속해서도 아니된다(국가공무원법 제65조 제3항).

정치운동 금지 규정에 위반한 자는 다른 법률에 특별히 규정된 경우 외에는 1년 이하의 징역 또는 500만 원 이하의 벌금에 처한다(국가공무원법 제84조).

(마) 집단행위 금지 의무

경찰공무원은 노동운동 기타 공무 이외의 일을 위한 집단적 행위를 해서는 아니 된다(국가공무원법 제66조).

경찰공무원에게 집단행위 금지 의무를 부과하고 있는 것은 국민 전체의 이익을 위해 봉사하는 자이므로 경찰공무원 자신의 개인적 이익을 위한 집단행동을 금지하고 있는 것이다.

여기서 말하는 공무원의 '공무 이외의 집단적 행위'란 공무원으로서 직무에 관한 기강을 저해하거나 기타 그 본분에 배치되는 등 공무의 본질을 해치는 특정 목적을 위한 다수인의 행위로서 단체의 결성 단계에는 이르지 아니한 상태에서의 행위를 말한다. 장관 주재의 정례회의 시 집단 퇴장은 공무원으로서 직무에 관한 기강을 저해하거나 기타 그 본분에 배치되는 등 공무의 본질을 해치는 다수인의 행위라 할 것이다.[73)]

(바) 제복 착용 의무

경찰공무원은 제복을 착용해야 한다(경찰공무원법 제20조). 경찰의 제복의 종류와 제복의 착용 구분 등에 대해서는 「경찰 복제(服制)에 관한 규칙」에 자세히 규정되어 있다.

(사) 허위 보고 등 금지 의무

경찰공무원은 직무에 관하여 거짓으로 보고나 통보를 하여서는 아니 된다. 또한 경찰공무원은 직무를 게을리하거나 유기(遺棄)해서는 아니 된다(경찰공무원법 제18조).

(아) 지휘권 남용 등의 금지 의무

경찰공무원은 직무를 수행할 때 헌법과 법률에 따라 국민의 자유와 권리를 존중하고, 국민 전체에 대한 봉사자로서 공정 중립을 지켜야 하며, 부여된 권한을 남용하여서는 아니 된다(경찰법 제4조). 또한, 전시·사변, 그 밖에 이에 준하는 비상사태이거나 작전 수행 중인 경우 또는 많은 인명 손상이나 국가재산 손실의 우려가 있는 위급한 사태가 발생한 경우, 경찰공무원을 지휘·감독하는 사람은 정당한 사유 없이 그 직무 수행을 거부 또는 유기하거나 경찰공무원을 지정된 근무지에서 진출·퇴각 또는 이탈하게 하여서는 아니 된다(경찰공무원법 제19조).

(자) 친절·공정의 의무

경찰공무원은 주권자인 국민 전체의 봉사자로서, 공사(公私)를 분별하고 직무 수행을 할 때 인권을 존중하고 친절·공정히 집무해야 한다(국가공

---

73) 대판 1992.3.27, 91누9145.

무원법 제59조).

친절 의무는 공무원이 국민에 군림하는 자가 아니라 봉사하는 자라는 지위에서 나오는 것이며, 공정 의무는 공무원이 특정 국민이 아니라 모든 국민을 위한다는 지위에서 나오며, 이 의무 역시 법적 의무이다.[74]

(차) 종교 중립의 의무

공무원은 종교에 따른 차별 없이 직무를 수행하여야 한다(국가공무원법 제59조의2 제1항). 공무원은 소속 상관이 종교 중립의 의무에 위배되는 직무상 명령을 한 경우에는 이에 따르지 아니할 수 있다(국가공무원법 제59조의2 제2항).

4) 신분상 의무

(1) 비밀 엄수 의무

경찰공무원은 재직 중은 물론 퇴직 후에도 직무상 알게 된 비밀을 엄수하여야 한다(국가공무원법 제60조). 더 나아가 「부패방지법」은 "공직자는 업무 처리 중 알게 된 비밀을 이용하여 재물 또는 재산상의 이익을 취득하거나 제3자로 하여금 취득하게 하여서는 아니 된다"고 하여 공직자의 업무상 비밀 이용 금지 의무까지 규정하고 있다(부패방지 및 국민권익위원회의 설치와 운영에 관한 법률 제7조의2).

(가) 직무상 비밀

직무상 비밀의 내용은 공무원 본인이 취급한 직무에 관한 비밀뿐만 아니라 직무와 관련하여 알게 된 비밀도 포함된다. 국가공무원법상 직무상 비밀이라 함은 국가공무원의 민주적·능률적 운영을 확보해야 한다는 이념에 비추어볼 때 당해 사실이 알려질 경우 그러한 행정의 목적을 해할 우려가 있는지 여부를 기준으로 판단해야 하며, 구체적으로 행정기관이 비밀이라고 형식적으로 정한 것에 따를 것이 아니라 실질적으로 비밀로서 보호할 가치가 있는지, 즉 그것이 통상의 지식과 경험을 가진 다수인에게 알려지지 아니한 비밀성을 가졌는지, 또한 정부나 국민의 이익 또는 행정 목적 달

74) 홍정선, 『행정법원론(하)』, 179면.

성을 위해 비밀로서 보호할 필요성이 있는지 객관적으로 검토되어야 한다.[75]

(나) 비밀 엄수 의무의 위반

이 비밀 엄수 의무 위반은 징계 사유가 될 뿐만 아니라 법령에 의한 직무상 비밀을 누설한 경우에는 형사상의 피의사실공표죄(형법 제126조)나 공무상 비밀누설죄(형법 제127조)를 구성해 처벌받는다. 다만, 퇴직한 공무원에 대해서는 형사 책임을 물을 수 있을 뿐이지 징계 책임은 물을 수 없다.

(2) 품위 유지 의무와 청렴 의무

(가) 품위 유지의 의무

경찰공무원은 직무의 내외를 불문하고 품위를 손상하는 행위를 해서는 아니 된다(국가공무원법 제63조, 지방공무원법 제55조). 여기서 말하는 품위는 국민의 수임자로서 직책을 맡아 수행해 나가기에 손색이 없는 인품을 의미한다.[76]

품위 유지 의무는 직무 집행뿐만 아니라 직무 집행과 관계 없이도 존재하며, 이에 위반하면 징계 사유가 된다. 예를 들면, 경찰공무원은 공직의 체면·위신·신용 등에 직접 영향을 미치는 행위인 축첩·도박·아편 흡식·알코올 중독 등의 행위를 해서는 안 된다.

(나) 청렴의 의무

청렴의 의무는 경찰공무원은 직무와 관련하여 직접적이든 간접적이든 사례·증여 또는 향응을 주거나 받을 수 없다(국가공무원법 제61조 제1항).[77] 「부패방지법」은 "공직자는 법령을 준수하고 친절하고 공정하게 집

---

75) 대판 1996.10.1, 94누7171.

76) 대판 1987.12.8, 87누657.

77) 일반적으로 공무원이라 함은 광의로는 국가 또는 공공단체의 공무를 담당하는 일체의 자를 의미하며, 협의로는 국가 또는 공공단체와 공법상 근무 관계에 있는 모든 자를 말하는바, 지방자치법 제32조에 의하면 지방의회의원은 명예직으로서 의정활동비와 보조활동비, 회기 중 출석비를 지급받도록 규정하고 있을 뿐 정기적인 급여를 지급받지는 아니하나, 지방공무원법 제2조 제3항에 의하면 특수경력직 공무원 중 정무직 공무원으로 '선거에 의하여 취임하는 자'를 규정하고 있고, 지방자치법 제35조 이하에 의하면 지방의회 의원은 여러 가지 공적인 사무를 담당하도록 규정하고 있으며, 공직자윤리법에

무하여야 하며 일체의 부패행위와 품위를 손상하는 행위를 하여서는 아니 된다"고 규정하여 재산상의 것 이외에 비재산적인 것까지 확대하고 있다(부패방지 및 국민권익위원회의 설치와 운영에 관한 법률 제7조).[78]

또한, 경찰공무원은 직무상의 관계가 있든 없든 그 소속 상관에게 증여하거나 소속 공무원으로부터 증여를 받아서는 아니 된다(국가공무원법 제61조 제2항). 청렴 의무도 넓게는 품위 유지 의무의 내용에 포함되나 현행 국가공무원법은 이를 별도 조항으로 규정하고 있다.

청렴 의무의 위반은 징계 사유가 될 뿐만 아니라 일정한 경우에는 형법상 뇌물에 관한 범죄를 구성한다(형법 제129조~제135조). 청렴 의무를 제도적으로 확보하기 위해 「공직자윤리법」을 제정해 일정한 고위공직자의 재산등록 및 공개 의무, 선물 신고 의무, 퇴직 공무원의 취업 제한 등을 규정하고 있다.

공직자윤리법에 의하면, 경찰의 경우 총경(자치총경 포함) 이상의 경찰공무원이 공직자윤리법의 재산 등록과 공개 의무를 부담한다(공직자윤리법 제3조 9호).

경찰공무원이 품위 유지 의무와 청렴의 의무를 위반한 경우에 지는 징계책임과 형사책임에는 일사부재리의 원칙이 적용되지 않는다.

5) 「경찰공무원 복무규정」상의 의무

(1) 지정 장소 외에서의 직무 수행 금지 의무

경찰공무원은 상사의 허가를 받거나 그 명령에 의한 경우를 제외하고는

의하면 지방의회 의원도 공직자로 보아 재산등록 대상자로 규정하고 있는 점 등에 비추어볼 때, 비록 지방의회 의원이 일정한 비용을 지급받을 뿐 정기적인 급여를 지급받지는 아니한다고 하더라도 공무를 담당하고 있는 이상 지방의회 의원은 형법상 공무원에 해당한다(대판 1997.3.11, 96도1258).

78) 공직자의 청렴 의무를 지키기 위해 공직자가 준수해야 할 행동강령에는 ① 직무 관련자로부터의 향응·금품 등을 받는 행위의 금지·제한에 관한 사항, ② 직위를 이용한 인사관여·이권 개입·알선·청탁행위의 금지·제한에 관한 사항, ③ 공정한 인사 등 건전한 공직 풍토 조성을 위하여 공직자가 지켜야 할 사항, ④ 그 밖에 부패의 방지와 공직자의 직무의 청렴성 및 품위 유지 등을 위하여 필요한 사항을 대통령령으로 정하도록 하였다(부패방지 및 국민권익위원회의 설치와 운영에 관한 법률 제8조).

직무와 관계 없는 장소에서 직무 수행을 하여서는 아니 된다(경찰공무원 복무규정 제8조). 경찰기관의 장은 비상사태에 대처하기 위하여 필요하다고 인정할 때에는 소속 경찰공무원을 긴급히 소집하거나 일정한 장소에 대기하게 할 수 있다(경찰공무원 복무규정 제14조).

(2) 근무 시간 중 음주 금지 의무

경찰공무원은 근무 시간 중 음주를 하여서는 아니 된다. 다만, 특별한 사정이 있는 경우에는 예외로 하되, 이 경우 주기가 있는 상태에서 직무를 수행하여서는 아니 된다(경찰공무원 복무규정 제9조).

(3) 민사분쟁에의 부당 개입 금지 의무

경찰공무원은 직위 또는 직권을 이용하여 부당하게 타인의 민사분쟁에 개입하여서는 아니 된다(경찰공무원 복무규정 제10조).

(4) 상관에 대한 신고 의무

경찰공무원은 신규채용 · 승진 · 전보 · 파견 · 출장 · 연가 · 교육훈련기관에의 입교 기타 신분 관계 또는 근무 관계 또는 근무 관계의 변동이 있는 때에는 소속 상관에게 신고를 하여야 한다(경찰공무원 복무규정 제11조).

(5) 여행의 제한 의무

경찰공무원은 휴무일 또는 근무 시간 외에 2시간 이내에 직무에 복귀하기 어려운 지역으로 여행을 하고자 할 때에는 소속 경찰기관의 장에게 신고를 하여야 한다. 다만, 치안상 특별한 사정이 있어 경찰청장 또는 경찰기관의 장이 지정하는 기간 중에는 소속 경찰기관의 장의 허가를 받아야 한다(경찰공무원 복무규정 제13조).

4 경찰공무원의 책임

경찰공무원의 책임이란 경찰공무원이 그 의무에 위반함으로써 법률의 제재 또는 불이익을 받게 되는 지위를 말한다.

경찰공무원의 책임은 광의와 협의의 책임으로 나누어 볼 수 있다. 광의의 책임이란 경찰공무원이 그 의무를 위반함으로써 경찰공무원 관계의 내부에서 지는 행정상의 책임뿐만 아니라 외부에서 지는 민사상 및 형사상의 책임까지를 모두 포함하는 넓은 개념이다. 이에 대해 협의의 책임은 경찰공무원이 그 의무를 위반함으로써 경찰공무원 관계의 내부에서 지는 징계 책임과 국가 등에 대한 변상 책임만을 의미한다.

1) 행정상의 책임

(1) 징계 책임

(가) 징계의 의의 및 성질

징계란 공무원의 의무 위반에 대해 국가가 공무원 관계의 질서를 유지하기 위해 공무원법에 따라 당해 공무원에게 법적 제재를 과는 것을 말한다. 그 제재로서의 벌을 징계벌이라 하고, 그 벌을 받을 지위를 징계 책임이라 한다.

(ㄱ) 징계벌과 형벌

징계벌도 당해 공무원에 대한 고통이나 불이익의 부과라는 점에서 형벌과 다름없다. 공무원의 의무 위반 행위가 징계벌의 대상이 됨과 동시에 형벌의 대상이 되는 일이 있는데, 이러한 경우 징계벌과 형벌과는 별도의 책임인 것이며 성질상 차이가 있다.

징계벌과 형벌의 차이를 살펴보면 첫째, 징계벌은 특별권력 관계에 기초하고 있는데, 형벌은 국가 일반통치권에 근거해 과해진다는 점이다.

둘째, 징계벌은 공무원을 대상으로 하지만, 형벌은 일반 국민을 대상으로 한다는 것이다.

셋째, 징계벌이 공무원 관계 내부의 질서 유지를 목적으로 하는 데 대해, 형벌은 일반 사회의 질서 유지를 목적으로 한다는 것이다.

넷째, 징계벌은 공무원의 신분상 이익의 일부 또는 전부를 박탈하는 것을 그 내용으로 하는 데 대해, 형벌은 신분적 이익의 박탈뿐만 아니라 재산적 이익이나 생명·자유 등 신체적 자유의 박탈까지도 그 내용으로 한다.

다섯째, 징계벌은 의무 위반이라는 객관적 사실에 대해 과하는 제재이므로 고의·과실을 요건으로 하지 않지만, 형벌은 고의·과실을 요한다는 점에서 차이가 있다.

(ㄴ) 징계벌과 형벌의 병과

징계벌과 형벌은 그 성질을 달리하기 때문에 뇌물 수수와 같은 하나의 행위에 대해 병과(倂科)할 수 있으며, 병과되더라도 헌법 제13조 제1항의 일사부재리의 원칙에 위배되지 않는다. 또한, 현행법은 형사소추 선행(刑事訴追先行)의 원칙에 대해 선택적인 입장이므로, 검찰·경찰 기타 수사기관에서 수사중인 사건에 대해서도 징계 절차를 진행시킬 수 있다(국가공무원법 제83조 2항 참조).[79] 다만, 감사원에서 조사 중인 사건에 대해서는 소속기관의 장은 조사 개시의 통보를 받은 날로부터 징계 의결의 요구 기타 징계 절차를 진행시키지 못한다(국가공무원법 제83조 제1항).

(나) 징계 사유

경찰공무원의 징계 사유는 ① 국가공무원법 또는 동법에 의한 명령에 위반한 때, ② 직무상의 의무에 위반하거나 직무를 태만히 한 때, ③ 직무의 내외를 불문하고 그 체면 또는 위신을 손상하는 행위를 한 때 등이다(국가공무원법 제78조). 즉, 직권 남용, 수뢰, 절도, 위증 등과 같은 모든 형사법의 위반행위를 한 경우 조직 내에서의 징계처분과 함께 형사소송 절차에 따른 형사 처벌을 받게 된다. 또한, 근무 중 위반행위, 상관의 정당한 명령 불복종, 직무 태만, 직장 이탈, 기타 경찰관의 행동으로서는 정당하지 못한 행위들이 크고 작은 징계처분의 사유가 된다.[80]

이러한 징계 사유는 반드시 고의·과실의 유무와 관계 없이 성립한다. 그리고 감독자가 감독 의무를 태만히 한 경우에는 감독 책임을 면할 수 없다.

---

79) 형사소추 선행의 원칙을 부정한 판례로서 관련 형사사건의 유죄 확정 전에 비위 공무원에 대해 징계처분을 할 수 있는지 여부에 대해, "공무원에게 징계 사유가 인정되는 이상, 관련된 형사사건이 아직 유죄로 확정되지 아니하였다 하더라도 징계처분을 할 수 있음은 물론, 그 징계처분에 대한 행정소송을 진행함에는 아무런 지장이 있을 수 없다"(대판 1986.11.11, 86누59).

80) 이황우, 『경찰행정학』, 267면.

(다) 징계 사유의 발생 시점과 시효

(ㄱ) 징계 사유의 발생 시점

징계 사유는 원칙상 공무원으로 재직 중에 발생한 것이어야 한다. 명문의 규정이 있는 경우[81]를 제외하고는 공무원 임용 전의 행위는 원칙적으로 공무원의 징계 사유가 될 수 없다. 다만, 임용 전의 행위라 하더라도 이로 인하여 임용 후의 공무원의 체면 또는 위신을 손상하게 된 경우에는 국가공무원법 제78조 제1항 제3호("직무의 내외를 불문하고 그 체면 또는 위신을 손상하는 행위를 한 때")의 징계 사유로 삼을 수 있다고 보아야 한다.[82][83] 그리고 임용 전의 행위가 재직을 허용하지 못할 중대한 것인 경우에는 임용행위를 취소 또는 철회할 수 있다.[84]

(ㄴ) 징계 사유의 시효(징계권의 소멸)

징계 의결 등의 요구는 징계 등의 사유가 발생한 날부터 3년(금품 및 향응 수수, 공금의 횡령·유용의 경우에는 5년)이 지나면 하지 못한다(국가공무원법 제83조의2 제1항).[85]

---

81) "② 징계에 관하여 다른 법률의 적용을 받는 공무원이 이 법의 징계에 관한 규정을 적용받는 공무원으로 임용된 경우에 임용 이전의 다른 법률에 따른 징계 사유는 그 사유가 발생한 날부터 이 법에 따른 징계 사유가 발생한 것으로 본다. ③ 특수경력직 공무원이 경력직 공무원으로 임용된 경우에 임용 전의 해당 특수경력직 공무원의 징계를 규율하는 법령상의 징계 사유는 그 사유가 발생한 날부터 이 장(章)에 따른 징계 사유가 발생한 것으로 본다"(국가공무원법 제78조 제2항 및 제3항).

82) 박균성·김재광, 『경찰행정법』, 152면.

83) (가) 국가공무원으로 임용되기 전의 행위는 국가공무원법 제78조 제2항, 제3항의 경우 외에는 원칙적으로 재직 중의 징계 사유로 삼을 수 없다 할 것이나, 비록 임용 전의 행위라 하더라도 이로 인하여 임용 후의 공무원의 체면 또는 위신을 손상하게 된 경우에는 위 제1항 제3호의 징계 사유로 삼을 수 있다고 보아야 할 것인바, 원고가 장학사 또는 공립학교 교사로 임용해 달라는 등의 인사 청탁과 함께 금 1,000만 원을 제3자를 통하여 서울시 교육감에게 전달함으로써 뇌물을 공여하였고, 그후 공립학교 교사로 임용되어 재직 중 검찰에 의하여 위 뇌물공여죄로 수사를 받다가 기소되기에 이르렀으며 그와 같은 사실이 언론기관을 통하여 널리 알려졌다면, 비록 위와 같은 뇌물을 공여한 행위는 공립학교 교사로 임용되기 전이었더라도 그 때문에 임용 후의 공립학교 교사로서의 체면과 위신이 크게 손상되었다고 하지 않을 수 없으므로 이를 징계 사유로 삼은 것은 정당하다(대법원 1990.5.22. 선고 89누7368 판결【파면처분취소】[집38(2)특, 257;공1990. 7.15.(876),1378]).

84) 같은 입장(同旨) 김춘환, 『경찰행정법』, 164면.

국가공무원법 규정(제83조 제1·2항)에 따라 징계 절차를 진행하지 못하여 징계 기간이 지나거나 그 남은 기간이 1개월 미만인 경우에는 조사나 수사의 종료 통보를 받은 날부터 1개월이 지난 날에 끝나는 것으로 본다(국가공무원법 제83조의2 제2항).

(라) 징계의 종류 및 징계권자

(ㄱ) 징계의 종류

국가공무원법에 규정된 징계의 종류에는 징계는 파면·해임·강등·정직(停職)·감봉·견책(譴責)으로 구분한다(국가공무원법 제79조).

징계의 종류를 분류할 때 배제징계(排除懲戒)와 교정징계(矯正懲戒)로 나눌 수 있다. 배제징계에는 파면과 해임이 있고, 교정징계에는 정직·감봉, 견책이 있다. 「공무원징계령」에서 말하는 중징계에는 파면·해임·강등·정직을 말하고, 경징계란 감봉·견책을 말한다(공무원징계령 제1조의2). 경찰인사행정에서 위의 징계처분 이외에도 실제 징계와 같은 목적으로 활용되고 있는 것으로는 직위해제, 좌천, 권고사직 등이 있다.

① 파면과 해임

파면(罷免)이란 공무원의 신분을 박탈하고 연금을 제한하여 지급하는 것을 내용으로 한다. 해임(解任)이란 공무원의 신분을 박탈하나, 퇴직급여 전액을 지급하는 것이다. 경찰공무원에 대한 파면의 경우, 경찰공무원 관계로 파면됨과 동시에 퇴직급여액의 1/4~1/2을 감액하여 지급한다.[86] 그리고 5년간 공직 재임용이 제한된다. 반면에 해임의 경우에는 경찰공무원 관계에서 배제되며 3년간 공직 재임용에 제한을 받는다.

---

85) 원고가 공무원 임용과 관련하여 부정한 청탁과 함께 뇌물을 공여하고 공무원으로 임용되었다면 공무원의 신분을 취득하기까지의 일련의 행위가 국가공무원법상의 징계 사유에 해당한다고 할 것이므로 국가공무원법 제83조의2 제1항에 정하는 징계 시효의 기산점은 원고가 뇌물을 공여한 때가 아니라 공무원으로 임용된 때로부터 기산하여야 할 것이다(대법원 1990.5.22. 선고 89누7368 판결 【파면처분취소】 [집38(2)특, 257;공1990.7.15.(876),1378]).

86) 재직 기간이 5년 미만인 사람에 대해서는 퇴직급여액의 1/4을 지급하고, 재직 기간이 5년 이상인 사람에 대해서는 1/2을 감액하여 지급한다.

② 강등

강등(降等)은 1계급 아래로 직급을 내리고(고위공무원단에 속하는 공무원은 3급으로 임용하고, 연구관 및 지도관은 연구사 및 지도사로 한다) 공무원 신분은 보유하나 3개월간 직무에 종사하지 못하며 그 기간 중 보수의 3분의 2를 감한다(국가공무원법 제80조 제1항).

③ 정직

정직(停職)은 1~3개월의 기간 중 공무원의 신분은 보유하나 직무에 종사하지 못하고, 정직 기간 중 보수의 3분의 2를을 감하는 것을 말한다(국가공무원법 제80조 제1항). 또한, 경찰공무원이 정직을 받은 경우 집행 종료일로부터 18개월이 지난 후에는 승진·승급이 가능하다.

④ 감봉

감봉(減俸)은 1~3월간 감봉 기간 중 보수의 3분의 1을 감하는 것을 말한다. 감봉은 집행 종료일로부터 12개월이 지난 후에는 승진·승급이 가능하다.

⑤ 견책

견책(譴責)은 전과에 대해 훈계하고 회개하게 하는 것을 말한다. 견책은 6개월이 지난 후에는 승진·승급이 가능하다.

⑥ 영창과 근신

전투경찰대설치법에서는 위의 6종 이외에 영창·근신을 규정하고 있다(전투경찰대설치법 제5조). 영창은 전투경찰대 또는 함정 기타의 구금장에 구금함을 말하며 그 기간은 15일 이내로 한다. 근신은 훈련 또는 교육을 받을 경우를 제외하고는 평상 근무에 복무함을 금하고 일정한 장소에서 비행(非行)을 반성함을 말하며 그 기간은 15일 이내로 한다.

(ㄴ) 징계의 재량과 양정(量定)

징계권자는 징계 사유가 발생하면 징계 의결을 요구하여야 하고 그 징계 의결의 결과에 따라 징계처분을 하여야 한다(국가공무원법 제1항 참조). 그러한 의미에서 징계를 요구할 수도 있고 안 할 수 있는 의미의 결정은 원칙적으로 부인되고, 징계의 종류 중에서 어느 것을 선택할 것인가는 원칙적으로 징계권자의 선택재량에 속한다. 다시 말해서, 징계 종류의 선택은 원칙적으로 징계권자의 재량적 판단에 속한다.[87]

징계권자가 징계권의 행사로서 한 징계처분이 사회 통념상 현저하게 타당성을 잃은 경우에는 징계권자에게 맡겨진 재량권을 남용한 것으로 위법하고, 사회 통념상 현저하게 타당성을 잃었는지 여부는 구체적인 사례에 부딪혀 수행 목적의 특성, 징계의 원인이 된 비위 사실의 내용과 성질, 징계에 의해 달성하려는 행정 목적, 징계 양정의 기준 등 여러 가지 요소를 종합하여 판단해야 할 것이다.[88] 특히 금품 수수의 경우는 수수 액수, 수수 경위, 수수 시기, 수수 이후, 직무에 영향을 미쳤는지 여부 등이 고려되어야 한다.[89] 판례는 경찰공무원의 대표적인 징계 사유로 경찰공무원이 길에서 부첩 관계에 있던 여인과 싸운 행위는 파면처분을 받을 만한 징계 사유가 된다고 판시하고 있다.[90]

징계권은 임용권에 포함되는 것이 원칙이므로 임용권자가 징계권을 행사하는 것이 원칙이지만, 법률은 이에 대해 별도의 규정을 두고 있다. 국가

---

87) "공무원인 피징계자에게 징계 사유가 있어 징계처분을 하는 경우 어떠한 처분을 할 것인지는 징계권자의 재량에 맡겨진 것이고, 다만 징계권자가 그 재량권의 행사로서 한 징계처분이 사회 통념상 현저하게 타당성을 잃어 징계권자에게 맡겨진 재량권을 남용한 것이라고 인정되는 경우에 한하여 그 처분을 위법한 것이라 할 것이고, 공무원에 대한 징계처분이 사회 통념상 현저하게 타당성을 잃었다고 하려면 구체적인 사례에 따라 징계의 원인이 된 비위 사실의 내용과 성질, 징계에 의하여 달성하려고 하는 행정 목적, 징계 양정의 기준 등 여러 요소를 종합하여 판단할 때에 그 징계 내용이 객관적으로 명백히 부당하다고 인정할 수 있는 경우라야 한다"(대판 1997.11.25. 선고 97누14637; 대판 2002.9.24, 2002두6620, [공2002.11.15.(166), 2587]).

88) "징계권의 행사가 임용권자의 재량에 맡겨진 것이라고 하여도 공익적 목적을 위하여 징계권을 행사하여야 할 공익의 원칙에 반하거나 일반적으로 징계 사유로 삼은 비행의 정도에 비하여 균형을 잃은 과중한 징계처분을 선택함으로써 이른바 비례의 원칙에 위반하거나 또는 합리적인 사유 없이 같은 정도의 비행에 대하여 일반적으로 적용하여 온 기준과 어긋나게 공평을 잃은 징계처분을 선택함으로써 이른바 평등의 원칙에 위반한 경우에 이러한 징계처분은 재량권의 한계를 벗어난 처분으로서 위법하다"(대판 1985.1.29, 84누516).

89) 대판 1991.7.23, 90누8954; 대판 1994.6.10, 94누4622.

90) 대판 1966.3.22, 66누7.

공무원의 징계는 징계위원회가 설치되어 있는 소속기관의 장이 행사한다. 다만, 파면과 해임의 경우에는 각 임용권자 또는 임용권을 위임한 상급 감독기관의 장이 행사한다 (국가공무원법 제82조 제1항).91)

징계 의결 등을 요구한 기관의 장은 징계위원회의 의결이 가볍다고 인정하면 그 처분을 하기 전에 직근 상급 기관에 설치된 징계위원회(국무총리 소속으로 설치된 징계위원회의 의결에 대하여는 그 징계위원회)에 심사나 재심사를 청구할 수 있다. 이 경우 소속 공무원을 대리인으로 지정할 수 있다 (국가공무원법 제82조 제2항).

(마) 경찰징계위원회의 종류

경찰공무원 징계위원회의 종류에는 '경찰공무원 중앙징계위원회'와 '경찰공무원 보통징계위원회' 두 가지가 있다 (경찰공무원징계령 제3조 제1항).

중앙징계위원회는 경찰청 및 해양경찰청에 두고, 보통징계위원회는 경찰청, 해양경찰청, 지방경찰청, 지방해양경찰청, 경찰대학, 경찰교육원, 중앙경찰학교, 경찰수사연수원, 해양경찰학교, 경찰병원, 경찰서, 경찰기동대, 전투경찰대, 해양경찰서, 정비창(整備廠), 경비함정 및 경찰청장 또는 해양경찰청장이 지정하는 경감 이상의 경찰공무원을 장으로 하는 기관(이하 "경찰기관"이라 한다)에 둔다 (경찰공무원징계령 제3조 제2항).

91) "국가공무원법 제82조 제1항, 제2항 규정의 취지 및 내용을 종합하여 살펴보면, 국무총리 소속으로 설치된 징계위원회 및 국회·법원·헌법재판소·선거관리위원회의 중앙인사관장기관에 설치된 상급 징계위원회의 의결에 대하여는 징계의결요구권자가 당해 징계위원회에 재심사를 청구할 수 있지만, 이와같이 법문에 의한 재심사 청구가 인정되지 않은 기관에 설치된 징계위원회 의결에 대하여는 그 기관의 상급기관에 징계위원회가 설치되어 있지 않다고 하더라도 개별 법령에서 당해 징계위원회에 재심사를 청구할 수 있도록 규정되어 있지 않은 이상 국가공무원법 제82조 제2항에 근거하여 징계의결요구권자가 당해 징계위원회에 재심사를 청구할 수는 없다. 그런데 국가정보원의 직근 상급기관인 대통령에는 징계위원회가 설치되어 있지 않고, 국가정보원 직원에 관한 징계절차 등을 규정한 국가정보원직원법 및 같은 법 시행령에는 징계의결요구권자가 당해 징계위원회에 재심사를 청구할 수 있는 규정을 두고 있지 않다. 따라서 앞서 본 법리에 비추어볼 때 국가정보원직원법 제30조에서 직원에 대하여 특별한 규정이 있는 경우를 제외하고 국가공무원법 중 일반직 공무원에 관한 규정을 준용하도록 하고 있지만, 국가정보원 직원의 징계에 관하여는 국가공무원법 제82조 제2항에 근거하여 징계의결요구권자가 당해 징계위원회에 재심사를 청구할 수 없다고 보아야 한다"(대판 2012.4.13, 2011두21003).

(ㄱ) 징계위원회의 관할과 관련 사건의 관할

경무관 이상의 경찰공무원에 대한 징계 의결은 「국가공무원법」에 따라 국무총리 소속으로 설치된 징계위원회에서 한다(경찰공무원법 제26조 제1항). 총경 이하의 경찰공무원에 대한 징계의결을 하기 위하여 대통령령으로 정하는 경찰기관 및 해양경찰관서에 경찰공무원 징계위원회를 둔다(경찰공무원법 제26조 제2항).

제주특별자치도 자치경찰공무원의 징계는 자치경찰인사위원회의 의결을 거쳐 도지사가 행한다(제주특별자치도 설치 및 국제자유도시 조성을 위한 특별법 제136조 제1항). 징계 요구를 한 도지사는 자치경찰인사위원회의 의결이 가볍다고 인정하는 때에는 그 처분을 하기 전에 당해 자치경찰인사위원회에 재의결을 요청할 수 있다. 이 경우에는 소속 공무원을 대리인으로 지정할 수 있다(제주특별자치도 설치 및 국제자유도시 조성을 위한 특별법 제136조 제2항).

'경찰공무원 중앙징계위원회'는 총경 및 경정에 대한 징계 또는 「국가공무원법」 제78조의2에 따른 징계부가금 부과 사건을 심의·의결한다(경찰공무원 징계령 제4조 제1항).

'경찰공무원 보통징계위원회'는 해당 징계위원회가 설치된 경찰기관 소속 경감 이하 경찰공무원에 대한 징계 등 사건을 심의·의결한다. 다만, 다음 각 호의 기관에 설치된 보통징계위원회는 각 호의 구분에 따른 경찰공무원에 대한 징계 등 사건을 심의·의결한다(경찰공무원 징계령 제4조 제2항).

1. 경정 이상의 경찰공무원을 장으로 하는 경찰서, 경찰기동대·해양경찰서 등 총경 이상의 경찰공무원을 장으로 하는 경찰기관 및 정비창 : 소속 경위 이하의 경찰공무원
2. 전투경찰대 및 경비함정 등 경찰청장 또는 해양경찰청장이 지정하는 경감 이상의 경찰공무원을 장으로 하는 경찰기관: 소속 경사 이하의 경찰공무원

경찰청 및 해양경찰청에 설치된 보통징계위원회는 「경찰공무원 징계령」 제4조 제2항에도 불구하고 경찰청장 또는 해양경찰청장이 징계 등 의결을 요구하는 경찰공무원에 대한 징계 등 사건을 심의·의결한다(경찰공무원

징계령 제4조 제3항). 해당 보통징계위원회의 징계 관할에서 제외되는 경찰공무원의 징계등 사건은 바로 위 상급 경찰기관에 설치된 보통징계위원회에서 심의 · 의결한다(경찰공무원 징계령 제4조 제4항).

상위 계급과 하위 계급의 경찰공무원이 관련된 징계 등 사건은 「경찰공무원 징계령」 제4조에도 불구하고 상위 계급의 경찰공무원을 관할하는 징계위원회에서 심의 · 의결하고, 상급 경찰기관과 하급 경찰기관에 소속된 경찰공무원이 관련된 징계 등 사건은 상급 경찰기관에 설치된 징계위원회에서 심의 · 의결한다. 다만, 상위 계급의 경찰공무원이 감독상 과실 책임만으로 관련된 경우에는 「경찰공무원 징계령」 제4조에 따른 관할 징계위원회에서 각각 심의 · 의결할 수 있다(경찰공무원 징계령 제5조 제1항). 소속이 다른 2명 이상의 경찰공무원이 관련된 징계 등 사건으로서 관할 징계위원회가 서로 다른 경우에는 모두를 관할하는 바로 위 상급 경찰기관에 설치된 징계위원회에서 심의 · 의결한다(경찰공무원 징계령 제5조 제2항).

① 경찰공무원으로서 전시 · 사변, 그 밖에 이에 준하는 비상사태이거나 작전 수행 중인 경우에 직무유기(경찰공무원법 제18조) 또는 지휘권 남용 등의 금지(동법 제19조), 직장 이탈 금지 의무(국가공무원법 제58조 제1항)나 거짓 보고 등의 금지(경찰공무원법 제18조 제1항), 복종의 의무(국가공무원법 제57조) 위반 및 ② 집단 살상의 위급 사태가 발생한 경우에 거짓보고 등의 금지(경찰공무원법 제18조) 또는 제19조(지휘권 남용 등의 금지(경찰공무원법 제19조), 복종의 의무(국가공무원법 제57조) 및 직장 이탈 금지 의무(국가공무원법 제58조 제1항)을 위반에 따른 위반행위와 관련된 징계 등 사건은 「경찰공무원 징계령」 제4조 제2항에도 불구하고 경찰청 · 해양경찰청 · 지방경찰청 또는 지방해양경찰청에 설치된 보통징계위원회에서 심의 · 의결할 수 있다(경찰공무원 징계령 제5조 제3항).

(바) 징계의 절차

경찰공무원의 징계 절차는 징계 의결의 요구, 징계위원회의 심의 및 의결, 통고 및 집행 · 소청 절차의 단계를 거친다.

(ㄱ) 징계 의결의 요구와 징계위원회의 구성

경찰기관장은 소속 경찰관이 징계 사유에 해당하는 행위를 한 때, 하급

기관으로부터 징계 의결 요구에 대한 신청이 있었을 때, 감사원이나 상급 경찰기관장으로부터 징계 지시를 받았을 때에는 지체없이 관할 징계위원회를 구성하여 징계 의결을 요구해야 한다. 당해 사건의 관할 징계위원회가 상급 경찰기관에 설치된 때에는 그 기관의 장에게 징계 의결의 요구를 신청하여야 한다(경찰공무원 징계령 제9조 제1항・제2항).

'경찰공무원 중앙징계위원회'는 위원장을 포함하여 5명 이상 7명 이하의 위원으로 구성하고, '경찰공무원 보통징계위원회'는 위원장을 포함하여 3명 이상 7명 이하의 위원으로 구성한다. 다만, 해양경찰청에 두는 중앙징계위원회의 경우 징계 등 심의 대상자보다 상위 계급인 소속 경찰공무원(해양경찰청장은 제외한다)의 수가 본문에 따른 위원 수에 미달되는 등의 사유로 중앙징계위원회를 구성하는 것이 불가능할 때에는 3명 이상 7명 이하의 위원으로 구성할 수 있다(경찰공무원 징계령 제6조 제1항).

(ㄴ) 징계 의결절차

① 징계 등 심의 대상자의 출석

징계위원회는 징계사건을 심의할 때에는 미리 징계 등 심의 대상자의 출석을 요구할 때에는 출석 통지서로 하되, 징계위원회 개최일 3일 전까지 그 징계 등 심의 대상자에게 도달되도록 하여야 한다. 징계위원회는 징계 등 심의 대상자가 그 징계위원회에 출석하여 진술하기를 원하지 아니할 때에는 진술권 포기서를 제출하게 하여 이를 기록에 첨부하고 서면심사로 징계 등 의결을 할 수 있다(경찰공무원 징계령 제12조 제1항・제2항).[92]

---

92) (1) "경찰공무원 징계령 제12조 제1항, 제13조 제2항, 제3항의 각 규정은 징계 대상자로 하여금 변명과 방어의 기회를 부여하는 데 그 취지가 있으므로 사전에 징계 대상자에게 서면에 의한 출석 통지를 하지 않았더라도 징계위원회가 심의에 앞서 구두로 출석의 통지를 하고, 이에 따라 징계 대상자 등이 징계위원회에 출석하여 진술과 증거 제출의 기회를 부여받았다면 이로써 변명과 방어의 기회를 박탈당하였다고 보기는 어려우니 서면의 출석 통지의 흠결을 가지고 동 징계처분이 위법하다고 할 수는 없다"(대판 1985.1.29, 84누516(파면처분 무효확인)); (2) "국가공무원법 제83조 제3항의 규정에 의하면 수사기관은 조사나 수사를 개시한 때와 이를 종료한 때는 공무원의 소속기관의 장에게 당해 사실을 통보하도록 되어 있으나 그 통보 없이 징계 절차를 진행하였다고 하여도 경찰공무원 징계령 제12조 및 제13조에 의하여 보장된 진술 기회를 침해한 것이라고는 볼 수 없다"(대판 1985.3.26, 84누725).

징계위원회는 2회 이상 출석 통지를 하였음에도 불구하고 징계 등 심의 대상자가 정당한 사유 없이 출석하지 아니하였을 때에는 그 사실을 기록에 분명히 적고 서면심사로 징계등 의결을 할 수 있다. 다만, 징계 등 심의 대상자의 소재가 분명하지 아니할 때에는 출석 통지를 한 차례만 관보(官報)에 게재하고, 그 게재일부터 10일이 지나면 출석 통지가 송달된 것으로 보며, 징계 등 의결을 할 때에는 관보 게재의 사유와 그 사실을 기록에 분명히 적어야 한다(경찰공무원 징계령 제12조 제3항).

징계위원회는 징계 등 심의 대상자가 징계 등 사건 또는 형사사건의 사실 조사를 기피할 목적으로 도피하였거나 출석 통지서의 수령을 거부하여 징계 등 심의 대상자나 그 가족에게 직접 출석 통지서를 전달하는 것이 곤란하다고 인정될 때에는 징계 등 심의 대상자가 소속된 기관의 장에게 출석 통지서를 보내 이를 전달하게 하고, 전달이 불가능하거나 수령을 거부할 때에는 그 사실을 증명하는 서류를 첨부하여 보고하게 한 후 기록에 분명히 적고 서면심사로 징계 등 의결을 할 수 있다(경찰공무원 징계령 제12조 제4항).

징계위원회는 징계 등 심의 대상자가 국외 체류 또는 국외 여행 중이거나 그 밖의 부득이한 사유로 징계 등 의결 요구서를 받은 날부터 상당한 기간 내에 출석할 수 없다고 인정될 때에는 제11조에도 불구하고 적당한 기간을 정하여 서면으로 진술하게 하여 징계 등 의결을 할 수 있다. 이 경우 그 기간 내에 서면으로 진술하지 아니할 때에는 그 진술 없이 징계 등 의결을 할 수 있다(경찰공무원 징계령 제12조 제5항).

② 징계 과정에서의 심문과 징계 대상자의 진술권

징계위원회는 출석한 징계 등 심의 대상자에게 징계 사유에 해당하는 사실에 관한 심문을 하고 심사를 위하여 필요하다고 인정될 때에는 관계인을 출석하게 하여 심문할 수 있다(경찰공무원 징계령 제13조 제1항). 또한 징계 등 심의 대상자에게 진술할 수 있는 기회를 충분히 주어야 하며, 징계 등 심의 대상자는 서면 또는 말로 자기에게 이익이 되는 사실을 진술하거나 증거를 제출할 수 있다(경찰공무원 징계령 제13조 제2항).

징계 등 심의 대상자는 증인의 심문을 신청할 수 있다. 이 경우 징계위원회는 의결로써 그 채택 여부를 결정하여야 한다(경찰공무원 징계령 제13조 제3항).

징계 등 의결을 요구한 자 또는 징계 등 의결의 요구를 신청한 자는 필요하다고 인정할 때에는 징계위원회에 서면을 제출하거나 출석하여 의견을 진술할 수 있다(경찰공무원 징계령 제13조 제4항).

징계위원회는 필요하다고 인정할 때에는 사실 조사를 하거나 특별한 학식·경험이 있는 사람에게 검증 또는 감정을 의뢰할 수 있다(경찰공무원 징계령 제13조 제5항).

③ 징계위원회의 제척, 기피 및 회피

징계위원회의 위원 중 징계 등 심의 대상자의 친족이나 그 징계 사유와 관계가 있는 사람은 그 징계 등 사건의 심의에 관여하지 못한다. 징계 등 심의 대상자는 위원 중에서 불공정한 의결을 할 우려가 있다고 의심할 만한 타당한 사유가 있을 때에는 그 사실을 서면으로 소명(疏明)하고 해당 위원의 기피를 신청할 수 있다. 징계위원회는 기피 신청을 받았을 때에는 해당 징계 등 사건을 심의하기 전에 의결로써 해당 위원의 기피 여부를 결정하여야 한다. 이 경우 기피 신청을 받은 위원은 그 의결에 참여하지 못한다. 징계위원회의 위원장 또는 위원은 징계 대상자의 친족이거나 징계 사유와 관련에 해당되면 스스로 해당 징계 등 사건의 심의·의결을 회피할 수 있다.

징계위원회는 제척, 기피 또는 회피로 인하여 징계위원회를 구성하지 못하게 되었을 때에는 해당 경찰기관의 장에게 위원의 보충 임명을 요청하여야 한다. 해당 경찰기관의 장은 지체없이 위원을 보충 임명하여야 한다. 다만, 위원의 보충 임명이 곤란할 때에는 그 징계 등 의결의 요구를 철회하고, 그 상급 경찰기관의 장에게 징계 등 의결의 요구를 신청하여야 한다(경찰공무원 징계령 제15조).

④ 징계 등의 정도

징계위원회는 징계 등 사건을 의결할 때에는 징계 등 심의 대상자의 평소 행실, 근무 성적, 공적(功績), 뉘우치는 정도와 징계 등 의결을 요구한 자의 의견을 고려하여야 한다(경찰공무원 징계령 제16조).

⑤ 징계 의결 기한과 징계위원회의 의결

징계 의결을 요구받은 징계위원회는 그 요구서를 받은 날부터 30일 이내에 징계 등에 관한 의결을 하여야 한다. 다만, 부득이한 사유가 있을 때에는 해당 징계 의결을 요구한 경찰기관의 장의 승인을 받아 30일 이내의 범위에서 그 기간을 연장할 수 있다. 징계 의결이 요구된 사건에 대한 징계 절차의 진행이 「국가공무원법」 제83조에 따라 중지되었을 때에는 그 중지된 기간은 징계 의결 기한에서 제외한다(경찰공무원 징계령 제11조 제1항 및 제2항).

징계위원회의 의결은 위원장을 포함한 위원 과반수(과반수가 3명 미만인 경우에는 3명 이상)의 출석과 출석위원 과반수의 찬성으로 의결하되, 의견이 나뉘어 출석위원 과반수의 찬성을 얻지 못한 경우에는 출석위원 과반수가 될 때까지 징계 등 심의 대상자에게 가장 불리한 의견을 제시한 위원의 수를 그 다음으로 불리한 의견을 제시한 위원의 수에 차례로 더하여 그 의견을 합의된 의견으로 본다(경찰공무원 징계령 제14조 제1항).

징계의결서(懲戒議決書)에는 ㉠ 징계 등 심의 대상자의 인적 사항, ㉡ 의결 주문, ㉢ 적용 법조문, ㉣ 징계 등 사유에 해당하는 사항 및 증명 자료의 인정 여부, ㉤ 징계 등 심의 대상자 및 증인 출석 여부, ㉥ 정상 참작 여부, ㉦ 의결 방법, ㉧ 심의 결론 사항을 분명하게 적어야 한다(경찰공무원 징계령 제14조 제2항).

한편 징계위원회의 의결 내용은 공개하지 아니한다(경찰공무원 징계령 제14조 제3항). 징계위원회의 회의에 참석한 사람은 직무상 알게 된 비밀을 누설해서는 아니 된다(경찰공무원 징계령 제21조).

⑥ 징계 의결의 통지

징계위원회는 징계 의결을 하였을 때에는 지체없이 징계 의결을 요구한 자에게 의결서 정본(正本)을 보내어 통지하여야 한다(경찰공무원 징계령 제17조).

징계 의결을 요구한 기관의 장은 징계위원회의 의결이 경(輕)하다고 인정한 때에는 그 처분을 하기 전에 직근 상급기관에 설치된 징계위원회에 심사 또는 재심사를 청구할 수 있다(국가공무원법 제82조 제2항).

(사) 징계의 집행

(ㄱ) 경징계의 집행

징계 의결을 요구한 자는 경징계의 징계 의결을 통지받았을 때에는 통지받은 날부터 15일 이내에 징계를 집행하여야 한다. 징계 의결을 요구한 자는 징계 의결을 집행할 때에는 의결서 사본에 징계처분 사유 설명서를 첨부하여 징계처분 대상자에게 보내야 한다(경찰공무원 징계령 제18조). 징계 의결을 요구한 경찰기관의 장은 경징계의 징계 의결을 집행하였을 때에는 지체없이 그 결과에 의결서의 사본을 첨부하여 해당 임용권자에게 보고하고, 징계처분을 받은 사람의 소속 경찰기관의 장에게 통지하여야 한다(경찰공무원 징계령 제21조).

(ㄴ) 중징계 등의 처분 제청과 집행

징계 의결을 요구한 자는 중징계의 징계 의결을 통지받았을 때에는 지체없이 징계처분 대상자의 임용권자에게 의결서 정본을 보내어 해당 징계처분을 제청하여야 한다. 다만, 경무관 이상의 강등 및 정직, 경정 이상의 파면 및 해임 처분의 제청, 총경 및 경정의 강등 및 정직의 집행은 경찰청장 또는 해양경찰청장이 한다(경찰공무원 징계령 제19조 제1항). 중징계 처분의 제청을 받은 임용권자는 15일 이내에 의결서 사본에 징계처분 사유 설명서를 첨부하여 징계처분 대상자에게 보내야 한다(경찰공무원 징계령 제19조 제2항).

(아) 징계처분과 일사부재리의 원칙 등

(ㄱ) 징계처분과 일사부재리의 원칙

징계처분에도 일사부재리의 원칙이 적용된다. 동일한 징계 사유로 징계처분을 받은 사람을 다시 징계할 수는 없다. 그러나 다른 징계 사유를 근거로 다시 징계하는 것은 가능하며 징계받은 후 동일한 징계 사유가 다시 발생하였거나 징계 사유가 계속된 경우에 다시 징계 처분하는 것이 가능하다.[93][94]

(ㄴ) 징계처분과 복수의 징계 사유

두 개 이상의 징계 사유 중 그 일부가 인정되지 않는다 하더라도 인정되는 타의 일부 징계 사유만으로도 당해 징계처분이 정당하다고 인정되는 경우에는 그 징계처분을 유지한다고 하여 위법하다고 할 수 없다.

(ㄷ) 징계처분과 승진(승급)

공무원으로서 징계처분을 받은 자에 대하여는 그 처분을 받은 날 또는 그 집행이 끝난 날부터 대통령령 등으로 정하는 기간 동안 승진임용 또는 승급할 수 없다. 다만, 징계처분을 받은 후 직무 수행의 공적으로 포상 등을 받은 공무원에 대하여는 대통령령 등으로 정하는 바에 따라 승진임용이나 승급을 제한하는 기간을 단축하거나 면제할 수 있다(국가공무원법 제80조 제6항).

(자) 징계처분에 대한 구제

징계처분은 행정처분의 성질을 갖는다. 따라서 행정심판 및 행정소송의 대상이 된다. 경찰공무원의 징계처분 기타 그 의사에 반하는 불리한 처분이나 부작위에 대한 구제 수단으로는 소청(訴請)과 행정소송(行政訴訟)이 있다.

(ㄱ) 소청

① 소청의 의의와 소청 사항

소청(訴請)이란 징계처분 기타 본인의 의사에 반하는 불이익한 처분을 받은 자가 관할 소청심사위원회에 심사를 청구하는 불복 신청으로서 행정심판의 일종이다.

소청의 대상은 징계처분, 그 밖에 그 의사에 반하는 불리한 처분이나 부작위이다(국가공무원법 제9조 제1항).

'그 밖의 그 의사에 반하는 불리한 처분'에는 면직처분(의원면직 포함),

---

93) 박균성 · 김재광, 『경찰행정법』, 156면.

94) "수개의 징계 사유 중 그 일부가 인정되지 않는다 하더라도 인정되는 타의 일부 징계 사유만으로도 당해 징계처분이 정당하다고 인정되는 경우에는 그 징계처분을 유지한다고 하여 위법하다고 할 수 없다"(대판 1997.5.9, 96누1184 【감봉처분취소】 [공1997.6.15.-(36),1752]; 대법원 1991.11.22. 선고 91누4102 판결 등).

강임, 휴직, 복직 거부 등이 포함된다.[95] 그러나 '처분'의 성질을 갖지 않음이 명백한 것(훈계, 권고, 내부적 결정 등)은 제외된다고 하는 점이다.[96]

② 소청심사위원회

소청심사위원회(訴請審査委員會)는 공무원의 징계처분, 그 밖에 그 의사에 반하는 불리한 처분이나 부작위에 대한 소청을 심사·결정하는 합의제 행정청이고, 경찰공무원에 대한 소청심사위원회는 행정안전부에 둔다(국가공무원법 제9조 제1항). 행정안전부에 설치된 소청심사위원회는 위원장 1명을 포함한 5명 이상 7명 이내의 상임위원과 상임위원 수의 2분의 1 이상인 비상임위원으로 구성하되, 위원장은 정무직으로 보한다(국가공무원법 제9조 제3항).

소청심사위원회의 위원은 법조인(법관·검사 또는 변호사의 직에 5년 이상 근무한 자)·대학교수(대학에서 행정학·정치학 또는 법률학을 담당한 부교수 이상의 직에 5년 이상 근무한 자)·고위공무원(3급 이상 공무원 또는 고위공무원단에 속하는 공무원으로 3년 이상 근무한 자)의 어느 하나에 해당하고 인사행정에 관한 식견이 풍부한 자 중에서 행정안전부 장관의 제청으로 대통령이 임명한다. 이 경우 행정안전부 장관이 위원을 임명 제청하는 때에는 국무총리를 거쳐야 하고, 행정안전부에 설치된 소청심사위원회의 위원 중 비상임위원은 법조인 및 대학교수에 해당하는 자 중에서 임명하여야 한다(국가공무원법 제10조 제1항). 소청심사위원회의 상임위원의 임기는 3년으로 하며, 한 번만 연임할 수 있다(국가공무원법 제10조 제2항).

그러나 ① 국가공무원법(제33조)상 공무원 결격 사유에 해당하는 자, ② 「정당법」에 따른 정당의 당원, ③ 「공직선거법」에 따라 실시하는 선거에 후보자로 등록한 자는 소청심사위원회의 위원이 될 수 없다(국가공무원법 제10조의2 제1항). 소청심사위원회위원이 위의 어느 하나에 해당하게 된 때에는 당연히 퇴직한다(국가공무원법 제10조의2 제2항).

소청심사위원회의 상임위원은 다른 직무를 겸할 수 없다(국가공무원법

95) 박균성·김재광, 『경찰행정법』, 142면.
96) 김춘환, 『경찰행정법』, 173면.

제10조 제4항). 소청심사위원회의 위원은 금고 이상의 형벌이나 장기의 심신 쇠약으로 직무를 수행할 수 없게 된 경우 외에는 본인의 의사에 반하여 면직되지 아니한다(국가공무원법 제11조).

③ 소청 절차

㉮ 소청의 제기

강임·휴직·직위해제 또는 면직처분의 경우에는 처분사유 설명서를 받은 공무원이 그 처분에 불복할 때에는 그 설명서를 받은 날부터, 공무원이 제75조에서 정한 처분 외에 본인의 의사에 반한 불리한 처분을 받았을 때에는 그 처분이 있은 것을 안 날부터 각각 30일 이내에 소청심사위원회에 이에 대한 심사를 청구할 수 있다. 이 경우 변호사를 대리인으로 선임할 수 있다(국가공무원법 제76조 제1항). 그러나 전투경찰대의 대원 중 경사 이하의 경우에는 징계처분에 불복할 경우 소청은 각기 소속에 따라 해당 전투경찰대가 소속된 기관에 설치된 경찰공무원보통징계위원회에서 소청심사를 한다(전투경찰대설치법 제6조 제1항). 소청심사를 청구한 경우에도 이에 대한 결정이 있을 때까지는 해당 징계처분에 따라야 한다(전투경찰대설치법 제6조 제2항).

㉯ 소청의 심사

소청심사위원회는 소청을 접수하면 지체 없이 심사하여야 한다. 소청심사위원회는 소청심사를 할 때 필요하면 검증(檢證)·감정(鑑定), 그 밖의 사실조사를 하거나 증인을 소환하여 질문하거나 관계 서류를 제출하도록 명할 수 있다. 또한, 소청심사위원회가 소청 사건을 심사하기 위하여 징계요구 기관이나 관계 기관의 소속 공무원을 증인으로 소환하면 해당 기관의 장은 이에 따라야 한다. 소청심사위원회는 필요하다고 인정하면 소속 직원에게 사실조사를 하게 하거나 특별한 학식·경험이 있는 자에게 검증이나 감정을 의뢰할 수 있다(국가공무원법 제12조).

소청심사위원회가 소청 사건을 심사할 때에는 소청인 또는 대리인에게 진술 기회를 주어야 한다(국가공무원법 제13조 제1항). 만약 진술 기회를 주지 아니한 결정은 무효로 한다(국가공무원법 제13조 제2항).

㈐ 소청의 결정

소청심사위원회는 소청심사 청구가 파면 또는 해임이나 대기 명령을 받은 자가 그 기간에 능력 또는 근무성적의 향상을 기대하기 어렵다고 인정된 때(국가공무원법 제70조 제1항 제5호)에 따른 면직처분으로 인한 경우에는 그 청구를 접수한 날부터 5일 이내에 해당 사건의 최종 결정이 있을 때까지 후임자의 보충 발령을 유예하게 하는 임시 결정을 할 수 있다(국가공무원법 제76조 제3항).

소청심사위원회의 결정은 ① 심사 청구가 국가공무원법이나 다른 법률에 적합하지 아니한 것이면 그 청구를 각하(却下), ② 심사 청구가 이유 없다고 인정되면 그 청구를 기각(棄却)한다. ③ 처분의 취소 또는 변경을 구하는 심사 청구가 이유 있다고 인정되면 처분을 취소 또는 변경하거나 처분 행정청에 취소 또는 변경할 것을 명한다. ④ 처분의 효력 유무 또는 존재 여부에 대한 확인을 구하는 심사 청구가 이유 있다고 인정되면 처분의 효력 유무 또는 존재 여부를 확인한다. ⑤ 위법 또는 부당한 거부처분이나 부작위에 대하여 의무 이행을 구하는 심사 청구가 이유 있다고 인정되면 지체없이 청구에 따른 처분을 하거나 이를 할 것을 명한다(국가공무원법 제14조 제5항).

소청심사위원회가 징계처분 또는 징계부가금 부과처분을 받은 자의 청구에 따라 소청을 심사할 경우에는 '불이익 변경 금지의 원칙'에 따라 원징계처분보다 무거운 징계 또는 원징계부가금 부과처분보다 무거운 징계부가금을 부과하는 결정을 하지 못한다(국가공무원법 제14조 제7항).

㈑ 소청 결정의 효력

소청심사위원회의 결정은 그 이유를 구체적으로 밝힌 결정서로 하여야 한다(국가공무원법 제14조 제8항). 소청심사위원회의 결정은 처분 행정청을 기속(羈束)한다(국가공무원법 제15조). 따라서 행정처분청은 소청심사위원회의 결정에 반하는 행위를 하여서는 아니 되며, 이행명령에 따르는 적극적인 처분을 하여야 한다.

(ㄴ) 행정소송

소청심사위원회의 결정에 불복이 있을 때, 또는 행정심판 청구(소청 제기)가 있은 날로부터 60일이 지나도 재결이 없는 경우 등에는 관할 법원에 행정소송을 제기할 수 있다(행정소송법 제18조 제2항 참조). 이 경우 특별한 규정이 없으므로 행정소송의 대상은 '원처분주의'에 따라 원칙적으로 소청심사위원회의 결정이 아니라 원처분(징계처분)을 대상으로 하여야 한다. 그러나 소청인에 대하여 진술의 기회를 부여하지 않는 경우와 같이 소청심사위원회의 결정에 고유한 위법이 있는 경우에는 소청심사위원회의 결정 그 자체를 행정소송의 대상으로 삼을 수 있다(행정소송법 제19조).[97]

징계처분, 휴직처분, 면직처분, 그 밖에 의사에 반하는 불리한 처분에 대한 행정소송의 경우에는 경찰청장 또는 해양경찰청장을 피고로 한다. 다만, 제6조 제3항에 따라 임용권을 위임한 경우에는 그 위임을 받은 자를 피고로 한다(경찰공무원법 제28조). 그러나 처분, 그 밖에 본인의 의사에 반한 불리한 처분이나 부작위(不作爲)에 관한 행정소송은 소청심사위원회의 심사·결정을 거치지 아니하면 제기할 수 없다(국가공무원법 제16조 제1항).

(2) 변상 책임

경찰공무원이 직무상 의무 위반 행위를 함으로써 국가 또는 지방자치단체에 대해 재산상의 손해를 발생하게 한 경우에는 국가 또는 지방자치단체에 대해 변상 책임이 있다. 이 변상 책임은 관계 공무원이 부담하는 재산상의 책임을 의미한다. 변상 책임은 공법상의 책임이다. 변상 책임은 ①「국가배상법」에 의한 변상 책임과 ②「회계 관계 직원 등의 책임에 관한 법률」에 의한 변상 책임으로 나눌 수 있다. 현행법은 일반공무원의 변상책임은 규정하지 않고 회계 관계 직원, 물품·재산관리 공무원 등의 변상 책임만을 인정하고 있다.

(가) 국가배상법상의 변상 책임

경찰공무원이 그 직무를 집행하는 과정에서 고의 또는 과실로 법령에 위반하여 타인에게 손해를 가했을 때에는 국가는 그 손해를 배상할 책임이 있는데, 이 경우에 국가는 경찰공무원에게 고의 또는 중과실이 있을 때에는 그에게 구상할 수 있다(국가배상법 제2조 제2항).

97) 김춘환, 『경찰행정법』, 176면; 박균성·김재광, 『경찰행정법』, 144면.

또한, 영조물의 설치·관리상의 하자로 인해 타인에게 손해가 발생한 경우에 국가는 피해자에게 그 손해를 배상할 책임이 있다. 그러나 경찰공무원에게 그 손해의 원인에 대한 책임이 있을 때에는 국가는 경찰공무원에게 구상할 수 있다(국가배상법 제5조 제2항).

(나) 회계 관계 직원 등의 변상 책임

①「회계 관계 직원 등의 책임에 관한 법률」에 의한 변상 책임

회계 관계 직원은 고의 또는 중대한 과실로 법령이나 그 밖의 관계 규정 및 예산에 정하여진 바를 위반하여 국가, 지방자치단체, 그 밖에 감사원의 감사를 받는 단체 등의 재산에 손해를 끼친 경우에는 변상할 책임이 있다(동법 제4조 제1항). 또한 현금 또는 물품을 출납·보관하는 회계 관계 직원은 선량한 관리자로서의 주의를 게을리하여 그가 보관하는 현금 또는 물품이 망실(망실)되거나 훼손(훼손)된 경우에는 변상할 책임이 있다(동법 제4조 제2항). 현금 또는 물품을 출납·보관하는 회계 관계 직원은 스스로 사무를 집행하지 아니한 것을 이유로 그 책임을 면할 수 없다(동법 제4조 제3항). 그 손해가 2명 이상의 회계 관계 직원의 행위로 인하여 발생한 경우에는 각자의 행위가 손해 발생에 미친 정도에 따라 각각 변상 책임을 진다. 이 경우 손해 발생에 미친 정도가 분명하지 아니하면 그 정도가 같은 것으로 본다(동법 제4조 제4항).

② 통지 의무 및 변상 책임의 판정

중앙관서의 장, 지방자치단체의 장, 감독기관의 장 또는 해당 기관의 장은 변상 책임이 있는 손해가 발생한 경우에는 지체없이 기획재정부 장관과 감사원에 알려야 한다(회계 관계 직원 등의 책임에 관한 법률 제7조).

중앙관서의 장 등은 회계 관계 직원이 변상 책임이 있다고 인정되는 경우에는 감사원이 판정하기 전이라도 해당 회계 관계 직원에 대하여 변상을 명할 수 있다(동법 제6조 제1항).

변상 책임의 유무 및 배상액은 감사원이 판정하나(감사원법 제31조), 변상명령을 받은 회계 관계 직원은 이의가 있으면 감사원장이 정하는 판정청구서에 의하여 감사원에 판정을 청구할 수 있다(동법 제6조 제3항).

변상명령을 한 자는 감사원이 해당 회계 관계 직원에 대하여 변상의 책임이 없다고 판정하거나 변상금액을 감면한 경우에는 회계 관계 직원이 이미 낸 변상금의 전부 또는 그 차액을 지체없이 반환하여야 한다(동법 제6조 제4항). 감사원의 판정에 따른 변상명령서 등 변상명령서가 해당 회계 관계 직원에게 송달된 때에는 시효 중단의 효력이 있다(동법 제6조 제5항).

2) 형사 책임

경찰공무원의 행위가 의무 위반에 그치지 않고 나아가서 형법 등의 형사법에 위반되는 범죄가 되어, 경찰공무원이 이 범죄에 대해 부담하는 책임을 형사 책임이라 한다.

협의의 형사 책임에는 직무 범죄로 인한 책임과 준(準)직무 범죄로 인한 책임으로 구분할 수 있고, 광의의 형사 책임에는 형사법에 위반한 경우뿐만 아니라 행정형벌이 따르는 행정법규에 위반한 경우에 부담하는 책임까지 포함한다고 보겠다.[98]

(가) 형사벌 책임

공무원의 일정한 행위가 형법상의 범죄를 구성하는 경우에 지는 책임을 말한다. 일반적인 것으로 형법상의 '공무원의 직무에 관한 죄'가 있다. 여기에는 직무범과 준직무범으로 나누어 볼 수 있다.

(ㄱ) 직무범

직무범(職務犯)은 직권을 남용하는 등 직무집행행위 그 자체가 범죄를 구성하는 경우를 말하고, 직무범에 해당하는 죄는 직무유기죄(형법 제122조), 타인의 권리행사방해죄(형법 제123조), 불법체포·불법감금죄(형법 제24조), 폭행·가혹행위죄(형법 제127조) 등이 있다.

(ㄴ) 준직무범

준직무범(準職務犯)은 직무행위라고 하는 것 자체가 범죄를 구성하는 것이 아니라 경찰공무원이라는 신분상 또는 경찰공무원의 직무와 관련되기 때문에 범죄가 되는 경우를 말한다. 준직무범에 해당하는 죄는 수뢰죄(형

98) 홍정선, 『행정법원론(하)』, 202면.

법 제129조), 제3자뇌물제공죄(형법 제130조), 사후수뢰죄(형법 제131조) 등이다.

(나) 행정(형)벌 책임

공무원이 「국가공무원법」·「공직선거법」 등 각 행정법령이 정하고 있는 의무를 위반하여 형법이 정하고 있는 벌을 받게 되는 경우에 지는 책임을 의미한다. "공무원의 정치운동의 금지(국가공무원법 제65조), 집단행위의 금지(국가공무원법 제66조) 등을 위반한 경우에 1년 이하의 징역 또는 500만 원 이하의 벌금에 처하도록 한 것"(국가공무원법 제84조)이 대표적인 예이다.

3) 민사 책임

경찰공무원의 민사 책임이라 함은 경찰공무원의 직무상의 불법행위로 일반 국민에게 재산상의 손해가 발생한 경우에 피해자에 대해 경찰공무원이 직접 민사법상 책임을 지는가의 문제이다. 국가배상법 제2조는 공무원이 고의 또는 과실로 인한 위법행위로 인해 타인에게 손해를 가했을 때에는 국가 또는 지방자치단체가 배상 책임을 진다고 규정하고 있지만, 피해자에 대한 공무원 개인의 민사 책임에 대해서는 견해가 대립하고 있다.

① 대위책임설의 입장에서는 국가나 지방자치단체가 공무원을 대위하여 피해자에게 배상 책임을 지고, 당해 공무원에게 고의·중과실이 존재하는 경우 국가는 공무원에게 구상할 수 있다는 견해이다. 반면에 ② 자기책임설에 따르면 피해자는 국가나 지방자치단체 외에 가해 공무원에 대해서도 선택적으로 배상을 청구할 수 있다. ③ 중간설의 입장에서는 고의·중과실의 경우에는 국가 등의 배상 책임은 대위 책임이지만, 경과실에 의한 경우에는 배상 책임은 자기 책임의 성질을 갖는다는 견해이다.

판례의 입장은 피해자의 선택적 청구를 부인하여 오다가,[99] 최근의 판례

99) "공무원의 직무상 불법행위로 인하여 손해를 받은 사람은 국가 또는 공공단체를 상대로 손해배상을 청구할 수 있고, 이 경우에 공무원에게 고의 또는 중대한 과실이 있는 때에는 국가 또는 공공단체는 그 공무원에게 구상할 수 있을 뿐, 피해자가 공무원 개인을 상대로 손해배상을 청구할 수 없다"(대법원 1994.4.12. 선고 93다11807 판결 【보험금】 [공

에서는 직무 수행 중 불법행위로 타인에게 손해를 입힌 당해 공무원에게 고의·중과실이 있는 경우에는 선택적 청구를 인정하고, 당해 공무원에게 경과실이 있는 경우에는 선택적 청구를 부인해 종래의 입장을 변경하고 있다.[100]

국가가 공무원에게 구상권을 보유하고 있는 취지에서 보아 국민의 피해구제를 신속·확실하게 하고 좀 더 편리하고 확실한 배상을 위해 국가와 불법행위를 한 공무원 양자 중 선택적으로 청구할 수 있다고 보아야 할 것이다. 이는 국민의 손해배상을 좀 더 편리하고 확실하게 하기 위한 것이다. 공무원에 대해 직접 손해배상을 청구하는 경우에는 절차도 간단하고 배상심의위원회를 거칠 필요도 없으며, 국가배상법의 배상 기준 적용도 받지 않기 때문에 피해자에게 유리한 점을 감안한 것이다.[101]

1994.6.1.(969), 1416]).

100) "국가배상법 제2조 제1항 본문 및 제2항의 입법 취지는 공무원의 직무상 위법행위로 타인에게 손해를 끼친 경우에는 변제 자력이 충분한 국가 등에게 선임감독상 과실 여부에 불구하고 손해배상 책임을 부담시켜 국민의 재산권을 보장하되, 공무원이 직무를 수행함에 있어 경과실로 타인에게 손해를 입힌 경우에는 그 직무 수행상 통상 예기할 수 있는 흠이 있는 것에 불과하므로, 이러한 공무원의 행위는 여전히 국가 등의 기관의 행위로 보아 그로 인하여 발생한 손해에 대한 배상책임도 전적으로 국가 등에만 귀속시키고 공무원 개인에게는 그로 인한 책임을 부담시키지 아니하여 공무원의 공무집행의 안정성을 확보하고, 반면에 공무원의 위법행위가 고의·중과실에 기한 경우에는 비록 그 행위가 그의 직무와 관련된 것이라고 하더라도 그와 같은 행위는 그 본질에 있어서 기관행위로서의 품격을 상실하여 국가 등에게 그 책임을 귀속시킬 수 없으므로 공무원 개인에게 불법행위로 인한 손해배상 책임을 부담시키되, 다만 이러한 경우에도 그 행위의 외관을 객관적으로 관찰하여 공무원의 직무 집행으로 보여질 때에는 피해자인 국민을 두텁게 보호하기 위하여 국가 등이 공무원 개인과 중첩적으로 배상 책임을 부담하되 국가 등이 배상 책임을 지는 경우에는 공무원 개인에게 구상할 수 있도록 함으로써 궁극적으로 그 책임이 공무원 개인에게 귀속되도록 하려는 것이라고 봄이 합당하다"(대법원 1996.2.15, 95다38677 전원합의체 판결 【손해배상(자)】 [집44(1)민,165;공1996.3.15.(6), 771]).

101) 김철수, 『헌법학개론』, 박영사(1999), 803-804면.

제 4 장 경찰작용법

제 1 절 개요

전통적으로 경찰권의 근거와 한계에 관한 논의는 경찰작용이 권력적인 명령·강제작용으로서 국민의 권리와 자유를 침해하는 가장 전형적인 권력작용인 까닭에, 반드시 법률에 근거하여 그리고 일정한 재량 한계 안에서만 발동되어야 하며, 법률의 근거와 재량 한계를 넘어서 발동해서는 아니 된다고 하는 소극적 한계에 관한 것이었다. 그런데 오늘날은 이러한 소극적 한계와 더불어 개인의 생명·자유·재산이 중대한 위협을 받고 있는 경우 등에는 경찰은 적극적으로 경찰권을 발동해야 한다는 적극적 한계에 관한 논의가 포함되었다.[1]

1) 박윤흔, 『최신행정법강의(하)』, 305면.

제 2 절 경찰권 발동의 근거

1 서언

경찰은 사회 공공의 안녕과 질서를 유지하기 위해 국민에게 명령・강제 등을 하는 권력적・침익적 작용이므로 그 발동에는 반드시 법률의 근거가 있어야 한다.[2] 따라서 국민의 자유와 권리를 제한하는 경찰권의 근거는 원칙적으로 국민의 대표기관인 국회에서 제정한 법률에 의해 마련되어야 하고, 여기에 대해 예외적으로 행정입법에 의해 경찰권 발동의 근거가 될 수 있다. 그러나 법률에서 경찰권 발동의 근거를 명령에서 정하도록 위임의 경우에도 그 수권은 구체적으로 범위를 정해 행해야 한다(헌법 제75조・제95조). 경찰권은 조약이나 자치법규에 근거해서도 발동될 수 있다.

우리나라에서는 현행법상 소방을 제외하고는 경찰이 국가에 일원화되어 있기 때문에 지방자치단체의 조례로는 소방권의 근거만을 정할 수 있다고 할 것이다.[3]

2 개괄 조항(일반 조항)의 인정 문제

경찰권 발동의 수권 방식에는 첫째, 특별경찰행정법상의 개별 조항에 의한 방식(식품위생・공중위생・전염병예방법・건축법 등), 둘째, 일반경찰법상 특별 조항에 의한 특별수권의 방식(경찰관직무집행법 제3조~제8조), 셋째, 일반경찰법상 일반 조항(개괄 조항)에 의한 일반수권의 방식이 있다. 현행법상으로 첫째와 둘째 방식에 의한 수권에는 견해가 일치하고 있다.

---

2) 김동희, 『행정법(II)』, 163면.

3) 박윤흔, 『최신행정법강의(하)』, 306면.

그러나, 셋째 방식인 일반경찰법상의 일반 조항(개괄 조항)의 수권에 의한 방식이 인정되는지 여부에 대해서는 견해가 대립하고 있다.

1) 개괄 조항(일반 조항)의 의의와 필요성

개괄 조항(일반 조항)이란 경찰권의 권한을 규정하면서 개별적인 권한 내용을 구체화하지 않고 일반적인 위해 방지를 위한 추상적인 내용으로 규정되어 있는 것을 말한다.[4] 다시 말해, 그 위험의 예방·진압을 위한 법적 근거가 특별경찰법에도 없을 뿐만 아니라 일반경찰법에도 특별한 규정으로 존재하지 않는 경우에 최종적으로 그 위험의 예방·진압을 위한 법적 근거로서 적용되는 일반경찰법상 개괄적인 조항을 일반 조항이라 한다.[5]

개괄 조항의 개념을 긍정하는 입장에서는 개괄 조항의 필요성에 대해 ① 기술 수준의 변화, 사회적 사정의 변화 등으로 인해 입법자가 예상할 수 없는 경찰상의 위해(危害)가 발생하는 경우에는, 미리 규정된 개별적인 수권 규정에 의해 해결되지 못하는 경우가 존재하므로 이러한 경우에 대비하기 위해 일반 조항이 필요하다고 주장한다.[6] ② 개괄적 조항은 개별적 규정이 없는 때에 한해 보충적으로 적용되며, ③ 사회 사정과 관념이 끊임없이 변하기 때문에 경찰권 발동의 요건이나 효과를 상세히 정한다는 것이 기술적으로 불가능하며, ④ 개괄 조항에 의거한 경찰권 발동에 관련된 법원칙(조리상의 한계)이 충분히 발달되어 있으며, ⑤ 개괄 조항의 확대 해석, 그에 근거한 권한의 남용 등은 법원의 심판을 받는다[7]는 이유를 들어 개괄 조항의 필요성을 긍정하는 견해도 있다.

2) 개괄 조항의 인정 여부

우리나라에서의 개괄 조항(일반 조항)의 인정 여부에 대해서는 경찰관직무집행법 제2조 제6호의 '기타 공공의 안녕과 질서 유지' 규정을 개괄 조항

4) 류지태, 『행정법신론』, 757면.
5) 홍정선, 『행정법원론(하)』, 246면.
6) 류지태, 『행정법신론』, 757면.
7) 김남진, 『행정법(II)』, 255면

으로 보고, 이에 근거해 경찰권을 발동할 수 있는지에 대해 견해가 대립되어 있다.

(1) 긍정설

개괄 조항을 긍정하는 입장은 경찰관직무집행법 제2조 제6호의 '기타 공공의 안녕과 질서 유지'에 관한 규정을 실정법상의 경찰(관)에 대한 개괄적 수권 조항으로 본다. 그러나 개괄 조항은 어디까지나 개별적 수권 조항이 없는 경우에 제2차적 · 보충적 수권 조항으로서 이해되어야 한다고 본다.[8]

(2) 부정설

개괄 조항을 부정하는 입장은 권력적 작용으로서의 경찰작용에 대해 법률의 근거가 있어야 하고, 이 경우 법률은 당연히 개별적인 작용법이어야 하며, 포괄적 · 일반적인 수권법은 인정되지 않는다고 보는 견해이다.[9] 따라서 부정설은 경찰관직무집행법 제2조 제6호는 경찰권 발동 근거에 관한 개괄 조항은 아니고, 다만 경찰의 직무 범위만을 정한 것으로서, 본질적으로는 조직법적 성질의 규정이라고 본다.[10] 부정설에 의하면 법치주의의 관점에서 경찰권 발동에는 개별적이고 구체적인 수권 조항이 필요하다.

(3) 절충설(입법필요설)

이 견해는 현행법상 일반 조항은 인정되고 있지 아니하지만, 경찰법의 개정을 통해 일반 조항이 규정되어야 한다는 입장이다. 말하자면 현행 헌법 하에서 일반 조항은 인정될 수 있고 또한 인정되어야 하지만, 아직까지 우리의 입법은 이를 수용하고 있지 않다는 입장이다. 또한, 이 견해는 입법의 공백을 메우기 위해서는 경찰의 영역에서 일반 조항에 따른 일반수권제도가 필요하고, 일반 조항을 두는 경우에는 일반 조항을 내용 · 목적 · 범위 등에서 상세히 정하려는 노력이 학문상 · 판례상 요구될 수밖에 없으며, 일반 조항이 필요한 이상, 법률(경찰관직무집행법)의 개정을 통해 입법화하

---

8) 김남진, 『행정법(Ⅱ)』, 255면; 강구철, 경찰권의 근거와 한계, 『고시연구』(1991.9), 80면; 류지태, 『행정법신론』, 758면.

9) 김동희, 『행정법(Ⅱ)』, 164면; 박윤흔, 『최신행정법강의(하)』, 306-307면.

10) 김동희, 『행정법(Ⅱ)』, 164면.

는 것이 필요하다는 입장이다.[11]

(4) 판례

대법원 판례는 경찰관직무집행법 제2조 제6호에 근거한 청원경찰의 불법 건축물 단속사건에서 경찰관직무집행법 제2조 제6호를 경찰권 발동의 개괄 조항으로 인정하는 듯하다.

> 청원경찰법 제3조는 청원경찰은 청원주와 배치된 기관, 시설 또는 사업장 등의 구역을 …… 정하고 있고, 한편 경찰관직무집행법 제2조에 의하면 경찰관은 범죄의 예방, 진압 및 수사, 경비 요인, 경호 및 대간첩작전 수행, 치안정보의 수집 작성 및 배포, 교통의 단속과 위해의 방지, 기타 공공의 안녕과 질서 유지 등을 그 직무로 하고 있는 터이므로 …… 허가 없이 창고를 주택으로 개축하는 것을 단속한 것은 그들의 정당한 공무 집행에 속한다고 할 것이므로 이를 폭력으로 방해한 피고인의 판시 소위를 공무집행방해죄로 다스린 원심 조치는 정당하고 이에 소론과 같은 위법이 있다고 할 수 없다.[12]

(5) 결어

경찰 임무의 특수성으로 포괄적 수권을 허용한다는 것은 더 큰 가치를 잃을 위험이 있다. 법의 노력은 항상 정치한 입법 기술에 있어야 할 것이고, 혹 법의 흠결·불비가 있는 경우는 행정법의 일반법 원칙에 의해 경찰권의 행사가 이루어져야 할 것이다.[13] 부단히 변화하는 사회 현실 속에서 입법자가 경찰권의 발동 요건을 전부 상세히 규정한다는 것은 현실적으로 불가능하다. 따라서 사회 공공의 안녕과 질서 유지의 필요성은 있으므로 일반 조항을 인정할 필요성이 존재한다.

그러나 우리나라의 현행 법제에서는 이러한 일반 조항은 존재하지 않는다. 경찰관직무집행법 제2조 제6호는 권한 규범이 아니라 직무 규범에 불과하다. 긍정설처럼 직무 규정을 권한 규정으로 이해하여 이를 근거로 경

11) 홍정선, 『행정법원론(하)』, 246-247면.
12) 대판 1986.1.28, 85도2448.
13) 한견우, 『행정법(Ⅱ)』, 276면.

찰권을 발동할 수 있다는 것은 입법자의 의사에 배치되는 해석이라고 할 수 있다.

한편 부정설은 일반적·포괄적인 수권법을 인정할 수 없다고 하나, 이에 의하면 사회 공공의 안녕과 질서에 대한 위해를 방치하는 결과가 되는 문제가 발생한다. 따라서 경찰관직무집행법 제2조 제6호에 근거하여 경찰권을 발동할 수 없다는 제3설이 타당하다.[14]

제 3 절 경찰권 발동의 한계

경찰권의 발동은 경찰집행 대상의 다양성과 돌발성 때문에 많은 재량을 인정하지 않을 수 없으며, 이로 인해 권력 행사의 방법이나 정도를 넘어 국민의 자유와 권리를 부당하게 침해할 여지는 얼마든지 있다. 여기에 사회 공공의 안녕과 질서 유지라는 경찰 목적을 달성하면서 국민의 자유와 권리를 최대한으로 보장해야 할 양면적 국가 이익을 동시에 실현하지 않으면 안 되는 것이다. 이러한 사회 질서 유지 목적을 위한 경찰권 발동과 국민의 자유·권리 보장의 요청을 어떻게 조화·조정할 것인가 하는 것이 경찰권의 한계이론이다.

경찰법규는 경찰권의 행사에 관한 근거를 제시해 줄 뿐이고, 구체적인 경찰권 행사의 정도와 조건 등은 명시하지 아니한 경우가 많다. 그것은 공안에 대한 장래의 위해를 모두 예측해 입법화한다는 것은 기술적으로 어려운 일이기 때문이다. 따라서 이러한 경우는 경찰권에서 경찰기관의 재량을 인정한 것으로 이해된다.[15] 경찰 법규가 재량을 허용하고 있는 경우에도 그 재량은 자유재량이 아니고, 거기에는 일정한 합리적 한계가 인정되어야 한다고 주장한다.[16][17] 다시 말해, 경찰에 재량이 인정되는 경우에도 조리상

14) 이재화, 『행정법의 쟁점』, 문영사(2001), 550-551면.
15) 한견우, 『행정법(II)』, 276면.
16) 박윤흔, 『최신행정법강의(하)』, 308면.

17) (1) 행정개입청구권(行政介入請求權)은 자기(自己)의 이익을 위하여 자기 또는 제3자(타인)에게 행정권을 발동해 줄 것을 요구할 수 있는 실체적 공권을 말한다. 독일의 "띠톱사건"1)에서 인정되었다. 행정개입청구권은 본래 사인이 자기의 이익을 위하여 '타인(他人)'에 대하여 행정권발동을 청구한다는 점에서, 사인이 자기의 이익을 위하여 자신(自身)'에 대하여 행정권의 발동을 청구하는 행정행위발급청구권과는 구별된다고 한다. 과거에는 질서행정은 단지 공익만을 보호하고 직접적으로는 사익을 보호하지 않기 때문에 그러한 행정작용으로부터 사인이 어떤 이익을 향유하더라도 그것은 반사적 이익에 지나지 않는다고 보았으나, 근래에는 목전에 급박한 생명·신체상 장해를 제거할 긴급한 필요가 있는 경우에 재량권이 0으로 수축되어 행정청에게 개입 의무가 발생하고 이에 대응하여 개인은 행정권의 발동을 청구할 수 있는 공법상의 권리가 발생한다고 보고 있다(예: 경찰개입청구권, 소음·먼지·공기오염행위에 대한 규제권발동청구권 등). (2) 행정개입청구권은 행정청의 부작위로 인하여 권익을 침해당한 자가 당해 행정청에 대하여 제3자에 대한 규제 내지 단속 등 특정 처분을 요구할 수 있는 실체적 공권이다. 행정개입청구권은 재량권 수축을 전제로 하는 점에서 형식적 권리라 불리는 무하자재량행사청구권과 다르다. 행정개입청구권을 행정청의 부작위에 대한 사전 예방적 권리로 보는 견해도 있으나, 사전 예방적 성격과 사후 구제적 성격을 모두 가질 수 있다고 보는 것이 타당하다. (3) 행정개입청구권의 인정 여부에 대해서도 학설이 대립하고 있으나, 재량 영역에서도 재량권이 영(0)으로 수축됨으로써 형식적인 권리인 무하자재량행사청구권이 실체적 권리인 행정개입청구권으로 전환될 수 있다는 점, 행정의 목적이 공공복리 증진이라는 점을 고려할 때 이 청구권을 부정할 경우에는 국민의 이익이 적절하게 보호·실현될 수 없는 문제점이 발생할 수 있다는 점, 행정권의 부작위 등이 국민생활에 구체적 위험을 야기하거나 금전적으로 배상할 수 없는 손해를 생기게 할 수 있는 경우에는 행정권의 불행사의 자유를 인정할 수 없다는 점 등을 근거로 긍정하는 견해가 지배적이다. 판례는 사인의 경찰개입청구권을 직접적으로 인정한 것은 없으나, 대법원은 경찰관의 부작위로 인한 손해에 대하여 국가의 배상 책임을 인정한 것을 두고 견해의 대립이 있다. (4) 행정개입청구권이 성립하기 위해서는 공권의 성립 요건으로서 강행법규의 존재(행정권의 개입 의무의 발생)와 강행법규의 사익보호성을 요한다. ① 행정개입청구권이 성립하기 위해서는 행정기관에 대하여 일정한 행위를 하도록 하는 법적 의무가 존재해야 한다. 기속행위의 경우에는 별 문제가 없으나, 재량행위에 있어서 행정기관의 개입 의무는 재량권이 영(0)으로 축소되는 경우에 발생한다. 행정기관의 개입 의무는 당사자의 법익에 대한 위해 제거를 사실적인 또는 법적인 이유에 의해 당사자 스스로 제거하지 못하는 경우일 것을 전제로 한다(보충성의 원칙). 따라서 사안이 사소한 경우이거나 당사자가 경찰권의 개입 이외의 방법에 의한 권리구제가 가능한 경우에는 배제된다. ② 관계 행정법규가 공익 보호는 물론 사익에 대한 보호규범으로서 성질을 가져야 한다. 사익보호성의 판단은 당해 근거 규범의 목적·취지가 적어도 당사자의 이익도 보호하고자 하는 경우에 인정된다(예: 경찰관직무집행법 제5조 제1항의 경찰관의 위해 발생 방지 조치). (5) 행정개입청구권의 실현 방법: 행정개입청구권의 내용은 당사자가 행정청에 대하여 제3자에 대한 규제 내지 단속 등을 위하여 개입하여 줄 것을 직접 청구하는 것이다. 현행의 쟁송법상 행정개입청구권을 주장하는 수단으로서는 행정심판으로서 의무이행심판과 행정소송으로서 취소소송·부작위위법확인소송을 들

의 한계가 인정된다고 보는 것이다. 이러한 조리상의 한계로는 경찰 소극목적의 원칙, 경찰 공공의 원칙, 경찰 비례의 원칙, 경찰 평등의 원칙, 경찰 책임의 원칙 등이 거론되고 있다.

이들 원칙 중 비례의 원칙과 평등의 원칙은 다른 행정작용에 대해서도 공통적으로 요구되는 원칙이라 할 것이나, 경찰작용이 전형적인 권력작용인 점에서 경찰권의 발동에 대해서는 특별히 강조되는 의미를 가진다고 할 것이다.[18]

1 경찰 법규상의 한계

경찰권은 법률 유보의 원칙상 일정한 법적 근거에 의해서만 발동될 수 있다. 그리고 법률이 정하는 범위 내에서 발동되어야 한다.

경찰 법규는 원칙적으로 법률이어야 하고, 예외적으로 법규명령이 포함된다. 법률이 경찰권에 위임하는 재량은 자유재량이 아니고, 법규의 한도 안에서 행해지는 기속재량이어야 하고, 법률에 의한 경찰권의 위임은 포괄적 위임이 아니라, 구체적 범위를 정한 개별적 수권이어야 한다. 법규상의 한계는 경찰권 발동의 제1단계적 제약이다.[19] 예를 들면, 경찰관직무집행

수 있다. 그러나 행정기관이 개입 의무가 있음에도 불구하고 이를 해태하여 손해가 발생한 경우에는 행정소송은 소의 이익이 없어 실효성이 없고, 행정상 손해배상을 청구하여야 할 것이다(대판 1997.8.27, 96가합40313). (6) 독일의 띠톱 판결의 개요: 원고는 주거지역에 설치된 참가인의 석탄제조, 하역업소가 사용하는 띠톱에서 나오는 먼지, 소음으로 인한 피해를 입고 있던 인근 주민으로, 원고는 관할 건축 관청에 대해 건축경찰상의 금지처분을 취해달라고 청구하였다. 동 사건에서 원고는 피고의 영업은 주거지역에서는 허용될 수 없으며 그로 인한 먼지, 소음은 참고 지낼 수 없을 정도의 것이라고 주장했으나, 관할 행정청은 이러한 원고의 주장을 배척하였다. 이에 대하여, 베를린 고등법원은 그러한 행정권의 발동 여부는 행정청의 재량에 속하는 것이기 때문에 원고에게는 행정권의 발동을 요구할 수 있는 권리가 없다고 하였으나, 상고심 연방행정법원은 경찰법상 일반수권 조항의 해석에 있어서 먼저 주의 무하자재량청구권을 인정하고 이어서 재량의 영(0)으로의 수축의 법리를 도출해 냄으로써 개인의 주체적 지위를 근본적으로 강화시키는 결정적 전기를 제공하였다.

18) 박윤흔, 『최신행정법강의(하)』, 308면.

19) 박윤흔, 『최신행정법강의(하)』, 307면.

법상의 보호 조치의 대상·절차 및 한도(동법 제4조), 무기 사용의 한계(동법 제10조의4) 등을 들 수 있다.

2 일반법 원칙상의 한계

경찰 법규에 경찰상 위해 요소들을 모두 예견해 입법화한다는 것은 불가능하기 때문에 법규는 "주위의 사정을 합리적으로 판단하여" 또는 "범죄사실을 안다고 인정되는 자", "필요하다고 인정할 때에는 필요한 조치를 취할 수 있다"라는 정도로 추상적인 규정을 하고, "주위의 사정", "필요한 정도" 등은 경찰권의 판단에 맡기는 광범위한 재량권을 부여하지 않을 수 없는 것이다. 이러한 재량에 준거할 불문의 법칙을 조리(條理)상의 한계라고 한다.[20]

위험 방지를 위한 경찰법은 경찰행정청에 대해 비교적 광범위한 재량을 부여하고 있는 탓으로, 재량의 남용이나 일탈의 방지를 위해 경찰권의 한계로서 경찰법 원리에 따른 한계는 중요한 의미를 갖는다.[21] 이러한 경찰법의 일반법 원칙상의 한계(조리상의 한계)에는 경찰 소극 목적의 원칙, 경찰 공공의 원칙, 경찰 비례의 원칙, 경찰 평등의 원칙, 경찰 책임의 원칙 등이 있다.

1) 경찰 소극 목적의 원칙

경찰 소극 목적의 원칙이란 경찰권은 사회 공공의 안녕과 질서의 유지에 대한 위해의 방지·제거라는 소극적 목적을 위해서만 발동될 수 있다는 원칙이다. 따라서 경찰권이 복리 증진을 위한 적극적 목적을 위해 발동되거나 군정(軍政) 등과 같이 국가 목적을 위해서는 발동할 수 없다. 이처럼 경찰 소극 목적의 원칙을 벗어난 것은 위법한 것이 된다.

---

20) 중앙경찰학교, 『경찰행정법』, 100면.
21) 홍정선, 『행정법원론(하)』, 266면.

그러나 현대 행정의 질적·양적 확대에 따라 종래에는 소극적인 경찰작용으로만 인식되던 것이 적극적인 복리 증진에도 관련되는 사례가 적지 않게 되어, 소극적인 질서 유지 작용과 복리 증진을 내용으로 하는 적극적인 규제작용과의 구분이 분명하지 않은 경우가 다수 나타나고 있는 추세이다.[22]

이 경찰 소극 목적의 원칙은 경찰의 개념에서 나오는 당연히 나오는 결론으로서 특별한 의미를 갖는 것이 아니라는 견해[23]도 있으나, 조리상의 한계 자체가 경찰권의 목적과 그 실질적 개념에서 도출되는 내재적인 법원칙의 천명이라는 점에서 볼 때, 이 원칙 역시 조리상 한계로 보아야 할 것이다.

2) 경찰 공공의 원칙

경찰 공공의 원칙이란 경찰은 사회공공의 안녕의 확보와 질서의 유지를 목적으로 하는 작용이므로 명령·강제의 기능은 개인의 생활 활동에 대해서는 그것이 사회 공공의 안녕과 질서에 영향을 미치는 경우에 그 범위 안에서만 발동될 수 있다는 원칙을 말한다.[24] 다시 말해, 경찰권은 사회 질서의 유지를 위해서만 발동할 수 있고 사회 질서에 직접적인 영향이 없는 개인의 사익(사생활·사주소·민사상의 법률 관계)에 대해서는 원칙적으로 관여할 수 없다는 원칙이다. 이 원칙에는 사생활 불가침의 원칙, 사주소 불가침의 원칙, 민사 관계 불간섭의 원칙으로 나뉜다.[25] 특히, 사생활·사주소 불가침의 원칙은 헌법상의 원칙(헌법 제14조·제17조)을 경찰법에 적용

---

22) 김동희, 『행정법(II)』, 166면; 박윤흔, 『최신행정법강의(하)』, 309면; 이상규, 『신행정법론(하)』, 법문사(1991), 269면.

23) 박윤흔, 『최신행정법강의(하)』, 308면.

24) 강구철, 경찰권의 근거와 한계, 81면.

25) 경찰공공의 원칙에 위의 원칙 외에도 사경제 자유(私經濟自由)의 원칙을 드는 학자도 있다(김도창, 『일반행정법론(하)』, 청운사, 1993, 336면). 사경제 자유의 원칙이란 경찰권은 원칙적으로 상품의 가격·내용·영업의 종류와 방법·물건의 매점매석과 같은 사경제 활동에 관여하지 못한다는 원칙을 말한다. 그러나 오늘날의 각종 경제규제법에 의해 경찰이 이들 문제에 대해 관여하는 일이 증가하고 있다.

한 것이다.[26]

경찰권이 이 원칙에 위반하여 발동한 경우에는 위법행위가 되며, 경찰권이 이 한계를 벗어나서 국민의 권리와 이익을 침해한 때에는 일반적으로 행정구제 방법에 의해 구제받을 수 있다.

(1) 사생활 불가침의 원칙

사생활 불가침(私生活不可侵)의 원칙이란 경찰권이 사회 공공의 질서와 직접 관계 없는 개인의 생활이나 행동에는 간섭해서는 안 된다는 원칙을 의미한다. 사생활의 범위는 사회 통념에 따라 구체적으로 결정될 문제이나, 보통 일반 사회생활과 교섭이 없는 개인의 생활 활동을 말한다 할 것이다.[27] 그러나, 개인의 사생활일지라도 정신착란 또는 음주로 인해 자기 또는 타인의 생명·신체·재산에 위해를 미칠 우려가 있는 자의 보호 조치라든지 전염병의 전염 환자에 대한 강제 격리·수용 조치, 미성년자의 음주·흡연 등 사회 공공의 안녕과 질서에 직접적인 관계가 있는 것은 예외적으로 경찰권의 발동 대상이 된다.

(2) 사주소 불가침의 원칙

사주소 불가침(私住所不可侵)의 원칙이란 경찰권은 공중과 직접 저촉되지 않는 사주소 내에서의 행동은 사회 질서에 직접 영향을 미치지 않는 한 관여할 수 없다는 원칙을 말한다. 여기서 사주소란 일반 사회와 직접적인 접촉이 없는 주거를 말하며, 개인의 주거용의 가택뿐만 아니라 회사·사무소·창고·연구실 등과 같이 비거주 건축물도 여기에 포함된다. 그러나 흥행장·음식점·여관·역 등과 같이 항상 불특정 다수인에게 이용이 개방되어 있는 장소는 사주소에 포함되지 않는다.

원래 이 원칙은 그 행위가 만약 공공의 장소에서 행해진다면 당연히 금지되어야 할 행동이라도 그것이 사주소 내에서 행해진다면 원칙적으로 사회 공공의 안녕과 질서에 영향을 미치지 아니하므로 질서 유지 행정권의

---

26) 박윤흔, 『최신행정법강의(하)』, 309면.

27) 김동희, 『행정법(II)』, 166면; 이명구, 『행정법원론』, 971면; 박윤흔, 『최신행정법강의(하)』, 310면; 홍정선, 『행정법원론(하)』, 266면.

대상이 되지 않는다는 취지이다.[28]

(3) 민사 관계 불간섭의 원칙

민사 관계 불간섭(民事關係不干涉)의 원칙이란 개인의 재산권의 행사·친족권의 행사·민사상의 계약 등은 개인 사이의 사적 관계에 그치고, 그 권리의 침해나 채무의 불이행에 대해서는 사법권에 의해 보호되므로, 경찰권이 관여할 사항이 아니라는 원칙이 민사 관계 불간섭의 원칙이다.[29] 예를 들면, 경찰관이 사인(私人) 간의 가옥 임대차에 관한 분쟁에 개입하거나, 민사상의 채권 집행에 관여하거나 범죄의 종료 후 범죄로 인해 생긴 손해를 배상시키려고 한 행위는 그 직무상의 행위로는 볼 수 없고 권한을 넘는 위법행위라 할 것이다.[30] 그러나, 민사상의 법률 관계라 할지라도 당사자의 사익에 그치지 않고 그것이 동시에 공중의 안전·위생·풍속·교통 기타 사회 공공의 안녕과 질서에 영향을 미치는 경우에는 관여의 대상이 될 수 있다.

더욱이 최근의 행정법규는 건축·택지 조성·소음·진동을 규율하는 법규 등에서 볼 수 있는 바와 같이 과거에는 사인 간의 자주적·민사적·사법적 해결에 맡겨 왔던 사인 간의 재산권 또는 자유권에 대한 침해를 적극적으로 그 규율 대상으로 흡수하여 이를 행정권의 힘으로 예방 사법적 해결을 시도하는 경향이 있다.[31]

한편, 민사상의 분쟁에 관해 경찰의 개입이 오히려 사인 측에서 요청하는 경우가 속출하고 있는 상황에서 민사 관계 불간섭의 원칙이 어디까지 타당하며, 또한 민사 관계 개입을 위한 요건이 충족되어 있음에도 불구하고 실무적으로 민사 관계 불개입의 원칙을 내세워 경찰이 개입을 피하려는 경향을 지적하며 민사 관계 불개입 원칙의 문제점을 지적하는 견해도 있다.[32]

---

28) 강구철, 경찰권의 근거와 한계, 82면.
29) 김동희, 『행정법(II)』, 167면; 이명구, 『행정법원론』, 972면; 박윤흔, 『최신행정법강의(하)』, 310-311면; 강구철, 경찰권의 근거와 한계, 82-83면.
30) 강구철, 경찰권의 근거와 한계, 83면.
31) 박윤흔, 『최신행정법강의(하)』, 311면.
32) 이에 대한 자세한 논의는 강구철, 경찰권의 근거와 한계, 83-86면 참조.

3) 경찰 비례의 원칙

(1) 의의

비례의 원칙이란 국가 권력의 행사를 통해 이루고자 하는 목적과 그 목적을 이루기 위해 선택하는 수단 사이의 합목적성을 뜻한다. 오늘날 비례의 원칙은 국가 권력 행사의 모든 영역에서 고려되어야 할 헌법적 요청으로 이해되고 있다. 그에 따라 비례의 원칙을 충족했는가 여부는 국가 권력 행사의 정당성을 판단하는 기준으로 작용하고 있다.[33]

비례의 원칙은 헌법 제37조 제2항에서 도출되는 헌법 원리이다. 다시 말해, 우리 헌법은 제37조 제2항에서 기본권 제한 입법과 관련해 기본권 제한의 목적·형식·방법 및 내용상의 한계를 분명히 함으로써 비례의 원칙을 채택하고 있다. 그러나 비례의 원칙은 그 밖의 입법, 행정활동 그리고 형사절차 등에서도 존중되어야 한다.[34] 경찰작용이 본래 국민의 자연법적 의무를 전제로 하고 또한 임기응변의 조치를 포함하는 성질상, 그것이 발동될 경우 및 정도에 관해 법률의 규정이 명확하지 않은 경우가 많기 때문에 비례의 원칙의 적용은 여전히 경찰작용과 관련하여 특히 중요한 의미를 갖는다.[35]

(2) 근거

비례의 원칙의 근거는 위에서 본 헌법 제37조 제2항 및 경찰관직무집행법 제1조 제2항에서 그 근거를 찾을 수 있다. 경찰관직무집행법 제1조 제2항 "이 법에 규정된 경찰관의 직권은 그 직무 수행에 필요한 최소한도 내에서 행사되어야 하며 이를 남용하여서는 아니 된다"는 규정은 경찰 비례의 원칙의 직접적인 근거 규정으로 볼 수 있다.[36][37]

---

33) 홍성방, 『헌법(Ⅰ)』, 현암사(1999), 114면.

34) 홍성방, 『헌법(Ⅰ)』, 114면.

35) 박상희·서정범, 『경찰작용법제의 개선 방안』, 91면.

36) 김남진, 『행정법(Ⅱ)』, 262면; 김동희, 『행정법(Ⅱ)』, 170면; 박윤흔, 『최신행정법강의(하)』, 317-318면; 이명구, 『행정법원론』, 976면; 홍정선, 『행정법원론(상)』, 104면 참조.

37) "경찰관직무집행법 제1조, 제2조, 제4조 및 도로교통법 제43조 제2항의 각 규정에 의하면, 경찰의 임무는 본질적으로 국민의 자유와 권리를 보호하고 사회 공공의 질서를 유

(3) 내용

경찰 비례의 원칙은 오늘날 넓은 의미의 경찰 비례의 원칙과 좁은 의미의 경찰 비례의 원칙으로 나누어 설명되고 있다. 넓은 의미의 경찰 비례의 원칙은 적합성의 원칙, 필요성의 원칙, 상당성의 원칙으로 이루어져 있다.

(가) 적합성의 원칙

적합성(適合性)의 원칙이란 경찰기관이 취하는 조치 또는 수단이 그 기관이 의도하는 목적을 달성하는 데 적합해야 한다는 것을 의미한다.

경찰의 조치는 공공의 안녕·질서에 대한 위험의 방지에 적합하고, 그를 시행하는 것이 사실적 혹은 법적으로 가능해야 한다. 결국 경찰의 직무 수행에 적합하지 않거나 무용한 조치, 사실적 혹은 법적으로 불가능한 조치 등은 적합성의 원칙에 반한다고 볼 수 있다. 만일 어떤 조치의 적합성 여부가 불확실한 경우에는 이미 알려져 있는 수단이나 이론에 비추어 그의 적합성 여부를 심사해야 하며, 그러한 심사가 행해졌다면 적합성의 요건은

지하기 위하여 범죄의 예방·진압 및 수사, 교통의 단속과 위해의 방지 기타 공공의 안녕과 질서에 대한 위험 방지에 있고, 이러한 책무 수행을 위하여 경찰관으로 하여금 술 취한 상태로 인하여 자기 또는 타인의 생명·신체와 재산에 위해를 미칠 우려가 있는 자를 발견한 때에는 경찰관서 등에 보호하는 등 적당한 조치를 취할 수 있으며 특히 주취 상태에서 자동차를 운전하는 사람에 대하여는 정상적으로 운전할 수 있는 상태에 이르기까지 운전의 금지를 명하고 그 밖의 필요한 조치를 취할 수 있도록 개별적 수권규정을 두고 있는바, 주취 상태에서의 운전은 도로교통법 제41조의 규정에 의하여 금지되어 있는 범죄행위임이 명백하고 그로 인하여 자기 또는 타인의 생명이나 신체에 위해를 미칠 위험이 큰 점을 감안하면, 주취 운전을 적발한 경찰관이 주취 운전의 계속을 막기 위하여 취할 수 있는 조치로는, 단순히 주취 운전의 계속을 금지하는 명령 이외에 다른 사람으로 하여금 대신하여 운전하게 하거나 당해 주취 운전자가 임의로 제출한 차량 열쇠를 일시 보관하면서 가족에게 연락하여 주취 운전자와 자동차를 인수하게 하거나 또는 주취 상태에서 벗어난 후 다시 운전하게 하며 그 주취 정도가 심한 경우에 경찰관서에 일시 보호하는 것 등을 들 수 있고, 한편 주취 운전이라는 범죄행위로 당해 음주 운전자를 구속·체포하지 아니한 경우에도 필요하다면 그 차량 열쇠는 범행 중 또는 범행 직후의 범죄 장소에서의 압수로서 형사소송법 제216조 제3항에 의하여 영장 없이 이를 압수할 수 있다 할 것이다. 이와 같은 경찰관의 주취 운전자에 대한 권한 행사가 관계 법률의 규정 형식상 경찰관의 재량에 맡겨져 있다고 하더라도, 그러한 권한을 행사하지 아니한 것이 구체적인 상황하에서 현저하게 합리성을 잃어 사회적 타당성이 없는 경우에는 경찰관의 직무상 의무를 위배한 것으로서 위법하게 된다고 할 것이다"(대판 1998. 5.8, 97다54482).

충족된 것으로 보아야 할 것이다.[38] 이미 취해진 조치가 부적합함이 사후에 판명된 경우에는 경찰기관은 당해 조치를 중지해야 하며, 이미 취해진 조치의 원상 회복에 노력해야 한다.[39]

(나) 필요성의 원칙

필요성(必要性)의 원칙이란 최소 침해(最小侵害)의 원칙이라고도 불리며, 이 원칙은 일정한 목적을 달성할 수 있는 수단이 여러 가지인 경우에 경찰기관은 개인이나 공중에게 가장 적은 침해나 부담을 주는 수단을 선택해야 한다는 원칙이다.

예를 들면, 풍속영업자가 준수 사항을 위반한 때에는 영업소의 폐쇄, 영업정지 또는 시설개수명령 등의 요건을 모두 충족하더라도 시설개수명령으로써 목적을 달성할 수 있음에도 불구하고 영업 정지를 명하는 것은 필요성의 원칙에 위배된다고 할 것이다.[40] 또한, 영업 활동에 의해 야기되는 위험이 부담의 부과로 인해 제거될 수 있는 경우에는, 영업활동의 금지를 요구할 수 없다. 자동차에 의해 야기된 교통 체증이 자동차를 옮김으로써 제거될 수 있다면, 그의 견인은 허용되지 않는다.[41]

(다) 상당성의 원칙

상당성(相當性)의 원칙이란 '좁은 의미(狹義)의 비례의 원칙'이라고도 하며 이 원칙은 어떤 조치가 설정된 행정 목적의 실현에 적합하고 필요한 경우라고 하더라도 그 조치를 위함에 따른 불이익이 그것에 의해 초래되는 이익보다 큰 경우에는 그 조치를 취해서는 안 된다는 것을 말한다.[42]

"경찰은 대포로 참새를 쏘아서는 안 된다" 또는 "벚나무에 앉아 있는 참새를 쫓기 위해 대포를 쏘아서는 안 된다. 비록 그것이 유일한 수단일지라도"라는 예문은 고금의 독일 문헌에서 자주 발견할 수 있는 것으로[43] 상당성의 원칙을 잘 표현하고 있다. 상당성의 원칙을 적용하는 데 요구되는 이

38) 박상희 · 서정범, 『경찰작용법제의 개선 방안』, 92면.
39) 박윤흔, 『최신행정법강의(하)』, 319면.
40) 박윤흔, 『최신행정법강의(하)』, 319면.
41) Wolf R. Schenke 지음, 서정범 옮김, 『독일경찰법론』, 세창출판사(1998), 182-183면.
42) 박상희 · 서정범, 『경찰작용법제의 개선 방안』, 93면.
43) 김남진, 『행정법(II)』, 265면.

익 형량을 할 때에는 특히 그때그때에 위협을 받는 보호 법익의 가치(效果)와 경찰의 개입으로 인해 경찰 책임자 또는 공중에게 발생할 것이 예견되는 손해(不利益)의 중요도 및 손해 발생의 개연성의 정도가 고려되어야만 한다. 그 결과, 그때그때 위협을 받는 보호 법익보다 더 고차원의 이익이 존재하는 경우에는 경찰의 개입이 부적당한 것으로 간주될 수도 있다.[44]

4) 경찰 평등의 원칙

경찰 평등의 원칙이란 경찰권은 모든 국민에 대해 성별·종교·사회적 신분·인종 등을 이유로 하는 불합리한 차별을 해서는 아니 된다는 원칙이다(헌법 제11조).

종래 평등의 원칙은 조리상의 원칙으로는 거론되지 않았던 것이나, 현재는 헌법 제11조에서 명시적 원칙 또는 그에서 도출되는 헌법적 효력을 가지는 행정법의 일반 원리로서 권력적·침익적 작용인 경찰권 행사에도 중요한 제한 원리로 되고 있다.[45]

5) 경찰 책임의 원칙

(1) 경찰 책임의 의의와 특색

경찰 책임이란 사회 공공의 안녕·질서에 대한 위험에 대해 직접적으로 책임을 질 지위에 있는 자에게만 경찰권을 발동할 수 있다는 원칙을 말한다.

경찰 책임은 법률에 의해, 또는 법률에 근거한 명령이나 행정행위에 의해 개인에게 과해진 경찰 목적을 위한 의무로 정의되기도 하고, 경찰상 명령의 효과로서 발생하는 의무로 정의되기도 한다. 하여튼 경찰상 책임 개념은 민법상 법률행위 능력이나 형법상 책임·책임 능력 개념과도 무관하다.[46] 경찰 책임은 사회 공공의 질서를 유지하고 이에 대한 위해를 제거하여 직접적으로 사회를 개인으로부터 보호하려는 데 있다고 할 수 있다. 따

---

44) 박상희·서정범, 『경찰작용법제의 개선 방안』, 94면.
45) 김동희, 『행정법(Ⅱ)』, 171면.
46) 홍정선, 『행정법원론(하)』, 271면.

라서, 경찰 책임에서는 사회 질서의 파괴자로서 개인에 대한 인식도, 형사 책임에서와 같이 독립된 윤리적 존재로 파악하여 그 내면적 의사에 관한 윤리적 가치판단에 의거한 처우를 하는 것이 아니라, 개인을 사회적 공동생활의 구성자로서 사회적 구성체로 파악하여 그 외계적 표상에 따라, 즉 객관적으로 사회적 장해의 발생이라는 사실을 중심으로 하여, 이의 방지에 대한 책임자로서 취급하게 되는 것이다.[47]

(2) 경찰 책임의 종류

경찰 책임의 종류에는 행위 책임과 상태 책임 및 복합 책임으로 구분할 수 있다. 행위 책임과 상태 책임은 경찰 책임의 원인을 기준으로 한 구별이고, 복합 책임은 경찰 책임의 특수한 형태로서 이는 현대 사회에서의 분업의 증가 및 복잡한 생활 관계로 인해 하나의 경찰상 위해에 대해 다수의 경찰 책임자가 존재하는 경우가 있을 수 있는 경우의 책임이다.[48]

(가) 행위 책임

행위 책임(行爲責任)이란 자기의 행위 또는 자기의 보호·감독 하에 있는 사람의 행위에 의해 경찰 위반 상태가 발생한 경우의 책임을 행위 책임이라 한다. 이러한 행위 책임의 경우에는 위해 발생에 대한 경찰 책임자의 고의·과실을 묻지 않는다. 또한, 자신의 보호·감독 하에 있는 사람에 대한 감독자의 책임은 대위 책임(代位責任)이 아니라 경찰상 장해를 방지하기 위해 상당한 주의와 감독을 다하지 못한 자기 책임(自己責任)이라 볼 수 있다.

행위 책임에서 어떤 기준에 의해 책임의 귀속을 결정할 것인가 하는 문제가 있다. 이는 행위와 경찰 위반 상태 간의 인과 관계의 인정 문제이다.[49] 여기에는 상당인과관계설, 조건설, 직접원인설이 대립하고 있다.

㉠ 상당인과관계설(相當因果關係說)이란 경험 법칙에 따를 때 일반적으로 일정한 결과, 즉 위해(危害)를 야기하기에 적합한 조건만을 경찰 책임의

47) 박윤흔, 『최신행정법강의(하)』, 311-312면.
48) 박상희·서정범, 『경착작용법제의 개선 방안』, 63면.
49) 박윤흔, 『최신행정법강의(하)』, 313면.

원인으로 보는 견해이다.

㉡ 조건설(條件說)은 그것이 없었다면 경찰상 위험이 발생하지 않았을 것이라고 인정되는 '모든' 조건을 경찰 책임의 원인으로 보는 견해이다.[50] 이 견해는 자동차가 야기하는 모든 경찰상의 위해에 대해 자동차 제작회사가 그 제작에 하자가 없더라도 경찰 책임을 지게 되는 불합리한 결과가 발생된다.[51] 이 견해에 의하면 경찰 책임의 범위를 귀속 결정하는 것이 아니라, 경찰 책임의 범위가 무한히 확대되는 결과를 가져오는 결함이 있다.

㉢ 직접원인설(直接原因說)은 경찰 위반 상태를 직접적으로 야기한 사람에게만 행위 책임이 귀속된다는 이론이다. 따라서 간접적인 원인만을 제공한 사람은 경찰 책임자가 되지 않는다. 이 직접원인설이 다수의 견해이다.[52]

그러나 경찰 위반 상태의 발생 원인에 대해 의도적으로 원인을 제공한 자, 즉 의도적(意圖的) 야기자(惹起者)에게는 행위 책임이 귀속된다. 예컨대 자기 집 정원에서 화가가 자기를 선전할 목적으로 미인(美人)을 모델로 도로로 향하게 하여 그림을 그리고 그것을 구경하기 위해 통행인이 모여들어 교통장애가 야기된 경우에는 화가에게 행위 책임이 귀속된다.[53]

(나) 상태 책임

상태 책임(狀態責任)이란 물건 또는 동물로 말미암아 공공의 안녕・질서에 대한 위해가 발생한 경우에 그를 방지・제거할 책임을 말한다.[54] 다시 말해, 동물 또는 물건으로 인해 경찰 위반 상태가 발생한 경우에 그 동물 또는 물건에 대한 현실적인 지배권을 가지고 있는 사람이 부담하는 경찰 책임을 상태 책임이라고 한다.

상태 책임에서 물건의 상태란 물건 자체의 성질이나 공간적인 위치 등을 의미한다.[55] 그리고, 상태 책임의 경우에도 경찰 책임자의 고의・과실을 요

50) 김남진・서정범, 『경찰법』, 199면.
51) 류지태, 『행정법신론』, 795면.
52) 김남진, 『행정법(Ⅱ)』, 258면; 김동희, 『행정법(Ⅱ)』, 168면; 류지태, 『행정법신론』, 796면; 이명구, 『행정법원론』, 973면.
53) 김동희, 『행정법(Ⅱ)』, 200면; 김춘환, 『경찰행정법, 210면.
54) 박상희・서정범, 『경찰작용법제의 개선 방안』, 59면.
55) 류지태, 『행정법신론』, 798면; 박상희・서정범, 『경찰작용법제의 개선 방안』, 59면.

하지 않는다.

상태 책임에서는 물건이나 동물에 대한 소유권이 아니라 현실적 지배권이 문제된다. 상태 책임의 귀속에서는 어떤 사람이 그 물건에 대한 법률적 사실적 처분권, 다시 말해 위험을 가져오는 물건에 영향을 미칠 수 있는 가능성을 갖고 있는지의 여부가 중요한 의미를 가진다.[56] 따라서 자연재해나 폭격으로 가옥이 무너져 위험 상태를 조성하고 있는 경우 집주인에게, 도난 차량이 범죄에 이용된 경우 사실상 관리권을 상실한 차량의 소유주에게 상태 책임을 귀속시킬 수 없다.

한편, 애초에는 물건의 상태가 경찰상 위해를 야기하지 않았으나 물건의 소유자나 점유자의 귀책 사유 없는 사정 변경에 의해 공공의 안녕과 질서에 위해를 가하게 된 경우에 당해 물건의 소유자나 점유자는 상태 책임을 지는가 하는 것이 문제된다. 이것이 바로 잠재적 위험의 실현에 대한 경찰 책임의 문제이다. 이 경우에도 경찰 책임을 인정하는 것이 타당하다. 왜냐하면, 상태 책임은 지배권자의 귀책 사유와 관계 없이 현재의 물건의 상태로 인하여 경찰상 위해가 발생된 경우에 인정되는 것이어야 하기 때문이다.[57]

(다) 복합적 책임(다수자의 책임)

복합적 책임이란 경찰 위반 상태가 다수인의 행위 또는 다수인의 물건의 상태에 기인하는 경우의 경찰 책임을 말한다. 또한 행위 책임과 상태 책임이 경합하게 되는 형태의 경찰 책임을 말한다.

이와같이 경찰 책임이 다수인 또는 다수인이 지배하는 물건에 의해 경찰 책임이 복합적으로 나타나게 되는 경우에는 경찰권 발동이 문제된다. 이 경우의 경찰권 발동에 대해서는 정형적인 원칙은 존재할 수 없다. 오히려 개별적인 경우의 구체적인 사정을 항상 고려해야 하며, 단지 비례성의 원칙에 따라 당사자에게 최소한의 불이익이 되는 방법으로 행해질 것이 요구될 뿐이다. 따라서 다수인의 행위에 기인한 위해 발생의 경우에 경찰권 발동을 누구에게 할 것인가에 대해서는 원칙적으로 경찰기관의 재량에 맡겨

56) 김남진 · 서정범, 『경찰법』, 199면.
57) 박균성 · 김재광, 『경찰행정법』, 176면.

져 있다.[58]

(3) 경찰 책임의 주체

경찰 책임을 지는 당사자를 경찰 책임자라 하며, 여기에는 자연인(自然人)과 법인(法人) 및 국가를 비롯한 고권력(高權力) 주체의 경찰 책임으로 나누어 볼 수 있다.

(가) 자연인과 사법인

행위 무능력자를 포함해 모든 자연인(自然人)은 경찰 책임자가 될 수 있다. 그러나 행위 무능력자는 행정절차상의 행위 능력이 없기 때문에 행정행위에 의한 의무 부과는 원칙적으로 법정대리인에게 도달되어야 한다.[59] 또한, 사법인(私法人)뿐만 아니라 사법상 권리 능력 없는 사단도 경찰 책임자가 될 수 있다. 다만, 외국의 원수·외교사절의 가족·수행원 등 면책특권을 가진 외국인은 우리나라의 경찰권 범위 밖에 놓인다. 그러나 논리상 면책특권을 가진 사람의 특권은 실질적 경찰 책임의 면제, 즉 주재국의 법질서의 불준수(不遵守)의 보장을 뜻한다고 보기보다는 주재국의 법률에의 구속의 현실화를 위한 국가적인 처분으로부터의 면제라고 볼 것이다.[60]

(나) 국가 등 고권력 주체의 경찰 책임

경찰상의 위해가 국민 개인의 행위 혹은 사소유권의 대상이 되는 물건의 상태로부터만 발생하는 것은 아니며, 국가 등 고권력 주체의 행위 또는 공공 목적에 제공되어 있는 토지 등의 물건으로부터 발생할 수도 있다.[61] 이와 같은 고권력 주체의 경찰 책임은 ㉠ 고권력 주체가 경찰 관계 법령에 구속되는지에 관한 실질적 경찰 책임 문제와 ㉡ 경찰이 고권력 주체에 대해 행정행위의 발급을 통해 개입할 수 있는지에 관한 형식적 경찰 책임으로 나누어 검토해야 한다.

고권력 주체의 실질적 경찰 책임 문제에 관해서는 오늘날에는 공법상의 법인(法人)도 경찰 책임자 내지 교란자가 된다는 입장으로 이러한 견해는

58) 류지태, 『행정법신론』, 801면.
59) 홍정선, 『행정법원론(하)』, 272면; 류지태, 『행정법신론』, 791면.
60) 김춘환, 『경찰행정법』, 207면.
61) 박상희·서정범, 『경찰작용법제의 개선 방안』, 51면.

모든 국가기관은 헌법과 법에 구속된다는 것, 즉 모든 국가작용은 실질적 경찰법을 포함해 법질서에 일치해야 한다는 것을 논거로 한다. 따라서 법률이 명시적으로 부인하고 있지 않는 한, 국가 등의 고권력 주체도 공공의 안녕 혹은 질서에 대한 위험이나 장해를 발생하지 않도록 활동할 책임, 다시 말해 실질적 경찰 책임을 부담한다.[62]

반면에 경찰상의 위험을 야기하고 있는 국가 및 행정기관에 대해 경찰이 경찰권을 발동해 개입할 수 있는지 관한 문제가 고권력 주체의 형식적 경찰 책임에 관한 문제이다. 경찰기관이 경찰처분을 발할 수는 있으나, 그것은 경찰의 조치로 인해 다른 공권력 주체에게 할당된 기능의 적법한 행사가 침해되지 않는 한도 내에서만 가능하다고 할 것이다.[63]

(4) 경찰 책임의 승계와 비용 부담

(가) 경찰 책임의 승계

행위 책임은 법률에 명문 규정이 있는 경우를 제외하고는 경찰 책임이 승계되지 아니한다. 행위 책임은 경찰 책임자의 행위에 대한 평가이기 때문에 그 성질상 승계가 인정되지 아니한다.

상태 책임의 승계 문제와 관련해서 상태 책임은 경찰상의 위해 상태가 존재하는 한, 당사자의 법적 승계인에게 승계된다고 본다. 따라서 위해 상태를 야기하고 있는 건축물의 소유자에게 발령된 경찰상의 철거 처분은 그 후에 당해 건축물을 취득한 당사자나 상속받은 당사자에게도 효력을 갖게 된다.[64]

(나) 경찰 책임의 승계와 비용 부담

경찰 책임의 이행에 필용한 비용 부담에 관한 양도인과 양수인의 합의는 효력이 있다. 양도인과 양수인 사이에 경찰 책임의 이행에 필요한 비용 부담에 관한 합의가 없었던 경우에는 경찰 책임의 이행으로 인한 비용의 최종적 책임자는 양도인이라고 보아야 할 것이다. 다만, 양수인의 과실로 비용이 증가한 경우에는 그 한도 내에서는 양수인이 비용을 부담해야 할 것

62) 박상희・서정범, 『경찰작용법제의 개선 방안』, 52면.
63) 김남진・서정범, 『경찰법』, 200면.
64) 류지태, 『행정법신론』, 800면.

이다.[65]

(5) 경찰 책임의 원칙에 대한 예외

경찰권의 발동은 경찰 장해 발생에 대한 직접 책임자에게만 발동할 수 있고, 그 밖의 제3자에게는 발동할 수 없는 것이 원칙이다. 그러나 위해 방지나 제거를 위해 명백하고 현존하는 필요가 있을 때에는 경찰 책임이 없는 자에게도 발동되는 경우가 있다. 이를 달리 경찰긴급권(警察緊急權)이라고도 한다(소방기본법 제24조 및 수난구호법 제29조 참조).[66] 경찰 책임자가 아닌 제3자에게 경찰권을 발동하는 경우에는 비례의 원칙에 따라야 한다.

경찰 책임자 이외의 제3자에 대해 긴급경찰권을 발동하기 위해서는 ① 위험이 명백하고 급박(急迫)할 것, ② 제1차적 경찰 책임자에 대한 경찰권 발동으로는 목적을 달성할 수 없을 것, ③ 다른 방법을 통한 위험 방지가 불가능할 것, ④ 제3자의 생명이나 건강을 해치지 않을 것, ⑤ 제3자의 본래의 급박한 업무를 방해라는 것이 아닐 것, ⑥ 경찰권 발동의 대상이 된 제3자가 입은 손실에 대한 보상(補償)이 행해질 것 등이다.

경찰상 긴급 상태에서는 경찰이 중대한 위험을 방관할 수 없다는 점과, 위험에 무관계한 자가 책임이 있다는 점이 고려되어야 할 핵심적 요소가 된다.[67] 이러한 제3자에 대한 경찰권 발동은 예외적인 것으로, 목전에 급박한 위해를 제거하기 위한 경우에 한해 법령상의 근거가 있는 경우에만 인정된다 할 것이다. 그리고 제3자에게 발생한 특별한 손실은 그에 귀책 사유가 없는 한 마땅히 보상되어야 할 것이다.[68]

---

65) 박균성 · 김재광, 『경찰행정법』, 180면.

66) 소방기본법 제24조(소방활동 종사 명령) ① 소방본부장, 소방서장 또는 소방대장은 화재, 재난 · 재해, 그 밖의 위급한 상황이 발생한 현장에서 소방활동을 위하여 필요할 때에는 그 관할구역에 사는 사람 또는 그 현장에 있는 사람으로 하여금 사람을 구출하는 일 또는 불을 끄거나 불이 번지지 아니하도록 하는 일을 하게 할 수 있다. 이 경우 소방본부장, 소방서장 또는 소방대장은 소방활동에 필요한 보호장구를 지급하는 등 안전을 위한 조치를 하여야 한다.

67) 홍정선, 『행정법원론(하)』, 282-283면.

68) 김동희, 『행정법(Ⅱ)』, 169면.

제 5 장

경찰작용의 행위 형식

제 1 절 개요

경찰기관이 행정 목적 달성을 위해 행하는 행위 형식은 다양하나, 주된 형식으로는 경찰명령, 경찰처분, 경찰허가를 들 수 있다.[1)]

종래의 경찰하명(警察下命)이란, 일반통치권에 기해 경찰상의 목적을 위해 국민에 대해 작위(作爲)·부작위(不作爲)·급부(給付)·수인(受忍) 등의 의무를 명하는 일체의 행위를 의미했다. 국민에 대해 경찰상의 의무를 명하는 것이면 모두 경찰하명이라고 불렀기에 행정행위로서 경찰하명, 즉 경찰처분 이외에 법률 또는 이른바 법규명령에 의한 경찰 의무의 부과까지 경찰하명으로 부르는 것이 되었다.[2)] 우리나라의 다수설은 그 형식의 여하

1) 류지태, 『행정법신론』, 804면.

2) 통설의 경찰하명에 대해 김남진 교수는 첫째, 법률에 의한 경찰하명, 법규명령에 의한 경찰하명 및 경찰처분에는 그의 권한의 소재·형식·효과·집행의 수단·쟁송(爭訟) 형태 등에서 현저한 차이가 있음에도 불구하고 그것을 간과 내지는 경시하는 결과를 가져왔고, 둘째 "법률에 의한 경찰하명"은 경찰작용 내지 경찰의 행위 형식에 포함되지 않음에도 불구하고 이것을 경찰작용에 포함시키는 잘못을 초래했고, 셋째 경찰하명의 전부를 행정행위로 오해할 우려가 있다는 면에서, 통설적 의미의 경찰하명의 개념의 문제점을 지적하며 통설적 의미의 경찰하명이라는 용어를 회피함이 좋을 것이라는 견해를 주장한

를 불문하고, 경찰 의무를 과하는 국가적 행위의 전부를 경찰하명으로 부르고 있다. 그러나 법률에 의한 의무 부과는 행정작용으로 볼 수 없을 뿐만 아니라 경찰명령과 경찰처분 간에는 너무나 차이가 많으므로 양자를 나누어 고찰해야 한다.[3)]

제 2 절 경찰명령

1 경찰명령의 의의

경찰명령(警察命令)이라 함은 경찰상의 법규명령을 말한다. 법규명령만을 의미하는 점에서, 원칙으로 법규의 성질을 가지지 않는 경찰상의 행정규칙은 여기에서 제외된다. 경찰명령은 법규범의 일종인 점에서 행정행위의 일종인 경찰처분과 구분된다. 즉, 경찰명령은 행정청의 일반·추상적 규율인 점에서 행정청의 개별·구체적 규율 등을 중심으로 한 구체적인 조치와 구별된다.[4)]

경찰명령의 규율 대상은 경찰의 개념상 불특정 다수의 사건, 불특정 다

다(김남진, 『행정법(II)』, 1997, 269면).

3) 김남진, 『행정법(II)』, 270면. 종래의 경찰하명이라는 용어에 대해 "경찰하명이라는 용어를 사용하는 학자들이 일반행정법(행정법총론)의 행정의 행위형식론에서는 행정상 입법과 행정행위를 구분하여 설명하고 있으면서, 행정입법인 경찰명령과 행정행위인 경찰처분을 구분해 다루고 있지 않는데, 이것은 논리적으로 철저한 것이 못된다고 보면서" 경찰명령과 경찰처분을 구분해 설명하는 입장(홍정선, 『행정법원론(하)』, 288면 註 2번 참조)과 "우리 학자들은 종래부터 경찰하명이라는 표현하에 경찰 목적 달성을 위해 국가의 일반통치권에 근거해 개인에게 특정한 작위·부작위·수인 또는 급부 의무를 명하는 행정행위를 경찰하명이라고 명하고 있다. 그러나 이때의 하명의 형식으로서는 행정행위에 의한 경우뿐 아니라 법규명령에 의한 경우도 포함하고 있다. 이러한 개념 이해는 행정행위와 행정입법을 구분하는 입장에서 보아 논리적이지 못하다고 본다"며 다수설의 입장을 따르지 않고, 개별적으로 경찰명령과 경찰처분을 나누어서 설명하는 입장이 있다(류지태, 『행정법신론』, 804면 註 58번 참조).

4) 김남진, 『행정법(II)』, 271면.

수인에게 행해진 경찰상의 위험 방지를 목적으로 하는 명령과 금지이다. 따라서 경찰명령은 경찰처분과 달리 규율의 추상성을 특징으로 갖는다.[5)]

2 경찰명령의 종류

경찰명령은 법률대위명령과 법률종속명령으로 나눌 수 있고, 다시 법률종속명령은 위임명령과 집행명령으로 나뉜다.

법률대위명령이란 헌법에 의해 독자적인 권한의 발동으로 제정되는 것으로서 법률의 효력을 가지는 명령을 말한다. 법률종속명령이란 법률보다 하위의 효력을 가지는 명령을 말한다. 그리고 법률종속명령은 그 내용에 따라 위임명령과 집행명령이 있다. 위임명령(委任命令)은 헌법에 근거하고 법률 또는 상위 경찰명령이 개별적 · 구체적으로 위임한 사항에 관해 발하는 경찰명령을 말하는 바, 위임된 범위 내에서는 새로운 입법 사항에 관해서도 규정할 수 있다.[6)] 집행명령(執行命令)은 법률 또는 상위 경찰명령의 시행에 관한 세부적 사항을 정하는 경찰명령이다.[7)] 집행명령은 상위명령의

---

5) 홍정선, 『행정법원론(하)』, 286면.

6) 위임명령은 법률 또는 상위명령에 의해 개별적·구체적으로 위임된 사항에 관해 발하는 일종의 법률 보충적 명령이다. 위임의 범위 내에서 국민의 권리 · 의무 사항에 관한 새로운 입법 사항을 규정할 수 있다. 헌법은 대통령령 · 총리령 · 부령으로 위임명령을 발할 수 있다고 규정하고 있다. 즉, 헌법 제75조 "대통령은 법률에서 구체적으로 범위를 정하여 위임받은 사항과 법률을 집행하기 위하여 필요한 사항에 관하여 대통령령을 발할 수 있다"고 규정하고 있으며, 제95조 "국무총리 또는 행정 각부의 장은 소관 사무에 관하여 법률이나 대통령령의 위임 또는 직권으로 총리령 또는 부령을 발할 수 있다"고 규정하고 있다. 예컨대, 근로기준법 제42조 제2항에서 "임금은 매월 1회 이상 일정한 기일을 정하여 지급하여야 한다. 다만, … 대통령령이 정하는 임금에 대하여는 그러하지 아니하다"에서 말하는 대통령령(근로기준법시행령)이 위임명령의 예로 볼 수 있다.

7) 집행명령은 법률의 범위 내에서 법률 또는 상위 법령의 시행에 필요한 구체적 · 기술적인 세부 사항을 규율하기 위해 발하는 법규명령이다. 위임명령과는 달리 상위 법령의 명시적 위임 근거가 없더라고 행정에 고유한 법집행권에 기하여 발할 수 있으나, 새로운 입법 사항(국민의 권리 · 의무에 관한 사항)을 규율할 수는 없다. 예컨대, 국세기본법 제5조의2는 우편에 의한 납세 신고를 인정하고 있는 데, 국세기본법시행규칙이 그 신고의 절차에 대해 규율하고 있음이 집행명령의 예로 볼 수 있다. 그러나 실제로는 법규명령의 위임명령과 집행명령 어느 것에 속하는지가 분명하지 아니한 경우가 많으며, 또한 하나의 법규

명시적 근거가 없는 경우에도 발할 수 있지만, 법률을 보충하거나 변경할 수 없고 새로운 입법 사항을 독자적으로 규정할 수도 없다.

3 경찰명령의 요건

경찰명령의 발령은 통상적인 법규명령의 경우와 같다. 경찰명령의 요건은 크게 성립 요건과 효력 요건으로 나누어 살펴볼 수 있다.

1) 경찰명령의 성립 요건

경찰명령의 성립 요건을 보면, 첫째, 경찰명령은 헌법·법률에 의해 수권을 받은 정당한 기관만이 제정할 수 있다. 둘째, 경찰명령은 수권의 범위 내에서 발해져야 하며, 상위 법령의 내용에 반해서는 안 된다. 또한, 경찰명령은 실현 가능하고 명백해야 한다. 셋째, 경찰명령의 제정은 일정한 절차를 거쳐야 한다. 다시 말해, 대통령령은 법제처의 심사와 국무회의의 심의를 거쳐야 하며, 총리령 및 부령은 법제처의 심사를 거쳐야 한다. 넷째, 경찰명령은 조문의 형식을 갖추어야 한다. 그 밖에도 경찰상의 위해 존재의 요건에서 구체적 위해의 존재를 전제로 하지 않고, 추상적 위해의 존재로 충분한 것으로 된다.[8]

2) 경찰명령의 효력 요건

경찰명령의 효력 요건을 살펴보면, 경찰명령은 효력을 발생하기 위해서는 법령 등 공포에 관한 법률이 정하는 바에 따라 공포(公布)를 요한다. 공포는 관보에 게재하는 방법에 의한다. 경찰명령은 특별한 규정이 없는 한 공포한 날로부터 20일이 경과함으로써 효력이 발생한다. 다만, 국민의 권리

명령 중에 위임명령적 규정과 집행명령적 규정이 혼재하고 있는 것이 오히려 일반적인 현상이라고 할 수 있다. 따라서 법규 내용을 보고 판단해야 한다.

8) 류지태, 『행정법신론』, 805면.

제한 또는 의무 부과와 관련되는 법규명령은 특별한 사유가 있는 경우를 제외하고는 공포일로부터 적어도 '30일이 경과'한 날로부터 시행되도록 해야 한다(법령 등의 공포에 관한 법률 제13조의 2).

4 경찰명령의 효력

경찰명령은 법규범의 일종이므로 그것을 구체화하는 행정행위를 통해 개인에 대해 구체적인 법적 효과를 발생함이 원칙이며, 국민의 경찰명령의 위반, 즉 경찰명령의 실효성은 벌칙(경찰벌)을 통해 확보됨이 보통이다. 경찰명령의 직접적인 강제집행은 인정되지 않음이 원칙이다.[9]

5 경찰명령의 흠

경찰명령이 성립 요건과 효력 요건을 갖추지 못한 경우에는 흠 있는 경찰명령이 된다. 흠 있는 경찰명령의 효력 문제에서, 원칙적으로 경찰명령의 흠이 중대한 것인 한 무효가 된다.

경찰명령의 적법 요건에 하자가 있으면 위법한 것이 된다. 그러나 현행 헌법은 추상적 규범 통제를 인정하고 있지 않으며 헌법 제75조 제2항에 의한 구체적 규범 통제만이 인정하고 있다.[10] 또한 행정소송법은 취소소송의 대상을 처분에 제한하고 법규명령에 대한 취소소송을 인정하고 있지 않다(제2조 제1항). 다만, 하자 있는 경찰명령에 근거한 행정행위는 당연히 하자가 있는 것이 되는바, 경찰명령의 하자가 외관상 명백한 경우에는 그에

9) 김남진, 『행정법(II)』, 271면.

10) 독일의 경우 법규명령에 대한 추상적 규범심사를 인정하고 있으며, 프랑스와 미국의 경우에는 법규명령에 대한 취소소송을 인정하고 있다. 그러나 우리의 경우에는 직접 법규명령에 대한 행정쟁송 제도를 인정하지 않고 있으며, 법규명령의 위법 여부가 구체적인 재판의 전제가 될 때 법원이 간접적으로 그 위법 여부를 심사할 수 있을 뿐이다. 또한 현행 구체적 규범 통제 방식에 의하여 위법이 확인되더라도, 당해 사건에 한해 적용되지 않을 뿐 그 명령 자체의 효력이 상실되는 것은 아니다.

근거한 행정행위는 무효가 되고, 그렇지 않은 경우에는 그에 근거한 행정행위는 취소할 수 있는 행위가 될 수 있다.[11]

요컨대, 현행법 하에서는 경찰명령의 적법 요건에 흠이 있어 위법한 것일지라도, 당해 명령 제정권자에 의해 폐지되기 전까지는 유효하게 존속한다 할 것이며, 그에 근거한 행정행위의 무효 내지 취소를 다툴 수 있으며, 그 과정에서 선결 문제로서 간접적으로 구체적 규범통제 방식으로 다툴 수 있다. 이 경우, 경찰명령이 처분성을 갖는 경우 그에 대한 항고소송이나 헌법소원을 통해 위헌 내지 위법 여부를 다툴 수 있다고 할 것이다.

제 3 절 경찰처분

1 경찰처분의 의의

경찰처분(警察處分)이란 경찰 목적을 위해 특정인이나 특정 다수인에 대해 발해지는 작위・부작위・수인・급부를 명하는 처분을 말한다. 예를 들면, 경찰관직무집행법 제5조 제1항 제3호에 의한 위험시설 제거명령이나 집회와 시위에 관한 법률 제20조 제1항에 의한 위법집회 금지명령 등을 들 수 있다.[12] 경찰처분은 그 대상인 인적 범위가 특정된다는 점과 발령 형식이 행정행위에 의한다는 점에서 경찰명령과 구별된다.[13]

2 경찰처분의 성질

경찰처분의 성질은 크게 행정행위,[14] 명령적 행위,[15] 경찰 목적을 위한

11) 홍정선, 『행정법특강』, 박영사(2005), 141면.
12) 홍정선, 『행정법원론(하)』, 289면.
13) 류지태, 『행정법신론』, 805면.

행위, 일반통치권에 근거한 행위로 요약할 수 있다.

경찰처분은 경찰허가 등과 함께 경찰상 행정행위의 성질을 가지는 것으로 이 점에서 경찰명령이나 경찰상 강제집행인 사실행위 등의 행위 형식과 구분되며, 경찰처분은 의무를 과하는 명령적 행위인 점에서 권리나 능력 및 포괄적 법률 관계를 발생·변경·소멸시키는 형성적 행위와 다르다. 또한, 경찰처분은 경찰 목적의 달성을 위한 것이라는 점에서 규제행정·군정행정 등과 구분된다. 끝으로 경찰처분은 일반 통치권에 근거한 것이라는 점에서 특별권력 관계(특수신분 관계) 내부의 질서 유지를 위해 발해지는 처분과 구별된다.[16]

3 경찰처분의 종류

경찰처분의 종류는 크게 내용·근거 규정·대상에 따라 분류할 수 있다.

내용에 따라 분류하면, 작위처분·부작위처분·수인처분·급부처분으로 나뉜다.

---

14) 행정행위(行政行爲)의 개념은 실정법상의 개념이 아니라 학문상의 용어이다. 실정법상으로는 허가·인가·특허·면허·확인·결정·재결 등의 여러 용어가 사용되고 있으며, 행정심판법과 행정소송법에서는 포괄적인 개념으로서 '처분'이라는 용어가 사용되고 있다. 다양한 행정작용들 중에는 다른 행위와 구별되는 공통적 성질을 가지고 특별한 법적 규율을 받는 경우가 있는데, 학문상으로 행정행위는 이러한 행정작용들을 포괄하기 위한 일종의 경험적·목적적 개념이다. 행정행위의 개념은 공법상 계약·사실행위 등 다른 행정작용이나 사법상의 법률행위와는 달리, 우월한 공권력 주체의 행위를 상정하여 특별한 법적 규율을 가하자는 데에 실익이 있다. 즉, 행정행위는 행정청이 일방적으로 국민의 권리·의무에 변동을 가져오는 권력적 작용이라는 점에서 공정력·확정력·강제력 등 우월한 힘이 인정되고, 행정쟁송·손해전보 등 그에 대한 구제 제도에서도 사법상의 그것에 비교하여 특수성이 인정되기 때문이다.

15) 명령적 행정행위란 상대방에 대해 일정한 의무를 과하거나 이미 과해진 의무를 해제함을 내용으로 하는 행정행위(부작위의 해제)를 말한다. 이 점에서 국민에 대해 새로운 권리 또는 능력의 형성(발생·변경·소멸)을 목적으로 하는 형성적 행정행위와 구별된다. 명령적 행위는 의무를 부과하여 자유를 제한하는 행위인 하명과 금지 또는 의무를 해제하여 자유를 회복하는 행위인 허가·면제로 나뉜다.

16) 김남진·서정범, 『경찰법』, 225-226면.

작위처분(作爲處分)이란 적극적으로 특정 행위를 해야 할 의무가 내용인 처분을 말한다. 부작위처분(不作爲處分)이란 특정 행위를 하지 아니하도록 명하는 경우의 처분을 말한다. 수인처분(受忍處分)이란 경찰기관의 일정 행위에 대해 저항하지 않고 참아야 할 의무를 내용으로 하는 처분을 의미한다. 급부처분(給付處分)이란 금전납부나 물품의 제공을 명하는 의무의 처분을 말한다.

경찰처분을 근거 규정에 의해 분류하면 독립처분과 비독립처분으로 구분할 수 있다. 독립처분이란 경찰권의 개괄적 수권 조항에 의거한 경찰처분을 말한다. 독립처분은 실존하는 구체적 위험을 방지하기 위해 또는 구체적인 장해를 제거하기 위해서만 발해질 수 있다. 비독립처분이란 개별적 법 규정(개별적 수권 조항)에 의거한 경찰처분을 말한다.[17]

대상에 의해 경찰처분을 구분하면, 대인적 처분과 대물적 처분으로 분류할 수 있다. 이는 경찰처분의 대상이 직접 사람을 대상으로 하는 것인가 또는 직접적으로는 물건의 성질이나 상태를 규율하고 이를 통해 간접적으로 사람을 대상으로 하는 것인가에 따라 나뉜다.[18] 대인적 처분이라 함은 직접 사람에 관해 규율하는 경찰처분을 말한다. 대물적 처분은 직접으로는 물건이나 상태에 관해 규율하는 경찰처분을 말한다.

4 경찰처분의 요건

경찰처분이 효력을 발생하기 위해서는 다른 행정행위와 마찬가지로 주체·내용·절차·형식 등에 관한 요건을 갖추어야 한다.

경찰처분은 정당한 권한을 가진 경찰행정청이 발령해야 한다. 다시 말해, 명령·금지 또는 그 해제 등의 사항은 경찰의 임무 영역에 속하는 것으로 처분을 발하는 경찰기관의 사항적·지역적 권한에 속하는 것이어야 한다.[19] 여기서 말하는 '행정청'은 조직법상의 개념이 아니고 기능적 개념이

17) 김남진, 『행정법(II)』, 274면.
18) 류지태, 『행정법신론』, 806면.

다. 기관장만이 행정청이 되는 것은 아니지만 허가 등 일반적 행정행위는 기관자인 행정청의 이름으로 행해짐이 일반적이다. 이에 대해 경찰처분은 학문적으로는 집행기관으로 분류되는 현장의 경찰관에 의해 행해지는 것을 특색으로 하는 바, 직접 시행을 하는 경찰관이나 교통 정리를 행하는 경찰관이 그 예이다.[20]

경찰처분은 일반적인 행정행위와 마찬가지로 그 내용이 적법 타당하고, 실현 가능하며 명백해야 한다. 특히, 경찰처분의 내용과 관련해 강조되는 것으로는 첫째, 경찰 목적에 적합해야 한다. 둘째, 법률 우위의 원칙[21]과 법률 유보의 원칙[22]이 준수되어야 한다. 특히, 재량행위[23]와 관련된 경찰처분

---

19) 홍정선, 『행정법원론(하)』, 290면.

20) 김남진 · 서정범, 『경찰법』, 228면; 김남진, 『행정법(Ⅱ)』, 275-276면.

21) 법률 우위(優位)의 원칙은 법률의 형식으로 표현된 국가의사가 다른 모든 국가작용보다 최고의 우월적 지위를 가진다는 것을 말한다. 즉, 법률이 행정 및 행정에 관한 그 밖의 규율보다 우선하므로 "모든 행정은 법률에 저촉되거나 위반되어서는 아니 된다"는 것을 말한다. 여기서 법률이란 의회가 제정한 형식적 의미의 법률(法律)에 한정되지 않고, 법규명령(法規命令)이나 자치입법인 조례(條例)와 규칙(規則)은 물론 불문법인 관습법이나 행정법의 일반 원칙도 포함한다. 법률의 우위의 원칙은 소극적 의미의 법률적합성의 원칙이라고도 하며, 행정의 모든 영역에 적용되는 대원칙으로 이에 위반되는 행정작용은 그 효력이 부인된다. 법률의 우위의 원칙으로 인해 국가와 지방자치단체의 행정기관은 법률에 위반되는 행정입법을 만들 수 없고 소속기관이나 공무원에게 법률에 위반되는 내용을 지시할 수도 없다. 법률의 우위의 원칙에 반하는 행위는 무효 또는 취소할 수 있는 행위가 되며, 만약 이로 인해 국민이 피해를 입게 될 경우 국가나 자치단체를 상대로 손해배상을 청구할 수 있다.

22) 법률 유보(留保)의 원칙은 일정한 행정권의 발동에는 법률의 근거(根據) 내지 수권(授權)이 있어야 한다는 원칙을 말한다. 여기서 법률에는 의회가 제정한 형식적 의미의 법률에 한정하지 않고 법규명령이나 자치입법도 포함되지만, 불문법인 관습법이나 판례법은 포함되지 않는다. 종래의 법률 유보는 국민의 자유와 재산을 침해하는 경우에만 법률적 근거를 요하는 '침해유보설'의 입장이었으나, 오늘날에는 복리행정(福利行政)의 분야까지 법률의 유보 범위를 확대해야 한다는 견해가 유력해졌다. 이는 반사적 이익의 축소, 법률상의 이익의 확대, 재량행위의 범위 축소, 소의 이익의 확대, 원고적격의 확대를 의미한다는 점에서 의의가 있다. 법률의 유보를 행정의 어느 영역까지 관철할 것인가에 대해 학설이 대립한다.

23) 재량행위는 관계 법령이 행정청에 행위 요건에 대한 독자적 판단가능성 또는 행위 여부 · 행위 내용에 관한 선택가능성을 인정되는 행위를 말한다. 예컨대, 법령에 "외국인으로서 대한민국에 특별한 공로가 있는 자는 법무부 장관이 그 귀화를 허가할 수 있다"고 규정한 경우, 법무부 장관은 허가처분을 발할 수도 있고 불허가처분을 발할 수도 있는 선택의 자유가 있으며 상대방은 이에 불복할 수 없다. 재량행위에는 행정청에 "당해 행

인 경우에는 과잉 금지의 원칙 등 법의 일반 원칙이 준수되어야 한다. 셋째, 독립처분의 경우에는 '실존하는 구체적인 위험의 존재'가 그의 요건으로서 요구된다.[24]

경찰처분은 관련 법규가 문서 등 일정한 형식 규정과 절차 규정을 요구하는 경우 그에 따라야 한다. 통상 경찰처분은 구두나 문서로 이루어질 것이고, 경우에 따라서는 특정 표식으로도 가능할 것이다.

특히 문제가 되는 것은 행정법상 행위 능력의 문제이다. 무능력자가 실

위를 할 수도 안할 수도 있는 재량(결정재량)과 법적으로 허용되는 "복수의 행위 중 어느 행위를 할 것인지를 선택할 수 있는 재량(선택재량)이 포함된다. 전통적 견해와 판례는 재량행위를 다시 기속재량(법규재량)과 자유재량(공익재량)으로 구분한다(대판 2001.2.9. 98두17593). ① 기속재량(법규재량)은 "무엇이 법인지"를 판단하는 재량(법의 해석 판단에 대한 재량)으로, 이를 그르친 경우 행정심판과 법원의 심사 대상이 된다고 한다(예: 허가, 인가, 허가 취소, 특허 취소 등 수익적 처분의 취소). ② 자유재량(공익재량)은 "무엇이 공익 목적에 더 적합한 것인지"를 판단하는 재량으로, 이를 그르친 경우에는 당·부당의 문제만이 발생할 뿐이므로 법원의 심사 대상이 되지 아니한다고 한다(예: 특허처분, 예외적 허가, 공무원의 징계 등)(대판 1991.12.27. 91누2502; 대판 1997.12.9. 97누4999; 대판 1995.9.15. 95누6113; 대판 1989.5.9. 88누4188). 기속재량의 자유재량의 구별에 대한 비판이 제기되고 있다. 즉, 기속재량과 자유재량의 구분은 재량행위에 대한 사법통제가 미치지 않던 시기에 재량행위에도 사법통제가 미치는 영역이 있음을 강조하는 의미가 있었으나, 오늘날에는 "재량이란 복수행위 간의 선택의 자유를 의미하므로 모든 재량은 자유재량이며, 모든 재량은 일탈·남용이 있는 경우에는 당연히 재판통제의 대상이 되고 있으므로 모든 재량은 또한 기속재량일 뿐"이라는 이유로, 구별의 실익이 없어 이러한 2분법적 구별은 지양되어야 한다는 것이다. 행정소송법 제27조는 재량의 일탈남용의 하자가 있는 경우 행정소송의 제기가 가능하다고 하고 있으므로, 재량권의 남용이나 재량권의 일탈의 경우에는 그 재량권이 기속재량이거나 자유재량이거나를 막론하고 사법심사의 대상이 된다(대판 1984.1.31. 83누451). 따라서 전통적 견해와 판례가 재량행위로 인정하는 특허 역시 행정소송을 통해 불복이 가능하다. 행정소송법 제27조가 제정되기 전의 구분인 기속재량·자유재량의 구분은 지양되어야 한다. ③ 결정재량은 행정청이 어떠한 행정행위를 할 수도 안할 수도 있는 선택·결정할 자유가 인정되어 있는 경우의 재량를 말한다. 예컨대, 경찰권은 공공의 안녕 질서에 위해가 있는 경우에 발동될 수 있는 바, 경찰이 공공의 안녕 질서에 위해를 끼치는 자(경찰 책임자)가 있는 경우 먼저 이익 형량을 통해 경찰권을 발동할 것인가, 아니면 경찰권을 발동할 필요가 없다고 볼 것인가에 대해 선택할 자유가 있다. ④ 선택재량은 행정청에 다수의 행정행위 어느 것을 해도 괜찮은 자유가 인정되어 있는 경우의 재량을 말한다. 예컨대, 위의 예에서 경찰권을 일단 발동한다고 결정한 이후에도 위해를 끼치는 다수의 사람(경찰 책임자) 중에서 어느 누구에게 먼저 경찰권을 발동할 것인가를 선택할 자유가 있다.

24) 김남진, 『행정법(Ⅱ)』, 276면.

질적 경찰 의무자인 경우에는 경찰상 행정행위의 효과와 관련하여 기본적으로 그 무능력자의 법정대리인에게 통지되어야 한다. 그러나 효과적인 위험의 극복을 위해서는 법정대리인에게 적시에 통지할 수 없는 경우, 예를 들면, 정신병자가 운전 중인 차량의 안전지대 유치와 같이 직접 행위 무능력자에게 행해질 수도 있을 것이다.[25]

5 경찰처분의 효과

경찰처분이 위에서 살펴본 요건을 갖추고 있는 경우에는 행정행위 일반의 효력인 구속력,[26] 공정력,[27] 구성 요건적 효력,[28] 존속력[29] 및 강제력[30]

25) 홍정선, 『행정법원론(하)』, 290면.

26) 구속력(拘束力)이란 행정행위가 그 규율 내용에 따라 일정한 법적 효과를 발생하고 그에 따라 당사자(관계 행정청 · 상대방 · 관계인)를 구속하는 효력을 말한다. 예컨대, 특허가 행해지면 상대방은 권리를 부여받게 되고, 조세부과처분이 행해지면 상대방에게 급부 의무가 발생한다.

27) 공정력(公定力)이란 행정행위 성립에 하자(瑕疵)가 있는 경우에도 그 하자가 중대하고 명백하여 당연무효로 인정되는 경우를 제외하고는 일단 유효한 행위로 통용되어, 권한 있는 기관에 의해 취소되기 전까지는 누구도 그 효력을 부인하지 못하는 것을 말한다. 공정력의 실정법적 근거로는 공정력을 명시적으로 인정하는 실정법상의 근거는 없다. 우리나라 통설은 실정법적 근거로 현행법(행정소송법 제4조 및 행정심판법 제4조)이 위법한 행정행위의 취소 절차로서 취소심판절차와 취소소송절차를 규정하고 있다는 데에서 찾는다.

28) (1) 구성 요건적 효력은 유효한 행정행위가 존재하는 이상 처분청 이외의 모든 국가기관은 그 행위와 관련된 자신들의 결정을 할 때 그 행위의 존재와 법적 효과를 존중하고 그 내용에 구속되어 판단의 기초 내지는 구성 요건으로 삼아야 하는 행정행위의 구속력을 말한다. 이는 제3의 국가기관은 적어도 유효한 행정행위가 존재하는 한 그러한 사실을 자기의 권한 행사의 전제 요건(구성 요건)으로 삼아야 함을 말한다(예: 갑이 국적법에 따라 법무부 장관으로부터 귀화 허가를 받은 경우 그 귀화 허가가 무효가 아닌 한 모든 국가기관은 갑을 대한민국의 국민으로 인정해야 한다). 통설은 공정력을 광의로 이해하여 구성 요건적 효력이 여기에 포함된다고 보고 있다. 이에 대해, 양 개념을 구별하여야 한다는 견해는 ① 공정력은 현행법이 처분에 대한 취소쟁송 제도를 취하고 있음을 근거로 하나, 구성 요건적 효력은 국가기관은 각기 권한과 관할을 달리하므로 서로 다른 국가기관의 권한 행사를 존중해야 한다는 것에 근거하고 있다는 점, ② 공정력은 행정행위의 상대방이 이해관계인에 대한 구속력인데 반해, 구성 요건적 효력은 다른 국가기관(처분청과 취소소송의 수소법원은 제외)에 대한 구속력이라는 점, ③ 행정행위는

상대방 등에 대해 미치는 것과 동일한 효과를 다른 국가기관에 대해서 발생시키지 않으며, 따라서 다른 국가기관은 행정쟁송을 제기하여 행정행위의 효력을 다툴 수가 없다는 점 등을 근거로 제시한다. (2) 구성 요건적 효력에 대한 직접적인 실정법의 근거는 없으나, 구성 요건적 효력은 헌법상 권력 분립의 원칙과 국가기관 상호간의 권한 존중의 체계에서 근거를 도출할 수 있다. 즉, 국가기관은 상호간 권한이 분배되어 있고 행정권과 사법권이 분립되어 있으며, 또한 법원 상호간에는 관할(행정사건·민사사건·형사사건 등)을 달리하고 있으므로, 국가기관은 서로 다른 기관의 권한을 존중해야 한다는 점에 근거한다. (3) 구성 요건적 효력은 유효한 행정행위를 전제로 한 구속력으로, 하자가 중대하고 명백하여 무효인 행정행위에 대해서는 인정되지 않는다. 이 점에서 공정력과 공통된다.

29) 행정행위가 발해지면 많은 법률 관계가 이를 근거로 형성되기 때문에, 하자 있는 행정행위라 할지라도 일정 기관의 경과로 인해 또는 그 성질상 취소할 수 없는 경우가 있다. 행정행위의 존속력의 문제이다. 존속력에는 불가쟁력과 불가변력이 있다. (1) 불가쟁력(不可爭力)이란 하자 있는 행정행위라 할지라도 그에 대한 불복 기간이 경과되거나 일정한 쟁송 제기 기간이 만료된 경우에는 행정행위가 위법 또는 부당하더라도 상대방은 더 이상 효력을 다툴 수 없게 되되는 효력을 말한다. 불가쟁력은 행정법 관계를 조속히 종결하여 법적 안정성 확보를 위해 인정되는 '절차법적 효력'이다. 무효인 행정행위는 쟁송 제기 기간의 제한을 받지 않기 때문에 불가쟁력이 발생하지 않는다. 불가쟁력은 행정쟁송 기간(90일)의 경과, 심급의 완료, 법적 구제 수단의 포기 등의 경우에 발생한다. 불가쟁력이 발생한 처분에 대한 행정쟁송은 각하된다. 그러나 불가쟁력이 생긴 행정행위도 그 행위의 위법성이 확인되면, 상대방은 원칙적으로 그 위법성을 이유로 하여 행정상 국가배상을 청구할 수 있으며(대판 1979.4.10. 79다262), 행정청은 직권으로 당해 행위를 취소할 수도 있다(대판 1995.9.15. 95누6311). (2) 불가변력(不可變力)은 행정행위가 위법하거나 공익에 적합하지 아니한 때에는 행정청은 이를 취소 또는 철회할 수 있는 것이 원칙이지만, 준사법적 행위와 같은 일정한 행위는 행정행위의 성질상 행정청 스스로도 한 번 처분을 한 이상 임의로 이를 취소·변경할 수 없는 효력이 발생하는 것을 말한다. 다만, 불가변력이 인정되는 행위에 대해서도 그 상대방은 행정쟁송절차에 따라 당해 행위의 효력을 다투는 것은 별개이다. 법적 안정성·신뢰 보호의 견지에서 인정되는 실체법적 효력이다. 불가변력은 소청심사위원회의 재결이나 토지수용위원회의 재결의 경우처럼 일정한 쟁송절차를 거쳐 행하여지는 재결, 특정 사실 또는 법률 관계의 존부에 대한 확인행위로서의 국가시험 합격자 결정·당선자 결정 등과 같은 준사법적 행위에 대해 발생한다. 수익적 행위(예: 허가, 특허, 조세 감면 등)에서 취소권이나 철회권이 제한되는 경우는 당해 행정행위의 성질에서 비롯된 것이므로 불가변력에 해당하지 않는다(홍정선, 『행정법특강, 265면). 사정재결 또는 재정판결에서처럼 공공복리의 요청에 따라 취소가 제한되는 경우도 불가변력의 문제로 이해하는 견해가 있지만(이상규, 『신행정법론(상)』, 법문사, 1997, 362면), 개별 행위가 공공복리와 비교형량을 통해 그 취소권이 제한되는 경우에 불과하다고 보는 것이 다수설이다. 불가변력이 있는 행위를 취소하거나 철회하면 위법한 것이 된다. 그러나 불가변력에 위반한 행위는 당연 무효가 되는 것은 아니고 취소 사유에 불과하다. (3) 불가쟁력과 불가변력의 관계를 살펴보면, 양자는 모두 행정법 관계의 조속한 안정을 위해서 인정된다. 그러나 ① 불가쟁력은 절차법적 효력인 반면, 불가변력은 실체법적 효력이라는 점, ② 불가쟁력은 상대방

을 갖게 된다.[31] 또한, 경찰처분은 처분의 상대방에 대해 작위·부작위·수인·급부 등의 의무를 부과하게 된다. 이 의무를 경찰 의무(警察義務)라고 한다. 이러한 경찰처분에 따른 의무의 불이행이나 위반이 있게 되면, 경찰상의 강제집행(强制執行)이나 경찰벌(警察罰)의 제재를 가져온다.

경찰 의무는 그 자체로서 상대방이 행하는 법률행위의 효력 발생·변경·소멸 등에 관해 아무런 영향을 미치지 않으므로, 의무 위반이 존재하는 경우에도 당사자가 행한 사법적인 법률행위의 효력은 변함이 없게 된다. 예를 들면 무허가 영업행위라도 영업행위 자체가 무효가 되는 것은 아니다.[32] 또한, 경찰기관이 총포·도검 등의 무단 양도를 금지시킨 경우에 그러한 금지에 위반한 양도가 행해져도 그 행위의 법률적 효력까지 부인되는 것은 아니다.[33]

경찰처분의 효과가 미치는 범위와 관련하여 다음과 같은 문제가 제기된다. 다시 말해, 이는 경찰 의무의 범위 문제이다. 이 문제는 대인적 범위와 지역적 범위로 나누어 볼 수 있다.

경찰 의무의 대인적 범위 문제는 경찰처분의 효과가 그 상대방에게만 미치는지 아니면 타인에게 이전될 수 있는지가 문제된다. 예를 들면, 공중위

및 이해관계인에 대한 구속력이고, 불가변력은 행정청에 대한 구속력이라는 점, ③ 불가쟁력은 원칙적으로 모든 행정행위에 발생하나, 불가변력은 특정의 행정행위에만 발생한다는 점에서 서로 구별된다.

30) 행정행위에 의해 부과된 행정상의 의무를 상대방이 이행하지 않은 경우에 행정청이 스스로의 강제력을 발동하여 그 의무를 실현시키는 힘을 강제력(强制力)이라 한다. 강제력은 행정행위에 당연한 효력으로 내재된 본질적인 효력이 아니라, 행정정책상 공익 실현을 위해 실정법에 의해 정책적으로 인정되는 것이다. (1) 자력집행력은 행정행위에 의해 부가된 의무를 상대방이 불이행한 경우, 행정청이 법원의 힘을 빌리지 아니하고 자력으로 자기의 의사를 실현할 수 있는 힘을 말한다. 즉, 행정법상 의무 불이행의 경우 민사 관계와 달리 법원의 채무 명의 없이도, 행정청이 강제집행을 통해 의무 이행을 확보할 수 있는 효력이다. 행정행위로서 강제적인 실현이 요구되는 것은 상대방에게 일정한 의무를 하도록 하는 하명행위뿐이기 때문에, 자력집행력은 하명(下命)에만 인정될 수 있다. (2) 자력제재력은 상대방이 행정행위 등에 의해 부과된 의무를 위반하는 경우 그에 대한 제재로서 행정벌(행정질서벌과 행정형벌) 등을 부과할 수 있는 힘을 말한다.

31) 류지태, 『행정법신론』, 806면; 홍정선, 『행정법원론(하)』, 291면.

32) 류지태, 『행정법신론』, 807면.

33) 김남진·서정범, 『경찰법』, 229면.

생법 위반을 이유로 한 영업정지처분과 같이 특정인의 개인적 사정에 중점을 두고 행해지는 대인적 처분의 효과는 그 상대방인 수명자(受命者)에게만 발생하는 것이 원칙이다.[34] 그러나 위법 건축물의 철거처분과 같이 특정인을 대상으로 하더라도 당해 물건의 상태에 중점을 두고 처분이 발령되는 경우에는, 당해 의무는 물건의 양수인에게도 승계된다고 본다.[35]

경찰처분의 효과가 미치는 지역적 범위는 원칙적으로 행정행위 일반의 경우와 같이 당해 경찰행정관청의 관할 구역 내에서만 미친다. 그러나 성질상 관할구역에 국한시킬 것이 아닌 경우에는 관할구역 외에까지 경찰처분의 효과가 미치게 된다.[36] 예를 들면, 서울특별시장으로부터 운행정지처분을 받은 자동차는 전국 어느 곳에서도 운행하지 못하는 경우이다.[37]

6 경찰처분의 형식

경찰처분은 문서에 의해 행해지는 것이 원칙이나, 신속을 요하거나 사안이 경미한 경우에는 구술 · 교통경찰관의 수신호와 같은 행동 및 그 밖의 여러 가지 표지를 통해 행해질 수 있다. 전등을 통한 교통신호 역시 경찰처분에 해당한다.[38]

7 경찰처분에 대한 위반

경찰처분에 대한 위반은 경찰 의무의 불이행 또는 경찰 의무의 위반으로 나타난다. 경찰처분 수명자가 의무를 불이행한 경우에는 경찰상의 강제집행의 방법에 의해 의무의 실현을 강제할 수 있다. 우리나라에서의 경찰상

34) 김남진 · 서정범, 『경찰법』, 229면.
35) 류지태, 『행정법신론』, 807면.
36) 류지태, 『행정법신론』, 807면; 김남진 · 서정범, 『경찰법』, 229면.
37) 석종현, 『일반행정법(하)』, 삼영사(1992), 326면.
38) 김남진 · 서정범, 『경찰법』, 227면.

의 강제집행 수단으로는 대체적 작위 의무의 불이행에 대한 대집행과 금전 급부 의무의 불이행에 대한 강제 징수만이 일반적 수단으로 인정되고 있고, 그 이외의 경찰상 의무에 대해서는 그 의무 위반에 대해 경찰벌을 과하도록 규정하고 있는 것이 보통이다.[39] 다시 말해, 경찰상의 대체적 작위 의무에 대해서는 대집행이 일반적으로 인정되고, 급부 의무에 대해서는 국세징수법의 규정에 의한 체납처분 절차에 따라 강제 징수를 할 수 있으나, 그 이외의 의무에 대해서는 극히 예외적으로 직접강제가 인정된다. 따라서 경찰 의무를 불이행한 경우 강제집행 수단에 의해 의무 이행을 실현시킬 수 없는 경우에는 경찰벌을 과해 간접강제의 효과에 의할 수밖에 없다.[40] 경찰벌을 과함으로써 간접강제의 효과를 기대하거나, 경찰관직무집행법에 의한 위험 발생의 방지 또는 범죄의 예방과 제지에 의해 경찰 의무 불이행에 대한 실효성을 도모할 필요가 있다.[41]

8 경찰처분의 흠과 구제

흠(瑕疵) 있는 경찰처분으로 인해 국민의 권리가 침해된 경우에는 당사자가 행정심판이나 행정소송을 제기할 수 있다. 왜냐하면, 경찰처분은 행정쟁송법상의 처분에 해당되기 때문에 위법한 경찰처분에 대해서는 행정쟁송을 제기할 수 있다.

1) 위법 · 부당한 경찰처분과 행정구제

위법한 경찰처분으로 인해 손해를 받은 자는 손해배상을 청구할 수 있으며, 결과 제거 청구[42]도 주장하여 침해된 피해를 구제받을 수 있다. 아울러 경찰공무원에게 고의 또는 중대한 과실이 있는 경우에는 직접 당해 공무원

39) 김동희, 『행정법(II)』, 177면.
40) 석종현, 『일반행정법(하)』, 326면.
41) 김춘환, 『경찰행정법』, 227면.
42) 결과제거청구권(結果除去請求權)에 대해서는 제9장 제3절 참조.

에 대한 손해배상청구도 가능하다.

2) 적법한 경찰처분과 행정구제

적법한 경찰처분으로 인해 손실을 입은 경우에는 보상을 하지 않음이 원칙이다. 그 이유는 수명자가 의무 부담으로 인해 재산상의 손실을 받았다 하더라도 경찰처분의 원인을 제공한 경찰책임자로서 수인해야 할 것이기 때문이다.

다만, 부득이한 경찰행정상의 필요로 수명자에게 과중한 손실을 가한 경우, 특히 경찰처분으로서의 직접 시행에 의해 손실을 입은 자에게는 실비보상청구권이 인정될 수 있다.[43]

제 4 절 경찰허가

1 경찰허가의 의의

경찰허가(警察許可)란 경찰행정상의 위해 방지의 목적을 위해 일반적 · 상대적으로 금지되어 있는 행위를 특정한 경우에 해제하여 적법하게 일정한 행위를 할 수 있게 해 주는 경찰상의 행정행위를 말한다.

경찰허가가 있기 위해서는 그 전제가 되는 경찰금지가 있어야 한다. 경찰금지에는 절대적 금지와 상대적 금지가 있다. 절대적 금지란 어떠한 경우에도 사회적 장해가 되는 금지로서 해제할 수 없는 금지를 말한다. 반면에 상대적 금지란 어떠한 행위가 행위 그 자체로서는 반드시 사회 공공의 안녕 질서에 장해나 위해를 미치는 것이 아니더라도 그것을 행하는 행위자 · 장소 · 행위의 방법 · 시기 등에 따라서 사회 공공의 안녕 질서에 위해를 미칠 우려가 있는 경우 그러한 허가를 유보하여 일반적으로 금지한 후

43) 김남진 · 서정범, 『경찰법』, 230면.

일정한 요건을 갖춘 경우에 한해 그 금지를 해제해 주는 금지를 말한다. 어떠한 경우에도 사회적 장해가 되는 금지로서 해제할 수 없는 금지인 절대적 금지에는 경찰허가가 허용되지 않는다.

허가는 학문상의 개념으로 실정법상으로는 면허・인가・특허・승인 등 여러 가지 용어가 사용된다.[44]

2 경찰허가의 성질

경찰허가의 성질은 크게 명령행위적 성질과 기속행위, 쌍방적 행위 등의 성질을 갖는다고 볼 수 있다.

1) 명령적 행위

경찰허가는 특정한 부작위 의무를 해제하여 자연적 자유를 회복시켜 주는 행위이다(통설・판례).[45] 행위의 법률적 효과의 내용이 의무에 관한 것

---

44) 김동희, 『행정법(Ⅱ)』, 178면; 박윤흔, 『최신행정법강의(하)』, 328면; 이일세, 경찰허가에 관한 고찰, 『강원법학』 10권(1998.10), 159면 이하 참조; 이일세, 허가의 요건에 관한 판례분석(상・하), 『사법행정』 40권 제2호(1999.2-3) 참조.

45) 최근의 견해는 허가는 단순히 자연적 자유의 회복에만 그치는 것이 아니라 헌법상의 자유권을 적법하게 행사할 수 있게 해 주는 행위, 즉 법적 지위의 설정행위라는 점에서 형성적 행위의 성질도 가진다고 한다. 다만, 허가는 헌법상의 자유권을 적법하게 행사할 수 있게 해 주는 데 그치며, 상대방에게 새로운 권리를 부여하거나 그 권리를 확대시켜 주는 것은 아니라는 점에서, 특허와 같은 전통적인 형성적 행위와는 구분된다. 허가는 일반적으로 출원에 의해 행해지나(쌍방적 행정행위성), 예외적으로 출원 없이 행해지는 경우도 있다(예: 통행금지 해제・보도관제의 해제 등). 종래의 통설에 의하면, 허가는 관계법상의 요건이 충족되는 경우에는 반드시 이를 수리해야 할 기속을 받는다는 점에서, 허가를 할 것인가 혹은 거부할 것인가의 여부를 결정하는 것은 원칙적으로 기속행위의 성질을 갖는다. 허가는 개인의 자연적 자유에 공익적 관점에서 개별법으로 일정한 제한을 가했다가 이를 다시 회복시키는 행위이므로, 허가 요건에 해당함에도 불구하고 허가를 하지 않는 것은 필요 이상으로 재인의 자연적 자유를 제한하는 것을 의미하며 이는 행정청이 자유로이 결정할 것이 아니기 때문이다. 그러나 예외적으로 허가 여부가 근거 법령에 의해서 제한될 수 있으며, 성질상 허가 여부가 재량인 경우도 있다. 예컨대, 개발제한구역 내에서의 건축 허가나 자연보호 관계의 개발 허가(자연공원법 제23조) 등의 경우는 미관 보호를 위해 일반적으로 개발이 금지되는 지역에서 특별한 사정이 있는

으로서 국민의 권리 또는 능력의 발생·변경·소멸을 목적으로 하는 형성적 행위와 구별된다.

2) 쌍방적 행위

경찰허가는 경찰상 필요한 금지를 특정인의 출원에 의해 하는 경찰처분인 것이 보통이기 때문에 쌍방적 행위인 것이 원칙이다. 그러나 예외적으로 불특정 다수인에게 출원에 의하지 않고 허가하는 경우가 있다. 예컨대 국경일 또는 특정 공휴일에 전국적으로 야간통행 금지를 해제하는 경우이다. 이때의 허가는 일반처분의 성질을 가진다.[46]

3) 기속행위

경찰법규가 허가를 결정하는 기준을 명시하고 있어 경찰기관이 가치판단을 가할 여지가 없는 경우에는 당해 경찰허가가 기속행위에 속함은 의문의 여지가 없다. 따라서 경찰허가는 원칙적으로 기속행위라 할 것이다. 그러나 경찰법규에 허가에 관한 구체적인 기준이 없이 경찰관청의 재량권을 인정하고 있는 경우에도 그 재량은 자유재량이 아닌 기속재량에 속한다. 왜냐하면, 경찰기관이 심사의 결과 당해 행위가 사회적 장해를 발생할 염려가 없다고 인정했을 때에는 반드시 허가를 부여해야 하고, 만일 공익상의 필요가 없음에도 불구하고 허가를 거부해 금지를 유지하는 것은 국민의 자유를 불필요하게 제한하는 것으로 헌법상의 기본권 보장의 취지에 비추어 위법하기 때문이다.[47]

경우에 개발 금지를 해제하여 개발을 허용하는 것이므로 허가 여부 결정에 있어서 행정청에게 재량이 인정된다고 할 것이다(일종의 예외적 승인). 판례는 명문의 근거가 없더라도 공익의 원칙을 근거로 예외적으로 허가를 거부할 수 있다고 한다(대판 2002.10.25, 2002두6651).

46) 중앙경찰학교, 『경찰행정법』, 117면.

47) 이명구, 『행정법원론』, 987면; 박윤흔, 『최신행정법강의(하)』, 329면.

4) 법률행위적 행정행위

경찰허가는 법률행위적 행정행위이다. 그러므로 법집행을 위한 의사표시인 효과 의사를 구성 요소로 하고 그 효과 의사의 내용에 따라서 법률 효과를 발생하는 행위로서 그 효과 의사(허가)를 스스로 제한하는 부관을 붙일 수 있다. 따라서 판단, 인식, 관념 등 효과 의사 이외의 정신작용을 요소로 하고 그 법률 효과는 행위자의 의사(意思) 여하와는 관계 없이 직접 법규가 정하는 바에 따라서 나타나는 준법률행위적 행정행위, 예컨대 확인, 공증, 통지, 수리와 구별된다. 또한 법률 효과의 발생을 목적으로 하지 아니하고 사실상의 결과만을 야기하려는 사실행위인 경찰강제와 구별된다.[48]

3 경찰허가의 종류

경찰허가의 종류에는 크게 기속허가와 재량허가, 대인적·대물적·혼합적 허가로 나뉜다.

1) 기속허가와 재량허가

기속허가(羈束許可)란 허가의 요건이 확정되어 있어서 그 요건이 충족되면 반드시 허가가 발령되어야 하는 허가를 말한다. 재량허가(裁量許可)란 그 발령이 경찰행정청의 재량에 맡겨진 허가를 의미한다.

2) 대인적·대물적·혼합적 허가

위와 같은 허가의 종류는 허가의 요건이 인적 요소냐 물적 요소냐, 인적·물적 요소를 동시에 가지느냐에 의한 구분이다.

대인적 허가(對人的 許可)란 허가의 요건이 의사 면허나 운전 면허와 같이 개인의 능력이나 자격과 같은 인적 요소를 기준으로 하는 허가를 말한

48) 중앙경찰학교, 『경찰행정법』, 117면.

다. 대인적 허가는 허가받은 자에 한하고, 타인에게 이전될 수 없다.

대물적 허가(對物的 許可)란 건축 허가나 차량검사 합격 처분과 같이 시설물의 안전 상태나 시설물의 적합성 등이 허가 절차에서 중심이 되는 허가를 의미한다. 대물적 허가는 허가의 효과를 타인에게 이전할 수 있다.

혼합적 허가(混合的 許可)란 총포류 제조 허가나 전당포 영업 허가나 영업 허가 등과 같이 신청자의 자격과 동시에 시설물의 적합성과 안전성 등이 허가 절차에서 고려되어 이루어지는 허가를 의미한다. 유흥음식점 영업허가의 경우는 건강, 화재 예방, 도덕과 풍기 등의 문제와 관련하여 영업종사자의 인적 요소, 공간 요소, 각종 시설 등이 통제되는 것으로서 혼합적 허가의 전형적인 예이다.[49] 혼합적 허가의 특징은 타인에게 당연히 양도·상속되는 것이 허용되지 않고, 상속인·양수인에게 새로운 허가를 받게 하고 있다.

대인적·대물적·혼합적 허가의 분류는 경찰허가 효과의 인적 범위, 다시 말해, 허가 효과의 이전성과 관련해 중요한 의미를 가진다.

4 경찰허가의 형식과 요건

1) 경찰허가의 형식

경찰허가는 일반적·상대적 금지를 특정한 경우에 해제하는 행위이므로 언제나 구체적인 행정행위의 형식으로만 행해진다.

경찰허가는 상대방의 출원에 의해 문서로 하는 것이 원칙이다.[50] 그러나 법령에 특별한 규정이 없으면 반드시 요식행위는 아니며 구두에 의해서도 출원이 가능하다. 또한, 무허가 건물의 방치와 같이 추정적·묵시적 허가도 가능하다.[51]

---

49) 홍정선, 『행정법원론(하)』, 294면.

50) 통행금지 해제·보도관제 해제 등의 경우처럼, 예외적으로 출원에 의하지 아니하는 허가도 있다. 예컨대, 공사 중이므로 일반인의 도로 출입을 금지하는 경우에 공사 완료가 되면 사인의 신청이 없더라도 출입 금지를 해제하는 경우이다.

2) 경찰허가의 요건

경찰허가는 행정행위의 일종이므로 행정행위로서 유효한 효력을 갖기 위해서는 일반행정법상의 행정행위로서 일반적 요건을 갖추어야 한다. 또한 이외에 다음의 요건을 갖추어야 한다.

(1) 절차적 요건

(가) 신청

경찰허가는 공익상의 필요보다 신청 당사자의 이익을 위한 것이 보통이므로 법령에 특별한 규정이 없는 한 당사자의 신청을 필요로 하는 쌍방적 행정행위이다.[52] 따라서 신청 없는 허가는 무효이다.[53] 이에 대해 신청 또는 동의가 없는 경찰허가는 그의 효력이 일정 기간 부동 상태에 있다가, 상대방의 동의가 있음으로써 그의 효력이 완성된다고 말할 수 있으므로 신청(同意) 없이 행해진 경찰허가도 당연무효라고 할 수 없다[54]는 견해도 있다.

상대방의 신청이 결여되어 있는 경찰허가는 원칙적으로 무효의 효과를 가지나 상대방이 이에 대해 동의하는 경우에는 효력이 발생한다고 볼 수 있다. 이는 경찰허가의 주된 이해관계가 인적 자격이나 물적 특성 등을 행정기관이 심사해 개별적으로 상대적 금지를 해제해 주는 데 있는 것이므로, 경찰기관이 신청 없이도 허가를 발령하는 때에는 이러한 관점에서 심사되어 반영되는 것이라고 볼 수 있고, 다른 한편으로 아무리 수익적 행정행위라도 당사자가 원하지 않는 행위를 강요할 수는 없는 것이므로 당사자의 동의는 사후적으로라도 요구된다고 보아야 하기 때문이다.[55]

---

51) 김남진, 『행정법(II)』, 285면.

52) '쌍방적 행정행위'라는 용어에 대해, 이 용어는 상대방의 신청까지 행정행위로 부르게 되는 점과, 진정한 쌍방적 행위인 '공법상의 계약'과의 구별을 모호하게 만드는 점에서 부적절한 것으로 보는 견해도 있다(김남진, 『행정법(II)』, 283면 참조).

53) 박윤흔, 『최신행정법강의(하)』, 331면; 이명구, 『행정법원론』, 989면; 류지태, 『행정법신론』, 809면.

54) 김남진, 『행정법(II)』, 284면.

55) 류지태, 『행정법신론』, 809-810면.

(나) 시험 · 검사

자동차 운전 면허 · 공인중개사 시험 또는 식품위생법상의 제품검사 등과 같이 일정한 시험에 합격한 사람에 대해서만 경찰허가를 부여하거나(도로교통법 제68조 제1항 · 제69조 · 제71조), 물건에 대한 검사에 합격한 경우에 대해서만 경찰허가를 부여하는 경우가 있다(식품위생법 제19조 참조). 이러한 경우에 시험 합격 결정이나 제품검사 합격 결정과 같이 확인행위를 거치지 아니한 경찰허가는 무효이다.

(다) 수수료 · 조세의 납부

운전면허시험이나 면허증의 교부 시에 징수하는 수수료(도로교통법 제100조)와 의사 면허를 받은 자에게 면허세를 납부하게 하는 것(지방세법 제160 · 161조)처럼 법령이 수수료 또는 조세의 납부를 경찰허가의 요건으로 하는 경우가 있다. 그러나 이는 경찰허가의 자체 경찰작용이 아니라 별개의 행위로 보아야 할 것이다.[56] 그러나, 수수료나 조세의 납부에는 반드시 법률의 근거가 있어야 한다. 그러나, 이러한 납부 의무는 당해 경찰허가와는 직접 관계 없이 다른 목적으로 부과되는 것이므로, 경찰허가의 적법요건으로 분류할 수는 없을 것이다.[57]

(라) 다른 행정기관의 협력

액화석유가스 저장소 설치 허가나 변경 허가에 관할 소방서장에게 고지를 필요로 하는 것처럼, 경찰허가의 발급을 위해서는 다른 행정기관의 동의를 요구하는 것을 말한다.

(마) 거리의 제한

거리 제한의 요건이 실무상 행정 편의나 민원 해소의 차원에서 요구되고 있기는 하나, 이러한 요건은 법령상 규정되고 있는 경우에 한해 그 적법 요건으로 인정된다고 보아야 할 것이다.[58] 경찰허가와 관련하여 경업자 간의 경쟁을 방지하기 위해 거리 제한을 허가 요건으로서 정할 수 있는가 하는 것이 헌법상의 직업 선택의 자유와 관련하여 문제되기도 한다. 단계이론에

56) 김남진 · 서정범, 『경찰법』, 235면; 이명구, 『행정법원론』, 989면.
57) 류지태, 『행정법신론』, 810면.
58) 류지태, 『행정법신론』, 810면.

의할 때 거리 제한 등을 통해 국민의 직업의 자유를 제한하는 데에는 엄격한 요건이 요구된다고 말할 수 있다.[59]

(2) 형식적 요건

경찰허가를 받은 사람과 받지 않은 사람을 구별하기 위해 법령의 규정에 의해 일정한 형식에 의한 공적 행위를 허가의 효력 발생 요건으로 할 때가 있다. 예를 들면, 자동차의 운전 면허는 면허증의 교부에 의해 행해지는 것을 들 수 있다.

5 경찰허가의 부관

부관(附款)이란 행정행위의 효력 또는 법률 효과를 제한하거나 보충하기 위해 주된 의사표시의 내용에 부과된 종(終)된 의사표시를 말한다.[60] 따라

---

59) 김남진, 『행정법(Ⅱ)』, 285면.

60) (1) 부관은 주된 행정행위가 효력을 발생할 수 없을 때에 당연히 그 효력을 상실하는 부종성을 가지며, 원칙적으로 부관만이 독립하여 강제집행의 대상이 될 수 없다. 부관은 주된 행정행위에 대한 부가적 규율이라는 점에서, 행정행위의 일부 내용 자체를 재차 규정하는 행정행위의 내용상의 제한과는 구별된다(홍정선, 『행정법특강』, 313면). 또한 부관은 행정청이 스스로의 의사에 의해 붙이는 경우를 말하므로, 행정행위인 효과 제한이 행정청에 의해서가 아니라 직접 법령에 규정되어 있는 경우인 법정 부관(예: 연습운전면허의 유효 기간, 자동차검사증의 유효 기간 등)과 구별된다. (2) 행정행위의 부관은 그 다양한 기능으로 인해 행정 실무에 많이 이용되고 있다. ① 행정행위의 부관은 행정청이 일률적으로 허가·불허가를 결정하지 않고 다양한 형태의 부관을 부가함으로써 탄력적인 행정이 가능하게 한다. 행정 목적을 달성할 수 있다(탄력적인 행정). ② 부관은 부관이 없으면 전면적인 거부를 할 것을 부관을 붙여 허가함으로써 신청을 거부할 경우에 생기는 재신청과 재심사를 생략할 수 있어 절차경제를 도모하고 국민 또는 주민의 이익에도 기여할 수 있다(절차경제의 도모). ③ 건축 허가 등의 수익적 행정행위를 발할 경우 인근 주민의 동의를 받을 것을 조건으로 붙이는 경우에서 볼 수 있듯이, 부관은 일반 공중이나 제3자의 이익을 함께 도모할 수 있다는 장점이 있다(공익과 제3자의 이익 보호). ④ 건축 허가 시에 주차장 설립이나 시영 주차장 기부 등을 부담으로 부가한 경우에서 볼 수 있듯이, 행정청의 행정 목적 달성을 위한 공재정의 확보에도 도움이 될 수 있다(공재정의 확보). ⑤ 보조금 지급 결정에 사용 목적을 부관으로 정하는 경우에서 볼 수 있듯이 행정청이 의도한 바대로 상대방의 행위를 유도할 수 있다(유도적 기능). 그러나 부관은 순기능 이면에 자칫 행정편의주의로 치우칠 우려가 있으며, 과중한 부관

서 경찰허가의 부관이란 경찰허가의 일반적 효과를 제한하기 위해 부가된 경찰관청의 종된 의사표시를 의미한다. 단순한 허가는 아무런 유보도 없이

이 이루어지는 경우에는 국민의 권익에 중대한 영향을 미칠 수도 있다. 따라서 부관의 남용에 대한 적적한 실체법적·절차법적 통제가 요청된다. (3) 부관의 종류에는 조건, 기한, 부담, 철회권의 유보가 있다. ① 조건(條件)은 행정행위의 효력의 발생 또는 소멸을 장래의 불확실한 사실에 의존하게 하는 행정청의 의사표시를 말한다. 조건에는 효력 발생에 관한 조건인 '정지 조건'과 소멸에 관한 조건인 '해제 조건'이 있다. 정지 조건(停止條件)은 조건 성취에 의해 행정행위의 효력이 발생(發生)하는 경우, 즉 행정행위의 효력 발생을 장래의 불확실한 사실에 의존시키는 조건을 말한다(예: 도로공사 확장 조건의 자동차 운수사업 면허, 시설 완성 조건의 학교법인 설립 인가, 재해시설 완비 조건의 도로점용 허가 등). 해제 조건(解除條件)은 조건 성취에 의해 행정행위의 효력이 소멸되는 경우, 즉 행정행위의 효력 소멸을 장래 불확실한 사실에 의존시키는 조건을 말한다(예: 면허 후 일정 기간 내 공사 착수 조건의 공유수면 매립 면허, 일정 기간 내 공사 착수 조건의 특허기업 특허 등). ② 기한은 행정행위의 효력 발생 또는 소멸을 장래 발생 여부가 확실한 사실에 의존하게 하는 행정청의 의사표시를 말한다. 발생 여부가 확실하다는 점에서 조건과 구별된다. 기한에는 효력 발생에 관한 시기와 효력 소멸에 관한 종기가 있다. 시기(始期)는 사실 도래로 효력이 발생하는 경우를 말하고(예: 공무원의 발령을 특정 일자로 하는 경우), 종기(終期)는 사실 도래로 효력을 상실하는 경우를 말한다(예: 부동산중개업의 허가 기간을 5년으로 정하는 경우). 또한 기한은 확정 기한과 불확정 기한이 있다. 확정 기한은 당해 사실의 도래 시기가 확정된 경우를 말하고, 불확정 기한은 사실의 도래 시기가 불확정한 경우를 말한다. ③ 부담(負擔)은 행정행위의 주된 내용에 부가하여 그 상대방에 작위·부작위·급부·수인 등의 의무를 명하는 행정청의 의사표시를 말한다(예: 영업 허가 시 각종 준수 의무 부과, 도로 점용 허가 시 점용료 부과 등). 주로 허가·특허 등과 같은 수익적 행정행위에 붙여지는데, 행정청은 이를 통해 상대방에게 이익을 주는 한편, 공익 등의 보호를 위해 상대방에게 각종 형태의 부담적 제한을 가할 수가 있다. 부담이 있더라도 주된 행정행위는 처음부터 효력을 발생하고, 부담 불이행의 경우에도 주된 행정행위의 효력에는 원칙적으로 영향이 없다. 부담은 다른 부관과 달리 그 자체가 주된 행위와 독립된 행정행위로서 성질을 가지므로, 부담을 이행하지 않은 경우 독립하여 강제집행이나 행정쟁송의 대상이 될 수 있다. ④ 철회권(撤回權)의 유보는 행정청이 일정한 사유가 발생할 경우에 행정행위를 철회하여 그 효력을 소멸시킬 수 있는 권한을 유보해 놓은 부관을 말한다. 예컨대, 건축 허가를 해주면서 행정청의 정당한 명령에 불응하거나 건축법규에 저촉되는 행위를 하는 경우 행정청이 동 건축 허가를 철회할 수 있다는 표시하는 경우를 들 수 있다. 유보된 사실이 발생하더라도 행정청의 별도의 의사표시(철회)가 필요하며 유보 사실의 발생만으로 곧바로 행정행위의 효력이 소멸되지는 않는다(해제 조건이 조건의 성취로 당연히 효력이 소멸되는 것과 비교된다). ⑤ 법률 효과의 일부 배제는 행정행위에 대해 법령이 규정하고 있는 법률 효과를 일부 배제하는 것을 내용으로 하는 행정청의 의사표시이다(예: 버스노선의 지정, 격일제 운행 택시 영업 허가 등). 법령상 규정되어 있는 효과를 일부 배제하는 것이라는 점에서, 관계 법령에 명시적 근거가 있는 경우에만 허용된다.

일정한 경찰금지를 해제하는 것이나, 부관이 붙은 허가는 그 부관의 내용에 따라 허가의 효과를 제한하는 것이다.

경찰허가는 기속행위인 것이 원칙이므로, 그 법률적 효과를 제한하는 의미의 부관은 관계법에 그에 관한 명시적 규정이 없는 한은 요건 충족적 부관 이외에는 허용되지 않는다 할 것이다. 그러나 예외적으로 그 재량행위성이 인정되는 한해서는 다른 재량행위와 같이 경찰허가에도 부관을 붙일 수 있는 것임은 물론이다.[61] 그러나, 경찰허가에 부관을 붙일 수 있는 경우라 하더라도 그 부관은 경찰 목적을 위해 필요한 한도 내의 부관에 그쳐야 한다.

6 경찰허가의 효과

1) 경찰금지의 해제

경찰허가는 일반적 금지를 해제하여 자연적 자유를 회복시켜 주는 효과를 갖는다. 따라서 경찰허가 효과의 본체는 자연적 자유에 대한 제한을 해제하는 데 그치는 것이며, 그로 인해 권리·능력 기타의 법률상 힘을 설정하는 것은 아니다. 따라서 경찰허가에 해당하는 각종의 영업 허가의 경우, 그 허가에 의해 새로운 영업권이 설정되는 것이 아니고, 헌법상 영업의 자유권을 적법하게 행사할 수 있는 지위가 설정되는 데 그친다.[62]

경찰허가와 반사적 이익의 문제와 관련하여, 경찰허가를 자연적 자유의 회복행위로 보는 입장에서는 당해 이익이 법적 권리라고는 할 수 없으므로, 이를 반사적 이익으로 보고 있다. 그러나 경찰허가는 헌법상의 자유권의 회복으로서 그 행위를 적법하게 행할 수 있는 법적 지위의 설정행위라고 보는 입장에서는 당해 이익을 반드시 반사적 이익으로 파악해야 할 논리적 필연성은 없으므로, 그 성질은 구체적으로 관계 규정의 해석에 따라 결정

61) 김동희, 『행정법(II)』, 180면.
62) 김동희, 『행정법(II)』, 181면.

해야 할 것으로 본다.[63)]

한편, 경찰허가를 기속행위인 경우와 재량행위인 경우로 구분하여, 경찰허가가 기속행위인 경우에는 공법상의 권리로 파악하고, 경찰허가가 재량행위인 경우에는 상대방에게는 무하자재량행사청구권[64)]이 인정될 뿐, 직접

---

63) 김동희, 『행정법(Ⅱ)』, 181면.

64) (1) 무하자재량행사청구권(無瑕疵裁量行使請求權)은 개인이 행정청에 대하여 재량권의 하자 없는 처분을 청구할 수 있는 공권을 말한다. 재량행위의 경우에도 '무하자재량행사청구권'이라는 새로운 의미의 공권을 생각할 수 있는 것인데, 이는 재량행위에서 행정청이 사인의 신청을 거부 내지 부작위한 경우, 이해관계인은 법원에 그 위법처분을 다투어 소송의 대상성 내지 원고적격을 인정받을 수 있다는 데에 의의가 있다. 독일에서 학설과 판례를 통해 정립된 이론이다. (2) 무하자재량행사청구권은 적극적 공권이며 형식적·절차적 공권이다. ① 무하자재량행사청구권은 단순히 위법한 처분을 배제하는 소극적·방어적 권리가 아니라 행정청에 대해 적법한 재량처분할 것을 구하는 적극적 공권이다. ② 무하자재량행사청구권은 특정(特定) 처분을 구하는 실체적 공권이 아니라, 행정청의 위법한 재량권 행사로부터 개인의 실체법적 권익을 확실하게 보호하기 위해, 행정행위의 발동 과정에서 재량권의 법적 한계를 준수하여 재량의 일탈 남용이 없는 처분을 할 것을 구하는 절차적·형식적 공권이다(예컨대, 법무부 장관이 검사임용처분을 하는 경우 상대방은 법무부 장관에 대해 임용처분을 해달라든가 임용거부처분을 해달라든가 하는 권리는 갖지 못하지만, 그 결정에 이르는 과정에서 재량의 일탈 남용이 없는 올바른 이익 형량을 해달라는 청구를 할 수는 있다). (3) 독일에서 무하자재량행사청구권의 요건에 관한 논의가 활발함에 반해 우리나라에서는 이를 인정할지 여부에 대해 학설이 대립하고 있다. ① 부정설은 소의 이익을 부당하게 확대함으로써 남소의 폐단을 초래하고 민중소송화될 우려가 있다는 점, 재량의 하자가 있는 경우 권리나 이익의 침해가 존재하는 경우이고 이때에는 실체적인 권리 침해를 근거로 하여 권리구제를 도모하면 충분하므로 별도의 형식적 공권의 필요성은 없다는 점, 현행법상 이를 근거가 없을 뿐만 아니라 이를 인정하여 법원의 개입을 허용할 경우에는 행정의 경직을 초래하게 된다는 점 등이 근거로 무하자재량행사청구권이라는 형식적 공권을 인정할 필요가 없다고 한다. ② 반면 긍정설은 공권의 성립 요건이 충족된 당사자에게만 인정되므로 민중소송화될 우려가 없다는 점, 실체적 권리의 침해 여부와 상관없이 형식적 공권의 침해를 이유로 소를 제기할 수 있으므로 실체적인 권리 하자를 주장하기 어려운 경우 소의 이익의 확대라는 측면에서 이를 인정할 실익이 있다는 점, 재량권 행사에서 법적 한계를 준수할 의무가 있기 때문에 이해관계인이 사전에 이를 주장할 필요가 있다는 점 등이 근거로 재량을 허용하는 행정법규가 공익 보호와 함께 관계인의 사익 보호도 규정하고 있는 경우에 한해 무하자재량행사청구권을 인정할 수 있다고 한다(다수설). 판례는 무하자재량행사청구권을 개념을 직접적으로 인정하지는 않았지만, 검사임용거부처분취소소송과 관련하여 "다수의 검사 임용 신청자 중 일부만을 검사로 임용하는 결정을 함에 있어 그 임용 여부의 응답을 해 줄 의무가 있다"(대판 1991.2.12, 90누5825)라고 판시함으로써 간접적으로 무하자재량행사청구권의 법리를 인용한 것이 아닌가 하는 지적이 있다. 국민의 권리구제 수단의 확대와 재량권 행사의 통제라는 측면에서 볼 때 이

자기에게 경찰허가를 해 줄 것을 요구할 수 있는 권리로 인정되지 않는, 다시 말해, 경찰허가를 통해 상대방이 얻게 되는 이익은 반사적 이익으로서의 성질을 가진다고 보는 견해(경찰금지 해제의 다면적 효과)도 있다.65)

2) 경찰허가와 다른 법률 관계

경찰허가는 경찰 금지를 해제하는 데 그치는 것이므로, 다른 목적을 위

를 인정하는 것이 타당하다. (4) 무하자재량행사청구권도 개인적 공권이라는 점에서 일반적인 공권의 성립 요건인 '근거 규범의 강행법규성'과 '강행법규의 사익보호성'의 두 가지 요건을 충족되어야 한다. ① 일반적 공권의 성립 요소인 '강행법규의 존재'는 충족된 것으로 볼 수 있다. 왜냐하면, 재량규정이 행정청의 임의적·자의적 처분을 허용하는 아니라 재량권도 법적으로 한계가 지워진 것이므로, 재량행위에서도 재량권의 한계를 준수할 의무는 법치행정의 원리상 당연히 요구되는 것이기 때문이다. 다만, 강행법규에 규정된 행정청의 기속행위에서 나오는 청구권은 특정 처분을 청구할 수 있는 것인 반면, 임의법규에 규정된 행정청의 재량행위에서 나오는 청구권은 특정처분이 아니라 재량권의 한계 준수를 청구할 수 있는 것이라는 점에서 양자는 차이가 있다. ② 근거규범의 사익보호성과 관련해서도, 오늘날은 행정법규의 보호 법익이 종전과는 달리 공익뿐 아니라 개인의 이익 보호도 대상으로 하고 있다고 넓게 인정되고 있는 것이 일반적이다. 재량처분을 규정한 관계 법률의 목적 또는 취지가 적어도 관련 당사자의 이익도 함께 보호하고 있는 경우에는 무하자재량행사청구권이 인정된다. (5) 무하자재량행사청구권은 재량권을 가지고 있는 행정청이 재량권의 유월, 재량권의 남용 및 재량권의 불행사 또는 해태 등 재량의 하자를 범하지 말 것을 청구하는 소극적·방어적 공권으로서 의미를 갖는다. 또한 무하자재량행사청구권은 관계 법규가 행정청에 재량권을 인정한 경우 다수의 가능한 결정 또는 선택 중 어느 하나의 결정 또는 선택을 전제로 한다. 그러나 예외적으로 그 재량권이 영(0)으로 수축되어 어떠한 행위만이 적법한 재량권 행사로 인정되는 경우에는 실체적 공권인 행정개입청구권으로 전환될 수 있다(예컨대, 생명과 신체에 대한 중대한 침해가 발생할 것이 명백한 경우에는 자신에게 특정 처분을 해 줄 것을 청구할 수 있다). 무하자재량행사청구권을 실현하는 쟁송 수단으로 의무이행심판, 취소소송, 부작위위법확인소송이 원용될 수 있다. i) 관계인의 신청에 대해 행정청이 거부처분을 하거나 부작위 상태로 방치하는 경우에는 하자 없는 재량처분을 할 것을 구하는 의무이행심판을 제기할 수 있다(행정심판법 제4조 제3호). 특히 수익적 행정행위를 행정청이 이행하지 않거나 거부처분을 하는 경우에는 의무이행심판이 효과적이다. ii) 행정청에 하자 없는 적법한 재량처분을 구하였으나 행정청이 이를 거부하거나 신청에 반하는 구체적 처분을 경우, 당사자는 이를 이유로 그 취소를 구할 수가 있다. iii) 행정청은 적법하게 재량을 행사할 의무가 있으므로, 상대방의 신청에 대해 부작위로 방치하는 경우 관계인은 부작위위법확인소송을 제기하여 해당 부작위의 위법을 확인받을 수가 있다.

65) 이에 대한 자세한 내용은 김남진, 『행정법(Ⅱ)』, 287-289면 참조.

해 존재하는 다른 법률상의 경찰금지 또는 제한까지를 해제하는 것은 아니다. 예를 들면, 공무원의 신분을 가진 자가 영업의 경찰허가를 받았다 하더라도 그 경찰허가는 식품위생법상의 금지만을 해제할 뿐이지, 공무원법상의 영리 업무 금지(국가공무원법 제64조 제1항)까지 해제해 주는 것은 아니다.

3) 경찰허가와 법률행위의 효력

경찰허가는 사실상 행위의 자유를 회복시켜 주는 데 그치므로 법률행위로서 효력 발생 여부는 직접적 관계가 없다. 즉, 허가를 받아야 할 행위를 허가받지 않고 하면 위법으로서 강제집행이나 경찰벌의 대상은 되지만 법률행위로서는 유효이다. 또 반대로 허가받고 한 행위일지라도 법률행위로서는 무효일 경우가 있다. 예컨대 무허가로서 고물을 판매한 행위는 전자에 속하고, 그 판매행위가 선량한 풍속 기타 사회 질서에 위반한 사실을 내용으로 하거나 당사자의 궁박·경솔 또는 무경험으로 인해 현저하게 공정을 잃은 경우에는 무효가 되는 것이다(민법 제103조, 제104조).[66]

그러나, 경찰허가는 본래 사법 관계의 형성과 무관한 것이지만 때로는 그에 영향을 미치는 경우가 있다. 예를 들면, 총포의 양도·양수에는 경찰서장의 허가를 받지 못하면 양수인은 화약류를 소지할 수 없으므로 양수·양도계약은 이행 불능이 된다(총포·도검·화약류 등 단속법 제21조 제4항 참조).[67]

4) 경찰허가의 갱신

종기(終期)가 있는 기한부 허가는 종기의 도래에 의해 효력을 상실하는 것은 당연하지만, 기한의 갱신을 신청할 수 있는 경우에는 경찰의 장해가 발생할 새로운 사정이 없는 한 갱신 허가를 해 주어야 한다.

허가의 갱신을 거부하느냐 여부는 갱신 당시의 법령과 사실 관계 등을

66) 중앙경찰학교, 『경찰행정법』, 123면.
67) 박윤흔, 『최신행정법강의(하)』, 333면; 이명구, 『행정법원론』, 991면.

기초로 판단해야 한다. 이처럼 허가의 갱신은 새로운 경찰허가가 아니고, 종래의 허가를 전제로 하여 그 효과를 계속시키는 행위이다.

허가갱신 전의 위법 사유는 갱신 이후에도 승계되므로, 갱신전의 사유를 들어 행정청은 제재처분을 할 수 있다. 허가의 갱신은 종전의 허가 기간 내에 이루어져야 하며, 종전의 허가 기간이 경과한 후일을 발령일로 한 허가는 신규 허가에 해당한다.

5) 경찰허가의 효과 범위

경찰허가의 효과 범위는 대인적 범위와 지역적 범위로 나누어 볼 수 있다.

(1) 대인적 범위

(가) 대인적 허가

경찰허가가 운전면허·의사면허 등과 같이 개인적 사정에 의거하여 허가가 행해진 경우 그 효과는 일신전속적이며, 타인에게 이전·상속될 수 없다. 따라서 허가받은 본인의 사망에 의해 그 허가의 효과는 당연히 소멸한다.

(나) 대물적 허가

경찰허가가 물건의 구조나 설비 및 공간구조 등의 객관적 사정에 의거하여 행해진 경우에 그 허가의 효과는 허가받은 자뿐만 아니라 허가의 대상이 된 물건의 상속인 또는 양수인에게도 그 효과가 미치는 것이 원칙이다.

(다) 혼합적 허가

혼합적 허가는 전당포 영업 허가나 영업 허가·숙박업 허가 등과 같이 신청자의 자격과 동시에 시설물의 적합성과 안전성 등이 허가 절차에서 고려되어 이루어지는 허가로, 다시 말해 신청인의 주관적 사정과 객관적 사정을 아울러 고려하여 행해지는 경찰허가이다. 혼합적 허가의 경우 법령은 대개의 경우 물적 시설·영업 등의 상속이나 양도에 의해 당연히 허가의 효과가 이전될 수 없게 하고, 전당포 영업소의 이전이나 총포·화약류 제조 허가 등에서 보는 바와 같이 상속인이나 양수인에게 새로이 경찰관청의 허가를 받도록 하고 있다.

혼합적 허가의 경우에는 인적 사정이 중심적인 요소로서 고려되므로 이 경우에는 물적 설비 등에 대해서는 심사하지 않고 상속인 또는 양수인의 주관적 사정만을 심사하여 허가 여부를 결정하도록 규정한 것이 보통이며, 명문 규정이 없는 경우에도 동일하게 해석해야 할 것이다.[68]

(2) 지역적 범위

경찰허가의 효과는 당해 경찰관청의 관할구역 내에서만 미치는 것이 원칙이지만, 자동차 운전 면허의 효력이나 이용사 면허의 효력 등과 같이 법령의 규정이나 행위의 성질상 경찰관청의 관할구역 밖에서도 인정되는 경우가 있다.

7 경찰허가의 하자

경찰허가가 유효하게 효력을 발생하기 위해서는 법규정이 정하고 있는 요건을 갖추고 공익에 부합해야 한다. 법규정이 정하고 있는 요건을 구비하지 못하면 그 경찰허가는 흠(瑕疵) 있는 경찰허가가 된다.

1) 경찰허가의 무효

경찰허가가 내용이나 절차 또는 형식상의 성립 요건에 중대하고 명백한 흠이 있는 경우에는 처음부터 무효로서 당연히 효력이 발생하지 않는다. 경찰허가가 무효인 경우에는 경찰허가에 따라 행위를 한 행위자라 하더라도 결과적으로 경찰 의무의 위반으로서 경찰 위반 책임을 진다. 따라서 본인에게 정당한 사유가 있는 경우를 제외하고는 경찰벌의 대상이 된다.

경찰허가의 무효 원인으로는 행정행위의 일반 원칙에 따라 무권한, 절대적 금지 사항에 대한 허가나 무자격자에 대한 허가와 같은 실현 불능, 절차의 결여·대외적 표시·필요적 도달의 결여 등이 이에 해당한다.[69]

---

68) 박윤흔, 『최신행정법강의(하)』, 334면.
69) 중앙경찰학교, 『경찰행정법』, 124면.

2) 경찰허가의 취소

경찰허가의 성립 요건에 단순 위법한 취소 원인의 흠이 경우에는 당해 경찰관청이나 감독청 또는 법원이 경찰허가를 취소할 수 있다. 경찰허가의 취소는 유효하게 성립한 경찰허가를 사후에 그 효력을 상실시키는 행정행위로서, 해제된 경찰금지를 다시 부활시키는 것이다.

경찰허가의 취소권자에는 원칙적으로 허가권자이다. 그러나 예외적으로 감독관청이나 법원이 취소권자가 되기도 한다.

일정한 취소 원인이 있는 경우에 경찰관청은 반드시 그 경찰허가를 취소하도록 법령이 규정하고 있는 때에는 그 경찰취소는 기속행위이다(도로교통법 제78조 제1항 단서). 반면에 법령에 일정한 취소 원인이 있는 경우에 경찰허가를 취소할 것인지의 여부를 경찰관청의 재량에 맡긴 경우에도 이 때의 재량은 경찰 목적 및 경찰 비례의 원칙 등 일반법 원칙에 의해 일정한 제한을 받는 기속재량이다.[70]

경찰허가의 성립 당시의 흠을 이유로 하여 허가를 취소하는 경우에는 소급하여 처음부터 경찰허가가 없었던 것과 동일한 상태로 환원하는 것이 원칙이다. 그러나 흠이 상대방에게 책임이 없는 때에는 소급하지 아니하고 장래에 향해서만 효력을 상실시키는 데 그친다고 할 것이다.[71]

3) 경찰허가의 철회

경찰허가를 한 후에 허가된 행위가 사후에 공공의 안녕과 질서에 반하게 된 경우나 허가를 받은 자가 상당한 기간 내에 허가된 행위를 실행하지 아니한 경우 등에는 일반 행정행위와 마찬가지로 경찰허가를 철회할 수 있다.[72] 철회는 후발적 사유에 기해 그 효력을 장래에 향해 소멸시킨다는 점에서, 행정행위의 원시적 하자를 이유로 소급적으로 효력을 소멸시키는 취

70) 박윤흔, 『최신행정법강의(하)』, 335면; 이명구, 『행정법원론』, 995면; 한견우, 『행정법(II)』, 294면.

71) 중앙경찰학교, 『경찰행정법』, 126면.

72) 박윤흔, 『최신행정법강의(하)』, 335면; 이명구, 『행정법원론』, 996면.

소와 구별된다. 철회는 처분청만이 할 수 있다는 점에서 처분청・감독청이 할 수 있는 취소와 구별된다.[73][74] 이러한 철회권의 행사는 원칙적으로 법령의 근거가 필요하다고 볼 것이지만, 현대 행정의 특수성과 '변화된 사정에 행정을 적응한다'는 철회의 기능을 고려할 때 법령의 근거가 없어도 가능하다고 본다. 그런데 철회권의 행사는 기본적으로 상대방의 신뢰 보호와 조화를 이루어야 하기 때문에 구체적인 경우에 이익 형량의 문제가 생긴다.[75]

경찰허가의 철회는 처분청만이 할 수 있다. 감독청은 처분청에 철회를 명할 수는 있으나, 법률에 특별한 규정이 없는 한 직접 당해 행위를 철회할 수는 없다. 감독청은 원칙적으로 법률에 특별한 규정이 없는 한 피감독청의 권한에 속하는 사항에 대한 대집행의 권한이 없으므로, 내용적으로 대집행으로서의 성질을 가지는 행정행위의 철회권도 행사할 수 없다고 보아야 하기 때문이다.

---

73) 취소의 경우에 감독청에 취소권이 있는가에 대해서는 다툼이 있으며, 효과에서도 취소에 반드시 소급적 효과가 인정되는 것은 아니라는 점에서 이들은 양자를 구별하는 절대적인 기준이 되는 것은 아니다.

74) 철회의 사유로는 철회권의 유보, 상대방의 의무 위반, 새로운 사실의 발생, 기타 법령에 규정된 철회 사유의 발생 등이 있다. ① 행정행위 발급 당시에 부관에 의해 철회권을 유보해 놓은 경우, 행정청은 부관으로 정해놓은 사유가 발생할 때 당해 행위를 철회할 수 있다. ② 행정행위에 부관으로서 부담이 부과되어 있는 경우에 그 상대방이 이를 이행하지 아니하는 때에는 행정청은 원칙적으로 당해 행위를 철회할 수 있다. 실정법에서는 법령 위반에 대해 영업 정지나 취소(철회)를 규정하는 경우가 있으나, 명시적 규정이 없는 경우에는 철회가 허용될 수 없다고 할 것이다. ③ 행정행위의 기초가 되는 사실 관계가 변경되어 본래의 행정행위가 적법・타당성이 결여되고 그를 존속시키는 것이 공익을 해치는 경우(예: 도로의 폐지에 따른 도로점용 허가의 철회)에는 당해 행위를 철회할 수 있다. 그러나 공무원의 임명・귀화 허가 등의 포괄적 신분 설정행위는 그 성질상 사정 변경에 기한 철회가 허용되지 않는다. 또한, 처분의 근거 법령이 변경되어 당해 처분이 새로운 법령의 요건을 갖추지 못하게 되어 당해 행정행위를 유지할 수 없게 된 경우에는 철회가 허용된다 할 것이다. 다만, 그로 인한 손실은 보상되어야 한다. ④ 법령 또는 사정의 변경이 있는 것도 아니고 또는 상대방의 귀책 사유가 있는 것도 아니나, 공익적 관점에서 불가피한 우월한 공익상의 필요가 있는 경우에도 당해 행정행위의 철회가 가능하다(대판 1995.2.28. 94누7713). 이 경우 그에 따른 손실은 보상되어야 한다.

75) 한견우, 『행정법(II)』, 295면.

76) (1) 하자의 승계란 일정한 행정 목적을 위해 두 개 이상의 행정행위가 단계적으로 연속하여 행하지는 경우, 당해 행위 자체의 위법이 아닌 그 선행행위의 하자를 후행행위 의 위법 사유로서 주장할 수 있는가의 문제를 말한다(예: 대집행 계고에 하자가 있었으나

4) 경찰허가의 흠(瑕疵)의 승계[76]

경찰허가의 취소나 철회의 사유가 발생되어 있으나 취소 또는 철회하지 아니하고 있는 동안에 당해 허가 영업이 양도된 경우에, 그 사유로 양수인의 허가를 취소할 수 있는가가 문제될 수 있다.[77]

허가 영업이 양도된 경우에 양수인에게 허가의 효과가 이전되는지는 허가 요건에 물적 요건과 인적 요건이 혼재되어 있기 때문에 일률적으로 말할 수는 없으나, 인적 요건을 허가 요건으로 하는 대인적 허가에서는 일신전속적인 경우가 많으므로 허가의 효과는 이전되지 않는다. 그러나 물적 요건을 허가 요건으로 하는 대물적 허가에서는 허가의 효과가 이전된다고 본다.[78]

계고에 대한 제소 기간이 경과한 경우, 계고에 대한 하자가 그에 대한 연속절차인 대집행 실행과 비용납부명령에 승계되는지가 문제되는 경우). 하자의 승계는 선행행위에 불가쟁력(不可爭力)이 발생하여 그 효력을 더 이상 다툴 수 없게 된 경우에도, 하자의 승계가 인정되는 경우에는 그 행위의 위법을 이유로 후행행위의 효력을 다툴 수 있게 된다는 점에서 논의의 실익이 있다. (2) 하자의 승계 문제는 다음과 같은 조건을 전제로 한다. ① 선행행위와 후행행위는 모두 항고소송의 대상이 되는 처분이어야 한다. ② 선행행위에는 무효 사유가 아닌 '취소 사유'에 해당하는 하자가 존재해야 한다. 통설과 판례에 의하면 선행행위에 무효 사유의 하자가 존재하면 무효인 하자는 후행행위에 언제나 승계되어 후행처분은 무효가 되므로, 선행행위에 무효 사유인 하자가 있는 경우에는 하자의 승계에 관한 논의가 불필요하다. ③ 선행행위에는 하자가 존재하나 후행행위 자체에는 하자가 없는 경우이어야 한다. 후행행위의 고유한 하자가 있다면 이를 이유로 후행행위 자체를 다툴 수 있으므로 하자의 승계를 논할 실익이 없다. ④ 선행행위를 제소 기간 내에 다투지 않는 등 불가쟁력이 발생하여야 한다. 선행행위에 대해 다툴 수 없기 때문에 하자가 없는 후행행위를 다투고자 하는 것이 하자의 승계에 관한 논의이기 때문이다. (3) 하자의 승계 여부에 대한 통설은 선행행위와 후행행위가 결합하여 동일한 하나의 법률 효과를 목적으로 하는 경우에는 하자가 승계되고, 양 행위가 서로 별개의 독립된 법률 효과를 목적으로 경우에는 하자가 승계되지 않는다고 입장이다(대법원 1993.2.9. 선고 92누4567 판결). ① 따라서 조세체납처분에서의 독촉·압류·매각·충당의 각 행위나 행정대집행에서의 계고·통지·대집행실행·비용납부명령의 각 행위는 동일한 법률 효과를 추구하는 연속하는 행위이므로 선행행위의 하자가 후행행위에 승계된다. ② 그러나 과세처분과 체납처분, 건물철거명령과 대집행행위 사이는 별개의 법률 효과를 지향하므로 하자가 승계되지 않는다. 이 경우에는 선행행위는 의무를 부과하는 것을 목적으로 하고 후행행위는 의무 불이행이 있을 때 의무 이행 확보를 목적으로 하는 것이기 때문에 상호 별개의 법적 효과를 추구하는 독립된 절차이기 때문이다.

77) 박윤흔, 『최신행정법강의(하)』, 335면; 이명구, 『행정법원론』, 996면.

78) 박윤흔, 『최신행정법강의(하)』, 336면.

제 6 장

경찰행정 절차

제 1 절 개 요

1 행정절차의 의의

행정절차란 일반적으로 행정활동이 시작되어서 끝날 때까지의 과정을 말한다. 이 과정을 규율하는 법을 행정절차법이라 한다.[1)]

행정절차는 광의로는 행정작용 과정에서 거쳐야 하는 일체의 절차로, 준비·계획·결정·공고 등 행정작용의 발령절차, 행정심판절차, 행정상 의무 이행 확보절차를 포함한다. 이 개념은 행정권 행사의 사전절차와 사후절차를 모두 포함하는 개념이다.

반면, 협의로는 행정청이 하는 각종의 행정작용의 사전절차 내지 행정의사의 결정에 관한 대외적 사전절차를 말한다. 일반적으로 행정절차는 협의의 행정절차를 말한다.

1) 김철용, 『행정법(1)』, 박영사(2010), 239면.

2 행정절차법의 기능

행정절차의 기능으로는 법치행정의 실질화·행정의 민주화와 적정화(適正化)·사법적 구제의 보완·행정의 원만화와 능률화를 들 수 있다.

행정절차가 행정의 예측 가능성을 제공하고 법률 유보의 원칙의 적용 범위를 확대함으로써 법치행정 구현에 이바지하고, 청문 등 이해관계인의 행정 과정에의 참여 기회가 부여됨으로써 행정청의 전단(專斷)과 자의(恣意)를 배제하고 행정작용을 민주화할 수 있다. 또한, 복잡하고 다양한 행정작용에 관한 절차를 행정절차법에 의해 명확히 표준화할 때, 그것은 행정작용을 원활히 수행할 수 있게 함으로써 행정작용의 능률화에 이바지하게 된다.[2]

3 행정절차의 일반적 내용

1) 사전 통지

사전 통지(事前通知)란 어떤 행정결정을 하기 전에 이해관계인에게 행정작용의 내용이나 청문 등의 일시·장소 등을 알리는 일종의 준법률행위적(準法律行爲的) 행정행위이다. 사전 고지로써 이해관계인은 의견·변명 또는 자료의 제출이 가능해진다. 고지(告知)는 법령에 특별한 규정이 없는 한 송달 또는 공고의 방법에 의한다.[3]

2) 청문

청문(聽聞)이란 행정에 관한 정책이나 구체적인 조치의 결정 등에 의해 불이익을 입게 될 당사자 또는 이해관계인에게 자신의 의견을 진술하거나 자기에게 유리한 증거를 제출할 기회를 제공하는 것을 말한다(행정절차법

2) 이명구, 『행정법원론』, 375면.
3) 이명구, 『행정법원론』, 381면.

제2조 4호). 헌법재판소는 청문 절차의 헌법적 원리성을 긍정하고 있다(1990.11.19, 90헌가48).

3) 서면 결정과 결정 이유의 명시

확인적 행정행위 또는 부담적 행정행위를 하는 경우 행정청이 그 "결정의 이유를 명시한 문서"로써 행정행위를 하도록 의무화하고 있음을 말한다.

이러한 기능은 행정청의 자의적 결정을 배제하여 재량통제의 실효를 얻을 수 있을 뿐만 아니라, 국민에게 행정결정에 대해 설명함으로써 국민을 설득할 수 있으며, 이해관계인으로 하여금 사후의 불복 절차에 대비할 수 있다.[4]

4) 입법예고

행정절차법은 행정에 대한 예측 가능성의 확보 및 국민의 행정에의 참여와 행정 시책에 대한 이해를 도모하기 위해 국민생활에 매우 중요한 의미를 가지는 일정한 행정 시책에 대해서는 이를 예고하도록 하고 있다.[5]

제 2 절 우리나라의 행정절차법

1 행정절차법의 구조와 특징

현행 행정절차법은 1996년 12월 공포되어 1998년 1월 1일부터 시행되고 있다. 행정절차법은 우리나라에서의 행정절차에 관한 일반법으로서 총칙 외에 처분절차·신고절차·행정상 입법예고절차·행정예고절차·행정지도절차 및 보칙 총 7장 54개 조로 구성되어 있다.

4) 이명구, 『행정법원론』, 384면.
5) 김동희, 『행정법(1)』, 360면.

현행 행정절차법의 특징을 살펴보면, 행정절차법에는 행정법의 총칙에 해당하는 규정도 없고, 행정행위 등에 관한 실체법적 규정도 없다. 행정절차는 내용적으로는 사전절차(事前節次)와 사후절차(事後節次)를 포함하는 것이나, 행정절차법의 규율 범위는 사전 절차에 한정되어 있고, 행정계획절차나 행정조사 절차 등은 그 규율 대상에서 제외되어 있어, 현행 행정절차법이 행정절차에 관한 완결적인 법은 아니라 할 것이다.[6]

2 통칙적 규정

행정절차법은 행정 운영에서 행정절차에 관한 공통적인 사항을 규정하여 국민의 행정 참여를 도모함으로써 행정의 공정성·투명성 및 신뢰성을 확보하고 국민의 권익을 보호함을 목적으로 하고 있다(동법 제1조).

행정절차법은 동법이 규율하는 사항으로서 처분, 신고, 행정상 입법예고, 행정예고, 행정지도의 절차에 관한 일반법으로서 다른 법률에 특별한 규정이 있는 경우 외에는 이 법이 적용된다(동법 제3조 제1항).

행정청이 그 관할에 속하지 아니하는 사안을 접수했거나 이송받은 경우 또는 행정청이 접수 또는 이송받은 후 관할이 변경된 경우에는 지체없이 이를 관할 행정청에 이송해야 하고 그 사실을 신청인에게 통지해야 한다(동법 제6조 제1항). 행정청의 관할이 분명하지 아니하는 경우에는 당해 행정청을 공통으로 감독하는 상급 행정청이 그 관할을 결정하며, 공통으로 감독하는 상급 행정청이 없는 경우에는 각 상급 행정청의 협의로 그 관할을 결정한다(동법 제6조 제2항).

송달은 원칙적으로 송달받은 자의 주소·거소·영업소 또는 사무소 또는 전자우편주소로 한다.[7] 다만, 송달받을 자가 동의하는 경우에는 그를 만

6) 김동희, 『행정법(1)』, 343면.

7) 「독점규제 및 공정거래에 관한 법률」 제55조의2 및 이에 근거한 「공정거래위원회 회의 운영 및 사건절차 등에 관한 규칙」(공정거래위원회 고시 제2001-8호) 제3조 제2항에 의하여 준용되는 구 행정절차법(2002. 12. 30. 법률 제6839호로 개정되기 전의 것) 제14조

나는 장소에서 송달할 수 있다(동법 제14조 제1항). 교부에 의한 송달은 수령확인서를 받고 문서를 교부함으로써 행하며, 송달하는 장소에서 송달받을 자를 만나지 못한 때에는 그 사무원·피용자(被用者) 또는 동거자로서 사리를 분별할 지능이 있는 자에게 이를 교부할 수 있다. 정보통신망을 이용한 송달은 송달받을 자가 동의하는 경우에 한한다. 이 경우 송달받을 자는 송달받을 전자우편주소 등을 지정해야 한다(동법 제14조 제2항 및 제3항). 송달은 원칙적으로 송달받을 자에게 도달됨으로써 그 효력이 발생하며, 공고의 경우에는 공고일부터 14일이 경과한 때에는 그 효력이 발생한다(동법 제15조).

3 처분절차

행정절차법은 제2장에서 통칙, 의견 제출 및 청문, 공청회에 관해 규정하고 있다. 행정절차법에서 처분 절차는 크게 신청에 의한 처분(수익적 처분), 불이익 처분에 의한 처분(침익적 처분) 절차로 구분할 수 있다. 그러면서도 양자에 공통적으로 적용되는 사항도 있다.

1) 처분절차의 공통 사항

(1) 직권주의·문서주의

행정절차법은 직권주의를 채택하고 있다. 다시 말해, 절차의 진행은 행정청에 맡겨져 있고, 결정상 필요한 사실은 행정청 스스로 조사·수집할 수 있다. 다만, 신청에 의한 처분의 개시는 신청인의 신청에 의하고, 처분 내용도 신청의 범위 내에서 이루어지도록 하고 있다.

제1항은 문서의 송달 방법의 하나로 우편 송달을 규정하고 있고, 같은 법 제16조 제2항은 외국에 거주 또는 체류하는 자에 대한 기간 및 기한은 행정청이 그 우편이나 통신에 소요되는 일수를 감안하여 정해야 한다고 규정하고 있는 점 등에 비추어보면, 공정거래위원회는 국내에 주소·거소·영업소 또는 사무소가 없는 외국 사업자에 대하여도 우편 송달의 방법으로 문서를 송달할 수 있다(대판 2006.3.24, 2004두11275).

행정절차법은 행정청이 처분을 하는 때에는 다른 법령 등에 특별한 규정이 있는 경우를 제외하고는 문서로 하여야 하며, 전자문서로 하는 경우에는 당사자 등의 동의가 있어야 한다. 다만, 신속을 요하거나 사안이 경미한 경우에는 구술 기타 방법으로 할 수 있으며, 이 경우 당사자의 요청이 있는 때에는 지체없이 처분에 관한 문서를 주어야 한다(동법 제24조 제1항).[8] 따라서 문서주의 원칙을 채택하고 있다. 처분을 행하는 문서에는 그 처분청 및 담당자의 소속·성명·전화번호를 표기하도록 한다고 규정하여 처분에서 행정실명제를 도입하고 있다(동법 제24조 제2항).

(2) 처분 기준의 설정·공표

행정청의 자의적 권한 행사를 방지하고 행정의 통일성을 기하고, 처분에 대한 상대방의 예측 가능성을 부여하기 위해 필요한 당해 처분의 성질에 비추어 처분 기준을 가능한 한 구체적으로 정하여 공표해야 한다. 아울러 처분 기준을 변경하는 경우에도 마찬가지이다(동법 제20조 제1항). 다만, 당해 처분의 성질상 현저히 곤란하거나 공공의 안전 또는 복리를 현저히 해하는 것으로 인정될 만한 상당한 이유가 있는 경우에는 이를 공표하지 아니할 수 있다(동법 제20조 제2항). 당사자 등은 공표된 처분 기준이 불명확한 경우 당해 행정청에 대하여 그 해석 또는 설명을 요청할 수 있다. 이 경우 당해 행정청은 특별한 사정이 없는 한 이에 응하여야 한다(동법 제20조 제3항).

(3) 처분의 사전 통지와 이유 제시

(가) 처분의 사전 통지

행정청은 당사자에게 의무를 과하거나 권익을 제한하는 처분을 하는 경우에는 미리 ① 처분의 제목, ② 당사자의 성명 또는 명칭과 주소, ③ 처분

---

8) "행정절차법 제24조는, 행정청이 처분을 하는 때에는 다른 법령 등에 특별한 규정이 있는 경우를 제외하고는 문서로 하여야 하고 전자문서로 하는 경우에는 당사자 등의 동의가 있어야 하며, 다만 신속을 요하거나 사안이 경미한 경우에는 구술 기타 방법으로 할 수 있다고 규정하고 있는데, 이는 행정의 공정성·투명성 및 신뢰성을 확보하고 국민의 권익을 보호하기 위한 것이므로 위 규정을 위반하여 행하여진 행정청의 처분은 하자가 중대하고 명백하여 원칙적으로 무효이다"(대판 2011.11.10, 2011도11109).

하고자 하는 원인이 되는 사실과 처분의 내용 및 법적 근거, ④ 의견을 제출할 수 있다는 뜻과 의견을 제출하지 아니하는 경우의 처리 방법, ⑤ 의견제출기관의 명칭과 주소, ⑥ 의견 제출 기한, ⑦ 기타 필요한 사항을 당사자 등에게 통지하여야 한다(동법 제21조 제1항).

행정청은 청문을 실시하고자 하는 경우에 청문이 시작되는 날부터 10일 전까지 당사자 등에게 통지하여야 한다. 아울러 의견 제출에 필요한 상당한 기간을 고려하여야 한다. 그러나 ① 공공의 안전 또는 복리를 위하여 긴급히 처분을 할 필요가 있는 경우, ② 법령 등에서 요구된 자격이 없거나 없어지게 되면 반드시 일정한 처분을 하여야 하는 경우에 그 자격이 없거나 없어지게 된 사실이 법원의 재판 등에 의하여 객관적으로 증명된 때, ③ 당해 처분의 성질상 의견 청취가 현저히 곤란하거나 명백히 불필요하다고 인정될 만한 상당한 이유가 있는 경우에는 통지를 아니 할 수 있다.

(나) 처분의 이유 제시

행정절차법은 행정청이 처분 시 그 근거와 이유를 제시해야 한다고 규정하여 이유 제시 의무를 원칙적으로 인정하면서도 예외적으로 ㉠ 신청 내용을 모두 그대로 인정하는 처분, ㉡ 단순·반복적인 처분 또는 경미한 처분으로 당사자가 그 이유를 명백히 알 수 있는 경우, ㉢ 긴급을 요하는 경우에는 처분의 이유 제시를 배제하고 있다(동법 제23조 제1항). 그러나 처분 후 당사자가 요청하는 경우에는 그 근거와 이유를 제시해야 한다(동법 제23조 제2항).

(4) 처분 내용의 정정

행정청은 처분에 오기·오산 기타 이에 준하는 명백한 잘못이 있는 때에는 직권 또는 신청에 의해 지체없이 정정하고 이를 당사자에게 통지해야 한다(동법 제25조).

2) 신청에 의한 처분 절차

행정절차법상 신청에 의한 처분 절차는 신청, 신청의 심사, 처분의 결정 순으로 이루어진다.

사인의 허가·인가 등의 신청은 원칙적으로 문서로 해야 하며, 행정청은 신청에 필요한 구비서류, 제출기관, 처리 기간 등을 게시하거나 이에 대한 편람을 비치하여 열람하도록 해야 한다(동법 제17조 제1항·3항).

행정청의 절차상 의무는 다음과 같다.

① 사인(私人)의 허가·인가 등의 신청과 관련하여 행정청은 그 처분에 필요한 기준을 설정·공표해야 한다.

② 신청인의 편의를 도모하고 신청에 대한 처분의 처리 지연으로 인한 신청인의 불이익을 방지하기 위해 행정청은 처리 기간의 설정·공표 의무를 규정하고 있다(동법 제19조). 다만, 부득이한 사유로 처리 기간 내에 처리하기 곤란한 경우에는 당해 처분의 처리 기간의 범위 내에서 1회에 한해 그 기간을 연장할 수 있으며, 처리 기간을 연장하는 때에는 처리 기간의 연장 사유와 처리 예정 기간을 지체없이 신청인에게 통지해야 한다.

③ 행정청은 신청이 있는 때에는 다른 법령 등에 특별한 규정이 있는 경우를 제외하고는 그 접수를 보류 또는 거부하거나 부당하게 되돌려 보내서는 아니 되며, 신청을 접수한 경우에는 신청인에게 접수증을 교부해야 한다(동법 제17조 제4항).

④ 행정청은 다수의 행정청이 관여하는 처분을 구하는 신청을 접수한 경우에는 관계 행정청과의 신속한 협조를 통해 당해 처분이 지연되지 아니하도록 해야 한다(동법 제18조).

⑤ 행정청이 상대방의 신청을 거부하는 경우에는, 그 근거 및 이유를 제시해야 한다.

3) 불이익처분 절차

불이익처분이라 함은 당사자에게 의무를 부과하거나 당사자의 권익을 침해하는 처분을 말한다. 행정절차법은 불이익처분의 절차를 청문, 의견 제출 및 공청회로 구분하여 규정하고 있다. 아울러, 처분 기준의 설정·공표, 이유 제시 등에 관한 규정도 불이익처분 절차에 적용된다.

(1) 의견 제출

의견 제출이란 행정청이 어떠한 행정작용을 하기에 앞서 당사자 등이 의견을 제시하는 절차로서 청문이나 공청회에 해당하지 아니하는 절차이다.

행정청의 처분에 대해 직접 그 상대가 되는 당사자와 행정청이 직권 또는 신청에 의해 행정절차에 참여하게 한 이해관계인은 의견을 제출할 수 있다. 자연인이나 법인 또는 법인 아닌 사단이나 재단과 기타 다른 법령 등에 의해 권리 의무의 주체가 될 수 있는 자는 이러한 당사자 등이 될 수 있다(동법 제2조 제4호 및 제9조).[9]

행정청이 처분 전에 당사자 등에게 의견을 제시할 기회를 주는 절차로서 서면·구술 또는 정보통신망을 이용하여 의견을 제출할 수 있다(동법 제27조 제1항).

당사자 등이 의견 제출을 하는 경우 그 주장을 입증하기 위한 증거자료 등을 첨부할 수 있다(동조 제2항). 행정청은 당사자 등이 구술로 의견 제출을 한 때에는 서면으로 그 진술의 요지와 진술자를 기록해야 한다(동조 제3항). 당사자 등이 정당한 이유 없이 의견 제출 기한 내에 의견 제출을 하지 아니한 경우에는 의견이 없는 것으로 본다(동조 제4항).

행정청은 처분을 함에 있어서 당사자 등이 제출한 의견이 상당한 이유가 있다고 인정하는 경우에는 이를 반영하여야 한다(동법 제27조의2).

(2) 공청회

공청회(公聽會)란 행정청이 공개적인 토론을 통해 어떠한 행정작용에 대

---

9) 행정청이 침해적 행정처분을 하면서 당사자에게 행정절차법상의 사전통지를 하거나 의견 제출의 기회를 주지 아니하였다면 사전통지를 하지 않거나 의견 제출의 기회를 주지 아니하여도 되는 예외적인 경우에 해당하지 아니하는 한 그 처분은 위법하여 취소를 면할 수 없다. 행정 과정에 대한 국민의 참여와 행정의 공정성, 투명성 및 신뢰성을 확보하고 국민의 권익을 보호함을 목적으로 하는 행정절차법의 입법 목적과 행정절차법 제3조 제2항 제9호의 규정 내용 등에 비추어보면, 공무원 인사관계 법령에 의한 처분에 관한 사항 전부에 대하여 행정절차법의 적용이 배제되는 것이 아니라 성질상 행정절차를 거치기 곤란하거나 불필요하다고 인정되는 처분이나 행정절차에 준하는 절차를 거치도록 하고 있는 처분의 경우에만 행정절차법의 적용이 배제된다(대판 2007.9.21, 2006두20631 판결【진급낙천처분취소】[공2007.10.15.(284),1682]).

해 당사자 등, 전문지식과 경험을 가진 자 기타 일반인들로부터 행정결정에 필요한 의견을 형성·수렴하는 절차를 의미한다. 공청회는 사전적으로 이해관계를 조정하고자 하는 데 주목적이 있다.

공청회 제도의 특색은 청문과는 달리 공청회의 주제와 직접적인 이해관계가 없는 일반인도 참여가 가능하다는 점이다.

공청회를 개최하고자 하는 경우에는 공청회 개최 14일 전까지 그 내용(제목, 일시 및 장소, 주요 내용, 발표자에 관한 사항, 발표 신청 방법 및 신청 기한, 정보통신망을 통한 사전 의견 제출, 그 밖에 필요한 사항)을 당사자 등에게 통지하고 관보·공보 또는 일간신문 등에 공고·인터넷 등의 방법으로 널리 알려야 한다(동법 제38조 제1항).

또한 행정청은 정보통신망을 이용한 공청회, 즉 '전자공청회'를 실시할 수 있다. 행정청은 전자공청회를 실시하는 경우 의견 제출 및 토론 참여가 가능하도록 적절한 전자적 처리 능력을 갖춘 정보통신망을 구축·운영하여야 한다. 전자공청회를 실시하는 경우에는 누구든지 정보통신망을 이용하여 의견을 제출하거나 제출된 의견 등에 대한 토론에 참여할 수 있다(동법 제38조의2).

공청회의 주재자는 당해 공청회의 사안과 관련된 분야에 전문적 지식이 있거나 그 분야에서 종사한 경험이 있는 자 중에서 행정청이 지명 또는 위촉하는 자로 한다(동법 제38조의3). 공청회의 주재자는 공청회를 공정하게 진행해야 하며, 공청회의 원활한 진행을 위해 발표 내용을 제한할 수 있고, 질서 유지를 위해 필요한 조치를 할 수 있다(동법 제39조 제1항·제3항).

발표자는 공청회의 내용과 직접 관련된 사항에 한해 발표해야 한다. 공청회의 주재자는 발표자의 발표가 끝난 후에는 발표자 상호간에 질의 및 답변을 할 수 있도록 해야 하며, 방청인에게도 의견을 제시할 기회를 주어야 한다(동법 제39조 제2항·제4항).

행정청은 처분을 할 때 공청회·전자공청회 및 정보통신망 등을 통해 제시된 사실 및 의견이 상당한 이유가 있다고 인정하는 경우에는 이를 반영해야 한다(동법 제39조의2).

(3) 청문

청문(聽聞, hearing)이란 행정청이 어떠한 처분을 하기에 앞서 당사자 등의 의견을 직접 듣고 증거를 조사하는 절차로서 불이익처분에 관한 절차 중에 가장 공식적인 절차이다.

(가) 청문의 사전 통지

행정청이 불이익과 관련하여 청문 절차를 실시하고자 하는 경우에 청문이 시작되는 날부터 10일 전까지 당사자 등에 통지해야 한다(동법 21조 제2항). 다만, 공공의 안전 또는 복리를 위해 긴급히 처분을 할 필요가 있는 경우, 법령 등에서 요구된 자격이 없거나 없어지게 되면 반드시 일정한 처분을 해야 하는 경우에 그 자격이 없거나 없어지게 된 사실이 법원의 재판 등에 의해 객관적으로 증명된 때, 당해 처분의 성질상 의견 청취가 현저히 곤란하거나 명백히 불필요하다고 인정될 만한 상당한 이유가 있는 경우 등에는 통지를 아니할 수 있다(동법 제21조 제4항)

(나) 청문 주재자

청문은 행정청이 소속 직원 또는 대통령령이 정하는 자격을 가진 자 중에서 선정하는 자가 주재하되, 행정청은 청문 주재자의 선정이 공정하게 이루어지도록 노력해야 한다. 청문 주재자는 독립하여 공정하게 직무를 수행하며, 그 직무 수행상의 이유로 본인의 의사에 반해 신분상 어떠한 불이익도 받지 아니한다(동법 제28조).

청문 주재자가 자신이 당사자 등이거나 당사자 등과 친족 관계에 있거나 있었던 경우, 자신이 당해 처분과 관련하여 증언이나 감정을 한 경우, 자신이 당해 처분의 당사자 등의 대리인으로 관여하거나 관여했던 경우에는 청문을 주재할 수 없다(동법 제29조 제1항).

청문 주재자에게 공정한 청문 진행을 할 수 없는 사정이 있는 경우 당사자 등은 행정청에 기피 신청을 할 수 있으며, 이 경우 행정청은 청문을 정지하고 그 신청이 이유가 있다고 인정한 때에는 당해 청문 주재자를 지체 없이 교체해야 한다(동법 제29조 제2항). 아울러 청문 주재자는 제척 또는 기피의 사유에 해당하는 경우에는 행정청의 승인을 얻어 스스로 청문의 주재를 회피할 수 있다(동법 제29조 제3항).

(다) 청문의 공개 및 진행

청문은 당사자의 공개 신청이 있거나 청문 주재자가 필요하다고 인정하는 경우에는 이를 공개할 수 있다. 다만, 공익 또는 제3자의 정당한 이익을 현저히 해할 우려가 있는 경우에는 공개해서는 아니 된다(동법 제30조).

청문 주재자가 청문을 시작할 때에는 먼저 예정된 처분의 내용, 그 원인이 되는 사실 및 법적 근거 등을 설명해야 한다. 당사자 등은 이에 대해 의견을 진술하고 증거를 제출할 수 있으며, 참고인·감정인 등에 대해 질문할 수 있다. 당사자 등이 의견서를 제출한 경우에는 그 내용을 출석하여 진술한 것으로 본다. 청문 주재자는 청문의 신속한 진행과 질서 유지를 위해 필요한 조치를 할 수 있다. 청문을 계속할 경우에는 행정청은 당사자 등에게 다음 청문의 일시 및 장소를 서면으로 통지해야 하며, 당사자 등이 동의하는 경우에는 전자문서로 통지할 수 있다. 다만, 청문에 출석한 당사자 등에게는 당해 청문일에 청문 주재자가 구술로 통지할 수 있다(동법 제31조).

행정청은 직권 또는 당사자의 신청에 의해 수개의 사안을 병합하거나 분리하여 청문을 실시할 수 있다(동법 제32조).

(라) 증거조사 및 청문조서의 작성

청문 주재자는 당사자의 신청이 있는 경우뿐만 아니라 직권에 의해 필요한 조사를 할 수 있으며, 당사자 등이 주장하지 아니한 사실에 대해서도 조사할 수 있다(동법 제33조 제1항).

증거조사는 문서·장부·물건 등 증거자료의 수집, 참고인·감정인 등에 대한 질문, 검증 또는 감정·평가, 기타 필요한 조사 방법 등을 효과적으로 활용한다. 청문 주재자는 필요하다고 인정하는 때에는 관계 행정청에 대해 필요한 문서의 제출 또는 의견의 진술을 요구할 수 있다. 이 경우 관계 행정청은 직무 수행상 특별한 지장이 없는 한 이에 응해야 한다(동법 제33조 제2항 및 제3항).

청문 주재자는 청문의 제목, 당사자 등의 진술의 요지 및 제출된 의견, 증거조사를 한 경우에는 그 요지 및 첨부된 증거 등을 기재한 청문조서를 작성해야 한다. 당사자 등은 청문조서의 기재 내용을 열람·확인할 수 있으며, 이의가 있을 때에는 그 정정을 요구할 수 있다(동법 제34조).

(마) 청문의 종결 및 재개

청문 주재자는 당해 사안에 대해 당사자 등의 의견 진술·증거조사가 충분히 이루어졌다고 인정되는 경우에는 청문을 마칠 수 있다. 청문 주재자가 청문을 마친 때에는 지체없이 청문조서, 청문 주재자의 의견서, 기타 관계 서류 등을 행정청에 제출해야 한다(동법 제35조).

행정청은 청문을 마친 후 처분을 하기까지 새로운 사정이 발견되어 청문을 재개할 필요가 있다고 인정하는 때에는 제출받은 청문조서 등을 되돌려 보내고 청문의 재개를 명할 수 있다(동법 제36조).

(바) 문서의 열람 및 비밀 유지

당사자 등은 청문의 통지가 있는 날부터 청문이 끝날 때까지 행정청에 대해 당해 사안의 조사 결과에 관한 문서 기타 당해 처분과 관련되는 문서의 열람 또는 복사를 요청할 수 있다. 이 경우 행정청은 다른 법령에 의해 공개가 제한되는 경우를 제외하고는 이를 거부할 수 없다. 거부하는 경우에는 그 이유를 소명해야 한다. 열람 또는 복사 요청에 응하는 경우에는 그 일시 및 장소를 지정할 수 있다. 행정청은 복사에 따른 비용을 요청한 자에게 부담시킬 수 있다(동법 제37조 제1항 내지 5항). 누구든지 청문을 통해 알게 된 사생활 또는 경영상이나 거래상의 비밀을 정당한 이유 없이 누설하거나 다른 목적으로 사용해서는 아니 된다(동법 제37조 제6항).

(사) 청문 결과의 처분에의 반영

행정청은 청문 결과 제출받은 청문조서, 청문 주재자의 의견서, 기타 관계 서류를 충분히 검토하고 상당한 이유가 있다고 인정하는 경우에는 청문 결과를 반영해야 한다(동법 제35조의2). 그러나 처분청이 그 의견에 기속되지는 않는다.

(아) 청문 절차 위반의 효과

법령상 요구되는 청문 절차를 생략한 채 이루어진 행정행위는 흠 있는 행정행위로서 위법이다.[10)]

---

10) "구 공중위생법(1999.2.8. 법률 제5839호 공중위생관리법 부칙 제2조로 폐지) 제24조 제1호, 행정절차법 제22조 제1항 제1호, 제4항, 제21조 제4항 및 제28조, 제31조, 제34조, 제35조의 각 규정을 종합하면, 행정청이 유기장업 허가를 취소하기 위하여는 청문을 실

4 신고 절차

신고(申告)란 법령 등에서 행정청에 대해 일정한 사항을 통지함으로써 의무가 끝나는 것을 말한다(동법 제40조 제1항).

행정절차법은 신고서의 기재 사항에 흠이 없고, 필요한 구비서류가 첨부되어 있으며, 기타 법령 등에 규정된 형식상의 요건에 적합한 때에는 신고서가 접수기관에 도달한 때에 신고의 의무가 이행된 것으로 본다(동법 제40조 제2항).

행정청은 형식상 요건을 갖추지 못한 신고서가 제출된 경우 지체없이 상당한 기간을 정해 신고인에게 보완을 요구해야 하며, 신고인이 정해진 기간 내에 보완을 하지 아니한 때에는 그 이유를 명시하여 당해 신고서를 되돌려 보내야 한다(동법 제40조 제3항 · 제4항)

5 행정상 입법예고

1) 입법예고의 의의

행정상 입법예고(立法豫告) 제도는 국민의 일상생활과 영향을 미치는 법령안의 내용을 국민들에게 미리 알림으로써 국민들의 참여 기회를 보장하

시하여야 하고, 다만 행정절차법 제22조 제4항, 제21조 제4항에서 정한 예외 사유에 해당하는 경우에는 청문을 실시하지 아니할 수 있으며, 행정청이 선정한 청문 주재자는 청문을 주재하고, 당사자 등의 출석 여부, 진술의 요지 및 제출된 증거, 청문 주재자의 의견 등을 기재한 청문조서를 작성하여 청문을 마친 후 지체없이 청문조서 등을 행정청에 제출하며, 행정청은 제출받은 청문조서 등을 검토하고 상당한 이유가 있다고 인정하는 경우에는 청문 결과를 적극 반영하여 행정처분을 하여야 하는 바, 이러한 청문절차에 관한 각 규정과 행정처분의 사유에 대하여 당해 영업자에게 변명과 유리한 자료를 제출할 기회를 부여함으로써 위법 사유의 시정 가능성을 고려하고 처분의 신중과 적정을 기하려는 청문 제도의 취지에 비추어볼 때, 행정청이 침해적 행정처분을 함에 즈음하여 청문을 실시하지 않아도 되는 예외적인 경우에 해당하지 않는 한 반드시 청문을 실시하여야 하고, 그 절차를 결여한 처분은 위법한 처분으로서 취소 사유에 해당한다" (대판 2001.4.13, 2000두3337).

는 동시에 입법 과정의 민주화를 담보하여 법령의 실효성을 높이기 위한 것이다.

행정청은 국민의 권리·의무 또는 일상생활과 밀접한 관련이 있는 법령 등을 제정·개정 또는 폐지하고자 할 때에는 입법안을 마련한 행정청은 이를 예고해야 한다(동법 제41조 제1항). 다만, 입법 내용이 국민의 권리·의무 또는 일상생활과 관련이 없는 경우, 입법이 긴급을 요하는 경우, 상위 법령 등의 단순한 집행을 위한 경우, 예고함이 공익에 현저히 불리한 영향을 미치는 경우, 입법 내용의 성질 그 밖의 사유로 예고의 필요가 없거나 곤란하다고 판단되는 경우에는 입법예고를 아니할 수 있다(동법 제41조 제1항).

2) 입법예고의 방법과 기한

행정청은 입법안의 취지, 주요 내용 또는 전문을 관보·공보나 인터넷·신문·방송 등의 방법으로 널리 공고하여야 한다. 행정청은 입법예고를 하는 경우에는 대통령령을 국회 소관 상임위원회에 제출하여야 한다. 행정청은 입법예고를 하는 때에 입법안과 관련이 있다고 인정되는 중앙행정기관, 지방자치단체 그 밖의 단체 등이 예고 사항을 알 수 있도록 예고 사항의 통지 그 밖의 방법 등으로 알려야 한다. 행정청은 예고된 입법안에 대하여 전자공청회 등을 통하여 널리 의견을 수렴할 수 있다. 행정청은 예고된 입법안의 전문에 대하여 열람 또는 복사의 요청이 있는 때에는 특별한 사유가 없는 한 이에 응하여야 한다(동법 제42조).

입법예고 기간은 예고할 때 정하되, 특별한 사정이 없는 한 40일(자치법규는 20일) 이상으로 한다(동법 제43조).

3) 의견 제출과 처리

예고된 입법안에 대해 누구든지 그 의견을 제출할 수 있다. 행정청은 입법안을 예고할 때 의견 접수기관·의견 제출 기간 기타 필요한 사항을 함께 공고해야 한다. 행정청은 당해 입법안에 대한 의견이 제출된 경우 특별한 사유가 없는 한 이를 존중하여 처리해야 하며, 제출된 의견에 대해서는 제출자에게 그 처리 결과를 통지하고, 필요한 경우 입법안에 관해 공청회를 개최할 수 있다(동법 제44조 및 제45조).

6 행정예고

1) 행정예고의 의의와 대상

행정청은 국민생활에 매우 큰 영향을 주는 사항이나 다수 국민의 이해가 상충되는 사항과 같이 새로운 정책·제도 및 계획을 수립·시행하거나 변경하고자 하는 때에는 이를 예고하도록 하고 있다(행정절차법 제46조). 행정예고는 국민들의 행정 참여를 유도하고, 행정에 대한 예측 가능성을 확보하여 새로운 정책이나 제도에 대한 행정 수행의 원활을 도모하고자 하는 제도이다.

① 행정청은 국민생활에 매우 큰 영향을 주는 사항, ② 많은 국민의 이해가 상충되는 사항, ③ 많은 국민에게 불편이나 부담을 주는 사항, ④ 기타 널리 국민의 의견 수렴이 필요한 사항 등에 대한 정책·제도 및 계획을 수립·시행하거나 변경하고자 하는 경우에 이를 예고해야 한다.

그러나 예고로 인해 공공의 안전 또는 복리를 현저히 해할 우려가 있거나 기타 예고하기 곤란한 특별한 사유가 있는 경우에는 예고하지 아니할 수 있다.

2) 행정예고의 방법과 기간

법령 등의 입법을 포함하는 행정예고의 경우에는 입법예고로 이를 갈음할 수 있다(동법 제46조 제2항). 행정예고의 방법, 의견 제출 및 처리, 공청회에 관해 행정상 입법예고의 관련 규정을 준용한다(동법 제47조).

행정예고 기간은 예고 내용의 성격 등을 고려하여 정하되, 특별한 사정이 없는 한 20일 이상으로 한다(동법 제46조 제3항).

7 행정지도

행정지도(行政指導)란 행정기관이 그 소관 사무의 범위 안에서 일정한 행정 목적을 실현하기 위해 특정인에게 일정한 행위를 하거나 하지 아니하도록 지도·권고·조언 등을 하는 행정작용을 말한다. 행정지도는 비권력적 사실행위이다.[11)]

1) 행정지도의 원칙

(1) 과잉 금지 원칙 및 임의성의 원칙

행정지도는 그 목적 달성에 필요한 최소한도에 그쳐야 하며, 행정지도의 상대방의 의사에 반해 부당하게 강요해서는 아니 된다(동법 제48조 제1항).

(2) 불이익 조치 금지 원칙

행정기관은 행정지도의 상대방이 행정지도에 따르지 아니했다는 것을 이유로 불이익한 조치를 해서는 아니 된다(동법 제48조 제2항).

2) 행정지도의 방식(명확성의 원칙 및 행정지도 실명제)

행정지도를 행하는 자는 그 상대방에게 당해 행정지도의 취지·내용 및 신분을 밝혀야 한다. 아울러 행정지도가 구술(口述)로 이루어지는 경우에 상대방이 서면의 교부를 요구하는 때에는 당해 행정지도를 행하는 자는 직무 수행에 특별한 지장이 없는 한 이를 교부해야 한다(동법 제49조).

3) 의견 제출

행정지도의 상대방은 당해 행정지도의 방식·내용 등에 관해 행정기관에 의견을 제출할 수 있다(동법 제50조).

---

11) "행정지도가 강제성을 띠지 않은 비권력적 작용으로서 행정지도의 한계를 일탈하지 아니하였다면, 그로 인하여 상대방에게 어떤 손해가 발생하였다 하더라도 행정기관은 그에 대한 손해배상책임이 없다"(대판 2008.9.25, 2006다18228).

4) 다수인을 대상으로 하는 행정지도

행정기관이 같은 행정 목적을 실현하기 위해 많은 상대방에게 행정지도를 하고자 하는 때에는 특별한 사정이 없는 한 행정지도에 공통적인 내용이 되는 사항을 공표해야 한다(동법 제51조).

8 행정절차의 하자

1) 의의

광의로는 행정작용에서의 절차상의 모든 하자를 의미한다. 이 경우에는 행정행위는 물론 행정입법·행정지도 등 모든 행정작용의 절차에 관한 흠이 모두 포함된다. 그러나 협의로는 행정행위의 절차에 관련된 하자를 의미한다. 행정절차의 하자는 행정결정의 법률적합성과 합목적성을 확보하고 행정절차의 이해관계인들의 권리를 보장 내지 실현하는 것을 가능하게 하는 데에 의미가 있다. 따라서 행정절차상의 하자는 실체법상 하자와는 구분되며, 여기에 어떠한 효과를 부여할지는 다분히 입법정책 사항이라고 할 수 있다.

2) 하자의 사유

행정절차상의 하자는 법령상 요구되는 상대방의 협력이나 관계 행정청의 협력의 결여, 필요적인 처분의 사전통지나 의견 청취 절차의 결여, 이유제시의 결여, 송달 방법의 하자 등 개별 법률과 행정절차법상 요구되는 각종 절차의 결여가 포함된다.

3) 하자의 효과

(1) 명문 규정이 있는 경우

독일연방행정절차법은 절차상의 하자의 효과에 관한 일반적 규정을 두고 있으나, 우리나라의 경우 일반적인 규정을 두고 있지 않으며 개별 법률에서 규정을 찾아볼 수 있을 뿐이다. 국가공무원법 제13조 제2항과 지방공무원법 제18조 제2항에서는 소청사건을 심사할 때 소청인 등에게 진술의 기회를 부여하지 아니하고 한 결정은 무효로 한다고 규정하고 있다.

(2) 명문 규정이 없는 경우

행정절차상 하자의 문제는 법령상 요구되는 청문절차, 공고·공람절차, 이유 제시절차 등의 하자만을 독립한 위법 사유로 보아 당해 행정행위를 무효 또는 취소할 수 있는지가 문제이다. 주로 당해 행정행위가 취소되어도 결국 실체적으로 동일한 처분을 하여야 하는 기속행위의 경우에 주로 문제된다. 다수설은 절차상 하자 있는 행정행위는 무효 또는 취소 사유에 해당한다는 견해이나, 절차 규정은 적정한 행정결정의 확보를 우한 수단에 불과하다는 점과 절차 위반을 이유로 다시 처분한다고 하여도 전과 동일한 처분을 하는 경우에는 행정경제 내지 소송경제에 반한다는 점 등을 이유로 절차상의 하자만으로 행정행위를 무효 또는 취소할 수 없다는 견해도 있다. 대법원은 청문절차를 결하거나 의견 제출 기회를 주지 않은 경우에는 위법 사유로 보고 있다.[12] 다만, 법령에 근거가 없이 단순히 훈령에 규정된 청문

---

12) 대판 2004.7.8. 2002두8350(구 도시계획법 제78조, 제78조의2, 행정절차법 제22조 제1항 제1호, 제4항, 제21조 제4항에 의하면, 행정청이 구 도시계획법 제23조 제5항의 규정에 의한 사업 시행자 지정처분을 취소하기 위해서는 청문을 실시하여야 하고, 다만 행정절차법 제22조 제4항, 제21조 제4항에서 정한 예외 사유에 해당하는 경우에 한하여 청문을 실시하지 아니할 수 있으며, 이러한 청문제도는 행정처분의 사유에 대하여 당사자에게 변명과 유리한 자료를 제출할 기회를 부여함으로써 위법 사유의 시정 가능성을 고려하고 처분의 신중과 적정을 기하려는 데 그 취지가 있음에 비추어볼 때, 행정청이 침해적 행정처분을 함에 즈음하여 청문을 실시하지 않아도 되는 예외적인 경우에 해당하지 않는 한 반드시 청문을 실시하여야 하고, 그 절차를 결여한 처분은 위법한 처분으로서 취소 사유에 해당한다) ; 대판 2000.11.14. 99두5870(행정절차법 제21조 제1항, 제4항, 제22조 제1항 내지 제4항에 의하면, 행정청이 당사자에게 의무를 과하거나 권익을 제한하는 처분을 하는 경우에는 미리 처분하고자 하는 원인이 되는 사실과 처분의 내용 및 법적 근거, 이에 대하여 의견을 제출할 수 있다는 뜻과 의견을 제출하지 아니하는 경우의 처리 방법 등의 사항을 당사자 등에게 통지하여야 하고, 다른 법령 등에서 필요적으로 청문을 실시하거나 공청회를 개최하도록 규정하고 있지 아니한 경우에도 당사자 등에게 의견 제출의 기회를 주어야 하되, 당해 처분의 성질상 의견 청취가 현저히 곤란하거나

절차를 위반한 경우에는 위법 사유로 보지 아니하고 있다.[13] 또한, 대법원은 행정절차법 제정 이전부터 이유 제시 절차를 위반한 경우 위법으로 보고 독립한 취소소송의 대상이 된다고 하고 있다.[14]

9 행정절차법의 문제점

현행 행정절차법의 문제점으로 규정 사항의 한정, 다시 말해 행정계획이나 행정조사 등의 절차에 관해 규율하지 않은 점이 지적되고 있다. 또한,

---

명백히 불필요하다고 인정될 만한 상당한 이유가 있는 경우 등에는 처분의 사전 통지나 의견 청취를 하지 아니할 수 있도록 규정하고 있으므로, 행정청이 침해적 행정처분을 함에 있어서 당사자에게 위와 같은 사전 통지를 하거나 의견 제출의 기회를 주지 아니하였다면 사전 통지를 하지 않거나 의견 제출의 기회를 주지 아니하여도 되는 예외적인 경우에 해당하지 아니하는 한 그 처분은 위법하여 취소를 면할 수 없다).

13) 대판 1994.8.9. 94누3414(청문을 포함한 당사자의 의견 청취절차 없이 어떤 행정처분을 한 경우에도 관계 법령에서 당사자의 의견 청취절차를 시행하도록 규정하지 않고 있는 경우에는 그 행정처분이 위법하게 되는 것은 아니라 할 것인바, 문화재보호법과 대구직할시문화재보호조례에 의하면 시지정문화재는 시장이 문화재위원회의 자문을 받아 지정한다고만 규정되어 있을 뿐 그 지정에 있어서 문화재의 소유자나 기타 이해관계인의 신청이 필요하다는 규정이나 소유자 기타 이해관계인의 의견을 들어야 한다는 행정절차의 규정은 없고, 비록 국민의 권익 보호를 위한 행정절차에 관한 훈령에 따라 1990.3.1.부터 시행된 행정절차 운영지침에 의하면 행정청이 공권력을 행사하여 국민의 구체적인 권리 또는 의무에 직접적인 변동을 초래하게 하는 행정처분을 하고자 할 때에는 미리 당사자에게 행정처분을 하고자 하는 원인이 되는 사실을 통지하여 그에 대한 의견을 청취한 다음 이유를 명시하여 행정처분을 하여야 한다고 규정되어 있으나 이는 대외적 구속력을 가지는 것이 아니므로, 시장이 건조물 소유자의 신청이 없는 상태에서 소유자의 의견을 듣지 아니하고 건조물을 문화재로 지정하였다고 하여 위법한 것이라고 할 수 없다).

14) 대판 1986.10.28. 85누723(지방세법 제1조 제1항 제5호, 제25조 제1항, 제190조, 같은 법 시행령 제8조의 규정을 종합하여 보면 지방세의 납세 고지는 납부할 지방세의 연도와 세목, 그 부과의 근거가 되는 법률 및 당해 지방자치단체의 조례의 규정, 납세 의무자의 주소, 성명, 과세표준액, 세율, 세액 산출 근거, 납기, 납부 장소, 납부 기한까지 미납한 경우에 취해질 조치 및 부과의 위법 또는 착오에 대한 구제 방법 등을 기재한 납세고지서에 의하도록 되어 있으므로 그 납세고지서는 과세처분과 징수처분의 성질을 아울러 갖는 것이라 할 것이고, 따라서 위 법령의 규정들은 강행 규정이라고 할 것이어서 납세고지서에 위 법령이 요구하는 사항 중 일부의 기재를 누락시킨 하자가 있는 경우에는 그 부과처분은 위법하다).

청문 주재자의 객관성·공정성의 미흡과 관계 문서의 공개 제한 등이 문제점으로 지적되고 있다.[15)]

15) 현행 행정절차법의 문제점에 대한 자세한 내용은 홍준형, 행정절차법의 문제점과 개선안, 정부개혁연구소 창립기념시민토론회 「행정민주화를 위한 주요 과제와 대안」 자료집, 1999년 5월 31일 참조; 채우석, 행정절차법의 문제점과 개선 방안, 아세아·태평양공법학회 학술대회 자료집 『21세기를 향한 공법의 과제』(1999년 12월 10일)를 참조.

제 7 장

경찰정보 공개와 개인정보 보호

제 1 절 경찰정보 공개

1 개요

1) 정보공개 제도

정보공개 제도는 행정권이 보유하는 다양한 정보에 대한 국민의 자유로운 접근을 보장하여 국민의 '알 권리'를 통해 행정의 투명화와 민주화를 실현하고자 하는 데 그 기본 이념이 있다. 특히, 정보화 사회에서 기존의 법적 및 제도적 규율 방법에 의해 대처하기 어려운 새로운 문제들이 등장하고 사회적으로 문제가 되고 있는 바, 행정법 차원에서 국민의 알 권리를 실현하는 제도이다.

2) 정보공개청구권의 법적 근거

(1) 헌법적 근거

정보공개청구권의 헌법적 근거에 대해서는 학설은 헌법 제21조 제1항(표현의 자유)에서 찾는 견해, 제10조(인간의 존엄과 가치 및 행복추구권)에서 헌법 제21조 제1항은 물론 제1조(국민주권)·제10조·제34조 제1항(인간다운 생활을 할 권리) 등에서 찾는 견해 등이 있다. 헌법재판소는 헌법 제21조 제1항에서 알 권리를 직접 도출될 수 있다고 보고 있다.[1)]

(2) 법률적 근거

오늘날 대부분의 국가는 독자적인 법제로서 정보공개 제도를 규율하고 있다. 행정정보공개청구권을 구체적으로 규율하는 일반법으로 「공공기관의 정보공개에 관한 법률」이 제정되어 있다(제4조 제1항). 교육 관련 기관이 보유·관리하는 정보의 공개 의무와 공개에 필요한 기본적인 사항을 정하여 국민의 알 권리를 보장하고 학술 및 정책연구를 진흥함과 아울러 학교교육에 대한 참여와 교육행정의 효율성 및 투명성을 높이기 위해 「교육 관련 기관의 정보공개에 관한 특례법」이 제정되어 「공공기관의 정보공개에 관한 법률」에 대한 특례를 규정하고 있다.

(3) 정보공개 조례

대법원은 정보공개청구권은 법률의 개별적인 위임이 없이도 자치입법인 정보공개 조례를 통해서도 가능하다고 보고 있다.[2)] 「공공기관의 정보공개에 관한 법률」 제4조 제2항은 "지방자치단체는 그 소관사무에 관하여 법령의 범위 안에서 정보공개에 관한 조례를 제정할 수 있다"고 규정하여 정보공개 조례의 법적 근거를 마련하고 있다.

3) 청구권자

모든 국민은 정보의 공개를 청구할 권리를 가진다. 외국인의 정보공개청구에 관해서는 대통령령으로 정하는데, 국내에 일정한 주소를 두고 거주하거나 학술·연구를 위해 일시적으로 체류하는 자 및 국내에 사무소를 두고 있는 법인 또는 단체에 한해 정보공개청구권을 가진다(정보공개법 제5

1) 헌재 1991.5.13. 90헌마133; 헌재 1989.9.4. 88헌마22.
2) 대판 1992.6.23. 92추17.

조 및 시행령 제3조). 정보공개청구권이 인정되는 '모든 국민'에는 자연인뿐만 아니라 법인 및 법인격 없는 단체도 포함된다.

2 정보공개 적용 범위 및 대상 정보

1) 정보공개 적용 범위

정보의 공개에 관해서는 다른 법률에 특별한 규정이 있는 경우를 제외하고는 정보공개법이 적용된다(동법 제4조 제1항). 정보공개법은 지방자치단체에 의한 정보공개에도 적용되지만, 지방자치단체도 그 소관 사무에 관하여 법령의 범위 안에서 정보공개에 관한 조례를 정할 수 있도록 규정하고 있다(정보공개법 제4조 제2항). 다만, 국가 안전 보장에 관련되는 정보 및 보안 업무를 관장하는 기관에서 국가 안전 보장과 관련된 정보 분석을 목적으로 수집되거나 작성된 정보에 대해서는 이 법을 적용하지 아니한다(동법 제4조 제3항).

2) 비공개 대상 정보

공공기관이 보유·관리하는 정보는 공개 대상이 되지만, ① 다른 법률 또는 법률이 위임한 명령에 의해 비밀 또는 비공개 사항으로 규정된 정보, ② 국가 안전 보장·국방·통일·외교 관계 등에 관한 사항으로서 공개될 경우 국가의 중대한 이익을 현저히 해할 우려가 있다고 인정되는 정보, ③ 공개될 경우 국민의 생명·신체 및 재산의 보호에 현저한 지장을 초래할 우려가 있다고 인정되는 정보, ④ 진행 중인 재판에 관련된 정보[3]와 범죄

3) 「공공기관의 정보공개에 관한 법률」(이하 "정보공개법"이라 한다)의 입법 목적, 정보공개의 원칙, 비공개 대상 정보의 규정 형식과 취지 등을 고려하면, 법원 이외의 공공기관이 정보공개법 제9조 제1항 제4호에서 정한 '진행 중인 재판에 관련된 정보'에 해당한다는 사유로 정보공개를 거부하기 위하여는 반드시 그 정보가 진행 중인 재판의 소송기록 자체에 포함된 내용일 필요는 없다. 그러나 재판에 관련된 일체의 정보가 그에 해당하는 것은 아니고 진행 중인 재판의 심리 또는 재판 결과에 구체적으로 영향을 미칠 위험이 있

의 예방, 수사, 공소의 제기 및 유지, 형의 집행, 교정, 보안처분에 관한 사항으로서 공개될 경우 그 직무 수행을 현저히 곤란하게 하거나 형사 피고인의 공정한 재판을 받을 권리를 침해한다고 인정할 만한 상당한 이유가 있는 정보, ⑤ 감사 · 감독 · 검사 · 시험 · 규제 · 입찰계약 · 기술 개발 · 인사관리 · 의사결정 과정 또는 내부 검토 과정에 있는 사항 등으로서 공개될 경우 업무의 공정한 수행이나 연구 · 개발에 현저한 지장을 초래한다고 인정할 만한 상당한 이유가 있는 정보, ⑥ 당해 정보에 포함되어 있는 이름 · 주민등록번호 등 개인에 관한 사항으로서 공개될 경우 개인의 사생활의 비밀 또는 자유를 침해할 우려가 있다고 인정되는 정보(법령이 정하는 바에 따라 열람할 수 있는 정보, 공공기관이 공표를 목적으로 작성하거나 취득한 정보로서 개인의 사생활의 비밀과 자유를 부당하게 침해하지 않는 정보, 공공기관이 작성하거나 취득한 정보로서 공개하는 것이 공익 또는 개인의 권리 구제를 위해 필요하다고 인정되는 정보, 직무를 수행한 공무원의 성명 · 직위, 공개하는 것이 공익을 위해 필요한 경우로서 법령에 의해 국가 또는 지방자치단체가 업무의 일부를 위탁 또는 위촉한 개인의 성명 · 직업 등 개인에 관한 정보는 제외된다), ⑦ 법인, 단체 또는 개인의 경영 · 영업상 비밀에 관한 사항으로서 공개될 경우 법인 등의 정당한 이익을 현저히 해할 우려가 있다고 인정되는 정보(사업활동에 의해 발생하는 위해로부터 사람의 생명 · 신체 또는 건강을 보호하기 위해 공개할 필요가 있는 정보, 위법 · 부당한 사업활동으로부터 국민의 재산 또는 생활을 보호하기 위해 공개할 필요가 있는 정보는 제외한다), ⑧ 공개될 경우 부동산 투기 · 매점매석 등으로 특정인에게 이익 또는 불이익을 줄 우려가 있다고 인정되는 정보는 공개하지 않을 수 있다(동법 제9조 제1항). 그러나 공공기관은 비공개 대상 정보라 하더라도 정보가 기간의 경과 등으로 인해 비공개의 필요성이 없어진 경우에는 당해 정보를 공개 대상으로 해야 한다(동법 제9조 제2항).

는 정보에 한정된다고 보는 것이 타당하다"(대판 2011.11.24, 2009두19021).

3 정보공개에 관한 공공기관 등의 의무

1) 정보공개의 의무

공공기관은 정보공개법이나 다른 법률에 의해 공개 대상에서 제외되는 정보를 제외하고는 정보공개청구권자의 청구에 대해 정보를 공개할 의무가 있다(정보공개법 제3조 참조).

따라서 국민으로부터 보유·관리하는 정보에 대한 공개를 요구받은 공공기관으로서는 정보공개법에서 정하고 있는 비공개 사유에 해당하지 않는 한 이를 공개해야 한다. 정보공개법에 의해 비공개 사항이라고 하더라도 이는 기속 규정이 아니라 재량 규정이기 때문에 행정기관의 결의에 의해 공개할 수 있다.

2) 법령 및 정보관리 체계 정비 의무

공공기관은 정보의 공개를 청구하는 국민의 권리가 존중될 수 있도록 이 법을 운영하고 소관 관련 법령을 정비하여야 한다(정보공개법 제6조 제1항).[4] 공공기관은 정보의 적절한 보존과 신속한 검색이 이루어지도록 정보관리 체계를 정비하고, 정보공개 업무를 주관하는 부서 및 담당하는 인력을 적정하게 두어야 하며, 정보통신망을 활용한 정보공개 시스템 등을 구축하도록 노력할 의무가 있다(정보공개법 제6조 제2항).

---

4) 구 공공기관의 정보공개에 관한 법률(2004.1.29. 법률 제7127호로 전문 개정되기 전의 것, 이하 '법'이라 한다) 제1조, 제3조, 제6조는 국민의 알 권리를 보장하고 국정에 대한 국민의 참여와 국정 운영의 투명성을 확보하기 위해 공공기관이 보유·관리하는 정보를 모든 국민에게 원칙적으로 공개하도록 하고 있으므로, 국민으로부터 보유·관리하는 정보에 대한 공개를 요구받은 공공기관으로서는 법 제7조 제1항 각 호에서 정하고 있는 비공개 사유에 해당하지 않는 한 이를 공개해야 하고, 이를 거부하는 경우라 할지라도 대상이 된 정보의 내용을 구체적으로 확인·검토하여 어느 부분이 어떠한 법익 또는 기본권과 충돌되어 법 제7조 제1항 몇 호에서 정하고 있는 비공개 사유에 해당하는지를 주장·입증해야만 하며, 그에 이르지 아니한 채 개괄적인 사유만을 들어 공개를 거부하는 것은 허용되지 아니한다(대판 2007.2.8, 2006두4899).

3) 행정정보의 공표

공공기관은 ① 국민생활에 매우 큰 영향을 미치는 정책에 관한 정보, ② 국가의 시책으로 시행하는 공사(工事) 등 대규모의 예산이 투입되는 사업에 관한 정보, ③ 예산 집행의 내용과 사업평가 결과 등 행정감시를 위해 필요한 정보, ④ 그 밖에 공공기관의 장이 정하는 정보에 해당하는 정보에 대하여는 공개의 구체적 범위, 공개의 주기·시기 및 방법 등을 미리 정해 공표하고, 이에 따라 정기적으로 공개해야 한다(정보공개법 제7조 제1항).

또한 공공기관은 이러한 사항 외에도 국민이 알아야 할 필요가 있는 정보를 국민에게 공개하도록 적극적으로 노력해야 한다(정보공개법 제7조 제2항).

4) 정보목록의 작성·비치 등

공공기관은 당해 기관이 보유·관리하는 정보에 대하여 국민이 쉽게 알 수 있도록 정보목록을 작성·비치하고, 그 목록을 정보통신망을 활용한 정보공개 시스템 등을 통해 공개해야 하나, 정보목록 중 공개하지 아니할 수 있는 정보가 포함되어 있는 경우에는 당해 부분을 비치 및 공개하지 아니할 수 있다(정보공개법 제8조 제1항).

공공기관은 정보의 공개에 관한 사무를 신속하고 원활하게 수행하기 위해 정보 공개 장소를 확보하고 공개에 필요한 시설을 갖추어야 한다(정보공개법 제8조 제2항).

5) 행정심판위원의 비밀 엄수 의무

행정심판위원회의 위원 중 정보공개 여부 결정에 관한 행정심판에 관여하는 위원은 재직 중은 물론 퇴직 후에도 그 직무상 알게 된 비밀을 누설하지 않을 의무가 있으며, 형법 그 밖의 법률의 벌칙 적용을 할 때에는 이를 공무원으로 간주한다(정보공개법 제19조 제3항·제4항).

4 정보공개 절차

1) 정보공개의 청구

정보의 공개를 청구하는 자는 당해 정보를 보유하거나 관리하고 있는 공공기관에 대해 일정한 사항(청구인의 이름・주민등록번호・주소 및 연락처, 공개를 청구하는 정보의 내용 및 공개 방법)을 기재한 정보공개청구서를 제출하거나 구술로써 정보의 공개를 청구할 수 있다(정보공개법 제10조 제1항).

구술로써 정보의 공개를 청구하는 때에는 담당 공무원 또는 담당 임・직원의 면전에서 진술해야 하고, 담당공무원 등은 정보공개청구 조서를 작성하고 이에 청구인과 함께 기명 날인해야 한다(정보공개법 제10조 제2항).

2) 제3자에의 통지 및 의견 청취

공공기관은 공개 청구된 공개 대상 정보의 전부 또는 일부가 제3자와 관련이 있다고 인정되는 때에는 그 사실을 제3자에게 지체없이 통지해야 하며, 필요한 경우에는 그의 의견을 청취할 수 있다(정보공개법 제11조 제3항). 자신에 관한 정보가 공개 청구된 사실을 통지받은 제3자는 통지받은 날부터 3일 이내에 당해 공공기관에 대해 자신과 관련된 정보를 공개하지 아니할 것을 요청할 수 있다(정보공개법 제21조 제1항).

제3자의 비공개 요청에도 불구하고 공공기관이 공개 결정을 할 때에는 공개 결정 이유와 공개 실시일을 명시하여 지체없이 문서로 통지해야 하며, 제3자는 당해 공공기관에 문서로 이의 신청을 하거나 행정심판 또는 행정소송을 제기할 수 있다. 이 경우 이의 신청은 통지를 받은 날부터 7일 이내에 해야 한다(정보공개법 제21조 제2항). 공공기관은 공개 결정을 하는 때에는 공개 결정일과 공개 실시일의 사이에 최소한 30일의 간격을 두어야 한다(정보공개법 제21조 제3항).

3) 정보공개 여부의 결정

공공기관은 정보공개의 청구가 있는 때에는 청구를 받은 날부터 10일 이내에 공개 여부를 결정해야 한다. 다만, 부득이한 사유로 그 기간 내에 공개 여부를 결정할 수 없는 때에는 그 기간의 만료일 다음날부터 기산하여 10일 이내의 범위에서 공개 여부 결정 기간을 연장할 수 있다. 이 경우 공공기관은 연장된 사실과 연장 사유를 청구인에게 지체없이 문서로 통지해야 한다(정보공개법 제11조 제1항·제2항). 공공기관은 다른 공공기관이 보유·관리하는 정보의 공개 청구를 받은 때에는 지체없이 이를 소관기관으로 이송해야 하며, 이송을 한 공공기관은 지체없이 소관기관 및 이송 사유 등을 명시하여 청구인에게 문서로 통지해야 한다(정보공개법 제11조 제4항).

정보의 공개를 결정한 때에는 공개 일시·공개 장소 등을 명시하여 청구인에게 통지해야 한다(정보공개법 제13조 제1항). 공공기관이 정보의 비공개 결정을 한 때에는 그 사실을 청구인에게 지체없이 문서로 통지해야 하고, 비공개 이유·불복 방법 및 불복 절차를 구체적으로 명시해야 한다(정보공개법 제13조 제4항).

정보공개를 청구한 날부터 20일 이내에 공공기관이 공개 여부를 결정하지 아니한 때에는 비공개의 결정이 있는 것으로 본다(정보공개법 제11조 제5항).

4) 공개 결정된 정보의 공개

공개하기로 결정된 정보의 공개는 원본의 열람, 사본의 열람 또는 교부, 복제물의 교부에 의해 이루어진다.

공공기관은 공개 대상 정보의 양이 과다하여 정상적인 업무 수행에 현저한 지장을 초래할 우려가 있는 경우에는 정보의 사본·복제물을 일정 기간별로 나누어 교부하거나 열람과 병행하여 교부할 수 있다. 또한, 정보를 공개함에 있어 당해 정보의 원본이 오손 또는 파손될 우려가 있거나 그 밖에 상당한 이유가 있다고 인정될 때에는 당해 정보의 사본·복제물을 공개할 수 있다(정보공개법 제13조 제2항·제3항).

공개 청구한 정보가 공개 금지 대상과 공개가 가능한 부분이 혼합되어 있는 경우에는 공개 청구의 취지에 어긋나지 아니하는 범위 안에서 두 부분을 분리할 수 있는 때에는 공개 금지 대상에 해당하는 부분을 제외하고 공개해야 한다(정보공개법 제14조).

공공기관은 전자적 형태로 보유·관리하는 정보에 대해 청구인이 전자적 형태로 공개해 줄 것을 요청하는 경우에는 당해 정보의 성질상 현저히 곤란한 경우를 제외하고는 청구인의 요청에 응해야 한다. 공공기관은 전자적 형태로 보유·관리하지 아니하는 정보에 대해 청구인이 전자적 형태로 공개해 줄 것을 요청한 경우에는 정상적인 업무 수행에 현저한 지장을 초래하거나 당해 정보의 성질이 훼손될 우려가 없는 한 그 정보를 전자적 형태로 변환하여 공개할 수 있다(정보공개법 제15조).

5) 즉시 처리가 가능한 정보의 공개 절차

법령 등에 의해 공개를 목적으로 작성된 정보, 일반 국민에게 알리기 위해 작성된 각종 홍보자료 등과 같이 즉시 또는 구술 처리가 가능한 정보에 대해서는 정보공개청구서에 의해 접수하되, 즉시 공개해야 한다.

6) 비용 부담

정보의 공개 및 우송 등에 소요되는 비용은 실비의 범위 안에서 청구인의 부담으로 한다. 다만, 공개를 청구하는 정보의 사용 목적이 공공복리의 유지·증진을 위해 필요하다고 인정되는 경우에는 비용을 감면할 수 있다(정보공개법 제17조).

5 불복구제 절차

1) 이의 신청

청구인이 정보공개와 관련한 공공기관의 비공개 또는 부분공개의 결정에 대해 불복이 있는 때에는 공공기관으로부터 정보공개 여부의 결정 통지를 받은 날 또는 비공개의 결정이 있는 것으로 보는 날부터 30일 이내에 당해 공공기관에 문서로 이의 신청을 할 수 있다.

공공기관은 이의 신청을 받은 날부터 7일 이내에 그 이의 신청에 대해 결정하고 그 결과를 청구인에게 지체없이 문서로 통지해야 한다. 다만, 부득이한 사유로 정해진 기간 이내에 결정할 수 없는 때에는 그 기간의 만료일 다음날부터 기산하여 7일 이내의 범위에서 연장할 수 있으며, 연장 사유를 청구인에게 통지해야 한다.

공공기관은 이의 신청을 각하 또는 기각하는 결정을 한 때에는 청구인에게 행정심판 또는 행정소송을 제기할 수 있다는 취지를 결과 통지와 함께 통지해야 한다(정보공개법 제18조).

2) 행정심판

청구인이 정보공개와 관련한 공공기관의 결정에 대해 불복이 있는 때에는 행정심판법이 정하는 바에 따라 행정심판을 청구할 수 있다. 이 경우 국가기관 및 지방자치단체 외의 공공기관의 결정에 대한 감독행정기관은 관계 중앙행정기관의 장 또는 지방자치단체의 장으로 한다. 청구인은 이의신청 절차를 거치지 아니하고 행정심판을 청구할 수 있다(정보공개법 제19조).

3) 행정소송

청구인이 정보공개와 관련한 공공기관의 결정에 대해 불복이 있는 때에는 행정소송법이 정하는 바에 따라 행정소송을 제기할 수 있다. 재판장은 필요하다고 인정되는 때에는 당사자를 참여시키지 아니하고 제출된 공개청구정보를 비공개로 열람·심사할 수 있다. 또한, 재판장은 행정소송의 대상이 국가 안전 보장·국방 또는 외교에 관한 정보의 비공개 또는 부분공개 결정처분인 경우에 공공기관이 그 정보에 대한 비밀 지정의 절차, 비밀의 등급·종류 및 성질과 이를 비밀로 취급하게 된 실질적인 이유 및 공개를 하지 아니하는 사유 등을 입증하는 때에는 당해 정보를 제출하지 아니하게 할 수 있다(정보공개법 제20조).

4) 제3자의 이의 신청 등

자신에 관한 정보가 공개 청구된 사실을 통지받은 제3자는 통지받은 날부터 3일 이내에 당해 공공기관에 대해 자신과 관련된 정보를 공개하지 아니할 것을 요청할 수 있다(정보공개법 제21조 제1항). 제3자의 비공개 요청에도 불구하고 공공기관이 공개 결정을 하는 때에는 공개 결정 이유와 공개 실시일을 명시하여 지체없이 문서로 통지해야 하며, 제3자는 당해 공공기관에 문서로 이의신청을 하거나 행정심판 또는 행정소송을 제기할 수 있다. 이 경우 이의신청은 통지를 받은 날부터 7일 이내에 해야 한다(정보공개법 제21조 제2항).

제 2 절 개인정보 보호

1 개인정보 보호의 의의와 영역

1) 개인정보 보호의 의의와 영역

정보전달 매체와 함께 정보 수집, 관리, 활용 기술의 발달은 하나의 혁명적 변혁을 초래하기에 이르렀다. 개인정보가 과거에는 국가 권력(공공기관)에 의해 오용 또는 남용되어 왔으나 오늘날에는 개인이나 민간기업 등에 의해 침해되는 경우가 더 많아지고 있다.

오늘날 개인의 사생활에 관한 정보의 수집 및 처리가 전산화됨으로써 개인의 사생활 침해, 수집 목적 이외의 사용 등의 위험성이 커짐으로써 개인정보 보호의 필요성이 증대되고 있다.

행정정보의 공개는 국민의 알 권리를 충족시켜 준다는 이점도 있지만 그로 인한 폐단도 파생시킬 수 있다. 개인정보의 유출은 개인의 사생활과 인격권에 대한 심각한 피해로 나타날 수 있게 되었으며, 개인정보 보호의 문제가 현대 사회의 중요하고도 필수적인 과제로 등장하게 되었다.[5] 개인정보 보호는 개인은 자기 정보의 공개와 유통을 스스로 결정하고 관리하며 통제할 수 있는 개인정보관리 통제권을 가지며 국가는 이를 기본권의 하나로 보호하는 것을 말한다.

개인정보란 "개인에 관한 비밀정보에 한하지 않고 당해 개인을 식별할 수 있는 개인에 관한 일체의 정보"라고 할 수 있다. 개인정보 보호는 '공공부문에서의 개인정보 보호'와 '민간 부문에서이 개인정보 보호'로 나눌 수 있다. 특히 오늘날 헌법상의 기본권의 보호는 국가기관으로부터의 보호는 물론 사적 영역에서의 침해로부터의 보호도 중요시되고 있다. 개인정보관리통제권의 내용으로는 개인정보처리금지청구권, 자기정보열람청구권 및 자기정보정정청구권 등이 논의되고 있다.

우리 헌법 제17조는 프라이버시권을 명문으로 규정하여 보호하고 있으며, 「개인정보보호법」이 헌법상의 프라이버시권을 구체화하고 있다.

2) 개인정보 보호의 법적 근거

(1) 헌법적 근거

개인이 자기에 관한 정보를 스스로 결정하고 통제할 수 있는 권리로서 개인정보관리 통제권은 헌법상 기본권으로 인정되고 있다. 개인정보 보호의 헌법적 근거에 대하여는 인간의 존엄과 가치를 규정한 헌법 제10조에서 찾는 견해, 사생활의 비밀과 자유를 규정한 헌법 제17조에서 근거를 찾는 견해, 헌법 제10조와 제17조에서 찾는 견해, 헌법 제10조와 제17조 및 통신비밀 등에 관한 제18조를 종합하여 이해하는 견해 등이 다양하게 존재한다. 일반적으로 대법원은 헌법 제10조와 제17조에서 개인정보 보호의 근거를 찾고 있는 것으로 보이며,[6] 헌법재판소도 대법원의 견해와 동일선상에 있는 것으로 이해된다.[7] 헌법 제10조의 인가의 존엄과 가치와 개별 기본권이

5) 정보통신망의 발달로 인해 정보의 수집·보관이 가능해지고 정보처리 기술과 능력의 비약적 발전으로, 본인도 모르는 사이에 개인정보가 유통되고 공개될 수 있는 위험성 문제를 가지고 있다.

6) 대판 1998.7.24. 96다42789.

이념과 수단의 관계에 있다는 점을 고려할 때, 헌법 제10조와 제17조로부터 구하는 것이 타당하다.

(2) 법률적 근거

기존의 「공공기관의 개인정보 보호에 관한 법률」은 폐지되고, 2011년부터 「개인정보보호법」이 제정되어 시행되고 있다. 개인정보보호법은 공공부문과 민간 부문에서 개인정보 보호의 일반법으로 기능하고 있다. 이 밖에도 「정보통신망 이용 촉진 및 정보보호 등에 관한 법률」, 「신용정보의 이용 및 보호에 관한 법률」 등이 시행되고 있다.

2 개인정보 보호의 목적 · 적용 범위와 대상

1) 개인정보 보호의 목적

개인정보보호법은 "개인정보의 수집 · 유출 · 오용 · 남용으로부터 사생활의 비밀 등을 보호함으로써 국민의 권리와 이익을 증진하고, 나아가 개인의 존엄과 가치를 구현하기 위해 개인정보 처리에 관한 사항을 규정함을 목적으로 한다"고 규정하고 있다(개인정보보호법 제1조).

2) 개인정보보호법상의 용어

개인정보호법 용어는 다음과 같다(개인정보보호법 제2조 제1호~제7호).

① 개인정보: 개인정보란 살아 있는 개인에 관한 정보로서 성명, 주민등

7) "피고인이나 변호인에 의한 공판정에서의 녹취는 진술인의 인격권 또는 사생활의 비밀과 자유에 대한 침해를 수반하고, 실체적 진실 발견 등 다른 법익과 충돌할 개연성이 있으므로, 녹취를 금지해야 할 필요성이 녹취를 허용함으로써 달성하고자 하는 이익보다 큰 경우에는 녹취를 금지 또는 제한)함이 타당하다. 따라서 형사소송법 제56조의2 제2항의 규정은 반드시 공판정에서의 속기 또는 녹취권을 당사자의 절대적인 권리로서 보장하려는 취지라고 볼 수는 없고, 단지 당사자가 자신의 비용으로 속기 또는 녹취를 할 수 있다는 근거를 마련한데 불과하며, 반드시 법원이나 재판장의 허가를 배제하는 취지는 아니다" (헌재 1995.12.28. 91헌마114).

록번호 및 영상 등을 통해 개인을 알아볼 수 있는 정보(해당 정보만으로는 특정 개인을 알아볼 수 없더라도 다른 정보와 쉽게 결합하여 알아볼 수 있는 것을 포함한다)를 말한다.

② 정보처리: 정보처리란 개인정보의 수집, 생성, 기록, 저장, 보유, 가공, 편집, 검색, 출력, 정정, 복구, 이용, 제공, 공개, 파기, 그 밖에 이와 유사한 행위를 말한다.

③ 정보 주체: 정보 주체란 처리되는 정보에 의해 알아볼 수 있는 사람으로서 그 정보의 주체가 되는 사람을 말한다.

④ 개인정보 파일: 개인정보 파일이란 개인정보를 쉽게 검색할 수 있도록 일정한 규칙에 따라 체계적으로 배열하거나 구성한 개인정보의 집합물(集合物)을 말한다.

⑤ 개인정보 처리자: 개인정보 처리자란 업무를 목적으로 개인정보 파일을 운용하기 위해 스스로 또는 다른 사람을 통해 개인정보를 처리하는 공공기관, 법인, 단체 및 개인 등을 말한다.

⑥ 공공기관: 공공기관이란 국회, 법원, 헌법재판소, 중앙선거관리위원회의 행정사무를 처리하는 기관, 중앙행정기관(대통령 소속기관과 국무총리 소속기관을 포함한다) 및 그 소속기관, 지방자치단체, 국가인권위원회, 공공기관의 운영에 관한 법률에 따른 공공기관, 지방공기업법에 따른 지방공사와 지방공단, 특별법에 따라 설립된 특수법인, 초·중등교육법과 고등교육법 및 그 밖의 다른 법률에 따라 설치된 각급 학교를 말한다.

⑦ 영상정보 처리기기: 영상정보 처리기기란 일정한 공간에 지속적으로 설치되어 사람 또는 사물의 영상 등을 촬영하거나 이를 유·무선망을 통해 전송하는 장치로서, 폐쇄회로 텔레비전(일정한 공간에 지속적으로 설치된 카메라를 통해 영상 등을 촬영하거나 촬영한 영상정보를 유무선 폐쇄회로 등의 전송로를 통해 특정 장소에 전송하는 장치 및 이에 따라 촬영되거나 전송된 영상정보를 녹화·기록할 수 있도록 하는 장치), 네트워크 카메라(일정한 공간에 지속적으로 설치된 기기로 촬영한 영상정보를 그 기기를 설치·관리하는 자가 유무선 인터넷을 통해 어느 곳에서나 수집·저장 등의 처리를 할 수 있도록 하는 장치)를 말한다.

3 개인정보 보호 원칙과 정보 주체의 권리

1) 개인정보 보호 원칙

개인정보보호법 제3조는 개인정보 처리자가 준수해야 할 내용으로 ① 개인정보의 처리 목적을 명확하게 해야 하고 그 목적에 필요한 범위에서 최소한의 개인정보만을 적법하고 정당하게 수집할 것, ② 개인정보 처리자는 개인정보의 처리 목적에 필요한 범위에서 적합하게 개인정보를 처리하고, 그 목적 외의 용도로 활용하지 아니할 것, ③ 개인정보의 처리 목적에 필요한 범위에서 개인정보의 정확성, 완전성 및 최신성이 보장되도록 할 것, ④ 개인정보의 처리 방법 및 종류 등에 따라 정보 주체의 권리가 침해받을 가능성과 그 위험 정도를 고려하여 개인정보를 안전하게 관리할 것, ⑤ 개인정보 처리 방침 등 개인정보의 처리에 관한 사항을 공개하고, 열람청구권 등 정보 주체의 권리를 보장할 것, ⑥ 정보 주체의 사생활 침해를 최소화하는 방법으로 개인정보를 처리할 것, ⑦ 개인정보의 익명 처리가 가능한 경우에는 익명에 의해 처리될 수 있도록 할 것, ⑧ 법령에서 규정하고 있는 책임과 의무를 준수하고 실천함으로써 정보 주체의 신뢰를 얻기 위해 노력할 것을 열거하고 있다.

2) 정보 주체의 권리

정보 주체는 자신의 개인정보 처리와 관련하여 ① 개인정보의 처리에 관한 정보를 제공받을 권리, ② 개인정보의 처리에 관한 동의 여부, 동의 범위 등을 선택하고 결정할 권리, ③ 개인정보의 처리 여부를 확인하고 개인정보에 대해 열람(사본의 발급을 포함한다)을 요구할 권리, ④ 개인정보의 처리 정지, 정정·삭제 및 파기를 요구할 권리, ⑤ 개인정보의 처리로 인해 발생한 피해를 신속하고 공정한 절차에 따라 구제받을 권리를 가진다(개인정보보호법 제4조).

3) 개인정보보호위원회와 개인정보 보호정책의 수립

(1) 개인정보보호위원회의 설치

개인정보보호법은 개인정보 보호에 관한 사항을 심의·의결하기 위해 대통령 소속 하에 15명 이내의 위원으로 구성된 개인정보보호위원회를 설치하여 독립적으로 업무를 수행하도록 하고 있다(개인정보보호법 제7조). 개인정보호위원회는 개인정보 보호 기본계획 및 이에 따른 시행계획, 개인정보 보호와 관련된 정책, 제도 및 법령의 개선에 관한 사항, 개인정보의 처리에 관한 공공기관 간의 의견 조정에 관한 사항, 개인정보 보호에 관한 법령의 해석·운용에 관한 사항 등에 관한 사항을 심의·의결한다(개인정보보호법 제8조 제1항 제1호 내지 제12호).

(2) 개인정보 보호 기본계획의 시행

개인정보의 보호와 정보 주체의 권익 보장을 위하여 행정안전부 장관은 3년마다 개인정보 보호 기본계획을 관계 중앙행정기관의 장과 협의 하에 작성하여 보호위원회에 제출하고, 개인정보보호위원회의 심의·의결을 거쳐 시행해야 한다(개인정보보호법 제9조 제1항).[8] 중앙행정기관의 장은 기본계획에 따라 매년 개인정보 보호를 위한 시행계획을 작성하여 개인정보보호위원회의 심의·의결을 거쳐 시행해야 한다(개인정보보호법 제10조).

4 개인정보의 이용

1) 개인정보의 수집, 이용, 제공 등

(1) 개인정보의 수집

개인정보 처리자는 ① 정보 주체의 동의를 받은 경우, ② 법률에 특별한

8) 개인정보 보호 기본계획에는 개인정보 보호의 기본 목표와 추진 방향, 개인정보 보호와 관련된 제도 및 법령의 개선, 개인정보 침해 방지를 위한 대책, 개인정보 보호 자율규제의 활성화, 개인정보 보호 교육·홍보의 활성화, 개인정보 보호를 위한 전문인력의 양성, 그 밖에 개인정보 보호를 위해 필요한 사항이 포함되어야 한다.

규정이 있거나 법령상 의무를 준수하기 위해 불가피한 경우, ③ 공공기관이 법령 등에서 정하는 소관 업무의 수행을 위해 불가피한 경우, ④ 정보 주체와의 계약의 체결 및 이행을 위해 불가피하게 필요한 경우, ⑤ 정보 주체 또는 그 법정대리인이 의사표시를 할 수 없는 상태에 있거나 주소 불명 등으로 사전 동의를 받을 수 없는 경우로서 명백히 정보 주체 또는 제3자의 급박한 생명, 신체, 재산의 이익을 위해 필요하다고 인정되는 경우, ⑥ 개인정보 처리자의 정당한 이익을 달성하기 위해 필요한 경우로서 명백하게 정보 주체의 권리보다 우선하는 경우에는 개인정보를 수집할 수 있으며, 그 수집 목적의 범위에서 이용할 수 있다(개인정보보호법 제15조 제1항). ⑥의 경우는 개인정보 처리자의 정당한 이익과 상당한 관련이 있고 합리적인 범위를 초과하지 아니하는 경우에 한한다.

(2) 개인정보의 수집 제한

개인정보 처리자는 개인정보를 수집하는 경우에는 그 목적에 필요한 최소한의 개인정보를 수집해야 한다. 이 경우 최소한의 개인정보 수집이라는 입증 책임은 개인정보 처리자가 부담한다(개인정보보호법 제16조 제1항). 개인정보 처리자는 정보 주체가 필요한 최소한의 정보 외의 개인정보 수집에 동의하지 아니한다는 이유로 정보 주체에 재화 또는 서비스의 제공을 거부해서는 아니 된다(개인정보보호법 제16조 제2항).

2) 개인정보의 제공과 제한

개인정보 처리자는 ① 정보 주체의 동의를 받은 경우, ② 개인정보를 수집한 목적 범위에서 개인정보를 제공하는 경우에는 정보 주체의 개인정보를 제3자에게 제공(공유를 포함한다. 이하 같다)할 수 있다(개인정보보호법 제17조 제1항). 개인정보 처리자는 동의를 받을 때에는 ① 개인정보를 제공받는 자, ② 개인정보를 제공받는 자의 개인정보 이용 목적, ③ 제공하는 개인정보의 항목, ④ 개인정보를 제공받는 자의 개인정보 보유 및 이용 기간, ⑤ 동의를 거부할 권리가 있다는 사실 및 동의 거부에 따른 불이익이 있는 경우에는 그 불이익의 내용을 정보 주체에 알려야 한다. 또한 어느 하나의 사항을 변경하는 경우에도 이를 알리고 동의를 받아야 한다(개인정보보호법 제17조 제2항). 개인정보 처리자가 개인정보를 국외의 제3자에게 제공할 때에는 제2항 각 호에 따른 사항을 정보 주체에게 알리고 동의를 받아야 하며, 이 법을 위반하는 내용으로 개인정보의 국외 이전에 관한 계약을 체결해서는 아니 된다(개인정보보호법 제17조 제3항).

3) 개인정보의 이용·제공 제한

개인정보 처리자는 개인정보를 범위를 초과하여 이용하거나 범위를 초과하여 제3자에게 제공해서는 아니 된다(개인정보보호법 제18조 제1항). 그러나 개인정보 처리자는 ① 정보 주체로부터 별도의 동의를 받은 경우, ② 다른 법률에 특별한 규정이 있는 경우, ③ 정보 주체 또는 그 법정대리인이 의사표시를 할 수 없는 상태에 있거나 주소 불명 등으로 사전 동의를 받을 수 없는 경우로서 명백히 정보 주체 또는 제3자의 급박한 생명, 신체, 재산의 이익을 위해 필요하다고 인정되는 경우, ④ 통계 작성 및 학술연구 등의 목적을 위해 필요한 경우로서 특정 개인을 알아볼 수 없는 형태로 개인정보를 제공하는 경우, ⑤ 개인정보를 목적 외의 용도로 이용하거나 이를 제3자에게 제공하지 아니하면 다른 법률에서 정하는 소관 업무를 수행할 수 없는 경우로서 보호위원회의 심의·의결을 거친 경우, ⑥ 조약, 그 밖의 국제협정의 이행을 위해 외국 정부 또는 국제기구에 제공하기 위해 필요한 경우, ⑦ 범죄의 수사와 공소의 제기 및 유지를 위해 필요한 경우, ⑧ 법원의 재판 업무 수행을 위해 필요한 경우, ⑨ 형(刑) 및 감호, 보호처분의 집행을 위해 필요한 경우에 해당하는 경우에는 정보 주체 또는 제3자의 이익을 부당하게 침해할 우려가 있을 때를 제외하고는 개인정보를 목적 외의 용도로 이용하거나 이를 제3자에게 제공할 수 있다. 다만, 제5호부터 제9호까지의 경우는 공공기관의 경우로 한정한다(개인정보보호법 제18조 제2항).

4) 개인정보의 파기

개인정보 처리자는 보유 기간의 경과, 개인정보의 처리 목적 달성 등 그 개인정보가 불필요하게 되었을 때에는 지체 없이 그 개인정보를 파기해야 한다. 다만, 다른 법령에 따라 보존해야 하는 경우에는 그러하지 아니하다(개인정보보호법 제21조 제1항). 개인정보 처리자가 개인정보를 파기할 때에는 복구 또는 재생되지 아니하도록 조치해야 한다(개인정보보호법 제21조 제2항). 개인정보 처리자가 제1항 단서에 따라 개인정보를 파기하지 아니하고 보존해야 하는 경우에는 해당 개인정보 또는 개인정보 파일을 다른 개인정보와 분리해서 저장·관리하여야 한다(개인정보보호법 제21조 제3항).

5) 동의를 받는 방법

개인정보 처리자는 이 법에 따른 개인정보의 처리에 대해 정보 주체(제5항에 따른 법정대리인을 포함한다. 이하 이 조에서 같다)의 동의를 받을 때에는 각각의 동의 사항을 구분하여 정보 주체가 이를 명확하게 인지할 수 있도록 알리고 각각 동의를 받아야 한다(개인정보보호법 제22조 제1항). 개인정보 처리자는 개인정보의 처리에 대해 정보 주체의 동의를 받을 때에는 정보 주체와의 계약 체결 등을 위해 정보 주체의 동의 없이 처리할 수 있는 개인정보와 정보 주체의 동의가 필요한 개인정보를 구분해야 한다. 이 경우 동의 없이 처리할 수 있는 개인정보라는 입증 책임은 개인정보 처리자가 부담한다(개인정보보호법 제22조 제2항). 개인정보 처리자는 정보 주체에게 재화나 서비스를 홍보하거나 판매를 권유하기 위해 개인정보의 처리에 대한 동의를 받으려는 때에는 정보 주체가 이를 명확하게 인지할 수 있도록 알리고 동의를 받아야 한다(개인정보보호법 제22조 제3항). 개인정보 처리자는 정보 주체가 선택적으로 동의할 수 있는 사항을 동의하지 아니하거나 동의를 하지 아니한다는 이유로 정보 주체에게 재화 또는 서비스의 제공을 거부해서는 아니 된다(개인정보보호법 제22조 제4항). 개인정보 처리자는 만 14세 미만 아동의 개인정보를 처리하기 위해 이 법에 따른 동의를 받아야 할 때에는 그 법정대리인의 동의를 받아야 한다. 이 경우 법정대리인의 동의를 받기 위해 필요한 최소한의 정보는 법정대리인의 동의

없이 해당 아동으로부터 직접 수집할 수 있다(개인정보보호법 제22조 제5항).

6) 개인정보의 처리 제한

(1) 민감정보의 처리 제한

개인정보 처리자는 사상·신념, 노동조합·정당의 가입·탈퇴, 정치적 견해, 건강, 성생활 등에 관한 정보, 그 밖에 정보 주체의 사생활을 현저히 침해할 우려가 있는 개인정보로서 대통령령으로 정하는 민감정보를 처리해서는 아니 된다(개인정보보호법 제23).

(2) 고유 식별 정보의 처리 제한

개인정보 처리자는 ① 정보 주체에게 제15조 제2항 각 호 또는 제17조 제2항 각 호의 사항을 알리고 다른 개인정보의 처리에 대한 동의와 별도로 동의를 받은 경우, ② 법령에서 구체적으로 고유 식별 정보의 처리를 요구하거나 허용하는 경우를 제외하고는 법령에 따라 개인을 고유하게 구별하기 위해 부여된 식별 정보로서 대통령령으로 정하는 정보를 처리할 수 없다(개인정보보호법 제24조 제1항). 대통령령으로 정하는 기준에 해당하는 개인정보 처리자는 정보 주체가 인터넷 홈페이지를 통해 회원으로 가입할 경우 주민등록번호를 사용하지 아니하고도 회원으로 가입할 수 있는 방법을 제공해야 한다(개인정보보호법 제24조 제2항). 개인정보 처리자가 고유 식별 정보를 처리하는 경우에는 그 고유 식별 정보가 분실·도난·유출·변조 또는 훼손되지 아니하도록 대통령령으로 정하는 바에 따라 암호화 등 안전성 확보에 필요한 조치를 해야 한다(개인정보보호법 제24조 제3항).

7) 영상정보 처리기기의 설치·운영 제한

누구든지 ① 법령에서 구체적으로 허용하고 있는 경우, ② 범죄의 예방 및 수사를 위해 필요한 경우, ③ 시설 안전 및 화재 예방을 위해 필요한 경우, ④ 교통 단속을 위해 필요한 경우, ⑤ 교통정보의 수집·분석 및 제공을 위해 필요한 경우를 제외하고는 공개된 장소에 영상정보 처리기기를 설치·운영해서는 아니 된다(개인정보보호법 제25조 제1항). 누구든지 불특정 다수가 이용하는 목욕실, 화장실, 발한실(發汗室), 탈의실 등 개인의 사생활을 현저히 침해할 우려가 있는 장소의 내부를 볼 수 있도록 영상정보 처리기기를 설치·운영해서는 아니 된다. 다만, 교도소, 정신보건 시설 등 법령에 근거하여 사람을 구금하거나 보호하는 시설로서 대통령령으로 정하는 시설에 대해서는 그러하지 아니하다(개인정보보호법 제25조 제2항). 영상정보 처리기기를 설치·운영하려는 공공기관의 장과 제2항 단서에 따라 영상정보 처리기기를 설치·운영하려는 자는 공청회·설명회의 개최 등 대통령령으로 정하는 절차를 거쳐 관계 전문가 및 이해관계인의 의견을 수렴해야 한다(개인정보보호법 제25조 제3항).

영상정보 처리기기 운영자는 영상정보 처리기기의 설치 목적과 다른 목적으로 영상정보 처리기기를 임의로 조작하거나 다른 곳을 비춰서는 아니 되며, 녹음 기능은 사용할 수 없다(개인정보보호법 제25조 제5항). 영상정보 처리기기 운영자는 개인정보가 분실·도난·유출·변조 또는 훼손되지 아니하도록 안전성 확보에 필요한 조치를 해야 한다.

제 8 장 경찰상 의무 이행 확보 수단

경찰기관이 일정한 경찰 목적을 달성하기 위해 행정행위의 객체에게 의무를 부과한 경우, 행정 객체가 그 의무 등을 수행하지 않을 때에는 경찰 목적을 달성할 수 없다. 경찰 의무자가 그 의무를 이행하지 않은 경우 또는 자발적인 의무 이행을 기대하기 어려운 경우가 있으므로 법은 그 경찰 의무 이행 확보 수단을 마련하고 있다.[1]

경찰행정법상 경찰 목적의 실현을 담보하는 수단으로는 경찰 의무 불이행에 대해 직접적으로 실력을 행사하여 장래에 그 의무 이행의 실현을 확보하는 경찰강제와 경찰 의무 위반에 대해 일정한 제재를 과하는 경찰벌이 있다.[2] 최근에는 사회구조의 변화에 따라 과징금・공급 거부・공표 등과 같이 새로운 의무 이행 확보 수단이 등장하여 활용되는 경향이다.

제 1 절 경찰강제

경찰강제란 경찰상의 목적 달성을 위해 개인의 신체・재산 또는 가택에

1) 김남진, 『행정법(II)』, 292면.
2) 한견우, 『행정법(II)』, 299면.

실력을 가해 경찰상 필요한 상태를 실현시키는 사실상의 작용을 말한다.[3)]

경찰강제는 질서 유지를 위해 일반 통치권에 의거하여 행하는 권력적 작용이라는 점에서는 경찰하명 및 경찰허가와 같으나, 경찰하명 및 경찰허가가 의무를 명하거나 의무를 해체하는 법률행위인데 대해, 경찰강제는 실력으로 일정한 상태를 실현시키는 사실행위라는 점에서 그들 작용과 다르다. 또한, 경찰하명은 상대방에게 일정한 경찰 의무를 과하고 그의 의사에 의한 의무 이행을 기대하는 것이나, 경찰강제는 상대방의 의무 이행에 관한 의사의 유무와는 관계없이 경찰권에 의해 직접 일정한 경찰 상태를 실현시키는 것이라는 점에서 양자는 서로 다르다.[4)]

경찰강제에는 경찰상 강제집행과 경찰상 즉시강제가 있으나, 종래 즉시강제로 일괄적으로 취급되던 작용의 일부를 경찰조사로 분리하여 검토하는 것이 현재의 일반적 경향이다.[5)]

1 경찰상 강제집행

1) 의의

경찰상 강제집행이란 "경찰하명에 의한 경찰 의무의 불이행에 대해 경찰관청이 의무자의 신체·재산에 실력을 가함으로써 장래에 향해 의무를 이행시키거나 이행이 있는 것과 동일한 상태를 실현하는 경찰작용"을 말한다.

2) 경찰상 강제집행의 수단

경찰상의 강제집행은 경찰 의무의 존재를 전제로 하여 행해지는 점에서, 경찰 의무의 존재를 전제로 하지 않는 경찰상의 즉시강제와 구별된다. 경찰상 강제집행의 수단에는 대집행, 집행벌, 직접강제, 강제징수의 방법이

---

3) 김동희, 『행정법(Ⅱ)』, 183면; 박윤흔, 『최신행정법강의(하)』, 337면.
4) 박윤흔, 『최신행정법강의(하)』, 337면.
5) 김동희, 『행정법(Ⅱ)』, 183면.

인정되고 있다.

(1) 대집행

(가) 대집행의 의의

경찰상의 대집행이란 경찰법상의 대체적 작위 의무를 진 자가 그 의무를 이행하지 아니한 경우에 그 당해 경찰관청이 스스로 또는 제3자로 하여금 대체적 작위 의무를 진 의무자가 해야 할 행위를 하게 함으로써 의무의 이행이 있는 것과 같은 상태를 실현시킨 후, 그에 관한 비용을 의무자로부터 징수하는 경찰상의 강제집행을 말한다(행정대집행법 제2조). 행정대집행에 관한 일반법으로는 행정대집행법이 존재한다.

(나) 대집행의 주체와 대상

대집행권자는 당초에 의무를 명한 처분청이다. 다시 말해, 대집행의 주체는 경찰 의무를 부과한 당해 경찰관청이다. 여기서 당해 경찰관청이란 당초에 의무를 명한 행정청을 말한다.

대집행의 대상인 의무는 대체적 작위 의무이다. 예를 들면, 무허가 건물 철거나, 공고물 제거 등이다. 대체적 작위 의무란 타인이 하더라도 의무자가 스스로 행한 것과 동일한 경찰상의 목적을 실현할 수 있는 성질의 의무를 말한다. 그러나 건물의 명도 의무, 신체검사·건강진단을 받을 의무, 증인 출석 의무와 같이 일신전속적이거나 고도로 기술적이어서 대체성이 없는 비대체적 작위 의무 등은 대집행의 대상이 될 수 없다.

(다) 대집행의 요건

경찰상 대집행의 요건으로는 ① 대체적 작위 의무의 불이행이라는 사실이 존재하고, ② 다른 수단으로는 그 의무 이행이 곤란하고(보충성의 원칙), ③ 그 불이행을 방치함이 크게 공익을 해치는 것으로 인정되어야 한다(행정대집행법 제2조).

대집행의 요건 중 둘째 요건인 "다른 수단으로서는 이행을 확보하기가 곤란한 경우일 것"의 의미는 대집행으로 인한 당사자의 불이익을 최소화하기 위해 비례성의 원칙을 적용하는 것으로서 특히 보충성의 원칙을 강조한 것이다. 셋째의 "그 불이행을 방치함이 크게 공익을 해치는 것으로 인정되어야 한다"는 요건은 구체적인 경우에서 공익과 사익의 비교 형량을 요구하는 것이나, 그 판단은 행정기관의 재량에 일임하는 것이 아니라 기속적이라고 보아야 한다.[6] 그러나 세 번째 요건의 충족 여부에 관한 판단을 대법원은 자유재량행위로 보고 있다(대판 1967.11.18, 67누139).

(라) 대집행의 절차

대집행의 절차는 대집행의 계고(戒告) → 대집행영장에 의한 통지 → 대집행의 실행 → 비용 징수 순으로 진행된다.

① 대집행의 계고

대집행을 하려면 상당한 이행 기한을 정해 그 기한까지 이행하지 아니할 때에는 대집행을 한다는 뜻을 문서로 계고해야 한다(행정대집행법 제3조 제1항). 계고는 의무의 이행을 최고함과 아울러 그 의무를 이행치 않을 경우에는 대집행을 할 뜻을 알려 주는 통지행위로서 준법률행위적 행정행위라는 것이 다수설의 견해이다.

대집행의 요건은 계고를 할 때에 충족되어 있어야 한다. 원칙적으로 계고는 의무를 명하는 행정행위와 결합될 수 없다. 그러나 법률에 다른 규정이 있거나(건축법 제74조), 비상시 또는 위험이 절박한데도 계고를 할 여유가 없을 경우에는 계고를 생략할 수 있다(행정대집행법 제3조 제3항).

행정청이 대집행의 계고를 하려면 의무자가 이행해야 할 행위와 그 의무불이행 시 대집행할 행위의 내용과 범위가 특정되어야 한다. 그러나 그것은 반드시 대집행계고서에 의해서만 특정되어야 하는 것은 아니고 그 처분전후에 송달된 문서나 기타 사정을 종합하여 이를 특정할 수 있으면 족하다(대판 1992.6.12, 91누13564; 대판 1990.1.25, 89누9543).[7]

② 대집행영장에 의한 통지

의무자가 계고를 받고도 지정된 기한까지 그 의무를 이행하지 않을 때에는 당해 경찰관청은 대집행영장에 의해 대집행의 시기, 대집행시키기 위해

6) 류지태, 『행정법신론』, 249-250면.
7) 김동희, 『행정법(1)』, 396면.

파견하는 대집행 책임자의 성명 및 대집행 비용의 계산에 의한 견적액을 의무자에게 통지해야 한다(행정대집행법 제3조 제2항). 그러나, 계고와 마찬가지로 법률에 다른 규정이 있거나 비상시 또는 위험이 절박한데도 통지를 할 만한 여유가 없을 때에는 대집행영장에 의한 통지를 생략할 수 있다(행정대집행법 제3조 제3항).

③ 대집행의 실행(대집행영장에 기재된 시기에 실행)

대집행의 실행이란 물리적인 실력을 가해 의무가 이행된 것과 같은 상태를 실현하는 것을 말한다. 대집행은 대집행영장에 기재된 시기에 대집행 책임자에 의해 실행되므로, 대집행을 위해 현장에 파견되는 집행 책임자는 그가 집행 책임자라는 것을 표시한 증표를 휴대하여 이해관계인에게 제시해야 한다(행정대집행법 제4조). 이러한 대집행의 실행은 계고·대집행영장의 통지와는 달리 권력적 사실행위이다.

④ 비용 징수

대집행에 소요된 일체의 비용은 의무자로부터 징수한다. 경찰관청은 비용 징수를 위해 실제로 요한 비용액과 납부 기일을 정해 의무자에게 문서로써 그 납부를 명해야 한다(행정대집행법 제5조). 그러나 의무자가 납부명령서를 받고도 임의로 납부하지 않는 때에는 국세징수법상의 예에 의해 강제 징수한다(행정대집행법 제6조 제1항).[8]

(마) 대집행에 대한 구제

대집행에 관해 불복이 있는 자는 당해 경찰관청 또는 직근 상급 관청에 행정심판을 제기할 수 있으며(행정대집행법 제7조), 아울러 법원에 제소할 수 있다(행정대집행법 제8조).

대집행의 실행 전의 구제로는 대집행의 계고 또는 대집행영장에 의한 통

8) "대한주택공사가 구 대한주택공사법(2009.5.22. 법률 제9706호 한국토지주택공사법 부칙 제2조로 폐지) 및 구 대한주택공사법 시행령(2009.9.21. 대통령령 제21744호 한국토지주택공사법 시행령 부칙 제2조로 폐지)에 의해 대집행 권한을 위탁받아 공무인 대집행을 실시하기 위해 지출한 비용은 행정대집행법 절차에 따라 국세징수법의 예에 의해 징수할 수 있다"(대판 2011.9.8, 2010다48240).

지 자체를 대상으로 그 취소 또는 무효 확인을 구하는 행정심판이나 행정소송을 제기하는 것이다.

대집행이 실행 완료된 뒤에 대집행의 취소나 변경을 청구하는 것은 권리보호의 이익이 없는 것이 보통이므로 행정쟁송으로 그 취소·변경을 구할 수는 없으며, 대집행의 위법이나 과잉 집행을 이유로 하는 손해배상 또는 원상 회복의 청구, 대집행 비용의 산정의 위법을 이유로 하는 비용납부명령의 취소·변경을 청구할 수 있는 것이 원칙이다. 그러나 대집행의 취소로 회복되는 법률상 이익이 있는 때에는 그 취소를 구하는 취소소송 제기가 인정된다고 볼 수 있다.[9]

(2) 집행벌

집행벌을 강제금 이라고도 하며, 비대체적 작위 의무(예방접종) 또는 부작위 작위 의무의 불이행에 대해 이행을 간접적으로 강제하기 위해 일정한 기간 내에 이행하지 아니할 때에는 일정한 금전 의무를 부과한다는 뜻을 미리 계고함으로써 의무자에게 심리적 압박을 가하는 강제집행의 수단을 말한다.

집행벌의 필요성은 그 부과 절차가 행정(형)벌과 같은 엄격한 절차가 요구되지 않으므로 신속하게 행정 목적을 달성하기에 용이하고, 이기주의적인 의무 위반자에 대해 효율적으로 대응할 수 있다는 점에서 인정되고 있다.[10] 집행벌은 행정상 강제집행 수단으로서 자주 이용되는 제도는 아니며, 예외적으로만 인정되고 있다. 특히 이 제도가 논의되는 영역은 건축법의 영역을 들 수 있다(건축법 제83조 참조).[11]

(3) 직접강제

경찰법상의 의무 불이행에 대한 최후의 수단으로서, 경찰 의무자가 의무를 이행하지 않을 경우에 경찰기관(경찰관)이 직접 의무자의 신체 또는 재산에 실력을 가해 필요한 상태를 실현하는 작용을 말한다. 예를 들면, 무허

---

9) 류지태, 『행정법신론』, 252면.
10) 김남진·서정범, 『경찰법』, 273면.
11) 이에 대한 자세한 내용은 김동희, 『행정법(Ⅰ)』, 401면 참조.

가 업소를 실력으로 폐쇄 조치하거나 실력으로 예방접종의 실시, 영업 금지처분에 위반한 자의 영업장 강제 폐쇄, 정지명령을 받은 자동차가 도주하는 경우 총을 쏘아 정차시키는 경우를 들 수 있다.

직접강제는 대체적 작위 의무·비대체적 작위 의무·부작위 의무 및 수인 의무 등 일체의 의무의 불이행에 대해 할 수 있다는 점에서 대집행과 구별된다. 또한, 의무의 불이행을 전제로 하는 점에서 즉시강제와 구별된다.

직접강제에 대해서는 일반적 규정이 없고, 식품위생법·공중위생법·출입국관리법 등과 같이 개별법에서 인정되어 있을 뿐이다. 직접강제는 강제집행 수단 중에서도 가장 강력한 수단이라 할 수 있으므로 비례의 원칙에 따라 최후 수단으로서 활용되어야 한다.

(4) 강제징수

경찰상 강제징수라 함은 경찰법상의 금전급부의 의무를 이행하지 아니하는 경우에 경찰기관이 의무자의 재산에 실력을 가해 의무가 이행된 것과 같은 상태를 실현하는 강제집행을 의미한다. 이는 국세징수법에 의한 체납처분 절차에 의한다.

국세징수법상의 강제징수 절차는 독촉 → 체납처분(재산압류→압류재산의 매각→청산) → 체납처분의 중지 → 결손처분 순으로 진행된다.

(가) 독촉

독촉은 의무자에게 금전 납부 의무의 이행을 최고하고 그 불이행 시에는 체납처분을 할 것을 예고하는 통지행위로서, 준법률행위적 행정행위에 해당한다. 이러한 독촉은 이후 체납처분의 전제 요건을 충족시키고, 또한 채권의 소멸시효의 진행을 중단시키는 법적 효과가 있다.[12]

(나) 체납처분

체납처분은 재산 압류, 압류재산의 매각, 청산절차 순으로 이루어진다. 재산의 압류란 의무자가 독촉이 있음에도 불구하고 기한까지 이행하지 않은 때에는 재산에 압류를 행하는 것으로서, 체납국세의 징수를 실현하기

12) 김동희, 『행정법(Ⅰ)』, 404면.

위해 체납자의 재산을 보전(保全)하는 강제행위로서 압류재산의 법률상, 사실상의 처분을 금지시키는 것이 그 효력이다.[13] 압류의 대상이 되는 재산은 의무자의 소유로서 금전적 가치를 가지며 양도할 수 있는 모든 재산을 의미한다. 그러나 의류·침구·식품 등에는 압류가 금지되고, 농어구·급료 등에 대해서는 그 압류가 제한된다(국세징수법 제31조~제33조).

매각이란 압류재산은 통화를 제외하고는 매각하여 금전으로 환가해야 한다(국세징수법 제61조). 매각은 공정성을 기하기 위해 입찰 또는 경매 등 공매에 의하는 것이 원칙이나 예외적으로 수의계약에 의하기도 한다(국세징수법 제62조).

청산이란 체납처분의 집행으로 수령한 금전을 체납 국세, 지방세, 공과금 등에 배분하고, 잔여분이 있으면 체납자에게 지급하고, 부족하면 민법 등의 법령에 의해 배분할 순위와 금액을 정해 배분하는 것을 말한다(국세징수법 제80조 이하).

(다) 체납처분의 중지 및 결손처분

체납처분의 목적물인 총재산의 추산가격이 체납처분비에 충당하고 잔여가 생길 여지가 없을 때에는 체납처분을 중지해야 한다(국세징수법 제85조). 이 경우 세무서장은 결손처분을 할 수 있으며, 이로써 납세 의무는 소멸된다.

행정상 강제징수에 이의가 있는 경우에는, 행정쟁송 절차에 따라 강제징수 절차상의 행위의 취소·변경을 구할 수 있다.

2 경찰상 즉시강제

1) 경찰상 즉시강제의 의의

경찰상 즉시강제라 함은 목전에 급박한 경찰상의 장해를 제거하기 위해 또는 그 성질상 의무를 명함에 의해서는 목적을 달성할 수 없는 경우에 즉

13) 류지태, 『행정법신론』, 254면.

시 국민의 신체 또는 재산에 실력을 가해 행정상의 필요한 상태를 실현하는 작용을 말한다.[14] 이러한 정의를 넓은 의미의 경찰상 즉시강제로 정의하며, '협의의 경찰상 즉시강제'와 '직접 시행'으로 분류하여 경찰상 즉시강제를 설명하는 견해도 있다.[15]

즉시강제는 행정상의 의무 존재를 요하지 않고 의무 불이행을 전제로 하지 않는다는 점에서 직접강제와 행정상 강제집행과 구별된다. 또한, 즉시강제는 행정상 필요한 상태를 실현하기 위한 목적을 갖는 점에서 정보나 자료의 수집을 목적으로 하는 행정조사와 구별된다.[16]

2) 즉시강제의 근거와 한계

(1) 즉시강제의 근거

경찰상 즉시강제는 독일에서 경찰행정 분야에서 국가긴급방위권의 이론에 의해 법률상의 근거 없이도 그 행사가 가능한 것으로 인정되고 있었으나, 1930년대부터는 자연법적인 행정의 일반적 긴급권론이 그 근거로 제시되고 있었다.[17] 그러나, 경찰상 즉시강제는 국민의 권리에 대한 중대한 침해를 가져오는 것이므로, 오늘날과 같은 실질적 법치국가에서는 경찰상 즉시강제는 자연법적 요구에만 근거하여 행해질 수는 없으며, 반드시 실정법적 근거를 필요로 한다.[18]

경찰상 즉시강제는 마약법, 전염병예방법, 식품위생법, 소방법 등 다수의 개별법에 구체적인 규정을 두고 있는 외에 경찰관직무집행법이 일반적으로 규정하고 있다.

(2) 즉시강제의 한계

경찰상 즉시강제는 전형적인 침해행정이므로 그의 발동에는 반드시 법

14) 김동희, 『행정법(Ⅰ)』, 415면; 류지태, 『행정법신론』, 256면; 한견우, 『행정법(Ⅱ)』, 300면.
15) 이에 대한 자세한 내용은 김남진, 『행정법(Ⅱ)』, 법문사(1997), 295면; 김남진·서정범, 『경찰법』, 화학사(1998), 276-277면 참조.
16) 류지태, 『행정법신론』, 256면.
17) 김동희, 『행정법(Ⅰ)』, 416면.
18) 김남진·서정범, 『경찰법』, 278면.

적 근거가 있어야 한다. 이를 법규상의 한계라고도 한다. 또한, 즉시강제는 요건의 판단이나 실력 행사의 정도·양태·방법 등에 관해서는 경찰관청에 광범위한 재량권이 부여되어 있다고 볼 수 있으므로 조리상의 한계 내에서 행사되어야 한다. 다시 말해, 경찰상의 즉시강제가 발동되기 위해서는 경찰상 장해가 목전에 급박해야 하고(急迫性), 다른 수단으로는 경찰 목적을 달성할 수 없어야 한다(補充性). 그리고 이러한 요건이 충족되는 경우에도 비례의 원칙에 의해 행사되어야 한다. 끝으로, 경찰상의 즉시강제는 사회 공공의 안녕과 질서 유지를 위해 소극적으로 필요한 범위 내에서 행사되어야 한다.

3) 경찰상 즉시강제와 영장주의

경찰상 즉시강제는 마약 중독자의 강제 격리·수용과 같이 사람의 신체를 구속하기도 하고, 위생검사를 위해 가택에 출입하는 등 개인의 재산에 실력을 가하는 권력작용이기 때문에 개인의 권리와 이익에 대한 침해가 항상 염려된다. 이러한 점에서 경찰상 즉시강제에도 헌법이 규정하고 있는 영장주의(헌법 제12조·제13조·제16조)가 적용되는가에 대해 명문 규정이 없음으로 인해 학설이 대립하고 있다.

경찰상 즉시강제에 헌법상 영장주의가 적용되는가에 대해 ① 영장불요설(소극설), ② 영장필요설(적극설), ③ 절충설이 대립하고 있다.

① 영장불요설의 입장은 헌법상의 영장 제도는 형사법권의 행사로부터 국민의 기본권을 보장하기 위한 것이므로, 행정권의 발동인 경찰상 즉시강제에는 법률에 특별한 규정이 없는 한, 원칙적으로 영장주의는 적용되지 않는다는 견해이다.

② 영장필요설은 헌법의 영장주의는 널리 국가 권력의 부당한 행사로부터 국민의 자유와 권리를 보장하기 위한 것이므로 영장 제도가 형사작용에만 적용된다는 명문의 규정이 없는 이상 영장주의는 경찰상 즉시강제에도 일반적으로 적용되어야 한다는 입장이다. 다시 말해, 헌법상의 영장주의를 형사사법권의 발동에만 한정하여 적용하는 것으로 해석하는 경우 헌법 규

정을 부당하게 축소 해석하여 국민의 기본권을 침해하는 결과를 가져올 수 있기 때문에 경찰상 즉시강제에도 영장제도는 적용된다고 보는 견해이다.

③ 절충설은 헌법상의 영장주의는 형사사법권의 행사뿐만 아니라 경찰권의 행사에도 일반적으로 적용되어야 할 것이나, 경찰상 즉시강제의 특수성으로 보아 경찰 목적의 달성을 위해 불가피한 경우나 합리적인 사유가 존재하는 경우에는 영장주의에 대한 예외를 인정해야 한다는 입장이다.

경찰상 즉시강제에 영장주의의 적용 문제에 대해, 현행 헌법이 적법절차 조항을 새로 신설한 점에 비추어 기본적으로 영장주의를 인정하면서 경찰상 즉시강제의 특수성을 고려한 절충설의 입장이 타당하다고 본다. 따라서 경찰상 즉시강제가 인정되는 시간상 이유와 성질상 이유를 나누어, 전자의 경우는 사후영장 제도를 활용하는 것이 바람직하고, 후자의 경우는 사전영장주의의 적용이 엄격한 요건 아래서 이루어진다고 보는 것이 타당하다. 그리고 경찰상 즉시강제에서 영장의 필요 혹은 불필요라는 획일적 판단을 떠나 경찰상 즉시강제의 발동 요건을 좀 더 엄격하게 해석하는 것이 무엇보다 바람직하다.[19]

4) 경찰상 즉시강제의 수단

경찰상 즉시강제의 수단은 경찰상 즉시강제에 관한 일반법인 경찰관직무집행법 이외에 경찰 법규가 인정하고 있는 다수의 개별법에 규정되어 있다.

과거 권위주의적 행정 체제 아래서 경찰상 즉시강제가 개인의 인권 침해의 수단으로 남용된 점에 비추어 개정 경찰관직무집행법은 경찰행정 민주화의 일환으로 불심검문·보호 조치 등이 남용되는 일이 없도록 제도를 개선하고, 경찰관의 직권 남용에 대한 벌칙을 강화했다.[20]

경찰상 즉시강제의 수단은 그 대상에 따라 대인적 강제, 대물적 강제, 대가택강제로 나눌 수 있다.

---

19) 한견우, 『행정법(Ⅱ)』, 301면.

20) 박윤흔, 『최신행정법강의(하)』, 340면.

(1) 대인적 강제

대인적 강제란 사람의 신체에 실력을 가해 경찰상 필요한 상태를 실현하는 강제작용이다. 이러한 대인적 강제는 경찰관직무집행법에 의한 경우와 기타 개별적인 경찰 법규에 의한 경우가 있다.

(가) 경찰관직무집행법상의 대인적 강제

경찰관직무집행법이 규정하고 있는 대인적 강제 조치로서는, 불심검문(동법 제3조),[21] 보호 조치(동법 제4조),[22] 위험 발생 방지 조치(동법 제5조),[23] 범죄 예방과 제지 조치(동법 제6조),[24] 장구 사용(제10조의2), 무기

---

21) "형사소송법 제199조 제1항은 임의수사 원칙을 명시하고 있는데, 수사관이 수사 과정에서 동의를 받는 형식으로 피의자를 수사관서 등에 동행하는 것은, 피의자의 신체의 자유가 제한되어 실질적으로 체포와 유사한데도 이를 억제할 방법이 없어서 이를 통해서는 제도적으로는 물론 현실적으로도 임의성을 보장할 수 없을 뿐만 아니라, 아직 정식 체포·구속단계 이전이라는 이유로 헌법 및 형사소송법이 체포·구속된 피의자에게 부여하는 각종 권리 보장 장치가 제공되지 않는 등 형사소송법의 원리에 반하는 결과를 초래할 가능성이 크므로, 수사관이 동행에 앞서 피의자에게 동행을 거부할 수 있음을 알려 주었거나 동행한 피의자가 언제든지 자유로이 동행 과정에서 이탈 또는 동행 장소에서 퇴거할 수 있었음이 인정되는 등 오로지 피의자의 자발적인 의사에 의하여 수사관서 등에 동행이 이루어졌다는 것이 객관적인 사정에 의하여 명백하게 입증된 경우에 한하여, 동행의 적법성이 인정된다고 보는 것이 타당하다"(대판 2011.6.30, 2009도6717).

22) "경찰공무원은 교통의 안전과 위험 방지를 위하여 필요하다고 인정하거나 운전자가 술에 취한 상태에서 자동차 등을 운전하였다고 인정할 만한 상당한 이유가 있고 운전자의 음주 운전 여부를 확인하기 위하여 필요한 경우에는 사후의 음주 측정에 의하여 음주 운전 여부를 확인할 수 없음이 명백하지 않는 한 운전자에 대하여 구 도로교통법(2011. 6. 8. 법률 제10790호로 개정되기 전의 것) 제44조 제2항에 의하여 음주 측정을 요구할 수 있고, 운전자가 이에 불응한 경우에는 같은 법 제148조의2 제2호의 음주측정불응죄가 성립한다. 이와 같은 법리는 운전자가 경찰관직무집행법 제4조에 따라 보호 조치된 사람이라고 하여 달리 볼 것이 아니므로, 경찰공무원이 보호 조치된 운전자에 대하여 음주 측정을 요구하였다는 이유만으로 음주 측정 요구가 당연히 위법하다거나 보호 조치가 당연히 종료된 것으로 볼 수는 없다"(대판 2012.2.9, 2011도4328).

23) "경찰관직무집행법 제5조는 경찰관은 인명 또는 신체에 위해를 미치거나 재산에 중대한 손해를 끼칠 우려가 있는 위험한 사태가 있을 때에는 그 각 호의 조치를 취할 수 있다고 규정하여 형식상 경찰관에게 재량에 의한 직무 수행 권한을 부여한 것처럼 되어 있으나, 경찰관에게 그러한 권한을 부여한 취지와 목적에 비추어볼 때 구체적인 사정에 따라 경찰관이 그 권한을 행사하여 필요한 조치를 취하지 아니하는 것이 현저하게 불합리하다고 인정되는 경우에는 그러한 권한의 불행사는 직무상의 의무를 위반한 것이 되어 위법하게 된다"(대판 1998.8.25, 98다16890).

24) "경찰관직무집행법 제6조 제1항 중 경찰관의 제지에 관한 부분은 범죄의 예방을 위한

사용(동법 제10조의4)[25] 등이 있다.

(나) 개별적인 경찰 법규에 의한 대인적 강제

기타 각 개별법이 규정하고 있는 대인적 강제 조치로는 감염병의 예방 및 관리에 관한 법률상 건강진단·강제격리(동법 제42~44조), 마약류 관리에 관한 법률상의 강제수용(동법 제47조) 등이 있다.

(2) 대물적 강제

대물적 강제란 물건에 대한 소유권 기타의 권리를 실력을 가해 경찰상 필요한 상태를 실현하는 작용을 말한다. 이러한 대물적 강제도 경찰관직무집행법에 의한 경우와 기타 개별적인 경찰 법규에 의한 경우가 있다.

(가) 경찰관직무집행법상의 대물적 강제

경찰관직무집행법이 규정하고 있는 대물적 강제 조치로는 물건 등의 임

경찰 행정상 즉시강제에 관한 근거 조항이다. 행정상 즉시강제는 그 본질상 행정 목적 달성을 위하여 불가피한 한도 내에서 예외적으로 허용되는 것이므로, 위 조항에 의한 경찰관의 제지 조치 역시 그러한 조치가 불가피한 최소한도 내에서만 행사되도록 그 발동·행사 요건을 신중하고 엄격하게 해석하여야 한다. 그러한 해석·적용의 범위 내에서만 우리 헌법상 신체의 자유 등 기본권 보장 조항과 그 정신 및 해석 원칙에 합치될 수 있다"(대판 2008.11.13, 2007도9794).

25) "경찰관은 범인의 체포, 도주의 방지, 자기 또는 타인의 생명·신체에 대한 방호, 공무집행에 대한 항거의 억제를 위하여 무기를 사용할 수 있으나, 이 경우에도 무기는 목적 달성에 필요하다고 인정되는 상당한 이유가 있을 때 그 사태를 합리적으로 판단하여 필요한 한도 내에서 사용하여야 하는 바(경찰관직무집행법 제10조의4), 경찰관의 무기 사용이 이러한 요건을 충족하는지 여부는 범죄의 종류, 죄질, 피해 법익의 경중, 위해의 급박성, 저항의 강약, 범인과 경찰관의 수, 무기의 종류, 무기 사용의 태양, 주변의 상황 등을 고려하여 사회 통념상 상당하다고 평가되는지 여부에 따라 판단하여야 하고, 특히 사람에게 위해를 가할 위험성이 큰 권총의 사용에 있어서는 그 요건을 더욱 엄격하게 판단하여야 한다 (대법원 2004. 5. 13. 선고 2003다57956 판결 등 참조). 그리고 불법행위에 따른 형사 책임은 사회의 법질서를 위반한 행위에 대한 책임을 묻는 것으로서 행위자에 대한 공적인 제재(형벌)를 그 내용으로 함에 비하여, 민사 책임은 타인의 법익을 침해한 데 대하여 행위자의 개인적 책임을 묻는 것으로서 피해자에게 발생된 손해의 전보를 그 내용으로 하는 것이고 따라서 손해배상 제도는 손해의 공평·타당한 부담을 그 지도 원리로 하는 것이므로, 형사상 범죄를 구성하지 아니하는 침해행위라고 하더라도 그것이 민사상 불법행위를 구성하는지 여부는 형사 책임과 별개의 관점에서 검토되어야 할 것이다"(대판 1971.11.15, 71다1985; 대판 1999. 10. 22, 99다35799; 대법원 2008.2.1, 2006다6713).

시영치(동법 제4조 제3항), 위험 발생 방지 조치(동법 제5조) 등이 있다.

(나) 개별적인 경찰 법규에 의한 대물적 강제

기타 각 개별법이 규정하고 있는 대인적 강제 조치로는 식품위생법상의 폐기처분(동법 제56조), 소방기본법상의 소화를 위한 물건의 제거(동법 제25조), 감염병의 예방 및 관리에 관한 법률상의 물건 등에 대한 방역 조치(동법 제47조), 약사법상의 불량 의약품의 폐기(동법 제71조) 등이 있다.

(3) 대가택적 강제

주거자나 소유자 및 점유자의 의사에 반해 주거・창고・영업소 등에 출입 또는 수색하여 경찰상 필요한 상태를 실현하는 작용을 말한다.

(가) 경찰관직무집행법상의 대가택적 강제

경찰관직무집행법이 규정하고 있는 가택 강제 조치로서는 위험 방지를 위한 가택 출입(동법 제7조 제1항)을 들 수 있다. 종래에는 가택 출입・행정조사를 행정상 즉시강제의 한 형태로 보았으나, 현재는 이들 작용을 행정조사라는 독자적 작용으로 고찰하므로, 경찰상 즉시강제에 속하는 대가택강제의 예는 매우 드물다.26)

(나) 개별적인 경찰 법규에 의한 대가택적 강제

기타 각 개별법이 규정하고 있는 가택강제 조치로는 식품위생법상의 음식물검사를 위한 출입・검사(동법 제22조), 총포・도검・화약류 등 단속법상의 제작소・저장소 임검(동법 제44조) 등이 있다.

5) 경찰상 즉시강제에 대한 구제

경찰상 즉시강제는 마약 중독자의 강제격리・수용과 같이 사람의 신체를 구속하기도 하고, 위생검사를 위해 가택에 출입하는 등 개인의 재산에 실력을 가하는 권력작용이기 때문에 국민의 권익을 침해할 소지가 매우 크다 할 것이다. 따라서 국민의 자유와 권리를 보장하는 실질적 법치주의의 측면에서 경찰상 즉시강제에 의한 권리 침해의 적절한 권리구제 제도가 마

---

26) 김동희, 『행정법(Ⅰ)』, 419면.

련되어야 한다. 여기서는 적법한 경찰상 즉시강제에 대한 권리구제와 위법한 경찰상 즉시강제에 대한 구제로 나누어 살펴볼 수 있다.

(1) 적법한 경찰상 즉시강제에 대한 구제

경찰강제가 적법하게 행사된 경우에도 귀책 사유 없이 수인(受忍)의 한도를 넘어 특별한 손실을 준 때에는 헌법 제23조의 규정에 의해 손실보상을 청구할 수 있다. 다만, 경찰상 즉시강제를 인정하는 법률이 손실보상규정을 두고 있지 않은 경우에는 피해자, 특히 제3자는 수용 유사 침해 또는 수용적 침해에 대한 보상의 법리에 기해 손실보상을 청구할 수 있다. 한편, 경찰 책임자에게는 원칙적으로 보상이 주어지지 않는다. 그러나 수용적 침해의 요건이 충족되는 경우에는 보상이 주어질 수도 있을 것이다.[27]

(2) 위법한 경찰상 즉시강제에 대한 구제

(가) 정당방위

위법한 강제에 대해서는 정당방위가 가능하다. 따라서 공무집행방해죄가 성립되지 않는다. 그러나 국가적 행위는 일반적으로 적법성의 추정을 받는다고 할 것이므로 정당방위를 즉시강제에 대한 구제 수단으로 보는 것은 문제가 있다고 할 것이다.[28]

(나) 행정쟁송의 제기

위법 또는 부당한 경찰상 즉시강제로 인해 권리나 이익을 침해당한 경우에는 행정심판이나 행정소송(부당행위는 제외)을 제기하여 취소·변경을 구할 수 있으나, 소(訴)의 실익이 없을 때가 많다. 따라서 즉시강제는 짧은 시간 안에 종료되는 것이므로, 이러한 경우에는 손해배상 또는 원상 회복을 청구하는 것이 가장 적절하다.

(다) 손해배상

위법한 즉시강제에 대한 피해자는 국가배상법에 기해 국가 또는 지방자치단체에 대해 손해배상을 청구할 수 있다.

---

27) 김남진·서정범, 『경찰법』, 281면.
28) 김남진·서정범, 『경찰법』, 282면.

제 2 절 경찰벌

1 경찰벌의 의의

경찰벌이란 경찰법상의 명령·금지 등의 의무 위반에 대한 제재로서 일반 통치권에 근거하여 벌을 과하는 것을 말한다. 경찰벌은 직접적으로는 그 의무 위반에 대한 제재를 가함으로써 경찰 법규의 실효성을 확보함과 동시에, 간접적으로는 이를 통해 의무자에게 심리적 압박을 가함으로써 장래의 의무 이행을 확보하는 기능을 가지고 있다.

경찰벌은 경찰법상의 의무 위반에 대해 과하는 것이나, 오늘날 경찰상의 의무 불이행에 대한 행정상 강제집행의 수단이 원칙적으로 대집행 및 강제징수에 한정되어 있어, 의무 불이행에 대해서도 경찰벌을 과하도록 함으로써 간접적으로 의무 이행의 확보를 도모하고 있다. 따라서 경찰벌의 중요성은 한층 더 커지고 있다.[29]

2 경찰벌의 근거

경찰벌도 처벌이라는 점에서 형사벌과 다름없으므로 반드시 법률의 근거가 있어야 한다. 따라서 죄형법정주의(罪刑法定主義)가 형사벌뿐만 아니라 경찰벌에도 적용된다.

경찰벌은 법률에서 구체적으로 범위를 정해 위임한 경우에는 행정입법, 즉 법규명령(특히 위임명령)에 위임할 수 있으나(헌법 제75조), 이 경우 처벌 대상이 되는 행위의 구성 요건, 벌칙의 최고 한도를 구체적으로 정해 위임해야 한다. 또한, 지방자치단체에도 조례의 방법으로 벌칙을 정립할 수 있

29) 박윤흔, 『최신행정법강의(하)』, 352면.

는 권한이 부여되어 있다(지방자치법 제22조 등).

경찰벌 일반에 대한 총칙적 규정은 없고, 각 단행법이 경찰범의 특수성을 고려하여 형사범에 대한 개별적 특칙을 두고 있을 뿐이다.

3 경찰벌의 성질

1) 경찰벌과 징계벌의 구별

경찰벌과 징계벌은 크게 권력 기초·목적·대상에서 구별된다. 경찰벌은 일반통치권에 근거하여 과하는 제재인 점에서 특별권력에 근거하여 과하는 징계벌과 구별된다. 경찰벌의 목적은 사회 질서 유지이고, 징계벌은 행정조직의 내부 질서 유지라는 면에서 구별된다. 또한, 경찰벌은 일반 국민을 대상으로 하나, 징계벌은 공무원을 대상으로 하는데서 구별된다.

이처럼 경찰벌과 징계벌은 목적·대상·권력의 기초 등에서 차이가 있으므로 양자를 병과하는 것은 일사부재리(一事不再理)의 원칙에 저촉되지 아니한다.

2) 경찰벌과 집행벌(강제금)의 구별

경찰벌과 집행벌은 경찰법상의 의무의 이행을 확보하는 것을 목적으로 하는 점에서는 같으나, 그 구체적인 목적과 수단에는 차이가 있다.

경찰벌은 과거의 의무 위반에 대해 그 제재로서 과하는 벌이나, 집행벌은 경찰상 의무 불이행에 대해 장래에 향해 그 이행을 확보하기 위해 과하는 금전 부담으로서 행정상 강제집행이라는 점에서 구별된다. 다시 말해, 경찰벌은 처벌이 직접 목적이고, 집행벌은 의무 이행의 촉진이 직접 목적이다.[30]

---

30) 중앙경찰학교, 『경찰행정법』, 133면.

3) 경찰벌과 형사벌의 구별

경찰벌(특히 경찰형벌)과 형사벌의 구별에 대해, 성질상 구별을 부정하는 견해와 구별을 긍정하는 견해가 대립하고 있다.

구별부정설은 형사범이나 경찰범은 형식적으로는 모두 제재로서 형벌이 과해지는 범죄라는 점에서 차이가 없다는 주장으로 일부 형법학자들의 견해이다. 이 입장은 실정법상 경찰벌에 대한 특별 규정은 다만 입법정책적 표현에 불과한 것으로 보게 된다.[31] 그러나 경찰범과 형사범은 실질적으로 차이가 인정되고 있음을 부인할 수 없다.

구별긍정설의 입장이 다수설의 견해이나, 그 구체적으로 구별 기준에 관해서는 ① 피침해 이익을 기준으로 하는 견해와 ② 피침해 규범의 성질을 기준으로 하는 견해로 나뉘어 있다. ① 피침해 이익을 기준으로 하는 견해는 피침해 이익의 성질을 기준으로 형사범은 법익 침해의 위법행위이고, 경찰범은 질서 유지 활동을 방해하는 반경찰적 행위라는 견해이다. 이 견해는 경찰 의무를 위반하는 견해도 결국은 법위반의 위법행위라는 것을 간과하고 있다는 비판을 받고 있다. ② 피침해 규범의 성질을 기준으로 하는 견해에 의하면 형사범은 그 반도덕성·반사회성이 국가의 명령·금지를 기다릴 필요도 없이 명백한 행위, 즉 자연범(自然犯)인데 비해, 경찰범은 그 자체는 반도덕성·반사회성을 띠지 아니하고, 특정한 위법성이 법으로 금지했던 것을 위반함으로써 비로소 범죄로 처벌되는 법정범(法定犯)이라고 보는 견해이다.[32]

형사벌과 경찰벌의 구별은 절대적이라 할 수 없고 사회관·윤리관의 변화나 발달에 의해 양자의 구별이 모호해지기도 하고 때로는 양자가 서로 전화될 수도 있다.[33] 형사벌과 경찰벌이 비록 상대적이기는 하지만 형사범의 경우에는 그 반사회성·반윤리성이 법규 이전에 존재하는데 대해, 경찰범은 법률의 제정에 의해 비로소 그러한 성격이 승인된다는 점에서 양자는

31) 김동희, 『행정법(Ⅰ)』, 431면.
32) 김동희, 『행정법(Ⅰ)』, 431면.
33) 김철용, 『행정법(Ⅰ)』, 285면.

근본적으로 차이가 있다고 하겠다.[34)]

한편, 실정법상 형법 제8조 "본법 총칙은 타법령에 정한 죄에 적용된다. 단, 그 법령에 특별한 규정이 있을 때에는 예외로 한다"고 규정하고 있으므로 형법 총칙은 원칙적으로 각종 경찰 법규 위반죄에도 총칙의 적용을 배제하거나 또는 다르게 규정하고 있으므로 양자의 구별이 실정법상으로 인정되고 있는 셈이다.[35)]

4 경찰벌의 종류

경찰벌의 종류는 처벌의 내용에 따라 크게 나누어 경찰형벌과 경찰질서벌로 나뉜다.

1) 경찰형벌

경찰형벌(警察刑罰)이란 경찰법상의 의무 위반에 대한 제재로서 사형, 징역, 금고, 구류, 자격 정지, 자격 상실, 벌금, 과료, 몰수와 같이 형법 제41조에 규정된 형을 과하는 경찰벌을 말한다.

경찰형벌에 대해서는 특별한 규정이 없는 한 원칙적으로 형법 총칙이 적용되며(형법 제8조), 과벌 절차는 특별한 규정이 없는 한 형사소송 절차에 따라 법원에서 부과한다. 예외적으로 즉결심판 절차 또는 통고처분 절차에 의해 과해지는 경우도 있다.

2) 경찰질서벌

경찰질서벌(警察秩序罰)은 경찰법상의 의무 위반에 대한 제재로서 형법에 형명(刑名)이 없는 과태료가 과해지는 경찰벌이다. 경찰질서벌은 신고·보고·등록서류 비치·장부 기재 의무 등의 위반과 같이 직접으로 경

---

34) 김동희, 『행정법(Ⅰ)』, 432면.

35) 중앙경찰학교, 『경찰행정법』, 133면.

찰 목적을 침해하는 것이 아니라 간접적으로 질서 유지에 장해를 줄 위험이 있는 경우에 과하는 제재이며 일종의 금전벌이다.[36][37]

경찰질서벌에 대해서는 형법 총칙이 적용되지 않고, 그 과벌 절차는 특별한 규정이 없는 한 비송사건절차법에 의한다.

3) 양자의 구별

직접적으로 경찰 목적을 침해하는 경우에 과해지는 것인 데 대해서는 경찰형벌이 과해지고 신고·보고·등록·서류 비치 등의 의무를 태만히 하는 것과 같이 직접적으로 사회 공공의 안녕·질서를 침해하는 것이 아니라 간접적으로 경찰 목적의 달성에 장해를 미칠 위험성이 있는 행위에 대해 과해지는 것이 보통이다. 우리나라에서는 종래 경찰형벌에 처하던 것을 경찰질서벌로 대체하는 작업이 광범위하게 진행되고 있는 바, 이는 전과자의 양산을 방지하고 범칙금의 징수를 용이하게 하려는 의도로 이해되고 있다.[38]

5 경찰벌의 특수성

1) 경찰형벌의 특수성

(1) 경찰형벌의 실체법적 특수성

경찰형벌에 대해 총칙적 규정이 없으므로 형법 제8조에 의거 경찰형벌에 대해서도 형법 총칙이 적용된다. 그러나 형법 제8조 단서에 의해 특별한 명문 규정이 있거나 그 규정의 해석상 다른 특수성이 인정되는 때에는 형법

---

36) 중앙경찰학교, 『경찰행정법』, 134면; 김동희, 『행정법(Ⅰ)』, 433면.

37) "과태료와 같은 행정질서벌은 행정 질서 유지를 위하여 행정 법규 위반이라는 객관적 사실에 대하여 과하는 제재이므로 반드시 현실적인 행위자가 아니라도 법령상 책임자로 규정된 자에게 부과되고 또한 특별한 규정이 없는 한 원칙적으로 위반자의 고의·과실을 요하지 아니한다"(대판 1994.8.26, 94누6949 판결【사용료 및 과태료 부과처분취소】[공1994.10.1.(977),2550]).

38) 김남진·서정범, 『경찰법』, 288면.

총칙 규정은 배제될 수 있다.[39]

(가) 범의

형법은 고의범만을 원칙적으로 처벌하고, 예외적으로 특별한 규정이 있는 경우 한해 과실범을 처벌하고 있다. 경찰법의 경우에도 위의 규정이 그대로 적용된다. 다만 형법이 범의의 성립에 위법성의 인식 가능성을 요하고 있는 반면, 경찰범에서는 행위자가 위법성을 인식하지 못하고 또한 경찰법규를 인식하지 못한 데 과실이 없어서 범의(犯意)가 성립되지 않는 경우가 많다.[40]

(나) 법인의 범죄 능력

형사범은 법인(法人)이 범죄 능력(犯罪能力)을 가지지 않는다는 이유로 형사벌을 과하는 경우는 없다. 그러나 경찰법에서는 법인의 범죄 능력을 인정해야 할 것이다. 실정법상으로도 경찰범에 관한 법인의 범죄 능력을 규정하는 경우가 있으며, 행위자를 처벌할 것을 규정한 경우와 행위자와 법인을 처벌하는 양벌주의를 규정하는 경우가 있다. 법인을 처벌하는 경우에 그 형벌은 성질상 벌금·과료·몰수 등의 금전벌이다.

(다) 책임 능력(責任能力)

형사범에서는 심신장애자에 대해서는 형을 감경하거나 벌하지 않고(형법 제10조), 농아자(聾啞者)에 대해서는 형을 감경하며(형법 제11조), 14세 미만의 자의 행위는 벌하지 아니한다(형법 제9조). 그러나 담배사업법 제31조와 같이 경찰형벌을 과하는 데는 이의 적용을 배제 또는 제한하는 규정을 둔 경우가 있다.

(라) 타인의 비행(非行)에 대한 책임

형사벌에서는 범죄를 행한 자만을 벌하고 행위자 이외의 자를 벌하는 경우는 없으나, 경찰형벌에서는 행위자 이외의 자를 벌하는 경우가 적지 않다. 관계 법규에 양벌 규정을 두어 행위자 외에 사업주도 처벌하는 경우나 미성년자·금치산자의 위반행위에 대해 법정대리인을 처벌하는 경우 등이

39) 류지태, 『행정법신론』, 264면.

40) 김남진·서정범, 『경찰법』, 289면.

그것이다.[41]

(마) 공범(共犯)

경찰범에서는 경찰법상의 의무의 다양성으로 인해 형법상의 공범 규정을 적용하지 아니하는 경우가 있다(선박법 제39조). 경찰법규에 공범에 관한 특별 규정이 없는 경우에 형법상의 공범 규정이 그대로 적용되는가의 문제가 있는데, 이 문제에 대해 당해 의무가 일반인에 대한 것인 때와 당해 의무가 특정인에 한정된 것인 때를 구별해 논의하고 있다. 당해 의무가 일반인에 대한 경우에는 형법의 공범에 관한 규정이 적용되는 것에는 견해가 일치하고 있다. 그러나 당해 의무가 특정인에게 명해진 경우에는 형법의 공범에 관한 규정의 적용 배제 여부에 대해 견해가 나뉜다.

적극설(부정설)의 입장은 의무 없는 자라 할지라도 의무 위반행위를 교사・방조하는 행위는 사회적 비난을 받아 마땅한 것이며, 단속 목적을 위해서도 그 자를 처벌하는 것이 합리적이라는 견지에서 그 자는 처벌되어야 한다고 본다. 그러나 소극설(긍정설)의 입장은 경찰범은 경찰행정법상의 의무를 위반하는 죄이므로 그 의무자가 아닌 자가 이를 교사・방조해도 그 자에게 공범의 책임을 지우지 않는 것이 경찰형벌의 특수성으로 보아 당연하다는 이유로 공범에 관한 형법 규정의 적용을 배제할 수 있다고 한다.[42]

(바) 누범(累犯)・경합범(競合犯)・양형(量刑)

명문으로 형법 규정, 즉 경합범에 관한 형법 총칙의 적용을 배제하는 경우도 있으며(담배사업법 제31조), 그러한 규정이 없더라도 해석상 경찰범의 특수성을 고려할 여지가 있다.

(2) 경찰형벌의 절차법적 특수성

원칙적으로 형사소송법이 정하고 있는 절차에 의함이 원칙이다. 그러나 예외적으로 경찰 목적의 신속한 달성을 위해 즉결심판 절차나 통고처분・보호처분이 인정되는 경우가 있다.

---

41) 김동희, 『행정법(Ⅰ)』, 438면.

42) 김동희, 『행정법(Ⅰ)』, 439면; 김철용, 『행정법(Ⅰ)』, 288-289면.

(가) 통고처분

통고처분(通告處分)은 형행법상 조세범·전매법·출입국사범·교통사범 등에 대해 적용된다. 경찰범의 처벌에 관한 전문·기술적 편의성 및 경찰범의 신속한 처리를 고려하여, 경찰형벌의 부과에 대해서는 통고처분이라는 형사소추에 선행하는 간이과벌 절차가 인정되고 있다.[43] 통고처분은 정식재판에 갈음하여 경찰관청이 과료·벌금에 상당하는 일정한 금액 또는 범칙금을 일정한 장소에 납부할 것을 명하는 것이다. 이 경우에 납부해야 하는 금액은 형법상의 벌금은 아니고, 행정제재금의 성질을 가진다.

통고처분이 인정되는 범죄로는 조세범·관세범·출입국관리사범 및 도로교통사범이 있다. 그리고 통고처분을 할 수 있는 자는 국세청장·세무서장·관세청장·세관장·출입국관리소장·경찰서장 등이다.

통고처분의 절차를 살펴보면, ① 경찰서장은 범칙자로 인정되는 자에 대해서는 그 이유를 명시한 범칙금 납부통고서로 범칙금을 납부할 것을 통고할 수 있다(도로교통법 제163조). ② 통고처분을 받은 자는 10일 이내에 지정 장소에 범칙금을 납부해야 한다(도로교통법 제164조). 단, 천재지변 등 부득이한 사유가 있을 때에는 그 사유가 없어진 날로부터 5일 내에 납부해야 한다. ③ 통고처분을 받은 범칙자가 소정의 기간 내에 통고처분의 내용을 이행하지 않으면 당해 통고처분은 별도의 행위를 기다릴 것 없이 당연히 그 효력을 상실한다. 이때에 경찰서장은 지체 없이 즉결심판에 회부하거나(도로교통법 제165조), 고발해야 한다(출입국관리법 제105조 제2항).

범칙자가 통고처분의 내용을 이행한 때에는 통고처분은 확정판결과 동일한 효력이 발생하며 동일 사건에 대해 형사소추를 받지 아니한다(도로교통법 제164조 제3항).[44]

---

43) 김남진·서정범, 『경찰법』, 290면.

44) "도로교통법(2005.5.31. 법률 제7545호로 전문 개정되기 전의 것) 제119조 제3항에 의하면, 범칙금 납부 통고를 받고 범칙금을 납부한 사람은 그 범칙행위에 대하여 다시 벌받지 아니한다고 규정하고 있는 바, 범칙금의 통고 및 납부 등에 관한 같은 법의 규정들의 내용과 취지에 비추어볼 때 범칙자가 경찰서장으로부터 범칙행위를 하였음을 이유로 범칙금 통고를 받고 그 범칙금을 납부한 경우 다시 벌받지 아니하게 되는 행위는 범칙금 통고의 이유에 기재된 당해 범칙행위 자체 및 그 범칙행위와 동일성이 인정되는 범칙행

또한, 통고처분에 불복하는 경우에는 통고처분 자체는 당연히 그 효력이 소멸되므로, 행정쟁송을 제기할 수는 없다. 통고처분의 부과에 대해서는 즉결심판이나 정식재판의 청구라는 구제절차가 있다. 통고처분을 이행하지 않으면 경찰서장에 의해 즉결심판에 회부된다(도로교통법 제165조). 통고처분의 내용을 이행하지 않은 사람은 즉결심판에서 그 통고처분의 위법·부당함을 주장할 수 있다. 그리고 즉결심판의 결과에도 불복하는 사람은 즉결심판을 받은 날로부터 7일 이내에 정식재판을 청구할 수 있다.

(나) 즉결심판 절차

20만 원 이하의 벌금, 구류, 과료에 처할 경찰형벌은 즉결심판에 관한 절차법이 정하는 바에 따라 즉결심판에 의해 과해진다.

즉결심판은 경찰서장의 청구에 의해 지방법원, 직원, 시·군법원의 판사가 심판하며, 그 형(刑)은 경찰서장이 집행한다. 즉결심판에 불복이 있는 사람은 7일 이내에 정식재판을 청구할 수 있다. 즉결심판은 20만 원 이하의 벌금 또는 구류나 과료에 처할 범죄사건을 심판하는 절차이므로(법원조직법 제34조), 형사범도 이 절차에 의한다. 따라서 이 심판 절차는 일반과형 절차에 대한 특별 절차이기는 하나, 경찰형벌(행정형벌)의 특별한 과형 절차는 아니다.[45]

2) 경찰질서벌의 특수성

(1) 경찰질서벌의 실체법적 특수성

경찰질서벌[46]에 해당하는 과태료는 형벌이 아니므로 형법 총칙이 적용되지 않는다. 그리고 경찰질서벌의 대상이 되는 행위는 단순한 의무 해태

위에 한정된다고 해석함이 상당하므로, 범칙행위와 같은 때, 같은 곳에서 이루어진 행위라 하더라도 범칙행위와 별개의 형사범죄 행위에 대하여는 범칙금의 납부로 인한 불처벌의 효력이 미치지 아니한다"(대판 2007.4.12, 2006도4322 【교통사고처리특례법위반】 [공2007.5.15.(274), 738]).

45) 김동희, 『행정법(Ⅰ)』, 441면; 김철용, 『행정법(Ⅰ)』, 289면; 박윤흔, 『최신행정법강의(하)』, 353면.

46) 행정질서벌에 대한 사항은 조태제, 행정질서벌제도의 문제점과 그 개선 방안: 질서위반법 제정 논의를 중심으로, 『토지공법연구』(2004.12), 531면 이하 참조.

로서 반사회성이 희박하므로 행위자의 고의·과실과 같은 주관적 요건을 요구하지 않는다. 따라서 경찰질서벌은 객관적인 법규 위반만 존재하면 부과할 수 있다.

경찰형벌과 경찰질서벌은 모두 경찰벌이므로 동일한 경찰범에 대해 양자를 병과할 수는 없다고 본다. 그러나 대법원은 "행정법상의 질서벌인 과태료의 부과처분과 형사처벌은 그 성질이나 목적을 달리하는 별개의 것이므로 행정법상의 질서벌인 과태료를 납부한 후에 형사처벌을 한다고 하여 이를 일사부재리의 원칙에 반하는 것이라고 할 수는 없다"(대판 1996.4.12, 96도158),[47]고 판시하여 양자를 병과할 수 있다는 입장이다.

일반적으로 경찰형벌과 경찰질서벌은 제도 목적이 다르므로 이론적으로는 대법원의 입장이 옳지만, 과태료(過怠料)가 벌금·과료와 실질적 차이가 없는 경우에는 병과할 수 없다고 보아야 한다.[48] 즉, 경찰형벌과 경찰질서벌은 모두 제재로서의 경찰벌이므로 병과활 수 없다고 보아야 한다.[49]

(2) 경찰질서벌의 절차법적 특수성

(가) 부과권자

경찰질서벌인 과태료(過怠料)는 개별 법률에서 정함이 없는 경우에는 법원이 비송사건절차법이 정하는 바에 따라 과태료를 처할 자의 주소지를 관할하는 지방법원의 결정으로 과한다(질서위반행위규제법 제28조). 개별 법

47) "행정법상의 질서벌인 과태료의 부과처분과 형사처벌은 그 성질이나 목적을 달리하는 별개의 것이므로 행정법상의 질서벌인 과태료를 납부한 후에 형사처벌을 한다고 하여 이를 일사부재리의 원칙에 반하는 것이라고 할 수는 없으며, 자동차의 임시 운행 허가를 받은 자가 그 허가 목적 및 기간의 범위 안에서 운행하지 아니한 경우에 과태료를 부과하는 것은 당해 자동차가 무등록 자동차인지 여부와는 관계없이, 이미 등록된 자동차의 등록번호표 또는 봉인이 멸실되거나 식별하기 어렵게 되어 임시운행허가를 받은 경우까지를 포함하여, 허가받은 목적과 기간의 범위를 벗어나 운행하는 행위 전반에 대하여 행정질서벌로써 제재를 가하고자 하는 취지라고 해석되므로, 만일 임시 운행 허가기간을 넘어 운행한 자가 등록된 차량에 관하여 그러한 행위를 한 경우라면 과태료의 제재만을 받게 되겠지만, 무등록 차량에 관하여 그러한 행위를 한 경우라면 과태료와 별도로 형사처벌의 대상이 된다"(대판 1996.4.12. 선고 96도158 판결【자동차관리법위반】[공1996.6.1.(11),1639]).

48) 김철용, 『행정법(Ⅰ)』, 450면.

49) 김춘환, 『경찰행정법』, 330면.

률에서 행정청이 부과하도록 하고 있는 경우에는 행정청의 과태료 부과에 불복하는 경우 법원이 비송사건절차에 따라 최종적으로 부과한다(질서위반행위규제법 제25조).

최근 관계 행정 법규는 거의 예외 없이 이러한 일반 절차에 대한 특례 규정을 두고 있다. 이들 규정에 의하면(식품위생법 제78조, 공중위생관리법 제23조 등), 과태료는 행정청이 직접 부과·징수하되, 그 부과 처분을 받은 자는 처분을 고지받은 날로부터 30일 이내에 그 처분청에 이의 신청을 할 수 있는 바, 이 경우 처분청이 관할 법원에 그 사실을 통보함으로써 비송사건절차법에 의한 과태료 부과 절차로 이행하는 것으로 되어 있다. 이러한 특례 규정은 지나치게 행정편의주의에 치우친 것이라 할 것이다.[50]

과태료 금액은 법령이 정하는 범위 내에서 여러 사정을 참작하여 법원의 재량으로 결정하는데, 법원은 재판 전에 당사자의 진술을 청취하고, 검사의 의견을 구해야 한다. 과태료의 결정에 불복이 있는 사람은 즉시 항고할 수 있다(비송사건절차법 제248조 제1항).

(나) 부과의 근거

경찰(행정)질서벌의 부과는 법률에 근거가 있어야 한다. 행정질서벌에는 국가의 법령에 근거한 것과 지방자치단체의 조례에 근거한 것이 있다(지방자치법 제27조, 제139조 참조). 질서위반행위규제법은 질서행위 위반자에 대한 과태료 부과의 근거 법률은 아니며, 질서 위반행위의 성립 요건과 과태료의 부과·징수 및 재판 등에 관한 사항을 정하는 법률이다(동법 제1조). 과태료의 부과·징수, 재판 및 집행 등의 절차에 관한 다른 법률의 규정 중 이 법의 규정에 저촉되는 것은 이 법으로 정하는 바에 따른다(동법 제5조).

(다) 부과의 요건

질서위반행위규제법은 질서 위반행위의 요건을 행정범죄의 성립 요건과 유사하게 규정하고 있다.

50) 김동희, 『행정법(Ⅰ)』, 441면.

ㄱ) 고의 또는 과실

질서위반행위규제법은 고의 또는 과실이 없는 질서 위반행위는 과태료를 부과하지 아니한다(동법 제7조).[51] 자신의 행위가 위법하지 아니한 것으로 오인하고 행한 질서 위반행위는 그 오인에 정당한 이유가 있는 때에 한해 과태료를 부과하지 아니한다(동법 제8조).

행정질서벌은 행정 법규 위반이라는 객관적 사실에 대해 과해지며, 현실적인 행위자가 아니라 법령상의 책임자로 규정된 자에게 부과된다.[52]

ㄴ) 법 적용의 시간적·장소적 범위

질서 위반행위의 성립과 과태료 처분은 행위 시의 법률에 따른다(동법 제3조 제1항). 질서 위반행위 후 법률이 변경되어 그 행위가 질서 위반행위에 해당하지 아니하게 되거나 과태료가 변경되기 전의 법률보다 가볍게 된 때에는 법률에 특별한 규정이 없는 한 변경된 법률을 적용한다(동법 제3조 제2항). 행정청의 과태료 처분이나 법원의 과태료 재판이 확정된 후 법률이 변경되어 그 행위가 질서 위반행위에 해당하지 아니하게 된 때에는 변경된 법률에 특별한 규정이 없는 한 과태료의 징수 또는 집행을 면제한다(동법 제3조 제3항).

「질서위반행위규제법」은 대한민국 영역 안에서 질서 위반행위를 한 자

---

51) (1) "과태료와 같은 행정질서벌은 행정 질서 유지를 위한 의무의 위반이라는 객관적 사실에 대하여 과하는 제재이므로 반드시 현실적인 행위자가 아니라도 법령상 책임자로 규정된 자에게 부과되고 원칙적으로 위반자의 고의·과실을 요하지 아니하나, 위반자가 그 의무를 알지 못하는 것이 무리가 아니었다고 할 수 있어 그것을 정당시할 수 있는 사정이 있을 때 또는 그 의무의 이행을 그 당사자에게 기대하는 것이 무리라고 하는 사정이 있을 때 등 그 의무 해태를 탓할 수 없는 정당한 사유가 있는 때에는 이를 부과할 수 없다"(대판 2000.5.26. 98두5972 판결 【과태료등부과처분취소】 [공2000.7.15.(110), 1540]). (2) "법원이 비송사건절차법에 따라서 하는 과태료 재판은 관할 관청이 부과한 과태료 처분에 대한 당부를 심판하는 행정소송절차가 아니라 법원이 직권으로 개시·결정하는 것이므로, 원칙적으로 과태료 재판에서는 행정소송에서와 같은 신뢰 보호의 원칙 위반 여부가 문제로 되지 아니하고, 다만 위반자가 그 의무를 알지 못하는 것이 무리가 아니었다고 할 수 있어 그것을 정당시할 수 있는 사정이 있을 때 또는 그 의무의 이행을 그 당사자에게 기대하는 것이 무리라고 하는 사정이 있을 때 등 그 의무 해태를 탓할 수 없는 정당한 사유가 있는 때에는 이를 부과할 수 없다"(대판 2006.4.28, 2003마715결정 【과태료처분 결정에 대한 재항고】 [집54(1)민,166; 공2006.6.1.(251),904]).

52) 김춘환, 『경찰행정법』, 332면.

에게 적용한다(동법 제4조 제1항). 또한, 대한민국 영역 밖에서 질서 위반행위를 한 대한민국의 국민에게 적용한다(동법 제4조 제2항). 「질서위반행위규제법」은 대한민국 영역 밖에 있는 대한민국의 선박 또는 항공기 안에서 질서 위반행위를 한 외국인에게 적용한다(동법 제4조 제3항).

ㄷ) 책임 연령과 심신장애

14세가 되지 아니한 자의 질서 위반행위는 과태료를 부과하지 아니한다. 다만, 다른 법률에 특별한 규정이 있는 경우에는 그러하지 아니하다(동법 제9조).

심신장애로 인해 행위의 옳고 그름을 판단할 능력이 없거나 그 판단에 따른 행위를 할 능력이 없는 자의 질서 위반행위는 과태료를 부과하지 아니한다(동법 제10조 제1항). 심신장애로 인해 제1항에 따른 능력이 미약한 자의 질서 위반행위는 과태료를 감경한다(동법 제10조 제2항). 스스로 심신장애 상태를 일으켜 질서 위반행위를 한 자에 대해서는 제1항 및 제2항을 적용하지 아니한다(동법 제10조 제3항).

ㄹ) 과태료의 산정과 시효

행정청 및 법원은 과태료를 정할 때 ① 질서 위반행위의 동기·목적·방법·결과, ② 질서 위반행위 이후의 당사자의 태도와 정황, ③ 질서 위반행위자의 연령·재산 상태·환경, ④ 그 밖에 과태료의 산정에 필요하다고 인정되는 사유의 사항을 고려해야 한다(동법 제14조).

과태료는 행정청의 과태료 부과처분이나 법원의 과태료 재판이 확정된 후 5년간 징수하지 아니하거나 집행하지 아니하면 시효로 인해 소멸한다(동법 제15조 제1항). 소멸시효의 중단·정지 등에 관해서는 「국세기본법」 제28조를 준용한다(동법 제15조 제2항).

(라) 부과 절차

ㄱ) 사전 통지 및 의견 제출

행정청이 질서 위반행위에 대해 과태료를 부과하고자 하는 때에는 미리 당사자(제11조 제2항에 따른 고용주 등을 포함한다)에게 대통령령으로 정하는 사항을 통지하고, 10일 이상의 기간을 정해 의견을 제출할 기회를 주어야 한다. 이 경우 지정된 기일까지 의견 제출이 없는 경우에는 의견이 없는 것으로 본다(동법 제16조 제1항).

당사자는 의견 제출 기한 이내에 대통령령으로 정하는 방법에 따라 행정청에 의견을 진술하거나 필요한 자료를 제출할 수 있다(동법 제16조 제2항). 행정청은 당사자가 제출한 의견에 상당한 이유가 있는 경우에는 과태료를 부과하지 아니하거나 통지한 내용을 변경할 수 있다(동법 제16조 제3항).

ㄴ) 과태료의 부과와 자진 납부자에 대한 감경

행정청은 의견 제출 절차를 마친 후에 서면(당사자가 동의하는 경우에는 전자문서를 포함한다)으로 과태료를 부과해야 한다(동법 제17조 제1항). 서면에는 질서 위반행위, 과태료 금액, 그 밖에 대통령령으로 정하는 사항을 명시해야 한다(동법 제17조 제2항). 과태료 납부 기한의 연기 및 분할 납부에 관하여는 「국세징수법」 제15조부터 제20조까지의 규정을 준용한다(동법 제17조 제3항). 행정청은 당사자가 의견 제출 기한 이내에 과태료를 자진하여 납부하고자 하는 경우에는 대통령령으로 정하는 바에 따라 과태료를 감경할 수 있다(동법 제18조 제1항). 당사자가 감경된 과태료를 납부한 경우에는 해당 질서 위반행위에 대한 과태료 부과 및 징수 절차는 종료한다(동법 제18조 제2항).

ㄷ) 과태료 부과의 제척 기간

행정청은 질서 위반행위가 종료된 날(다수인이 질서 위반행위에 가담한 경우에는 최종 행위가 종료된 날을 말한다)부터 5년이 경과한 경우에는 해당 질서 위반행위에 대해 과태료를 부과할 수 없다(동법 제19조 제1항). 제1항에도 불구하고 행정청은 제36조 또는 제44조에 따른 법원의 결정이 있는 경우에는 그 결정이 확정된 날부터 1년이 경과하기 전까지는 과태료를 정정 부과하는 등 해당 결정에 따라 필요한 처분을 할 수 있다(동법 제19조 제2항).

ㄹ) 이의 제기

행정청의 과태료 부과에 불복하는 당사자는 제17조제1항에 따른 과태료 부과 통지를 받은 날부터 60일 이내에 해당 행정청에 서면으로 이의 제기를 할 수 있다(동법 제20조 제1항). 이의 제기가 있는 경우에는 행정청의 과태료 부과 처분은 그 효력을 상실한다(동법 제20조 제2항). 당사자는 행정청으로부터 제21조 제3항에 따른 통지를 받기 전까지는 행정청에 대해 서면으로 이의 제기를 철회할 수 있다(동법 제20조 제3항).

ㅁ) 법원에의 통보

질서위반행위규제법 따른 이의제기를 받은 행정청은 이의 제기를 받은 날부터 14일 이내에 이에 대한 의견 및 증빙서류를 첨부하여 관할 법원에 통보해야 한다. 다만, ① 당사자가 이의제기를 철회한 경우, ② 당사자의 이의 제기에 이유가 있어 과태료를 부과할 필요가 없는 것으로 인정되는 경우의 어느 하나에 해당하는 경우에는 그러하지 아니하다(동법 제21조 제1항).

행정청은 사실상 또는 법률상 같은 원인으로 말미암아 다수인에게 과태료를 부과할 필요가 있는 경우에는 다수인 가운데 1인에 대한 관할권이 있는 법원에 제1항에 따른 이의 제기 사실을 통보할 수 있다(동법 제21조 제2항). 행정청이 관할 법원에 통보를 하거나 통보하지 아니하는 경우에는 그 사실을 즉시 당사자에게 통지해야 한다(동법 제21조 제3항).

ㅂ) 질서위반행위의 조사

행정청은 질서 위반행위가 발생했다는 합리적 의심이 있어 그에 대한 조사가 필요하다고 인정할 때에는 대통령령으로 정하는 바에 따라 ① 당사자 또는 참고인의 출석 요구 및 진술의 청취, ② 당사자에 대한 보고 명령 또는 자료 제출의 명령의 조치를 할 수 있다(동법 제22조 제1항).

행정청은 질서 위반행위가 발생했다는 합리적 의심이 있어 그에 대한 조사가 필요하다고 인정할 때에는 그 소속 직원으로 하여금 당사자의 사무소 또는 영업소에 출입하여 장부·서류 또는 그 밖의 물건을 검사하게 할 수 있다(동법 제22조 제2항). 제2항에 따른 검사를 하고자 하는 행정청 소속 직원은 당사자에게 검사 개시 7일 전까지 검사 대상 및 검사 이유, 그 밖에 대통령령으로 정하는 사항을 통지해야 한다. 다만, 긴급을 요하거나 사전 통지의 경우 증거 인멸 등으로 검사 목적을 달성할 수 없다고 인정되는 때에는 그러하지 아니하다(동법 제22조 제3항). 검사를 하는 직원은 그 권한을 표시하는 증표를 지니고 이를 관계인에게 내보여야 한다(동법 제22조 제4항). 조치 또는 검사는 그 목적 달성에 필요한 최소한에 그쳐야 한다(동법 제22조 제5항).

ㅅ) 자료 제공의 요청

행정청은 과태료의 부과·징수를 위해 필요한 때에는 관계 행정기관, 지방자치단체, 그 밖에 대통령령으로 정하는 공공기관의 장에게 그 필요성을 소명하여 자료 또는 정보의 제공을 요청할 수 있으며, 그 요청을 받은 공공기관 등의 장은 특별한 사정이 없는 한 이에 응해야 한다(동법 제23조).

ㅇ) 가산금 징수 및 체납처분 등

행정청은 당사자가 납부 기한까지 과태료를 납부하지 아니한 때에는 납부 기한을 경과한 날부터 체납된 과태료에 대해 100분의 5에 상당하는 가산금을 징수한다(동법 제24조 제1항).

체납된 과태료를 납부하지 아니한 때에는 납부 기한이 경과한 날부터 매 1개월이 경과할 때마다 체납된 과태료의 1천분의 12에 상당하는 가산금(이하 이 조에서 "중가산금"이라 한다)을 제1항에 따른 가산금에 가산하여 징수한다. 이 경우 중가산금을 가산하여 징수하는 기간은 60개월을 초과하지 못한다(동법 제24조 제2항).

행정청은 당사자가 제20조 제1항에 따른 기한 이내에 이의를 제기하지 아니하고 제1항에 따른 가산금을 납부하지 아니한 때에는 국세 또는 지방세 체납처분의 예에 따라 징수한다(동법 제24조 제3항). 행정청의 과태료 결손처분에 관해서는 「국세징수법」 제86조를 준용한다(동법 제24조 제4항).

(마) 다수인의 질서 위반행위 가담

2인 이상이 질서 위반행위에 가담한 때에는 각자가 질서 위반행위를 한 것으로 본다(동법 제12조 제1항). 신분에 의해 성립하는 질서 위반행위에 신분이 없는 자가 가담한 때에는 신분이 없는 자에 대하여도 질서 위반행위가 성립한다(동법 제12조 제2항). 신분에 의해 과태료를 감경 또는 가중하거나 과태료를 부과하지 아니하는 때에는 그 신분의 효과는 신분이 없는 자에게는 미치지 아니한다(동법 제12조 제3항).

(바) 수개의 질서 위반행위의 처리

하나의 행위가 2 이상의 질서 위반행위에 해당하는 경우에는 각 질서 위반행위에 대해 정한 과태료 중 가장 중한 과태료를 부과한다(동법 제13조 제1항). 제1항의 경우를 제외하고 2 이상의 질서 위반행위가 경합하는 경우에는 각 질서 위반행위에 대해 정한 과태료를 각각 부과한다. 다만, 다른 법령(지방자치단체의 조례를 포함한다. 이하 같다)에 특별한 규정이 있는 경우에는 그 법령으로 정하는 바에 따른다(동법 제13조 제2항).

6 경찰상 조사

1) 경찰상 조사의 의의

경찰상 조사란 행정기관이 궁극적으로 경찰작용을 적정하게 실행할 때 필요한 자료·정보 등을 수집하기 위해 행하는 권력적 조사활동[53]이라 할 수 있다.

경찰조사는 종래에는 일반적으로 경찰상 즉시강제의 개념 속에 포함시켜 다루어졌던 것이나, 오늘날에는 경찰작용을 위한 부수적 보조 수단으로서 이를 경찰상 즉시강제의 개념과 분리하여 독자적인 행위 형식으로 파악하는 것이 일반적이다.[54] 그러나 현대 행정의 특징은 행정 업무의 대량·다양화 등으로 표현되기 때문에 행정 영역에서의 전문성과 정밀성이 요구된다. 그러므로 올바른 행정 결정을 위해서는 정보와 자료의 수집·정리·분석 등이 중요한 의미를 갖게 된다.[55]

경찰상 조사는 개인의 실체적인 권리관계에 변동을 생기게 함을 목적으로 하는 것이 아니라, 앞으로의 경찰작용을 위한 준비적·보조적 수단으로서의 성질을 갖는 것이라고 할 수 있다.[56]

2) 경찰조사의 근거와 한계

(1) 경찰조사의 근거

경찰조사가 권력적 행정조사로서 개인의 신체·주거 및 재산권에 대한

53) 김동희, 『행정법(Ⅱ)』, 184면.
54) 이명구, 『행정법원론』, 997-998면.
55) 한견우, 『행정법(Ⅱ)』, 296면.
56) 김춘환, 『경찰행정법』, 318면.

사생활의 비밀 또는 기업의 비밀을 침해할 수 있기 때문에, 경찰청에 의한 강제적 조사의 경우는 법적 근거가 있어야 한다.[57] 우리나라의 경우 경찰조사에 관한 법적 근거로서 일반법은 존재하지 않고 단지 여러 가지 개별법에서 규정하고 있다.

(2) 경찰조사의 한계

경찰조사의 한계 문제는 크게 형식적 한계와 실질적 한계로 구분할 수 있다.

(가) 경찰조사의 형식적 한계

경찰상 조사도 행정 객체 등의 협력을 얻어 행정조사를 원활하게 실시하고 상대방의 권익 보호를 위해 사전절차, 다시 말해 사전통지를 행하고 이유 제시를 요구한다. 그리고 소방기본법 제30조 제2항과 같이 경찰조사에 관해 규정하고 있는 법률들은 경찰조사를 행하는 공무원에 대해 자신의 권한을 표시하는 증표(證票)를 휴대하고 관계인에게 제시할 의무를 부과하고 있는 것이 보통이다.

경찰관이 불심검문을 통해 질문하거나 동행을 요구할 경우 경찰관은 당해인에게 자신의 신분을 표시하는 증표를 제시하면서 소속과 성명을 밝히고 그 목적과 이유를 설명해야 하며, 동행의 경우에는 동행 장소를 밝혀야 한다(경찰관직무집행법 제3조 제4항).

헌법상 기본권과 관련하여 경찰조사에 영장주의(令狀主義)가 적용되는지에 대해서는 견해가 대립하고 있다.

이 문제에 대해서는 경찰상 즉시강제의 경우와 같이 경찰조사가 형사 책임의 추급과 관련하여 강제적으로 행해지는 경우에는 영장주의가 적용되며, 경찰조사의 신속성이 요구되는 예외적인 경우에는 영장주의가 적용되지 않는다고 보아야 한다.[58]

(나) 경찰조사의 실질적 한계

경찰조사는 법률의 수권에 의해서만 행해지며, 법률의 수권의 범위 안에서도 일정한 조리상 한계 안에서 행해진다.[59] 다시 말해, 적합성의 한계, 합

57) 한견우, 『행정법(II)』, 297면; 박윤흔, 『최신행정법강의(하)』, 350면.

58) 김남진·서정범, 『경찰법』, 285면; 한견우, 『행정법(II)』, 297면.

목적성의 한계, 비례의 원칙 등이 적용된다. 권력적 경찰조사는 법령의 범위를 벗어나지 않는 범위 내에서 이루어져야 하고, 비권력적 경찰조사는 법령의 명시적 한계가 없을지라도 당해 행정조사를 필요로 하는 행정 목적의 테두리 안에서만 허용되며, 경찰조사는 행정법의 일반법 원칙에 의한 한계가 인정된다.[60]

3) 경찰조사의 종류

경찰조사의 종류에는 크게 수단에 의해 강제조사와 임의조사로 구분할 수 있고, 대상에 의해 대인적 조사·대물적 조사·대가택조사로 구분할 수 있다.

경찰조사를 수단에 의해 구분할 때, 강제조사는 행정강제의 수단에 의해 경찰조사가 행해지는 권력적 조사를 말하며, 임의조사는 비권력적 사실행위에 의해 행해지는 비권력적 행정조사를 말한다.

대상에 의한 구분에서 첫째, 대인적 조사란 경찰조사의 대상이 사람으로서 신체의 수색이나 강제 건강진단 등과 같이 사람의 신체에 실력을 가해 행하는 경찰조사를 말한다. 둘째, 대물적 조사는 시설의 검사나 장부·서류의 열람과 같이 물건 등에 행정조사가 이루어지는 것을 말한다. 셋째, 대가택조사는 가택 출입이나 수색 등과 같이 주거나 창고 등에 실력을 가해 이루어지는 경찰조사를 말한다.

4) 경찰조사와 구제

적법한 경찰조사로 인해 특별한 희생을 당한 사람은 법률에 의해 손실보상을 청구할 수 있다(헌법 제23조).

한편, 위법한 경찰조사로 인해 손해를 받은 사람은 국가나 공공단체에 손해배상을 청구할 수 있다(국가배상법 제2조). 국가배상법상 손해배상의 요건 중 직무행위는 반드시 법적 행위만을 의미하는 것이 아니라 사실행위

59) 박윤흔, 『최신행정법강의(하)』, 350면.
60) 한견우, 『행정법(II)』, 297면.

도 포함하기 때문에, 사실행위인 위법한 행정조사로 인한 행정상 손해배상을 인정한다.[61]

위법한 경찰상 조사로 인해 법률상 이익상 이익을 침해당한 자는 경찰상 조사는 사실행위이지만 행정심판과 행정소송을 제기할 수 있다. 다만, 즉시강제의 경우와 같이 경찰상 조사는 단기간의 침해로 행위가 종료되는 일이 많으며 그 경우에는 원상 회복이나 손해배상을 청구하는 외에는 행정심판이나 행정소송으로 경찰상 조사의 취소를 청구할 법률상 이익이 없게 된다.[62]

제 3 절 기타 경찰상 의무 이행 확보 수단

국가의 현대화와 더불어 행정이 행해야 할 임무는 점차로 증대하고 있다. 이러한 행정 임무의 다양화에 따라 필연적으로 의무 이행의 확보 수단도 다양해지지 않을 수 없다.[63] 한편, 전통적인 의무 이행 확보 수단들은 행정현실의 변화에 따라서 그 실효성 면에서 한계를 나타내고 있다. 예컨대 강제집행은 구체적인 경우에 개별적인 사정에 따라 집행되지 못하는 상황이 발생하고 있으며, 행정벌은 행정기관의 소극적인 자세로 고발되지 않는 경우가 많아 현실적으로 실행되지 못하거나, 실현되는 경우에는 처벌의 측면에만 치우쳐서 개별적인 상황에 맞는 의무 이행 확보 수단이 되지 못하는 문제가 발생하고 있다.[64]

경찰상 강제집행 · 경찰상 즉시강제 · 경찰벌이 경찰법상 전통적인 의무 이행 확보 수단으로 활용되어 왔으나, 위에서 본 바와 같이 사회가 다양 · 복잡해짐에 따라 전통적인 수단만으로는 오늘날의 행정 수요에 충분히 대

61) 한견우, 『행정법(II)』, 298면.
62) 박윤흔. 『최신행정법강의(하)』, 351면.
63) 김철용, 『행정법(I)』, 291면.
64) 류지태, 『행정법신론』, 266-267면.

응할 수 없는 한계를 나타내고 있다. 따라서 실효성 확보를 위한 새로운 의무 이행 확보 수단이 등장하게 되었다.

실효성 확보를 위한 새로운 의무 이행 확보 수단으로는 금전적 제재, 공표, 공급 거부, 수익적 행정행위의 철회·정지, 기타의 수단 등을 들 수 있다.

1 금전적 제재

1) 과징금

경찰법상의 의무 위반에 대해 경찰관청이 그 의무자에게 부과·징수하는 금전적 제재를 말한다. 과징금(課徵金) 제도는 경제법상의 의무 위반 행위로 인한 불법적인 이익을 박탈하기 위해 그 이익액에 따라 과해지는 일종의 행정제재금의 성격을 가진 것이었다.[65] 원래의 과징금제에 비해 내용적으로 변형된 형태의 과징금제가 대기환경보전법상의 배출부과금 및 자동차운수사업법상의 과징금 등으로 시행되고 있다.

과징금은 행정법상의 의무 위반자에 대해 부과하는 금전적 제재인 점에서는 벌금·과태료와 다를 바 없으나, 형식상 경찰벌에 속하지 않으며 다분히 이득 환수적 내용을 가져 구별된다.[66] 다시 말해, 과징금은 그 주체가 행정청이라는 점, 그 부과행위는 행정행위의 성질을 갖는다는 점, 따라서 부과행위에 대한 불복은 행정쟁송 절차에 의한다는 점에서 행정형벌인 벌금과 서로 구별된다. 또한, 이는 행정질서벌이 아니고, 별도의 절차에 의함이 없이 소관 행정청이 바로 징수할 수 있다는 점 등에서 과태료와도 구별된다.[67]

과징금은 행정상 제재금이고, 범죄에 대한 국가의 형벌권의 실행으로서의 과벌이 아니므로 행정법규 위반에 대해 벌금이나 범칙금 이외에 과징금

65) 김동희, 『행정법(Ⅰ)』, 406면.
66) 김남진·서정범, 『경찰법』, 293면.
67) 신봉기, 경제규제법상 과징금 제도, 한국공법학회 제28회 월례발표회(1992. 5. 30) 발표문, 30면.

을 부과하는 것은 이중처벌 금지의 원칙에 반하지 않는다. 과징금처분행위의 법적 성질은 침해적 행정행위이다. 따라서 과징금 부과처분은 행정절차법의 적용 대상이 되고, 항고쟁송의 대상이 된다. 과징금 부과처분은 제재적 처분으로서 통상 재량행위로 규정되고 있으나 과징금의 부과 여부는 기속행위로 규정된 경우도 있다.[68][69]

2 명단의 공표

명단의 공표(公表)란 경찰법상의 의무 위반 또는 의무 불이행이 있는 경우, 그 의무 위반자 또는 불이행자의 명단과 그 위반 또는 불이행한 사실을 공중이 알 수 있도록 공표하는 것을 말한다. 그것은 정보화 사회에서 여론의 압력을 통해 의무 이행의 확보를 도모하려는 제도이다.[70] 공표는 개인이나 기업의 명예나 신용에 대한 불이익을 위협함으로써 간접적으로 의무이행을 확보하기 위한 기능을 하는 것이다.[71][72]

---

68) 박균성 · 김재광, 『경찰행정법』, 350면.

69) "부동산 실권리자명의 등기에 관한 법률 제3조 제1항은 "누구든지 부동산에 관한 물권을 명의신탁 약정에 의하여 명의수탁자의 명의로 등기하여서는 아니 된다"라고 규정하고, 위 법률 제5조 제1항은 제3조 제1항의 규정을 위반한 명의신탁자에 대하여는 당해 부동산가액의 100분의 30에 해당하는 금액의 범위 안에서 과징금을 부과한다고 규정하고 있다. 또한, 위 법률 시행령 제3조 제1항은 시장 · 군수 또는 구청장은 법 제5조 제1항의 규정에 의하여 위반행위를 한 자에게 위반 사실이 확인된 후 1월 이내에 서면으로 과징금을 납부할 것을 고지하여야 한다고 규정하고, 제3조의2는 조세를 포탈하거나 법령에 의한 제한을 회피할 목적이 아닌 경우에는 과징금의 100분의 50을 감경할 수 있다고 규정하고 있다. 이상의 규정을 종합하면, 명의신탁자에 대하여 과징금을 부과할 것인지 여부는 기속행위에 해당하여, 명의신탁이 조세를 포탈하거나 법령에 의한 제한을 회피할 목적이 아닌 경우에 한하여 그 과징금을 일정한 범위 내에서 감경할 수 있을 뿐이지 그에 대하여 과징금 부과처분을 하지 않거나 과징금을 전액 감면할 수 있는 것은 아니라고 할 것이다"(대판 2007.7.12, 2005두17287 판결【과징금부과처분취소】[집55(2)특,495; 공2007.8.15.(280),1271]).

70) 홍정선, 『행정법원론(상)』, 485면.

71) 류지태, 『행정법신론』, 272면.

72) 명단의 공표로 인한 문제점에 대한 자세한 내용으로는 김용섭, 행정상 공표의 법적 문제, 『판례월보』 358호(2000.7), 7-23면 참조.

명단의 공표는 실제로는 관계자의 명예·신용 또는 프라이버시를 침해하거나 사실상 심각한 불이익을 초래할 수 있다는 점에서, 특히 관계자에 대한 청문 또는 변명 기회의 부여 등 사전 절차와 관련하여 법적 근거의 필요성이 제기될 수 있다며 결국 공표 사실이나 상대방의 권리·이익에 대한 궁극적인 침해 내용·정도 등을 고려하여 구체적으로 판단해야 할 것이라고 보는 견해[73]도 있으나, 공표는 당사자의 경제적 손실이나 프라이버시에 관련되는 만큼 법률의 근거 하에서만 가능하도록 해야 한다.[74][75]

명단 공표 결정이 통보되지 않은 경우 공표행위는 행정기관에 의해 일방적으로 행해지며 그로 인해 명예 등이 훼손되므로 '권력적 사실행위'로 보는 것이 타당하다. 명단의 공표행위 전에 명단 공표 결정이 통보되는 경우에 명단 공표 결정 통보는 행정행위의 성질을 갖고, 공표행위는 단순한 집행행위인 사실행위로 보아야 한다.[76]

---

73) 김동희, 『행정법(Ⅰ)』, 412면.

74) 류지태, 『행정법신론』, 273면.

75) "[1] 민주주의 국가에서는 여론의 자유로운 형성과 전달에 의하여 다수의견을 집약시켜 민주적 정치 질서를 생성·유지시켜 나가는 것이므로 표현의 자유, 특히 공익 사항에 대한 표현의 자유는 중요한 헌법상의 권리로서 최대한 보장을 받아야 하지만, 그에 못지않게 개인의 명예나 사생활의 자유와 비밀 등 사적 법익도 보호되어야 할 것이므로, 인격권으로서 개인의 명예의 보호와 표현의 자유의 보장이라는 두 법익이 충돌하였을 때 그 조정을 어떻게 할 것인지는 구체적인 경우에 사회적인 여러 가지 이익을 비교하여 표현의 자유로 얻어지는 이익, 가치와 인격권의 보호에 의하여 달성되는 가치를 형량하여 그 규제의 폭과 방법을 정하여야 한다. [2] 형법 제126조가 검찰, 경찰 기타 범죄수사에 관한 직무를 행하는 자 또는 이를 감독하거나 보조하는 자가 그 직무를 행함에 당하여 지득한 피의사실을 공판청구 전에 공표하는 것을 범죄로 규정하고 있는 점, 헌법 제27조 제4항이 형사피고인에 대하여 무죄추정 원칙을 규정하고 있는 점과 아울러 직접 수사를 담당한 수사기관이나 수사담당 공무원의 발표에 대하여는 국민들이 그 공표된 사실이 진실할 것으로 강하게 신뢰하리라는 점 등을 고려한다면 직접 수사를 담당한 수사기관이나 수사담당 공무원이 피의 사실을 공표하는 경우에는 공표하는 사실이 의심의 여지 없이 확실히 진실이라고 믿을 만한 객관적이고 타당한 확증과 근거가 있는 경우가 아니라면 그러한 상당한 이유가 있다고 할 수 없다"(대판 1998.7.14. 선고 96다17257 판결 【손해배상(기)】 [공1998.8.15.(64),2108]).

76) 박균성·김재광, 『경찰행정법』, 353면.

3 공급 거부

공급 거부(供給拒否)란 경찰법상의 일정한 의무를 위반한 사람 등에 대해 행정상의 서비스나 재화의 공급을 거부하는 행정조치를 말한다. 공급 거부의 예로는 명령이나 처분에 위반하여 행정청이 발한 시정명령을 불이행한 때에 전기, 전화, 수도 또는 도시가스 공급시설의 설치나 공급을 중지하도록 하는 경우를 들 수 있다.

공급 거부는 의무 이행을 위한 직접적인 수단은 아니고 행정법상 의무 위반자·불이행자에게 사업이나 생활상의 어려움을 주어 간접적으로 의무 이행의 확보를 도모하는 제도이다.[77] 공급 거부는 의무 위반 또는 의무 불이행과 공급 거부 사이에 실질적인 관련성이 있는 경우에만 허용되어야 한다. 따라서 공급 거부의 한계와 관련해서는 행정 권한의 '부당결부 금지의 원칙'이 적용되어야 한다.

4 수익적 행정행위의 철회·정지

허가·특허·인가 등을 받아 영업을 행하고 있는 자가 법령 위반의 상태를 야기한 경우에 행정청이 그 허가 등을 철회·정지함으로써 상대방에게 제재를 행하는 경우가 많다(도로교통법 제79조). 이것은 제재의 간접적 효과에 의해 의무 이행의 확보를 기하려는 것인데, 오늘날 적지 않은 국민의 생업이 허가 등 사업임을 감안하면 철회·정지(撤回·停止)의 의무 이행 확보 수단으로서의 위력은 크다. 따라서 그 실시 전에 상대방에게 청문의 기회를 부여하고 있다.[78]

77) 홍정선, 『행정법원론(상)』, 484면.
78) 김철용, 『행정법(Ⅰ)』, 292면.

5 기타의 수단

행정의 실효성 확보를 위한 새로운 수단으로는 이 밖에도 차량 등의 사용 금지, 국외 여행의 제한, 업소의 폐쇄 조치, 취업 제한 등이 있다.

제 9 장 경찰행정법구제법

제 1 절 개 요

1 행정구제법의 의의

행정작용으로 인한 침해로부터 국민의 권리·이익을 보호하기 위한 행정구제 제도는 헌법상 국민의 기본권 보장과 실질적 법치주의 관점에서 필요불가결한 것이다. 행정기관의 행정작용으로 인해 권리나 이익을 침해당한 국민이 행정기관이나 법원에 대해 그 행정작용의 취소·변경 또는 손해의 전보를 요구하는 모든 제도를 총칭하여 행정구제라고 한다. 이러한 행정구제 제도는 근대 법치국가의 원리를 실현하기 위한 실질적 보장이라는 점에서 중요한 의의를 가진다.

2 행정구제법의 개관

행정구제 제도를 개관해 보면, 사전적 구제 제도에는 청문과 고지를 포함하는 행정절차가 있고, 사후적 구제제도에는 손해전보 제도와 행정쟁송 제도가 있다. 다시 손해전보 제도에는 손해배상과 손실보상이 있다. 행정쟁송 제도는 행정심판과 행정소송으로 나뉜다.

제 2 절 행정상 손해배상

1 행정상 손해배상 서설

행정상의 손해배상이란 행정 주체의 위법한 행정작용으로 인해 발생한 손해를 국가 또는 공공단체가 배상하는 제도를 말한다. 이 제도는 1873년 프랑스의 블랑코(Blanco) 판결이 계기가 되었고, 우리 헌법 제29조는 이 국가배상청구권을 국민의 기본권의 하나로 규정하고 있다. 그리고 그 구체적인 내용은 국가배상법에서 정하고 있다. 국가배상의 유형에는 공무원의 직무상 불법행위로 인한 손해배상과 영조물의 설치・하자로 인한 손해배상이 있다.

2 공무원의 직무상 불법행위로 인한 손해배상

1) 의의(개념)

공무원이 직무를 집행하는 과정에서 고의 또는 과실로 법령을 위반하여 타인에게 손해를 발생케 해야 한다. 여기서 말하는 공무원은 공무원뿐만 아니라 사실상 공무를 위탁받아 그에 종사하는 모든 자를 포함한다.[1)]

1) 최윤성, 공무원의 직무상 의무 위반으로 국가가 배상 책임을 부담하게 되는 경우의 직무상 의무의 내용과 상당 인과 관계의 판단기준, 『판례연구』 16집(2005.02) 321-356면; 김태진, 경찰활동의 하자와 국가배상책임: 적극적 경찰활동 기법과 미국의 국가배상 제도를 중심으로, 『한국공안행정학회보』 22호(2006.03) 259-288면; 정남철, 국가배상소송과 선

2) 배상 책임의 요건

배상 책임의 요건은 국가배상법 제2조에 명시하고 있다. 배상 책임이 성립하기 위한 요건으로는 ① 가해행위가 공무원의 행위일 것, ② 그 행위가 직무행위일 것, ③ 그 행위가 직무를 집행함에 당하여 행해졌을 것,[2] ④ 위법한 행위일 것,[3][4] ⑤ 그 행위가 고의 또는 과실에 의해 행해졌을 것, ⑥

결문제: 특히 구성 요건적 효력, 기판력 그리고 위법 개념을 중심으로, 『저스티스』 116호(2010/04) 102-132면 참조.

2) "국가배상법 제2조 제1항 소정의 '직무를 집행함에 당하여'라 함은 직접 공무원의 직무집행행위이거나 그와 밀접한 관계에 있는 행위를 포함하고, 이를 판단함에 있어서는 행위 자체의 외관을 객관적으로 관찰하여 공무원의 직무행위로 보여질 때에는 비록 그것이 실질적으로 직무행위에 속하지 않는다 하더라도 그 행위는 공무원이 '직무를 집행함에 당하여' 한 것으로 보아야 한다"(대판 2001.1.5. 선고 98다39060 판결【구상금】[공2001.3.1.(125),417]).

3) "[1] 국가배상 책임은 공무원의 직무집행이 법령에 위반한 것임을 요건으로 하는 것으로서, 공무원의 직무집행이 법령이 정한 요건과 절차에 따라 이루어진 것이라면 특별한 사정이 없는 한 이는 법령에 적합한 것이고 그 과정에서 개인의 권리가 침해되는 일이 생긴다고 하여 그 법령적합성이 곧바로 부정되는 것은 아니다. [2] 경찰관은 수상한 거동 기타 주위의 사정을 합리적으로 판단하여 어떠한 죄를 범하였거나 범하려 하고 있다고 의심할 만한 상당한 이유가 있는 자 또는 이미 행하여진 범죄나 행하여지려고 하는 범죄행위에 관하여 그 사실을 안다고 인정되는 자를 정지시켜 질문할 수 있고, 또 범죄를 실행중이거나 실행 직후인 자는 현행범인으로, 누구임을 물음에 대하여 도망하려 하는 자는 준현행범인으로 각 체포할 수 있으며, 이와 같은 정지 조치나 질문 또는 체포 직무의 수행을 위하여 필요한 경우에는 대상자를 추적할 수도 있으므로, 경찰관이 교통 법규 등을 위반하고 도주하는 차량을 순찰차로 추적하는 직무를 집행하는 중에 그 도주 차량의 주행에 의하여 제3자가 손해를 입었다고 하더라도 그 추적이 당해 직무 목적을 수행하는 데에 불필요하다거나 또는 도주 차량의 도주의 태양 및 도로 교통 상황 등으로부터 예측되는 피해 발생의 구체적 위험성의 유무 및 내용에 비추어 추적의 개시·계속 혹은 추적의 방법이 상당하지 않다는 등의 특별한 사정이 없는 한 그 추적행위를 위법하다고 할 수는 없다"(대판 2000.11.10. 선고 2000다26807,26814 판결【손해배상(자)·구상금】[공2001.1.1.(121), 15]).

4) "경찰은 범죄의 예방, 진압 및 수사와 함께 국민의 생명, 신체 및 재산의 보호 등과 기타 공공의 안녕과 질서 유지도 직무로 하고 있고, 그 직무의 원활한 수행을 위하여 경찰관직무집행법, 형사소송법 등 관계 법령에 의하여 여러 가지 권한이 부여되어 있으므로, 구체적인 직무를 수행하는 경찰관으로서는 제반 상황에 대응하여 자신에게 부여된 여러 가지 권한을 적절하게 행사하여 필요한 조치를 취할 수 있는 것이고, 그러한 권한은 일반적으로 경찰관의 전문적 판단에 기한 합리적인 재량에 위임되어 있는 것이나, 경찰관에게 권한을 부여한 취지와 목적에 비추어볼 때 구체적인 사정에 따라 경찰관이 그 권한을 행사

타인에게 손해가 발생했을 것을 요한다.

여기서 공무원(公務員)이라 함은 넓은 의미의 공무원을 의미한다. 다시 말해 국가공무원법, 지방공무원법상의 공무원과 공무를 위탁받아 봉사하는 자를 포함하는 개념이다.[5][6]

직무행위는 권력작용 행위뿐만 아니라 단순 공무행정작용도 포함(광의설)된다. 따라서 직무행위에는 법적 행위이건 사실행위이건 작위·부작위이건 불문하고 모두 포함된다.[7]

여기서의 법령이란 성문법과 불문법을 포함한 모든 법규를 말한다. 과실[8]에는 중과실과 경과실 모두 포함되고, 고의·과실에 대한 입증 책임은

하여 필요한 조치를 취하지 아니하는 것이 현저하게 불합리하다고 인정되는 경우에는 그러한 권한의 불행사는 직무상의 의무를 위반한 것이 되어 위법하게 된다"(대판 2004.9.23. 선고 2003다49009 판결【손해배상(기) 등】[공2004.11.1.(213),1698]).

5) "국가배상법 제2조 소정의 '공무원'이라 함은 국가공무원법이나 지방공무원법에 의하여 공무원으로서의 신분을 가진 자에 국한하지 않고, 널리 공무를 위탁받아 실질적으로 공무에 종사하고 있는 일체의 자를 가리키는 것으로서, 공무의 위탁이 일시적이고 한정적인 사항에 관한 활동을 위한 것이어도 달리 볼 것은 아니다"(대판 2001.1.5. 선고 98다39060 판결【구상금】[공2001.3.1.(125),417]).

6) "국가나 지방자치단체에 근무하는 청원경찰은 국가공무원법이나 지방공무원법상의 공무원은 아니지만, 다른 청원경찰과는 달리 그 임용권자가 행정기관의 장이고, 국가나 지방자치단체로부터 보수를 받으며, 산업재해보상보험법이나 근로기준법이 아닌 공무원연금법에 따른 재해보상과 퇴직급여를 지급받고, 직무상의 불법행위에 대하여도 민법이 아닌 국가배상법이 적용되는 등의 특질이 있으며 그외 임용 자격, 직무, 복무 의무 내용 등을 종합하여 볼 때, 그 근무 관계를 사법상의 고용계약 관계로 보기는 어려우므로 그에 대한 징계처분의 시정을 구하는 소는 행정소송의 대상이지 민사소송의 대상이 아니다"(출처 : 대법원 1993.7.13. 선고 92다47564 판결【파면처분취소】[공1993.9.15.(952),2253]).

7) "범죄의 예방·진압 및 수사는 경찰관의 직무에 해당하며 그 직무행위의 구체적 내용이나 방법 등이 경찰관의 전문적 판단에 기한 합리적인 재량에 위임되어 있으므로, 경찰관이 구체적 상황 하에서 그 인적·물적 능력의 범위 내에서의 적절한 조치라는 판단에 따라 범죄의 진압 및 수사에 관한 직무를 수행한 경우, 경찰관에게 그와 같은 권한을 부여한 취지와 목적, 경찰관이 다른 조치를 취하지 아니함으로 인하여 침해된 국민의 법익 또는 국민에게 발생한 손해의 심각성 내지 그 절박한 정도, 경찰관이 그와 같은 결과를 예견하여 그 결과를 회피하기 위한 조치를 취할 수 있는 가능성이 있는지 여부 등을 종합적으로 고려하여 볼 때, 그것이 객관적 정당성을 상실하여 현저하게 불합리하다고 인정되지 않는다면 그와 다른 조치를 취하지 아니한 부작위를 내세워 국가배상 책임의 요건인 법령 위반에 해당한다고 할 수 없다"(대판 2008.4.24. 선고 2006다32132 판결【손해배상(기)】[공2008상,773]).

8) "공무원의 직무집행상의 과실이라 함은 공무원이 그 직무를 수행함에 있어 당해 직무를

피해자가 진다는 것이 통설과 판례의 입장이다.

행정상 손해배상청구권의 소멸 시효는 3년이고, 생명·신체의 침해로 인한 국가배상을 받을 권리는 양도하거나 압류하지 못한다(국가배상법 제8조).[9] 그러나 피해자나 그 법정대리인이 손해 및 가해자를 알지 못한 경우에는 국가재정법에 따라 5년간 이를 행사하지 아니하면 국가배상청구권은 시효로 소멸한다(국가재정법 제96조 제1항).

3) 배상 책임의 범위

배상액은 정당한 배상이어야 하며, 당해 불법행위와 상당 인과 관계에 있는 모든 손해가 배상되어야 한다. 다시 말해, 손해배상액은 가해행위와 상당 인과 관계에 있는 모든 손해를 정당한 가격으로 환산한 가액이다.

4) 배상 책임자와 배상 책임의 성질

(1) 배상 책임자

손해배상의 주체는 국가 또는 지방자치단체이다.

(2) 배상 책임의 성질

국가배상 책임의 법적 성질에는 대위책임설·자기책임설·중간설이 대립하고 있으나 대위책임설이 통설의 입장이다.

대위책임설(代位責任說)은 공무원의 직무상 불법행위로 인한 손해배상 책임은 원칙적으로 가해 공무원이 져야 하나, 국가 또는 공공단체가 그 공무원을 대신하여 배상 책임을 지는데 불과하다고 보는 입장이다.

담당하는 평균인이 보통(통상) 갖추어야 할 주의 의무를 게을리한 것을 말한다"(대판 1987.9.22. 선고 87다카1164 판결【손해배상(기)】[집35(3)민,96;공1987.11.15.(812),1628]).

9) "불법행위를 원인으로 한 손해배상청구권은 민법 제766조 제1항에 따라 피해자나 그 법정대리인이 손해와 가해자를 안 날로부터 3년간 이를 행사하지 아니하면 시효로 소멸하는 것이나, 여기에도 소멸시효의 기산점에 관한 규정인 민법 제166조 제1항이 적용되어 시효기간은 권리를 행사할 수 있는 때로부터 진행하고, 이때 '권리를 행사할 수 있는 때'라 함은 권리 행사에 법률상의 장애 사유가 없는 경우를 가리킨다"(대판 1998.7.10. 선고 98다7001 판결【손해배상(기)】[공1998.8.15.(64),2087]).

자기책임설(自己責任說)은 국가 또는 공공단체의 배상 책임은 공무원의 책임을 대신하여 지는 것이 아니라 그의 기관인 공무원의 행위라는 형식을 통해 직접 자기의 책임으로 부담하는 것이라고 보는 입장이다.

중간설(中間說)은 국가의 배상 책임을 공무원의 위법행위가 경과실(經過失)에 기한 것인 때에는 자기 책임으로, 고의·중과실에 기한 것인 때에는 대위 책임으로 본다. 이러한 중간설에서는 피해자의 선택적 청구권은 인정되지 않는 것으로 본다.10)

배상 책임의 성질에 대해 대법원은 "공무원이 직무행위 중 불법행위로 타인에게 손해를 입힌 경우에 공무원의 경과실만이 인정되는 경우에는 국가가 그 손해배상을 부담하나, 고의 중과실이 있는 경우에는 국가가 손해배상을 하는 이외에 공무원 개인도 배상 책임을 진다"(대판 1996.2.15, 95다38677)라고 판시했다.11)

5) 군인 등에 대한 특례 등

군인 등에 대해서는 국가배상 청구의 특례규정이 있다(국가배상법 제2조 제1항 단서 참조). 다시 말해, 군인 등은 재해의 보상금이나 유족연금 등을 받을 때는 국가배상법에 의해 손해배상을 청구할 수 없다.

---

10) 김동희, 『행정법(1)』, 479면.

11) "[1] 공무원이 직무 수행 중 불법행위로 타인에게 손해를 입힌 경우에 국가나 지방자치단체가 국가배상 책임을 부담하는 외에 공무원 개인도 고의 또는 중과실이 있는 경우에는 불법행위로 인한 손해배상 책임을 지고, 공무원에게 경과실이 있을 뿐인 경우에는 공무원 개인은 불법행위로 인한 손해배상 책임을 부담하지 아니하는데, 여기서 공무원의 중과실이란 공무원에게 통상 요구되는 정도의 상당한 주의를 하지 않더라도 약간의 주의를 한다면 손쉽게 위법·유해한 결과를 예견할 수 있는 경우임에도 만연히 이를 간과함과 같은 거의 고의에 가까운 현저한 주의를 결여한 상태를 의미한다. [2] 공무원이 고의 또는 과실로 그에게 부과된 직무상 의무를 위반하였을 경우라고 하더라도 국가는 그러한 직무상의 의무 위반과 피해자가 입은 손해 사이에 상당 인과 관계가 인정되는 범위 내에서만 배상 책임을 지는 것이고, 이 경우 상당 인과 관계가 인정되기 위하여는 공무원에게 부과된 직무상 의무의 내용이 단순히 공공 일반의 이익을 위한 것이거나 행정기관 내부의 질서를 규율하기 위한 것이 아니고 전적으로 또는 부수적으로 사회구성원 개인의 안전과 이익을 보호하기 위하여 설정된 것이어야 한다"(대판 2011.9.8. 선고 2011다34521 판결【손해배상(기)】[공2011하,2083]).

3 영조물의 설치 · 관리의 하자로 인한 손해배상

1) 의의

도로 · 하천, 기타 공공의 영조물(營造物)의 설치 또는 관리에 하자가 있기 때문에 타인에게 손해를 발생하게 했을 때는 국가는 그 손해를 배상해야 한다(국가배상법 제5조).

2) 배상 책임의 성립 요건

배상 책임의 성립은 ① 도로 · 하천 기타 공공의 영조물일 것, ② 설치 또는 관리에 흠이 있을 것, ③ 타인에게 손해가 생길 것을 요건으로 한다.

여기서 '공공의 영조물'이란 국가나 공공단체 등의 행정 주체에 의해 공공 목적에 적용된 공공물을 말한다. 예를 들면, 도로 · 제방 · 하천 · 항공기 · 총기 · 경찰견 등을 의미한다.12)

설치 또는 관리의 하자란 영조물이 통상 갖추어야 할 안전성이 결여된 것을 말한다. 안전성 결여의 원인이 인위적인 것은 말할 것도 없고 자연력에 의한 것도 포함한다. 하자의 원인이 인위적인 경우라 하더라도 하자의 존재가 영조물 관리자의 과실의 유무 또는 재정 사정(財政事情)과는 관계없이 배상 책임을 발생시킨다(무과실 책임).13)

하자의 입증 책임 문제는 불법행위 책임의 일반적 이론에 의해 원고가 부담하는 것이 원칙이나, 피해자의 권리구제 차원에서 일응추정(一應推定)의 이론의 적용하에 피해자는 개연성(蓋然性)만 입증하도록 하고, 국가 측

---

12) "[1] 국가배상법 제5조 제1항 소정의 '공공의 영조물'이라 함은 국가 또는 지방자치단체에 의하여 특정 공공의 목적에 공여된 유체물 내지 물적 설비를 말하며, 국가 또는 지방자치단체가 소유권, 임차권 그 밖의 권한에 기하여 관리하고 있는 경우뿐만 아니라 사실상의 관리를 하고 있는 경우도 포함된다. [2] 국가배상법 제5조 제1항 소정의 '설치상의 하자'라 함은 공공의 목적에 공여된 영조물이 그 용도에 따라 통상 갖추어야 할 안전성을 갖추지 못한 상태에 있음을 말한다"(대판 1998.10.23. 선고 98다17381 판결 【손해배상(기)】 [공1998.12.1.(71),2728]).

13) 이명구, 『행정법원론』, 541면.

에서 영조물 관리자로서 하자가 존재하지 않음을 입증하도록 하는 것이 타당할 것이라는 주장이 다수 견해로 제기되고 있다.[14]

3) 배상 책임자와 배상 책임의 성질

(1) 배상 책임자

국가 또는 지방자치단체가 배상 책임자가 된다. 영조물의 설치·관리자와 비용 부담자가 동일하지 않을 때에는 양자 모두 피해자에게 배상 책임을 진다.[15] 관리 주체와 비용 부담 주체도 손해배상 책임을 지도록 한 입법 취지는 피해자 구제의 실효성에 있다. 즉, 관리 주체와 비용 부담 주체가

---

14) 류지태, 『행정법신론』, 338면.

15) "도로교통법 제3조 제1항은 특별시장·광역시장 또는 시장·군수(광역시의 군수를 제외)는 도로에서의 위험을 방지하고 교통의 안전과 원활한 소통을 확보하기 위하여 필요하다고 인정하는 때에는 신호기 및 안전표지를 설치하고 이를 관리하여야 하도록 규정하고, 도로교통법시행령 제71조의2 제1항 제1호는 특별시장·광역시장이 위 법률 규정에 의한 신호기 및 안전표지의 설치·관리에 관한 권한을 지방경찰청장에게 위임하는 것으로 규정하고 있는바, 이와같이 행정 권한이 기관위임된 경우 권한을 위임받은 기관은 권한을 위임한 기관이 속하는 지방자치단체의 산하 행정기관의 지위에서 그 사무를 처리하는 것이므로 사무 귀속의 주체가 달라진다고 할 수 없고, 따라서 권한을 위임받은 기관 소속의 공무원이 위임사무 처리에 있어 고의 또는 과실로 타인에게 손해를 가하였거나 위임사무로 설치·관리하는 영조물의 하자로 타인에게 손해를 발생하게 한 경우에는 권한을 위임한 관청이 소속된 지방자치단체가 국가배상법 제2조 또는 제5조에 의한 배상 책임을 부담하고, 권한을 위임받은 관청이 속하는 지방자치단체 또는 국가가 국가배상법 제2조 또는 제5조에 의한 배상 책임을 부담하는 것이 아니므로, 지방자치단체장이 교통신호기를 설치하여 그 관리 권한이 도로교통법 제71조의2 제1항의 규정에 의하여 관할 지방경찰청장에게 위임되어 지방자치단체 소속 공무원과 지방경찰청 소속 공무원이 합동 근무하는 교통종합관제센터에서 그 관리 업무를 담당하던 중 위 신호기가 고장난 채 방치되어 교통사고가 발생한 경우, 국가배상법 제2조 또는 제5조에 의한 배상 책임을 부담하는 것은 지방경찰청장이 소속된 국가가 아니라, 그 권한을 위임한 지방자치단체장이 소속된 지방자치단체라고 할 것이나, 한편 국가배상법 제6조 제1항은 같은 법 제2조, 제3조 및 제5조의 규정에 의하여 국가 또는 지방자치단체가 손해를 배상할 책임이 있는 경우에 공무원의 선임·감독 또는 영조물의 설치·관리를 맡은 자와 공무원의 봉급·급여 기타의 비용 또는 영조물의 설치·관리의 비용을 부담하는 자가 동일하지 아니한 경우에는 그 비용을 부담하는 자도 손해를 배상하여야 한다고 규정하고 있으므로 교통신호기를 관리하는 지방경찰청장 산하 경찰관들에 대한 봉급을 부담하는 국가도 국가배상법 제6조 제1항에 의한 배상 책임을 부담한다"(대판 1999.6.25. 선고 99다11120 판결 【손해배상(자)】 [공1999.8.1.(87),1511]).

일치하지 않는 경우에 손해배상청구의 피고를 잘못 선택함으로 인한 불이익을 피해자가 부담하지 않도록 하기 위한 것이다.[16)]

(2) 배상 책임의 성질

영조물에 객관적인 하자가 존재하고 그로 인해 손해가 발생하기만 하면 행정청의 고의·과실을 불문하고 배상 책임을 지는 무과실 책임이다.

4) 배상의 범위

배상액은 영조물의 설치·관리의 하자와 상당 인과 관계가 있는 모든 손해액이다. 이 경우 그 산정은 공무원의 직무행위로 인한 손해배상에 관해 '배상 기준(賠償基準)'을 정하고 있는 동법 제3조의 규정이 준용된다.[17)]

5) 배상 책임에 대한 구상권

배상 책임의 구상권에서 영조물의 설치·관리자와 비용 부담자가 동일하지 않을 때에는 양자 모두 피해자에게 배상 책임을 진다. 이때에 궁극적인 배상 책임자는 설치·관리자이기 때문에 비용 부담자가 배상을 한 경우에는 설치·관리자에게 구상(求償)할 수 있다. 반면에 국가 또는 지방자치단체가 배상 책임을 진 경우, 그 손해의 원인에 대해 책임을 질 자가 따로 있을 때에는 그 자에 대해 구상할 수 있다.

6) 국가배상법 제2조와 제5조의 관계

소방자동차의 기계의 흠과 운전사의 과실이 경합하여 사람을 사상한 경우와 같이 제2조와 제5조가 경합된 경우에는 양 책임이 중복적으로 성립되므로 어느 규정에 의해서도 청구할 수 있다.[18)]

16) 박균성·김재광, 『경찰행정법』, 456면.
17) 김동희, 『행정법(1)』, 491면.
18) 이명구, 『행정법원론』, 543면.

7) 준용

생명·신체의 침해로 인한 손해배상청구권의 양도·압류 금지·소멸 시효·군인 등에 대한 특례 등은 영조물의 관리·하자로 인한 손해배상에도 준용(準用)된다.

제 3 절 행정상 손실보상 제도

1 서설

1) 손실보상의 의의

손실보상(損失補償)이란 적법한 공권력의 행사로 인해 국민에게 가해진 경제상의 특별한 희생에 대해 국가 또는 공공단체가 행하는 보상을 말한다. 손실보상 제도는 단체주의 사상에 입각해 사회적 공평 부담 원리에 기초하고 있으며, 손실보상의 대상이 되는 것은 재산상의 손실만이 해당된다. 그리고 손실보상청구권은 양도 및 압류가 가능하다.

2) 손실보상과 손해배상의 비교

(1) 공통점

두 제도의 공통점을 보면, 기본권 침해에 대한 구제 제도라는 것이다. 또한, 모두 사후구제 제도이며 실체적 구제 제도이다.

(2) 차이점

두 제도의 차이점을 살펴보면, ① 기초 이념면을 보면, 손해배상은 개인적·도의적 과실책임주의를 기초로 행위자의 도의적 책임을 중시하는 반면에, 손실보상은 단체주의 사상에 입각하여 공평 부담의 견지에서 행하는 것으로 특별한 희생을 중요시한다. ② 근거면에서 보면, 손해배상은 민법상의 불법행위 책임에 기초한 헌법 제29조와 국가배상법이 근거가 된다. 반면에 손실보상은 특별희생에 대한 보상으로서 헌법 제23조 제3항 및 기타 단행 법률이 근거가 된다. ③ 전보(塡補)의 기준을 비교해 보면, 손해배상은 가해와 인과관계가 있는 모든 손해이다. 반면에 손실보상은 공권력 행사에 의한 특별한 희생에 대한 재산상의 손실이다.

2 손실보상의 근거

1) 이론적 근거

손실보상의 이론적 근거에 관해서는 기득권설 · 은혜설 · 공용징수설 등이 주장되어 왔으나, 사유재산권을 보장하는 법질서 아래서는 사유재산에 가해진 특별한 희생은 전체의 부담으로 전보하는 것이 정의와 공평의 원칙에도 합당하고 국민의 법률생활의 안정도 기할 수 있다는 데에 그 근거를 구하는 것이 통설이다(특별희생설).[19]

2) 법적 근거

손실보상에 관한 법적 근거로는 헌법 제23조 제3항이 규정하고 있으며, 이에 관한 일반법은 존재하지 않고 「공익사업을 위한 토지 등의 취득 및 보상에 관한 법률」, 「하천법」 등의 개별법에서 규정하고 있다.

문제는 개별 법률에서 공공 필요를 위한 재산권 침해의 근거를 정하면서도 보상에 관해서는 규정하지 않고 있는 법률이 적지 않다는 것이다. 주로 공용 제한의 경우에 그러하다.[20]

법률이 재산권의 수용 · 사용 · 제한에 관해서는 규정하고 있으나 그에 관한 보상 규정이 없는 경우에 피해자는 직접 헌법 제23조 제3항을 근거로 하

19) 이명구, 『행정법원론』, 546면.
20) 박균성 · 김재광, 『경찰행정법』, 471면.

여 보상을 청구할 수 있는가 하는 것이 문제로 대두되고 이 문제에 대해 방침규정설 · 직접효력설 · 수용 유사적 침해설이 대립하고 있다.

① 방침규정설(program 규정설)은 헌법상 손실보상 규정은 다만, 사유재산 보호의 이상을 천명한 것에 불과하다고 보는 견해이다(대법원 판례의 입장). ② 직접효력설은 보상에 관한 법률이 없는 경우에도 헌법 제23조 제3항에 의해 직접 청구할 수 있다고 보는 견해이다. ③ 위헌무효설은 보상규정을 두지 않는 법률은 위헌이라고 보는 입장이다. ④ 유추적용설은 관계 법규의 유추 적용을 통해 보상을 청구할 수 있다는 견해이다.

3 손실보상의 요건

일반적으로 ① 공공필요(公共必要)에 의한 적법한 행정활동에 의해 사인(私人)에게 희생이 가해질 것, ② 그 희생이 특별한 희생일 것, ③ 손실보상을 정한 법률이 존재할 것의 세 요건이 필요하다.[21]

1) 재산권에 대한 공권적 침해

여기서 재산권이란 민법상의 소유권뿐만 아니라 법에 의해 보호되고 있는 일체의 재산적 가치 있는 권리를 포함한다.

공권적 침해란 공법상의 일체의 재산적 감손(減損)을 의미하며, 헌법은 그것으로 재산권에 대한 수용 · 사용 · 제한을 들고 있다. 여기에서 수용(收用)이란 재산권의 박탈을, 사용(使用)이란 재산권의 박탈에는 이르지 아니하는 일시적 사용을, 제한(制限)이란 소유자 기타 권리자에 의한 사용 및 수익의 제한을 의미하며, 이들을 모두 포괄하여 공용침해(公用侵害)라고 부른다.[22]

---

21) 김철용, 『행정법(Ⅰ)』, 346면.
22) 이명구, 『행정법원론』, 552면.

2) 특별한 희생

특별한 희생(犧牲)이란 재산권에 내재하는 사회적 제약을 넘어서는 손실을 의미한다. 특별한 희생과 사회적 제약을 구별하는 표준에 관해서는 형식적 표준설과 실질적 표준성 및 절충설(통설)이 대립하고 있다.

4 손실보상의 기준

1) 헌법상의 보상 기준

손실보상의 기준은 현행 헌법이 "보상은 법률로써 하되 정당한 보상을 지급하여야 한다"고 함으로써 정당보상주의를 명문화하고 있다. 대법원 판례는 '정당한 보상'을 '완전한 보상'으로 해석하고 있다.

2) 재산권 보상

재산권 보상은 재산권의 수용·사용·제한에 대한 보상이다. 이에는 토지 보상, 토지 이외의 재산권 보상, 실비변제적 보상, 일실손실보상, 사업손실(간접손실)보상을 포함한다.[23]

5 손실보상의 대상

손실보상의 대상은 역사적으로 대인적 보상에서 대물적 보상으로, 대물적 보상에서 생활보상으로 변천해 왔다.

---

23) 김철용, 『행정법(Ⅰ)』, 348면.

6 손실보상의 절차와 방법

1) 손실보상액의 결정 방법

손실보상액의 결정 방법에는 협의 방법・재결 방법・행정청의 일방적 결정 방법・자문기관의 자문(諮問)을 거쳐 행정청이 결정하는 방법이 있다.

당사자의 협의에 의한 경우가 가장 일반적인 방법이다. 당사자 간의 협의가 불성립하는 경우 토지수용위원회의 재결(裁決)에 의하는 방법이 있고, 징발법(徵發法)이나 「공익사업을 위한 토지 등의 취득 및 보상에 관한 법률」에 의해 행정청이 일방적으로 결정하는 방법 등이 있다.

2) 손실보상액의 지급 방법

손실보상액의 지급 방법에는 금전 보상・선불(사전 보상의 원칙)・개별불(개별 보상의 원칙)・전액불이 원칙이다.

3) 손실보상에 대한 불복

손실보상의 금액・시기 등에 관해 결정 또는 재결(裁決)에 불복이 있거나 불이행이 있는 경우에 이의가 있는 자는 행정쟁송을 제기할 수 있다. 불복 절차는 재결의 내용에 따라 다르게 행해진다.

재결의 내용이 보상금(補償金) 결정만을 내용으로 하는 경우에는 재결에 대해 처분성을 인정할 수 없으므로 보상액 결정의 취소쟁송을 제기할 수 없고, 법원에 보상금지급청구소송을 공법상의 당사자소송(當事者訴訟)으로 제기해야 할 것이다.[24] 재결의 내용이 보상금 결정과 재산권의 수용(收用) 등을 포함하는 경우에는 토지수용위원회의 재결(裁決)은 그 처분성이 인정되므로 행정심판인 이의신청(異議申請)과 행정소송(行政訴訟)을 제기할 수 있다.[25]

24) 류지태, 『행정법신론』, 369면.
25) 류지태, 『행정법신론』, 369면.

7 수용 유사적 침해와 수용적 침해

수용 유사 침해, 수용적 침해이론 및 희생보상청구권이론은 독일에서 학설과 판례에 의해 정립된 이론으로, 우리나라의 현행 법률에는 존재하지 않는다.

1) 수용유사침해이론

수용유사침해이론(收用類似侵害理論)이란 적법한 공권력 행사로 인한 손실보상의 요건은 갖추고 있으나, 보상(補償)에 관한 규정을 결하고 있는 경우의 손실보상에 관한 이론이다. 즉, 공권력 행사의 근거 법률에서 재산권의 제약행위에 대한 근거 규정은 두면서 손실보상에 관한 근거 규정을 두지 아니하여 결과적으로 위법(違法)하게 된 경우에 대한 보상이론이다.[26]

예를 들면, 도시계획법은 택지에 대한 개발제한구역지정(도시계획법 제21조)을 할 수 있도록 하면서도 그로 인해 건축을 할 수 없게 된 택지 소유자들이 입게 되는 손실이 특별한 희생이 되는 경우에도 이에 대한 보상을 전혀 규정하고 있지 아니한 것이 그 예로 들고 있다.[27]

2) 수용적 침해이론

수용적 침해이론(收用的 侵害理論)은 적법한 공행정작용(公行政作用)의 비전형적(非典型的)이고 비의도적(非意圖的)인 부수적 효과로서 발생한, 개인의 재산권에 대한 손해를 전보하는 것을 그 내용으로 한다. 이러한 수용적 침해는 주로 사실행위(事實行爲)에 기하여 발생하는 것으로, 사회기초시설의 설치 공사와 관련되는 경우가 많다. 전형적인 예로는 보통 장기간의 지하철 공사로 인해 인접 상가나 백화점 고객이 현저히 감소함에 따라 손해가 발생한 경우를 들 수 있다.[28]

26) 류지태, 『행정법신론』, 373면.
27) 이명구, 『행정법원론』, 568면.
28) 김동희, 『행정법(1)』, 523면.

8 결과제거청구권

위법고권작용으로 인해 자기의 권리가 침해되고 또한 그 위법 침해로 인해 야기된 사실 상태가 계속되는 경우에 관계자는 행정 주체에 대해 불이익한 결과의 제거를 통해 계속적인 법익 침해의 해소를 구할 수 있는 권리를 가지는 바, 이러한 권리를 결과제거청구권(結果除去請求權)이라 부른다. 다시 말해, 위법 침해가 동시에 위법한 사실 상태를 야기한 경우, 적법한 사실 상태의 회복을 구할 수 있는 청구권이 바로 결과제거청구권이다.[29]

결과제거청구권을 일반적으로 인정하는 명문의 법규정은 없다. 다만, 인신보호법과 같이 불법 구금 상태의 해제를 구하는 소송을 인정하고 있는 것(인신보호법 제3조)에서 보는 바와 같이 개별법에서 결과제거청구권이 인정되고 있는 경우가 있다.

결과제거청구권이 성립하기 위해서는 ① 공행정작용에 의한 것, ② 일반적으로 재산권 등의 권리에 대할 것, ③ 위법한 침해 상태가 조성될 것, ④ 침해 상태가 지속되고 있어야 한다.[30]

제 4 절 행정심판

1 서설

1) 행정심판의 의의

행정심판(行政審判)이란 위법・부당한 행정행위로 인해 권익을 침해당한 자가 행정기관에 대해 그 시정을 구하는 행정쟁송 절차만을 의미한다.

29) 홍정선, 『행정법원론(상)』, 544면.
30) 김동희, 『행정법(1)』, 531면.

2) 행정심판의 존재 이유

행정심판은 행정조직의 내부에서 행정청 자신에 의해 적은 비용으로 간이·신속한 절차에 따라 국민의 권리·이익의 구제를 도모함과 동시에 행정의 자율적 반성과 그 적정한 운영을 확보하는 것을 목적으로 하는 데 있다.[31]

2 행정심판의 종류와 대상

1) 행정심판의 종류

행정심판의 종류에는 여러 종류가 있지만, 현행 행정심판법은 '항고심판'만을 인정하고 있는데, 이 안에는 다시 취소심판, 무효 등 확인심판, 의무이행심판으로 나뉜다(행정심판법 제5조).

(1) 취소심판

취소심판이란 행정청의 위법 또는 부당한 행정작용으로 인해 권익을 침해당한 자가 그 취소 또는 변경을 구하는 행정심판을 말한다.

(2) 무효 등 확인심판

무효 등 확인심판이란 행정청의 처분의 효력 유무 또는 존재 여부에 대한 확인을 구하는 심판을 말한다.

(3) 의무이행심판

의무이행심판이란 행정청의 위법 또는 부당한 거부처분 또는 부작위로 인해 권익의 침해를 당한 자의 청구에 의해 일정한 처분을 하도록 하는 심판을 말한다.

---

31) 2008년 2월 29일 개정된 행정심판법의 문제점에 대해서는 김중권, 최근의 법률 개정에 따른 행정심판제도의 문제점에 관한 소고, 『공법연구』 제36집 제4호(2008.6), 489면 이하 참조.

2) 행정심판의 대상

행정심판법은 행정심판을 제기할 수 있는 사항을 포괄적(包括的)으로 규정하고 있다. 그리고 행정심판의 대상은 행정처분(거부처분 포함)과 부작위가 된다(동법 제3조). 행정심판법은 행정심판을 제기할 수 있는 자격을 '법률상 이익'이 있는 자이면 처분의 상대방인 여부에 관계 없이 당해 처분 또는 부작위로 인해 권익을 침해당한 자는 행정심판을 제기할 수 있도록 하고 있다.

현행법은 개괄주의(概括主義)를 택하면서도 대통령의 처분과 부작위에 대해서는 다른 법률에 특별한 규정이 있는 경우를 제외하고는 행정심판을 제기할 수 없도록 하고 있다(동법 제3조 제2항). 따라서 이러한 경우에는 행정심판을 거침이 없이 바로 행정소송을 제기할 수 있게 된다.[32]

여기서 처분(處分)이란 구체적 사실에 관한 법 집행으로서의 공권력 행사·거부와 그 밖에 이에 준하는 행정작용을 말한다. 그리고 부작위(不作爲)란 행정청이 당사자의 신청에 대해 상당한 기간 내에 일정한 처분을 해야 함에도 불구하고 이를 하지 아니하는 것을 의미한다(동법 제2조 참조).

3 행정심판기관과 당사자

1) 행정심판기관

(1) 행정심판위원회의 설치

행정청의 처분 또는 부작위에 대한 행정심판의 청구를 심리·재결하기 위해 제2항부터 제4항까지의 규정에 따르는 외에는 해당 행정청의 직근 상급 행정기관 소속으로 행정심판위원회를 둔다(동법 제6조 제1항).

(가) 행정심판위원회의 심리·재결

① 감사원, 국가정보원장, 그 밖에 대통령령으로 정하는 대통령 소속기관

32) 류지태, 『행정법신론』, 405면.

의 장, ② 국회 사무총장·법원행정처장·헌법재판소 사무처장 및 중앙선거관리위원회 사무총장, ③ 국가인권위원회, 진실·화해를위한과거사정리위원회, 그 밖에 지위·성격의 독립성과 특수성 등이 인정되어 대통령령으로 정하는 행정청 또는 그 소속 행정청[33]의 처분 또는 부작위에 대한 행정심판의 청구에 대하여는 각 행정청에 두는 행정심판위원회에서 심리·재결한다(동법 제6조 제1항).

(나) 국민권익위원회의 중앙행정심판위원회

① 행정심판법 제6조 제1항이 규정하고 있는 행정청 외의 국가행정기관의 장 또는 그 소속 행정청, ② 특별시장·광역시장·특별자치시장·도지사·특별자치도지사(특별시·광역시·특별자치시·도 또는 특별자치도의 교육감을 포함한다) 또는 특별시·광역시·특별자치시·도·특별자치도의 의회(의장, 위원회의 위원장, 사무처장 등 의회 소속 모든 행정청을 포함한다), ③ 「지방자치법」에 따른 지방자치단체조합 등 관계 법률에 따라 국가·지방자치단체·공공법인 등이 공동으로 설립한 행정청의 처분 또는 부작위에 대한 심판청구에 대하여는 「부패방지 및 국민권익위원회의 설치와 운영에 관한 법률」에 따른 국민권익위원회에 두는 중앙행정심판위원회에서 심리·재결한다(동법 제6조 제2항).

(다) 시·도지사 소속의 행정심판위원회의 심리와 재결

행정청의 처분 또는 부작위에 대한 심판청구에 대하여는 시·도지사 소속으로 두는 행정심판위원회에서 심리·재결한다.

행정심판법이 정하고 있는 시·도지사 소속의 행정심판위원회의 심리와 재결은 ① 시·도 소속 행정청, ② 시·도의 관할구역에 있는 시·군·자치구의 장, 소속 행정청 또는 시·군·자치구의 의회(의장, 위원회의 위원장, 사무국장, 사무과장 등 의회 소속 모든 행정청을 포함한다). ③ 시·도의 관할구역에 있는 둘 이상의 지방자치단체(시·군·자치구를 말한다)·공공법인 등이 공동으로 설립한 행정청의 처분과 부작위에 대한 심판청구

---

33) 행정기관의 계층구조와 관계 없이 그 감독을 받거나 위탁을 받은 모든 행정청을 말하되, 위탁을 받은 행정청은 그 위탁받은 사무에 관하여는 위탁한 행정청의 소속 행정청으로 본다.

이다.

(라) 직근 상급행정기관의 행정심판위원회의 심리와 재결

대통령령으로 정하는 국가행정기관 소속 특별지방행정기관의 장의 처분 또는 부작위에 대한 심판청구에 대하여는 해당 행정청의 직근 상급행정기관에 두는 행정심판위원회에서 심리·재결한다(행정심판법 제6조 제4항).

(2) 행정심판위원회의 조직과 구성

(가) 행정심팡위원회의 조직

행정심판위원회(중앙행정심판위원회는 제외한다)는 위원장 1명을 포함한 30명 이내의 위원으로 구성한다(행정심판법 제7조 제1항).

행정심판위원회의 위원장은 그 행정심판위원회가 소속된 행정청이 되며, 위원장이 없거나 부득이한 사유로 직무를 수행할 수 없거나 위원장이 필요하다고 인정하는 경우에는 ① 위원장이 사전에 지명한 위원, ② 제4항에 따라 지명된 공무원인 위원(2명 이상인 경우에는 직급 또는 고위공무원단에 속하는 공무원의 직무 등급이 높은 위원 순서로, 직급 또는 직무 등급도 같은 경우에는 위원 재직 기간이 긴 위원 순서로, 재직 기간도 같은 경우에는 연장자 순서로 한다)의 순서에 따라 위원이 위원장의 직무를 대행한다(행정심판법 제7조 제2항).

시·도지사 소속으로 두는 행정심판위원회의 경우에는 해당 지방자치단체의 조례로 정하는 바에 따라 공무원이 아닌 위원을 위원장으로 정할 수 있다. 이 경우 위원장은 비상임으로 한다(행정심판법 제7조 제3항).

(나) 위원회 위원의 자격

행정심판위원회의 위원은 해당 행정심판위원회가 소속된 행정청이 ① 변호사 자격을 취득한 후 5년 이상의 실무 경험이 있는 사람, ② 「고등교육법」 제2조 제1호부터 제6호까지의 규정에 따른 학교에서 조교수 이상으로 재직하거나 재직하였던 사람, ③ 행정기관의 4급 이상 공무원이었거나 고위공무원단에 속하는 공무원이었던 사람, ④ 박사학위를 취득한 후 해당 분야에서 5년 이상 근무한 경험이 있는 사람, ⑤ 그 밖에 행정심판과 관련된 분야의 지식과 경험이 풍부한 사람 중에서 위촉하거나 그 소속 공무원

중에서 지명한다(행정심판법 제7조 제4항).

(다) 회의

행정심판위원회의 회의는 위원장과 위원장이 회의마다 지정하는 8명의 위원(그중 제4항에 따른 위촉위원은 6명 이상으로 하되, 제3항에 따라 위원장이 공무원이 아닌 경우에는 5명 이상으로 한다)으로 구성한다. 다만, 국회규칙, 대법원규칙, 헌법재판소규칙, 중앙선거관리위원회규칙 또는 대통령령(제6조제3항에 따라 시·도지사 소속으로 두는 행정심판위원회의 경우에는 해당 지방자치단체의 조례)으로 정하는 바에 따라 위원장과 위원장이 회의마다 지정하는 6명의 위원(그중 제4항에 따른 위촉위원은 5명 이상으로 하되, 제3항에 따라 공무원이 아닌 위원이 위원장인 경우에는 4명 이상으로 한다)으로 구성할 수 있다(행정심판법 제7조 제5항).

행정심판위원회는 구성원 과반수의 출석과 출석위원 과반수의 찬성으로 의결한다(행정심판법 제7조 제6항).

(3) 중앙행정심판위원회

(가) 중앙행정심판위원회의 구성

중앙행정심판위원회는 위원장 1명을 포함한 50명 이내의 위원으로 구성하되, 위원 중 상임위원은 4명 이내로 한다(행정심판법 제8조 제1항). 중앙행정심판위원회의 위원장은 국민권익위원회의 부위원장 중 1명이 되며, 위원장이 없거나 부득이한 사유로 직무를 수행할 수 없거나 위원장이 필요하다고 인정하는 경우에는 상임위원(상임으로 재직한 기간이 긴 위원 순서로, 재직 기간이 같은 경우에는 연장자 순서로 한다)이 위원장의 직무를 대행한다(행정심판법 제8조 제2항).

중앙행정심판위원회의 상임위원은 별정직 국가공무원으로 임명하되, 3급 이상 공무원 또는 고위공무원단에 속하는 일반직 공무원으로 3년 이상 근무한 사람이나 그 밖에 행정심판에 관한 지식과 경험이 풍부한 사람 중에서 중앙행정심판위원회 위원장의 제청으로 국무총리를 거쳐 대통령이 임명한다(행정심판법 제8조 제3항).

중앙행정심판위원회의 비상임 위원은 ① 변호사 자격을 취득한 후 5년 이상의 실무 경험이 있는 사람, ②「고등교육법」 제2조 제1호부터 제6호까지의 규정에 따른 학교에서 조교수 이상으로 재직하거나 재직하였던 사람, ③ 행정기관의 4급 이상 공무원이었거나 고위공무원단에 속하는 공무원이었던 사람, ④ 박사학위를 취득한 후 해당 분야에서 5년 이상 근무한 경험이 있는 사람, ⑤ 그 밖에 행정심판과 관련된 분야의 지식과 경험이 풍부한 사람 중에서 위촉하거나 그 소속 공무원에 해당하는 사람 중에서 중앙행정심판위원회 위원장의 제청으로 국무총리가 위촉한다(행정심판법 제8조 제4항).

(나) 중앙행정심판위원회의 회의

중앙행정심판위원회의 회의(제6항에 따른 소위원회 회의는 제외한다)는 위원장, 상임위원 및 위원장이 회의마다 지정하는 비상임 위원을 포함하여 총 9명으로 구성한다(행정심판법 제8조 제5항).

중앙행정심판위원회는 심판청구사건 중 「도로교통법」에 따른 자동차운전 면허 행정처분에 관한 사건(소위원회가 중앙행정심판위원회에서 심리·의결하도록 결정한 사건은 제외한다)을 심리·의결하게 하기 위하여 4명의 위원으로 구성하는 소위원회를 둘 수 있다(행정심판법 제8조 제6항).

중앙행정심판위원회의 회의에는 2명 이상의 상임위원이 포함되어야 한다(행정심판법 시행령 제6조 제1항). 중앙행정심판위원회 및 소위원회는 구성원 과반수의 출석과 출석위원 과반수의 찬성으로 의결한다(행정심판법 제8조 제7항).

중앙행정심판위원회는 위원장이 지정하는 사건을 미리 검토하도록 필요한 경우에는 전문위원회를 둘 수 있다(행정심판법 제8조 제8항). 중앙행정심판위원회의 운영에 필요한 세부적인 사항은 중앙행정심판위원회의 의결을 거쳐 위원장이 정한다(행정심판법 시행령 제6조 제2항).

중앙행정심판위원회, 소위원회 및 전문위원회의 조직과 운영 등에 필요한 사항은 대통령령으로 정할 수 있는 바(행정심판법 제8조 제9항), 소위원회의 위원장은 중앙행정심판위원회의 위원장이 상임위원 중에서 지정한다(행정심판법 시행령 제7조 제1항). 소위원회는 중앙행정심판위원회의 상임위원 2명(소위원회의 위원장 1명을 포함한다)과 중앙행정심판위원회의 위원장이 지정하는 2명의 비상임 위원으로 구성한다(행정심판법 시행령 제7조 제2항).

전문위원회는 중앙행정심판위원회의 위원장이 지정하는 행정심판의 청구 사건을 미리 검토하여 그 결과를 중앙행정심판위원회에 보고한다(행정심판법 시행령 제8조 제1항). 전문위원회는 중앙행정심판위원회의 상임위원을 포함하여 중앙행정심판위원회의 위원장이 지정하는 5명 이내의 위원으로 구성한다(행정심판법 시행령 제8조 제2항). 전문위원회의 위원장은 중앙행정심판위원회의 위원장이 지정하는 위원이 된다(행정심판법 시행령 제8조 제3항).

(다) 위원의 임기와 신분 보장

행정청이 지명한 행정심판위원회의 위원은 그 직에 재직하는 동안 재임한다. 중앙행정심판위원회 상임위원의 임기는 3년으로 하며, 1차에 한하여 연임할 수 있다(행정심판법 제9조 제1항 및 제2항).

행정심판위원회 및 중앙행정심판위원회의 비상임 위원의 임기는 2년으로 하되, 2차에 한하여 연임할 수 있다. ① 대한민국 국민이 아닌 사람, ② 「국가공무원법」 제33조 각 호의 어느 하나에 해당하는 사람은 행정심판위원회의 위원이 될 수 없으며, 위원이 이에 해당하게 된 때에는 당연히 퇴직한다(행정심판법 제9조 제4항).

위촉된 위원은 금고(禁錮) 이상의 형을 선고받거나 부득이한 사유로 장기간 직무를 수행할 수 없게 되는 경우 외에는 임기 중 그의 의사와 다르게 해촉(解囑)되지 아니한다(행정심판법 제9조 제5항).

2) 행정심판의 당사자

(1) 청구인

청구인이란 행정심판의 대상인 행정청의 처분 또는 부작위에 불복하여 그 취소·변경 등을 위해 행정심판을 제기하는 자를 말한다.

취소심판은 처분의 취소 또는 변경을 구할 법률상 이익이 있는 자가 청구할 수 있다. 처분의 효과가 기간의 경과, 처분의 집행, 그 밖의 사유로 소멸된 뒤에도 그 처분의 취소로 회복되는 법률상 이익이 있는 자의 경우에도 또한 같다.

무효등확인심판은 처분의 효력 유무 또는 존재 여부의 확인을 구할 법률상 이익이 있는 자가 청구할 수 있다.

의무이행심판은 처분을 신청한 자로서 행정청의 거부처분 또는 부작위에 대하여 일정한 처분을 구할 법률상 이익이 있는 자가 청구할 수 있다(행정심판법 제13조).

법인이 아닌 사단 또는 재단으로서 대표자나 관리인이 정하여져 있는 경우에는 그 사단이나 재단의 이름으로 심판청구를 할 수 있다(행정심판법 제14조).

여러 명의 청구인이 공동으로 심판청구를 할 때에는 청구인들 중에서 3명 이하의 선정 대표자를 선정할 수 있다(행정심판법 제15조 제1항). 청구인들이 선정 대표자를 선정하지 아니한 경우에 위원회는 필요하다고 인정하면 청구인들에게 선정 대표자를 선정할 것을 권고할 수 있다. 선정 대표자는 다른 청구인들을 위하여 그 사건에 관한 모든 행위를 할 수 있다. 다만, 심판청구를 취하하려면 다른 청구인들의 동의를 받아야 하며, 이 경우 동의받은 사실을 서면으로 소명하여야 한다. 선정 대표자가 선정되면 다른 청구인들은 그 선정 대표자를 통해서만 그 사건에 관한 행위를 할 수 있다. 선정 대표자를 선정한 청구인들은 필요하다고 인정하면 선정 대표자를 해임하거나 변경할 수 있다. 이 경우 청구인들은 그 사실을 지체없이 위원회에 서면으로 알려야 한다.

청구인이 사망한 경우에는 상속인이나 그 밖에 법령에 따라 심판청구의 대상에 관계되는 권리나 이익을 승계한 자가 청구인의 지위를 승계한다. 법인인 청구인이 합병(合倂)에 따라 소멸하였을 때에는 합병 후 존속하는 법인이나 합병에 따라 설립된 법인이 청구인의 지위를 승계한다. 청구인의 지위를 승계한 자는 위원회에 서면으로 그 사유를 신고하여야 한다. 이 경우 신고서에는 사망 등에 의한 권리·이익의 승계 또는 합병 사실을 증명하는 서면을 함께 제출하여야 한다(행정심판법 제16조).

(2) 피청구인

심판청구인의 상대편 당사자, 즉 행정청이나 국가를 말한다. 행정심판은 처분을 한 행정청(의무이행심판의 경우에는 청구인의 신청을 받은 행정청)을 피청구인으로 하여 청구하여야 한다.

다만, 심판청구의 대상과 관계되는 권한이 다른 행정청에 승계된 경우에는 권한을 승계한 행정청을 피청구인으로 하여야 한다(행정심판법 제17조 제1항). 청구인이 피청구인을 잘못 지정한 경우에는 위원회는 직권으로 또는 당사자의 신청에 의하여 결정으로써 피청구인을 경정(更正)할 수 있다(행정심판법 제17조 제2항).

4 행정심판 청구의 제기와 심리

1) 행정심판 청구의 제기

(1) 행정심판 제기 요건

(가) 행정심판 청구 기간

행정심판을 청구하려는 자는 심판청구서를 작성하여 피청구인이나 위원회에 제출하여야 한다. 이 경우 피청구인의 수만큼 심판청구서 부본을 함께 제출하여야 한다(행정심판법 제23조 제1항). 행정청이 고지를 하지 아니하거나 잘못 고지하여 청구인이 심판청구서를 다른 행정기관에 제출한 경우에는 그 행정기관은 그 심판청구서를 지체 없이 정당한 권한이 있는 피청구인에게 보내야 한다(행정심판법 제23조 제2항). 심판청구서를 보낸 행정기관은 지체없이 그 사실을 청구인에게 알려야 한다(행정심판법 제23조 제3항).

심판청구 기간은 행정법 관계의 조속한 안정을 기하려는 데 그 취지가 있으며, 행정심판은 처분이 있음을 알게 된 날부터 90일 이내에 청구하여야 한다(행정심판법 제27조 제1항). 청구인이 천재지변, 전쟁, 사변(事變), 그 밖의 불가항력으로 인하여 제1항에서 정한 기간에 심판청구를 할 수 없었을 때에는 그 사유가 소멸한 날부터 14일 이내에 행정심판을 청구할 수 있다. 다만, 국외에서 행정심판을 청구하는 경우에는 그 기간을 30일로 한다(행정심판법 제27조 제2항). 행정심판은 처분이 있었던 날부터 180일이 지나면 청구하지 못한다. 다만, 정당한 사유가 있는 경우에는 그러하지 아니하다(행정심판법 제27조 제3항). 이 기간은 불변 기간(不變期間)으로 한다. 행정청이 심판청구 기간을 행정심판법에 규정된 기간보다 긴 기간으로 잘못 알린 경우 그 잘못 알린 기간에 심판청구가 있으면 그 행정심판은 행정심판법이 정하고 있는 기간에 청구된 것으로 본다(행정심판법 제27조 제5항).[34]

(나) 행정심판 청구 방식

심판청구의 방식은 일정한 사항을 기재한 서면으로 한다(행정심판법 제28조 제1항). 심판청구서에 기재 사항의 흠결이 있는 경우에는 행정심판위원회는 그 흠결이 보정할 수 있는 것인 때에는 기간을 정하여 보정(補正)을 명할 수 있고, 보정할 사항이 경미한 경우에는 직권으로 보정할 수 있다(동법 제29조). 청구의 변경 결정이 있으면 처음 행정심판이 청구되었을 때부터 변경된 청구의 취지나 이유로 행정심판이 청구된 것으로 본다(행정심판법 제29조 제8항).

(2) 행정심판 제기의 효과

(가) 행정심판위원회에 대한 효과

행정심판위원회에 대한 효과로는 행정심판이 제기되면 행정심판위원회는 이를 심리·재결할 의무를 진다.

(나) 처분에 대한 효과

① 집행부정지 원칙

현행 행정심판법은 행정소송법의 경우와 마찬가지로 행정심판 청구가 문제된 처분의 효력이나 그 집행 또는 절차의 속행에 영향을 주지 않는다고 규정하고 있다(행정심판법 제30조). 이를 집행부정지(執行不停止)의 원

---

34) 행정심판법 제27조 제1항부터 제6항까지의 규정은 무효등확인심판청구와 부작위에 대한 의무이행심판청구에는 적용하지 아니한다(행정심판법 제27조 제7항).

칙이라고 한다.

② 예외적 집행정지

위원회는 처분, 처분의 집행 또는 절차의 속행 때문에 중대한 손해가 생기는 것을 예방할 필요성이 긴급하다고 인정할 때에는 직권으로 또는 당사자의 신청에 의하여 처분의 효력, 처분의 집행 또는 절차의 속행의 전부 또는 일부의 정지를 결정할 수 있다. 다만, 처분의 효력정지는 처분의 집행 또는 절차의 속행을 정지함으로써 그 목적을 달성할 수 있을 때에는 허용되지 아니한다(행정심판법 제30조 제2항).

집행정지는 공공복리에 중대한 영향을 미칠 우려가 있을 때에는 허용되지 아니한다(행정심판법 제30조 제3항).

위원회는 집행정지를 결정한 후에 집행정지가 공공복리에 중대한 영향을 미치거나 그 정지 사유가 없어진 경우에는 직권으로 또는 당사자의 신청에 의하여 집행정지 결정을 취소할 수 있다(행정심판법 제30조 제4항). 집행정지 신청은 심판청구와 동시에 또는 심판청구에 대한 위원회나 소위원회의 의결이 있기 전까지, 집행정지 결정의 취소신청은 심판청구에 대한 제7조 제6항 또는 제8조 제7항에 따른 위원회나 소위원회의 의결이 있기 전까지 신청의 취지와 원인을 적은 서면을 위원회에 제출하여야 한다. 다만, 심판청구서를 피청구인에게 제출한 경우로서 심판청구와 동시에 집행정지 신청을 할 때에는 심판청구서 사본과 접수증명서를 함께 제출하여야 한다(행정심판법 제30조 제5항).

위원회의 심리·결정을 기다릴 경우 중대한 손해가 생길 우려가 있다고 인정되면 위원장은 직권으로 위원회의 심리·결정을 갈음하는 결정을 할 수 있다. 이 경우 위원장은 지체없이 위원회에 그 사실을 보고하고 추인(追認)을 받아야 하며, 위원회의 추인을 받지 못하면 위원장은 집행정지 또는 집행정지 취소에 관한 결정을 취소하여야 한다(행정심판법 제30조 제6항). 위원회는 집행정지 또는 집행정지의 취소에 관하여 심리·결정하면 지체없이 당사자에게 결정서 정본을 송달하여야 한다(행정심판법 제30조 제7항).

2) 행정심판의 심리

(1) 심리 내용

심리 내용은 본안전심리(本案前審理)와 본안심리(本案審理)로 나누어 볼 수 있다. 본안전심리를 요건심리(要件審理)라고도 한다.

본안전심리란 심판청구가 그 제기 요건을 갖추고 있는지 여부를 심리하는 것을 말한다. 심리 결과 그것이 심판청구의 제기 요건을 갖추지 아니한 부적법(不適法)한 것이라 인정되면 각하(脚下)할 것이나, 그 하자가 보정(補正)할 수 있는 것일 때에는 상당한 보정 기간을 정하여 보정을 명해야 하며, 보정할 사항이 경미한 것인 때에는 보정을 명할 것 없이 행정심판위원회가 직권으로 보정할 수도 있다(행정심판법 제29조).[35]

본안심리란 본안전심리의 결과 심판청구를 적법한 것으로 받아들여 실질적으로 심사하는 것을 말한다.

(2) 심리 절차

(가) 심리 절차의 기본 원칙

심리 절차의 기본 원칙에는 대심주의(對審主義)·직권당사자주의(職權當事者主義)·서면심리주의(書面審理主義)·구술심리주의(口述審理主義) 등이 있다.

대심주의란 분쟁 당사자들의 공격·방어를 통해 심리를 진행하는 제도를 말한다. 직권심리주의란 심리의 진행을 심리기관의 직권으로 함과 동시에, 필요한 자료를 당사자에만 의존하지 않고 직권으로 수집하는 제도를 말한다.

심리의 방식에는 서면심리주의와 구술심리주의가 있는 바, 행정심판법 제40조 제1항은 "행정심판의 심리는 구술심리(口述審理) 또는 서면심리(書面審理)로 한다"(동법 제40조 제1항)고 규정하고 있다.

다만, 당사자가 구술심리를 신청한 경우에는 서면심리만으로 결정할 수 있다고 인정되는 경우 외에는 구술심리를 하여야 한다. 구술심리 신청을

35) 이명구, 『행정법원론』, 620면.

받으면 그 허가 여부를 결정하여 신청인에게 알려야 한다(행정심판법 제40조).

(나) 당사자의 절차적 권리

당사자의 절차적 권리에는 위원·직원에 대한 기피신청권, 구술심리신청권, 보충서면제출권, 물적증거제출권, 증거조사신청권 등이 있다.

5 행정심판의 재결

1) 행정심판의 재결의 의의

행정심판의 재결(裁決)이란 청구인의 행정심판청구사건에 대해 행정심판위원회가 행하는 판단하는 행위를 말한다(행정심판법 제2조 제3호).

2) 재결 절차

재결은 심판청구서를 받은 날로부터 60일 이내에 재결을 마쳐야 한다. 재결의 방식은 반드시 서면(書面)으로 한다. 다만, 부득이한 사정이 있을 때에는 위원장이 직권으로 30일을 연장할 수 있다(행정심판법 제45조). 위원회는 재결 즉시 당사자에게 재결서의 정본을 송달한다. 이 경우 중앙행정심판위원회는 재결 결과를 소관 중앙행정기관의 장에게도 알려야 한다(행정심판법 제48조 제1항). 재결의 효력은 청구인에게 송달될 때부터 발생한다(행정심판법 제48조 제2항). 위원회는 재결서의 등본을 지체없이 참가인에게 송달하여야 한다. 처분의 상대방이 아닌 제3자가 심판청구를 한 경우 위원회는 재결서의 등본을 지체없이 피청구인을 거쳐 처분의 상대방에게 송달하여야 한다.

재결의 범위와 관련하여 불고불리의 원칙과 불이익 변경 금지의 원칙이 행정심판에도 적용되는가에 관해 견해가 대립하고 있었으나, 행정심판법은 재결청은 심판청구의 대상이 되는 처분 또는 부작위 외의 사항에 대해서는 재결하지 못하고, 재결청은 심판청구의 대상이 되는 처분보다 청구인에게

불이익한 재결을 하지 못한다(행정심판법 제47조)고 규정하여 이 논의에 종지부를 찍었다.[36]

3) 재결의 종류

재결의 종류에는 각하재결, 기각재결, 사정재결, 인용재결이 있다.

각하재결이란 행정심판 제기 요건상의 흠결(하자)이 있는 경우를 말한다. 기각재결이란 심판청구가 이유 없다고 하여 원처분을 시인한 재결을 말한다.

사정재결(事情裁決)이란 심판청구가 이유 있다고 인정된 경우에도 이를 인용(認容)하는 것이 현저히 공공복리에 적합하지 않다고 판단되는 경우에 그 심판청구를 기각하는 재결(裁決)을 말한다(행정심판법 제44조). 사정재결(事情裁決)은 국민의 권리·이익의 보호와 행정의 적정성의 확보를 목적으로 하는 행정쟁송 제도에서는 극히 예외적으로만 인정될 수 있는 것이라 할 것이다. 사정재결은 취소심판, 의무이행심판에만 인정되고, 무효등확인심판에는 적용되지 아니한다(행정심판법 제44조 제3항).

인용재결이란 심판청구가 이유 있다고 인정하여 청구의 취지를 받아들이는 재결을 말한다. 여기에는 다시 취소변경재결과 무효 등 확인재결·의무이행재결이 있다. ① 취소변경재결이란 처분을 취소 또는 변경하거나 처분청의 취소 또는 변경할 것을 명하는 것이다. ② 무효 등 확인재결이란 처분의 효력 유무 또는 존재 여부를 확인하는 재결을 말한다. ③ 의무이행재결이란 재결로 신청에 따른 처분을 하거나 이를 할 것을 명하는 재결을 말한다.

4) 재결의 효력

행정심판의 재결이 내려지면 불가쟁력과 불가변력이 발생한다. 재결에 불복이 있는 경우에는 그 이유가 위법인 경우에 한해 행정소송을 제기할 수 있다.

---

36) 이명구, 『행정법원론』, 625면.

제 5 절 행정소송

1 서설

1) 행정소송의 의의

행정소송(行政訴訟)이란 행정상의 법률 관계에 분쟁이 있는 경우에 당사자로부터 소송이 제기되어 법원(法院)이 이에 대한 심리·판결을 내리는 것을 말한다. 행정소송은 원고와 피고의 대심 절차를 취해 당사자에게 구두 변론의 기회를 제공하며 지위가 독립된 법관에 의해 재판을 받기 때문에 정식재판(正式裁判)에 속한다. 행정소송은 행정 법규의 정당한 적용을 통한 행정 목적의 실현과 당사자 간의 구체적인 법적용의 보장인 국민의 권리구제라는 두 가지 기능을 수행하고 있다.[37)]

2) 우리나라 행정소송 제도의 연혁과 특징

우리나라의 행정소송법은 1951년에 제정되어 30여 년간 시행되어 오다가, 1980년 대폭적인 개정·보완작업이 진행되어 1984년 12월 15일에 새 행정소송법이 제정되었으며, 1997년 7월 14일 행정소송 제도에 관한 내용이 일부 개정되어 오늘에 이르고 있다.

37) "일정한 행정처분으로 국민이 일정한 이익과 권리를 취득하였을 경우에 종전 행정처분을 취소하는 행정처분은 이미 취득한 국민의 기존 이익과 권리를 박탈하는 별개의 행정처분으로 취소될 행정처분에 하자 또는 취소해야 할 공공의 필요가 있어야 하고, 나아가 행정처분에 하자 등이 있다고 하더라도 취소해야 할 공익상 필요와 취소로 당사자가 입게 될 기득권과 신뢰 보호 및 법률생활 안정의 침해 등 불이익을 비교·교량한 후 공익상 필요가 당사자가 입을 불이익을 정당화할 만큼 강한 경우에 한하여 취소할 수 있는 것이며, 하자나 취소해야 할 필요성에 관한 증명 책임은 기존 이익과 권리를 침해하는 처분을 한 행정청에 있다"(대판 2012.3.29. 선고 2011두23375 판결 【공상공무원비해당자결정취소】 [공2012상,699]).

현행 행정소송법의 특색을 개괄적으로 살펴보면, 행정심판의 임의절차화, 행정소송의 3심제, 특허법원(特許法院)의 설치, 제소 기간(提訴期間)의 연장, 상고심사제(上告審査制)의 채택 등을 들 수 있다.

행정소송법의 전면 개정 및 부분 개정에도 불구하고 아직도 여러 가지 미비점이 지적되고 있다. ① 행정소송의 종류의 재검토, ② 이른바 현대형 소송, 특히 집단분쟁을 해결하기 위한 제도 개선, ③ 현행 집행정지 제도에 덧붙여 가명령 제도(假命令制度)의 도입, ④ 문서 제출 의무 범위의 확대를 포함한 자료 제출 요구 제도의 정비 등으로 요약할 수 있다.[38]

3) 행정소송의 특수성

우리 헌법은 행정소송을 사법작용의 일부로 하여 법보장(권리구제 내지 행정구제 기능)의 면을 중시하나, 한편으로 행정 목적의 실현 내지 행정의 합목적성의 보장(행정통제 기능)이라는 면도 있는 까닭에 행정소송에 민사소송과 다른 특수성을 인정하지 않을 수 없다. 이러한 특수성은 행정처분의 위법을 다투는 항고소송(抗告訴訟)에서 특히 현저하게 나타난다.[39]

행정소송은 기본적으로 공익 실현을 내용으로 한 공권력의 행사를 대상으로 하고 있다는 점에서, 그 구체적 내용이나 범위 여부는 차후 문제로 하더라도 민사소송(民事訴訟)과는 분명히 달리 취급할 필요성이 있다. 왜냐하면, 민사소송의 대상은 개인과 개인과의 사법적 분쟁을 대상으로 하기 때문이다.

민사소송과 다른 행정소송의 특수성을 보면, 행정심판 절차(동법 제18조), 단기 제소 기간(동법 제20조), 집행부정지 원칙(執行不停止原則 ; 동법 제23조), 행정청의 소송 참가(訴訟參加), 직권심리주의(職權審理主義), 사정판결(事情判決), 판결의 효력 등에 관한 규정은 이러한 행정소송의 특수성을 반영한 것이다.[40]

---

38) 김철용, 『행정법(Ⅰ)』, 416면.
39) 이명구, 『행정법원론』, 639면.
40) 김동희, 『행정법(Ⅰ)』, 596면.

4) 행정재판권(행정소송)의 한계

행정소송이 공법 관계에 분쟁이 있음을 전제로 이를 해결하기 위한 제도라 하더라도, 공법 관계에 분쟁이 있기만 하면 그 어느 것이나 행정소송을 제기하여 법원의 판단을 구할 수 있는 것이 아니며 행정소송에도 일정한 한계가 있다는 것이 일반적인 견해이다.[41]

이와 같은 행정소송의 한계에는 사법(司法)의 본질에서 오는 한계와 권력분립(權力分立)에서 오는 한계로 나누어 볼 수 있다.

(1) 사법의 본질에서 오는 한계

헌법 제26조 1항은 국민의 재판을 받을 권리를 보장하고 있으며, 법원조직법 제2조 제1항은 "법원은 헌법에 특별한 규정이 있는 경우를 제외한 일체의 법률적 쟁송을 심판하고 이 법과 다른 법률에 의하여 법원에 속하는 사건을 관장한다"고 규정하고 있다.

법원이 행정사건을 포함한 모든 법률적 쟁송(爭訟)에 대한 관할권을 가지는 바, 여기서 법원의 관할권의 범위를 정하는 법률적 쟁송의 의미가 무엇인가가 문제된다. 현재의 학설·판례에 의하면, '법률적 쟁송'이란 모든 법적 분쟁을 의미하는 것이 아니고, '당사자 사이의 권리·의무에 관한 다툼으로서, 법령의 적용에 의해 해결될 수 있는 분쟁(紛爭)'을 의미하는 것으로 보고 있다.[42]

구체적 권리·의무에 관한 쟁송으로서의 한계를 보면, ① 반사적 이익은 행정소송을 제기할 수 없다. 다시 말해, 법률상 이익만이 행정소송을 제기할 수 있다. ② 추상적 법령의 효력과 해석에 대해서는 행정소송을 제기할 수 없다. 그러나 구체적인 권리·이익의 침해의 경우에는 행정소송을 제기할 수 있다. ③ 민중소송(民衆訴訟)·기관소송(機關訴訟)은 법률에 특별한 규정이 있는 경우에만 허용된다(행정소송법 제45조).

법령의 적용에 의해 해결 가능한 분쟁으로서의 한계로는, ① 학술·예술

41) 김철용, 『행정법(Ⅰ)』, 417면.

42) 김동희, 『행정법(Ⅰ)』, 597면.

상의 문제는 행정소송의 대상이 안 된다. ② 재량행위는 원칙적으로 행정소송을 통해 구제받을 수 없지만, 재량행위라 할지라도 그 재량권을 일탈·남용한 경우에는 위법한 처분이 되므로 행정소송(行政訴訟)을 통한 사법적 구제가 가능하다고 본다. ③ 특별행정법 관계(특별권력 관계) 내부에서의 행위는 오늘날의 특별행정법 관계에서의 행위라도 법적 행위로 볼 수 있는 한 모두 사법심사(司法審査)의 대상이 된다고 본다.

(2) 권련분립적 한계

권력분립적 한계를 보면, 통치행위(정치행위)란 고도의 정치적 성격을 띠거나 혹은 국가적 이익과 관련되는 행정청의 행위로서 재판통제에서 제외되고 있는 행위를 말한다.

의무이행소송(義務履行訴訟)이란 상대방의 신청에 대해 행정청이 일정한 처분을 해야 할 법률상 의무가 있음에도 불구하고 이를 하지 않고 방치하거나, 신청된 처분을 거부한 경우에, 행정청에 당해 처분을 할 것을 명하는 내용의 판결(判決)을 구하는 소송을 말한다.[43] 행정소송법은 의무이행소송을 규정하고 있지 않아, 학설은 견해가 대립하고 있다.

의무이행소송의 인정 문제에 대해 대법원은 "행정소송법상 행정청으로 하여금 일정한 행정처분을 하도록 명하는 이른바 이행판결을 구하는 소송은 허용되지 아니한다."(대판 1989.5.23, 88누8135)라고 부정적 입장을 취하고 있다.

적극적 형성판결(形成判決)이란 행정청의 위법한 처분 등을 취소 또는 변경하는 소송을 말한다 (행정소송법 제4조).

여기서 말하는 변경(變更)에는 처분의 일부 취소라는 의미의 소극적 변경과 원처분에 갈음하여 새로운 처분을 행하는 적극적 변경이 포함될 수 있다. 우리나라의 통설과 판례는 적극적 변경에 대해 권력 분립의 관점에서 이를 부정한다.[44]

43) 김동희, 『행정법(Ⅰ)』, 599면.
44) 김철용, 『행정법(Ⅰ)』, 421면.

2 행정소송의 종류

행정소송의 종류에는 행정청의 처분 등이나 부작위에 대해 제기하는 항고소송과 행정청의 처분 등을 원인으로 하는 법률 관계에 관한 소송, 그 밖에 공법상의 법률 관계에 관한 소송으로서 그 법률 관계의 한쪽 당사자를 피고로 하는 당사자소송이 있다.

항고소송에는 ① 취소소송, ② 무효 등 확인소송, ③ 부작위위법 확인소송이 있다.

당사자소송은 ① 형식적 당사자소송, ② 실질적 당사자소송으로 나뉜다. 항고소송(항고소송)과 당사자소송(당사자소송)은 '주관적 소송'에 속하고, 민중소송과 기관소송을 '객관적 소송'이라고 한다.

민중소송(民衆訴訟)은 국가 또는 공공단체의 기관이 위법한 행위를 한 때에 직접 자기의 법률상 이익과 관계 없이 그 시정을 구하기 위해 제기하는 소송을 말하고, 기관소송이라 함은 국가나 공공단체의 기관 상호간에 권한의 존부 또는 그 행사에 관한 다툼이 있을 때에 그에 관해 제기하는 소송을 말한다.

1) 주관적 소송

주관적 소송이란 국민의 권리 또는 이익의 침해를 구제하거나 공법상의 권리 관계에 관한 다툼을 해결함을 목적으로 하는 소송을 말한다.

(1) 항고소송

항고소송(抗告訴訟)이란 일반적으로 위법한 행정행위에 의해 권익을 침해당한 자가 그 위법을 이유로 행정행위의 취소·변경을 구하는 소송을 말한다(행정소송법 제3조). 항고소송에는 ① 취소소송, ② 무효 등 확인소송(효력의 유무 또는 그 존재 여부를 확인하는 소송), ③ 부작위위법 확인소송(행정청의 부작위가 위법하다는 것을 확인하는 소송)도 이에 포함된다(행정소송법 제4조).

(2) 당사자소송

당사자소송이란 행정청의 처분 등을 원인으로 하는 법률 관계에 관한 소송, 그 밖에 공법상의 법률 관계에 관한 소송으로서 그 법률 관계의 한쪽 당사자를 피고로 하는 소송을 말한다(행정소송법 제3조 제2호).

2) 객관적 소송

(1) 민중소송

민중소송(民衆訴訟)이란 국가 또는 공공단체의 기관이 법률에 위반되는 행위를 한 때에 직접 자기의 법률상의 이익과 관계 없이 그 시정을 구하기 위해 제기하는 소송을 말한다(행정소송법 제3조 제3호). 민중소송은 당사자 사이의 개별적인 권리나 의무에 관한 분쟁을 해결하기 위한 주관적 소송이 아니고, 행정 법규의 적절한 운영을 도모하고 일반공공의 이익을 보호하며, 행정기관의 위법행위에 대한 사법통제의 수단으로서 작용하는 객관적 소송으로서의 성질을 갖는다.[45] 민중소송으로는 선거소송(選擧訴訟) 등을 들 수 있다.

(2) 기관소송

기관소송(機關訴訟)이란 국가 또는 공공단체의 기관 상호간의 권한의 존부 또는 그 행사에 관한 다툼이 있는 경우에 이에 대해 제기하는 소송을 말한다(행정소송법 제3조 제4호).

행정기관 상호간에 권한의 존부 또는 행사에 관한 분쟁은 행정권 내부에서의 권한 행사의 통일성 확보에 관한 문제로서 기관 상호간의 협의에 의해 처리하거나, 당해 기관의 공통의 상급기관이 있을 때에는 그 상급기관의 판단에 의해 해결하는 것이 원칙이다.

그러나 이러한 권한쟁의(權限爭議)에 대한 적절한 해결 기관이 없거나, 공정한 제3의 기관의 판단이 필요한 경우에 법률은 당해 분쟁에 관해 법원에 제소하는 길을 허용하고 있는 것이다.[46] 이는 국가나 공공단체 등 공법

45) 류지태, 『행정법신론』, 461면.
46) 김동희, 『행정법(Ⅰ)』, 616면.

상의 법인(法人) 내부에 대해서도 법치주의(法治主義)와 사법심사의 적용을 관철하기 위한 것으로, 이를 통해 행정기관의 올바른 행정 법규 적용이 보장된다.[47]

3 항고소송

1) 취소소송

(1) 취소소송의 의의

취소소송이란 행정청의 위법한 처분 또는 재결의 취소 또는 변경을 구하는 항고소송(抗告訴訟)을 말한다(행정소송법 제4조).

(2) 취소소송의 재판 관할

취소소송의 재판 관할 제1심 관할 법원은 피고의 소재지를 관할하는 행정법원이다. 법원은 소송의 전부 또는 일부가 그 관할에 속하지 않는다고 인정할 때는 관할 법원에 이송해야 한다.

당해 처분과 관련하여 발생한 수 개의 청구를 병합하여 통일적으로 심판하게 되면 심리에 중복이나 재판의 모순, 저촉을 피하고 당사자나 법원의 부담을 경감시키기 위해 관련 청구소송의 이송이나 병합(倂合)을 규정하고 있다.

(3) 취소소송의 당사자

취소소송의 원고는 '소(訴)의 이익'이 있어야 한다. 원고 적격에 대해 행정소송법은 "취소소송은 처분의 취소의 구할 법률상 이익이 있는 자가 제기할 수 있다."라고 규정하고 있다(행정소송법 제12조). 여기서, 법률상 이익이라 함은 법률상 보호되고 있는 이익구제설에 의하면 법률상 이익이란 구체적 권리뿐만 아니라 법적으로 보호되고 있는 이익도 포함된다(통설, 대법원 판례 입장).[48]

---

47) 류지태, 『행정법신론』, 462면.

취소소송의 피고는 다른 법률에 특별한 규정이 없는 한 그 처분 등을 행한 행정청(처분청)이다.

2) 무효 등 확인소송

무효 등 확인소송(無效等確認訴訟)이란 외관상 존재하는 행정행위의 무효나 부존재(不存在)를 공적으로 선언받아 행정행위로서의 외관적 존재를 제거할 목적으로 하는 행정소송이다. 즉, 행정소송법은 이를 "처분 또는 재결(裁決)의 효력 유무 또는 존재 여부를 확인하는 소송"이라고 정의한다(행정소송법 제4조 제2호).[49]

3) 부작위위법 확인소송

부작위위법 확인소송(不作爲違法確認訴訟)이란 행정청의 부작위가 위법하다는 것을 확인하는 소송을 말한다(행정소송법 제4조 제3호). 그런데 부작위(不作爲)라 함은 행정청이 당사자의 신청에 대해 상당한 기간 내에 일정한 처분을 해야 할 법률상 의무가 있음에도 불구하고 이를 하지 아니하는 것을 말하므로, 결국 부작위위법 확인소송이란 행정청이 당사자의 신청에 대해 처분을 해야 할 의무가 있음에도 하지 않고 있음이 위법함을 확인하는 소송이다.[50]

행정청의 부작위에 대한 쟁송 제도로서는 이외에도 의무이행소송(義務履行訴訟)·의무확인소송(義務確認訴訟) 등이 상정될 수 있다. 그러나 이들 소송에 대해서는 권력분립의 원칙 및 행정청의 1차적 판단권과의 관련에서 문제가 있다고 보아서, 일단 행정청에 대한 간섭의 정도가 가장 적은 부작위

48) "해임처분 무효확인 또는 취소소송 계속 중 임기가 만료되어 해임처분의 무효확인 또는 취소로 지위를 회복할 수는 없다고 할지라도, 그 무효확인 또는 취소로 해임 처분일부터 임기 만료일까지 기간에 대한 보수 지급을 구할 수 있는 경우에는 해임처분의 무효확인 또는 취소를 구할 법률상 이익이 있다. 해임권자와 보수 지급 의무자가 다른 경우에도 마찬가지이다"(대판 2012.2.23. 선고 2011두5001 판결【해임처분무효】[공2012상, 523]).

49) 이명구, 『행정법원론』, 666면.

50) 이명구, 『행정법신론』, 669면.

위법 확인소송(不作爲違法確認訴訟)을 도입하는 데 그친 것으로 보인다.[51]

4 당사자소송

1) 당사자소송의 의의

당사자소송(當事者訴訟)이란 행정청의 처분 등을 원인으로 하는 법률 관계에 관한 소송, 그 밖에 공법상(公法上)의 법률 관계에 관한 소송으로서 그 법률 관계의 한쪽 당사자를 피고로 하는 소송을 말한다(행정소송법 제3조 제2호).

2) 형식적 당사자소송

형식적 당사자소송이란 행정청의 처분이나 재결에 의해 형성된 법률 관계에 관해 그 일방 당사자를 피고로 하여 제기하는 소송을 말한다.

보상금 재결에 불복하는 경우에는 보상금 증액 청구소송을 재결청 이외에 기업자를 피고로 하여 행정소송(당사자소송)을 제기할 수 있는 바, 이는 형식적으로 법률 관계의 당사자인 토지 소유자와 기업자 간의 보상 금액에 관한 소송이지만, 실질적으로는 토지 소유자가 중앙토지수용위원회의 재결의 위법을 주장하는 소송으로서 형식적 당사자소송의 한 예로 들고 있다.[52]

3) 실질적 당사자소송

실질적 당사자소송이란 공법상의 법률 관계(권리 관계)에 관한 다툼으로서, 그 일방 당사자를 피고로 하는 소송을 말한다(행정소송법 제3조 제2호).

이는 본래 의미에서의 당사자소송으로서 대등한 당사자 사이의 공법상의 법률 관계 또는 권리 관계에 관한 소송을 말하며, 이에는 다시 이러한 법률 관계의 발생 원인을 기준으로 하여, 행정청의 처분 등이 원인이 되어

51) 김동희, 『행정법(Ⅰ)』, 699면.
52) 이명구, 『행정법원론』, 671면.

발생한 법률 관계에 관한 당사자소송과 이러한 원인 없이 존재하는 법률 관계에 관한 당사자소송으로 나뉜다.[53]

4) 당사자 적격

당사자소송의 당사자 적격을 살펴보면, 당사자소송의 원고(原告)는 공법상 법률 관계에서 법률상 이익이 있는 자이며(행정소송법 제8조 제2항), 피고(被告)는 국가, 공공단체, 그 밖의 권리 주체가 된다(행정소송법 제39조).

5) 심급관할

당사자소송에 관한 재판 관할에 대해서는 취소소송에 관한 규정이 준용된다(행정소송법 제40조). 따라서 당사자소송의 관할은 피고 행정청의 소재지를 관할하는 행정법원이 된다.

5 객관적 소송

1) 객관적 소송의 의의

법률이 공익적 견지에서 행정 법규의 적정한 적용, 환언하면 행정작용에 적법성 보장을 위한 소송을 허용하고 있는 경우가 있다. 개인적·주관적 권리의 보호를 목적으로 하는 것이 아니고, 다만 행정작용의 적법성을 보장하기 위한 것이라는 의미에서, 이를 객관적 소송이라 한다.[54]

2) 민중소송

민중소송(民衆訴訟)이란 국가 또는 공공단체의 기관이 법률에 위반되는 행위를 한 때에 직접 자기의 법률상의 이익과 관계 없이 그 시정을 구하기

---

53) 류지태, 『행정법신론』, 458면.
54) 김동희, 『행정법(Ⅰ)』, 714-715면.

위해 제기하는 소송을 말한다(행정소송법 제3조 제3호).

민중소송은 당사자 사이의 구체적인 권리·의무에 관한 분쟁의 해결을 위한 것이 아니라, 행정감독적 견지에서 행정 법규의 정당한 적용을 확보하거나 선거 등의 공정의 확보를 위한 소송으로서 객관적 소송에 속한다. 따라서 민중소송은 법률이 규정하고 있는 경우에 한해서 제기할 수 있다(행정소송법 제45조).[55]

3) 기관소송

기관소송(機關訴訟)이란 국가 또는 공공단체의 기관 상호간의 권한의 존부 또는 그 행사에 관한 다툼이 있는 경우에 이에 대해 제기하는 소송을 말한다(행정소송법 제3조 제4호).

기관소송은 국가 또는 공공단체의 행정기관 상호간에 권한 행사에 관한 분쟁이 있는 경우 이를 권한쟁의라 하며, 이에 관한 소송을 기관소송이라 한다. 그러나 헌법재판소법 제2조에 규정되어 있는 소송은 행정소송으로서의 기관소송에서 제외된다(행정소송법 제3조 제4호 단서).

기관소송을 제기할 수 있는 권능은 기본권이 아니다. 그것은 단지 넓은 의미에서 주관적인 성격을 띠는 객관적인 권리이다. 그것은 객관적 소송의 한 종류라 볼 것이다.[56]

---

55) 홍정선, 『행정법원론(상)』, 818면.

56) 홍정선, 『행정법원론(상)』, 820면.

제10장 경찰관직무집행법

제1절 개요

1 경찰관직무집행법의 지위

경찰관직무집행법은 원칙적으로 행정경찰작용 중 즉시강제작용의 일반법이라고 보는 것이 우리나라의 지금까지의 통설이라고 할 수 있다. 그러나 여기에 대해서는 반론이 있다. 지금까지 즉시강제에 해당하는 경찰작용의 범위가 너무 넓어 이를 구체적으로 세분할 필요가 있다는 것이다. 이에 경찰관직무집행법상의 경찰작용 중 즉시강제의 내용으로 이해할 수 없는 경우가 있다고 한다.[1)]

경찰관직무집행법상의 모든 조치를 즉시강제로 포괄하여 설명하는 것은 타당하지 않다고 본다. 각 규정의 법적 성격이나 규정의 내용에 따라 경찰작용의 형태와 한계, 절차적 보장 등을 구체적으로 파악해야 할 것으로 보인다. 이런 입장에 서면 경찰관직무집행법이 즉시강제의 일반법이라고 보

1) 장영민, 『경찰관직무집행법에 관한 연구』, 형사정책연구원(1995), 25면.

는 통설에는 찬성할 수 없고 행정경찰작용의 일반법이라고 일단 폭넓게 인정할 수밖에 없다고 할 것이다.[2)]

2 경찰관직무집행법의 연혁

경찰관직무집행법은 경찰관이 직무를 수행하기 위해 경찰권을 발동할 수 있도록 그 근거와 절차·한계 등을 규정하여 경찰권의 남용을 방지하려는 데 목적이 있다.

경찰관직무집행법은 1953년 12월 14일 법률 제299호로 제정·공포되었고, 1999년까지 6차례(제1차 개정; 1981년 4월 13일, 제2차 개정; 1988년 12월 31일, 제3차 개정; 1989년 6월 16일, 제4차 개정; 1991년 3월 8일, 제5차 개정; 1996년 8월 8일, 제6차 개정 1999년 5월 23일)의 개정이 이루어졌다. 이 경찰관직무집행법은 불심검문(제2조), 보호 조치(제3조), 범죄 예방과 제지(제5조), 무기의 사용(제7조) 등 9개 조문으로 이루어졌다.[3)]

경찰관직무집행법에 대한 제1차 개정은 경찰행위가 법적 근거 없이 이루어지고, 그로 인해 경찰활동에 대한 시비와 경찰권 남용의 문제점을 내포하고 있다는 지적이 제기되고, 또한 경찰권 발동에 대한 예측 가능성이 없어 법적 안정성을 해(害)한다는 문제점을 내재하고 있었다. 이러한 문제점을 해결하고 경찰관 직무집행의 합법성을 확보하기 위해 1981년 4월 13일 법률 제3427호로 개정되었다.

동법에 대한 제1차 개정의 내용을 살펴보면, “범죄의 예방·진압 및 수사, 경비·요인 경호 및 대간첩 작전 수행, 치안정보의 수집·작성 및 배포, 교통의 단속과 위해의 방지, 기타 공공의 안녕과 질서 유지”와 같이 경찰관

2) 장영민, 『경찰관직무집행법에 관한 연구』, 26면.

3) 1953년 12월 14일 제정·공포된 경찰관직무집행법은 우리나라의 치안 여건을 제대로 고려하지 못해 작전, 경호, 정보 업무 등의 국가 목적적 경찰작용에 대한 법적 근거를 마련해 주지 못하는 등의 문제점을 내포하고 있다(장영민, 『경찰관직무집행법에 관한 연구』, 27면 참조).

의 직무 범위를 구체적으로 명시했고(제2조), 범죄 예방을 위한 가택 방문과 계도(제6조 2항), 유치장(제9조), 장구의 사용(제10조) 등을 신설했으며, 시위 진압을 위한 경찰관의 무기 사용에 관한 규정을 추가하고, 보호 조치의 예외 규정을 삭제했다.

제2차 개정은 경찰권 행사의 적정성을 위해 임의동행에 대한 동행요구거절권을 명시하고, 임의동행 거부의 자유를 반드시 사전 고지하도록 의무화했으며, 보호 조치 및 무기 사용의 요건을 엄격히 규정하고 경찰권을 행사할 때 직권을 남용하거나 경찰 의무를 위반한 경찰관에 대한 벌칙을 강화했다.

제3차 개정은 대학가의 화염병을 사용한 시위로 인해 많은 경찰관과 전경의 사상을 가져온 부산 동의대사건을 계기로 화염병 사용 행위를 강력히 규제해야 한다며 1989년 5월 제146회 임시국회에서 여야 합의로 전문 4개 조문과 부칙으로 구성된 「화염병 사용 등의 처벌에 관한 법률」이 제정되었다.[4] 반면에 대학가 시위에 사용되는 화염병만을 단속·규제하는 것은 법의 형평성에 부합하지 않는다며 동시에 경찰관의 최루탄 사용도 규제하는 것이 법적 형평성에 부합한다는 취지에서 「경찰관직무집행법」 제10조의 2 "경찰관은 범인의 체포·도주의 방지 또는 불법집회·시위로 인하여 자기 또는 타인의 생명·신체와 재산 및 공공시설 안전에 대한 현저한 위해 발생을 억제하기 위하여 부득이한 경우, 현장 책임자의 합리적인 판단 하에 신체에 직접 위해를 가하지 않는 범위 내에서 최루탄을 사용할 수 있다(동조 제1항). 제1항의 경우 책임자는 최루탄을 사용한 경우에 사용 일시·사용 장소·사용 대상·현장 책임자·종류·수량 등을 기록하여 보관하여야 한다."(동조 제2항)는 '최루탄의 사용' 조항을 신설하여 최루탄 사용 요건을 엄격히 하고 최루탄 사용 내역을 기록 보관하는 것을 의무화하도록 했다.[5]

제4차 개정은 노태우 정권 하에서 계속 증가하는 강력범죄에 대처하기

---

4) 이 「화염병 사용 등의 처벌에 관한 법률」은 1989년 6월 16일 법률 제4129호로 제정·공포되었다. 이 법에 대한 제정 의도와 문제점은 김순태, '화염병법'의 폭력성, 『민주법학』 제3호(민주주의법학연구회), 푸른 산(1989), 70-83면 참조.

5) 경찰의 최루탄 사용에 의한 대표적인 피해 사례는 1987년 6·10시민항쟁 기간 중 연세대생 이한열 군의 사망사건을 들 수 있다.

위해 노태우 정권은 1990년 10월 13일 '범죄와의 전쟁'을 선포했다. 따라서 민생치안을 강화한다는 목적 아래 임의동행 시 동행을 거부할 자유와 언제라도 퇴거할 자유가 있음을 알리는 경찰관의 사전 고지 의무 규정을 삭제하고, 임의동행 시의 시간적 제한을 3시간에서 6시간으로 연장했으며(동법 제3조 6항), 장구의 사용(동법 제10조)에 현행범인 경우에도 사용할 수 있도록 요건을 완화하는 방향으로 개정되었다.

제5차 개정은 정부조직법 개정에 의해 경찰관서에 지방해양경찰청을 추가하는 것을 내용으로 했다. 제6차 개정은 기본의 불명확한 내용으로 문제가 되었던 장구의 사용(제10조)에 관해 그 정의, 사용 기준(경찰장비 제10조)의 제시, 제10조의2를 신설 그 사용 목적을 제시하여 장구의 자의적 사용을 방지했고, 제10조의3을 기존의 최루탄 사용(기존 제10조의 2)에서 분사기의 사용으로 대체하여 최루탄 외에 분사기 사용의 법적 근거를 제시했다. 또한 제10조의4에서 기존 제11조 무기의 사용에서 무기의 정의를 신설하여 그 내용을 명확히 했고, 무기, 분사기, 최루탄을 사용할 경우 그 사용 일시, 사용 장소, 사용 대상 등을 기록하여 보관하도록 신설했으며, 동법이 일부 개정되어 2006년 2월 21일 법률 제7849호로 공포되어 현재까지 시행되고 있다.

2011년(법률 제11031호, 2011.8.4) 일부 개정된 경찰관직무집행법은 「경찰관직무집행법」 제2조에 따른 경찰의 직무에는 「경찰법」 제3조에서 규정하고 있는 국가경찰의 임무 중 "국민의 생명·신체 및 재산의 보호"가 빠져 있고, 반대로 「경찰법」 제3조에 따른 국가경찰의 임무에는 「경찰관직무집행법」 제2조에서 규정하고 있는 경찰의 직무 중 "경비·요인경호 및 대간첩작전 수행"이 빠져 있어, 경찰의 임무에 관한 두 법의 규정을 상호 일치시키려는 것을 내용으로 하고 있다.

3 경찰관직무집행법의 내용

2011년 8월 4일 법률 제11031호로 현재 시행되고 있는 경찰관직무집행법은 13개 조문과 부칙으로 구성되어 있다. 여기서 현행 경찰관직무집행법의 내용을 살펴보면 다음과 같다.

먼저 제1조는 "국민의 자유와 권리의 보호 및 사회 공공의 질서 유지를 위한 경찰관의 직무 수행에 필요한 사항을 규정한다"와 "경찰관의 직권은 그 직무 수행에 필요한 최소 한도 내에서 행사되어야 하며 이를 남용하여서는 아니 된다"며 동법의 입법 목적과 경찰권 발동의 한계를 규정하고 있다. 제2조는 ① 국민의 생명 · 신체 및 재산의 보호, ② 범죄의 예방 · 진압 및 수사, ③ 경비 · 요인 경호 및 대간첩 작전 수행, ④ 치안정보의 수집 · 작성 및 배포, ⑤ 교통의 단속과 위해의 방지, ⑥ 기타 공공의 안녕과 질서 유지의 직무를 행한다고 규정하고 있다.

제3조는 범죄 예방과 범죄의 의심이 가는 자에 대한 경찰작용의 근거와 절차인 불심검문과 임의동행에 대해 규정하고 있다. 제4조는 정신착란 등으로 자기통제가 불가능한 사람과 응급의 구호를 요하는 사람에 대한 '보호 조치 등'을 규정하고 있으며, 제5조는 국민의 인명 또는 신체에 대한 위해나 재산에 대한 중대한 손해의 발생을 방지하기 위한 조치를 할 수 있도록 '위험 발생의 방지'를 명시하고 있다. 범죄의 예방과 제지를 위한 경고 등의 경찰작용을 규정하고 있으며, 국민의 인명과 신체 및 재산에 위해를 방지하고 피해자를 구조하기 위한 '위험 방지를 위한 출입'을 규정하고 있다. 또한, 경찰관이 직무 수행상 필요한 사항을 조회할 수 있고 사실 확인을 위해 관계인에게 출석 요구를 할 수 있도록 하는 '사실의 확인 등'에 관해 규정하고 있다. 제9조는 법률이 정하는 절차에 따라 구속되거나 신체의 자유를 제한하는 판결 · 처분을 받은 사람을 수용하기 위한 '유치장' 설치에 관한 근거를 규정하고 있다. 제10조는 현행범의 체포 · 도주의 방지를 위해 수갑 · 경찰봉 등을 사용할 수 있도록 '경찰장비의 사용 등'에 대해 규정하고 있다. 제10조의 2는 '경찰장구의 사용'을 제10조의3은 '분사기 등의 사용'을 규정하고 있으며, 제10조의4는 '무기의 사용'에서 무기의 종류를 명문화하고 있다. 제11조는 사용 등록의 보관을, 제12조는 직무 과정에서 의무 위반이나 직권 남용으로 타인에게 해(害)를 끼친 경찰관에 대한 '벌칙'을 규정하고 있다. 제13조는 동법의 시행령에 대해 규정하고 있다.

4 경찰관직무집행법의 목적

경찰관직무집행법 제1조 제1항에서 "이 법은 국민의 자유와 권리의 보호 및 사회 공공의 질서 유지를 위한 경찰관의 직무 수행에 필요한 사항을 규정함을 목적으로 한다."고 규정하고 있다. 경찰작용은 사회 공공의 안녕·질서의 유지를 위해 개인에게 명령·강제하는 것을 그 내용으로 하므로 법적 근거를 요한다.[6)][7)]

경찰작용은 공공의 안녕과 질서 유지를 위해서만 작용될 수 있다. 즉, 경찰 소극 목적에 의해서만 발동될 수 있다. 그러나 경찰은 국민의 자유와 권리의 보호 및 사회 공공의 질서 유지가 경찰관 직무 수행의 목적임을 밝힘으로써 국민을 보호하는 국민의 경찰로서 질서 유지라는 소극 목적을 위해

---

6) "[1] 주취 상태에서의 운전은 도로교통법 제41조의 규정에 의하여 금지되어 있는 범죄행위임이 명백하고 그로 인하여 자기 또는 타인의 생명이나 신체에 위해를 미칠 위험이 큰 점을 감안하면, 주취 운전을 적발한 경찰관이 주취 운전의 계속을 막기 위하여 취할 수 있는 조치로는, 단순히 주취 운전의 계속을 금지하는 명령 이외에 다른 사람으로 하여금 대신하여 운전하게 하거나 당해 주취 운전자가 임의로 제출한 차량 열쇠를 일시 보관하면서 가족에게 연락하여 주취 운전자와 자동차를 인수하게 하거나 또는 주취 상태에서 벗어난 후 다시 운전하게 하며 그 주취 정도가 심한 경우에 경찰관서에 일시 보호하는 것 등을 들 수 있고, 한편 주취 운전이라는 범죄행위로 당해 음주 운전자를 구속·체포하지 아니한 경우에도 필요하다면 그 차량 열쇠는 범행 중 또는 범행 직후의 범죄 장소에서의 압수로서 형사소송법 제216조 제3항에 의하여 영장 없이 이를 압수할 수 있다. [2] 경찰관의 주취 운전자에 대한 권한 행사가 관계 법률의 규정 형식상 경찰관의 재량에 맡겨져 있다고 하더라도, 그러한 권한을 행사하지 아니한 것이 구체적인 상황 하에서 현저하게 합리성을 잃어 사회적 타당성이 없는 경우에는 경찰관의 직무상 의무를 위배한 것으로서 위법하게 된다"(대법원 1998.5.8, 선고, 97다54482).

7) "경찰은 범죄의 예방, 진압 및 수사와 함께 국민의 생명, 신체 및 재산의 보호 기타 공공의 안녕과 질서 유지를 직무로 하고 있고, 그 직무의 원활한 수행을 위하여 경찰관직무집행법, 형사소송법 등 관계 법령에 의하여 여러 가지 권한이 부여되어 있으므로, 구체적인 직무를 수행하는 경찰관으로서는 제반 상황에 대응하여 자신에게 부여된 여러 가지 권한을 적절하게 행사하여 필요한 조치를 취할 수 있는 것이고, 그러한 권한은 일반적으로 경찰관의 전문적 판단에 기한 합리적인 재량에 위임되어 있는 것이나, 경찰관에게 권한을 부여한 취지와 목적에 비추어볼 때 구체적인 사정에 따라 경찰관이 그 권한을 행사하여 필요한 조치를 취하지 아니하는 것이 현저하게 불합리하다고 인정되는 경우에는 그러한 권한의 불행사는 직무상의 의무를 위반한 것이 되어 위법하게 된다"(대법원 2010.8.26, 선고, 2010다37479).

서뿐만 아니라, 국민의 자유와 권리를 증진 보호하는 적극적 공공복리 증진까지도 그 사명으로 함을 밝히고 있다고 보는 견해도 있다.[8] 그러나 경찰권은 소극적으로 질서 위반 상태의 예방 또는 제거를 위해 발동하는 데 그치며 적극적으로 공공복리의 증진을 위해서는 경찰권의 발동이 허용되지 않는다고 보아야 한다. 따라서 경찰관직무집행법의 목적이 위의 견해와 같이 적극적 공공복리 증진까지도 사명으로 한다는 견해는 타당하지 못하다.[9]

5 경찰관직무집행법의 성질

1) 즉시강제에 관한 일반법

경찰관직무집행법은 경찰관 직무 수행에 관한 필요한 사항을 규정한 경찰작용이 근거법이면서 즉시강제의 수단인 불심검문, 보호 조치, 범죄의 예방과 제지 조치, 위험 방지를 위한 출입, 경찰장구의 사용, 무기 사용 등에 관해 규정하고 있다. 즉, 이 법은 즉시강제에 관한 일반법이다.

2) 직무 수행을 위한 임의적 사실행위

경찰관직무집행법은 경찰상 즉시강제 수단뿐만 아니라 강제를 수반하지 않는 임의적 사실행위에 대해서도 규정하고 있다. 긴급구호의 요청행위(제4조 제1항), 직무 수행을 위한 사실 확인 및 출석 요구(제8조) 등이 그 예이다.

6 적용 범위

경찰관직무집행법은 경찰공무원법상의 경찰관과 전투경찰대설치법상의 전투경찰대원에게 적용된다. 다만, 전투경찰대원(의무복무 전투경찰순경)

---

8) 이수일, 『신경찰관직무집행법』, 정문출판사(1983), 21면.
9) 장영민, 『경찰관직무집행법에 관한 연구』, 34면.

과 의무경찰은 치안 업무를 보조하는 지위에서 경찰관의 통제와 지휘를 받으면서 이 법상의 직무를 수행하게 된다.

제 2 절 불심검문

1 의의

불심검문이란 경찰관이 범죄의 예방 및 범인 검거의 목적으로 거동이 수상한 자를 발견한 때에 정지시켜 조사하는 행위를 말한다. 현행법상 불심검문의 방법으로 인정되는 것은 질문(동법 제3조 제1항), 임의동행(동법 제3조 제2항), 흉기 소지 조사(동법 제3조 제3항)의 방법이 있다. 경찰상 즉시강제 중 대인적 강제의 성질을 갖는다.

불심검문과 관련된 새로운 문제로서 자동차 검문이 있다. 자동차 검문은 통행 중인 자동차를 정지하게 하여 운전자 또는 동승자에게 질문하는 것으로, 불특정한 일반범죄의 예방과 검거를 목적으로 한다는 점에서 일반 경찰작용에 해당한다.[10]

2 불심검문의 대상자

불심검문에서 질문의 대상자는 어떤 죄를 범했거나 범하려 하고 있다고 의심할 만한 상당한 이유가 있는 자나, 이미 행해진 범죄 또는 행해지려고 하는 범죄에 관해 그 사실을 안다고 인정되는 자이다.

위에서 어떤 죄를 범했거나 범하려 하고 있다고 의심할 만한 상당한 이유가 있는 자라 함은, 이는 이미 범죄를 완료했거나 범죄에 착수할 것이 예

10) 한견우, 『행정법(Ⅱ)』, 278면.

상되는 자를 의미한다. 한편 '상당한 이유'란 경찰관 개인의 주관적 판단으로 의심스러운 것만으로는 불충분하고, 제반 사정에 비추어볼 때 객관적 또는 합리적으로 판단하여 의심스럽다고 긍정될 수 있는 이유를 말한다. 그리고 이미 행해진 범죄 또는 행해지려고 하는 범죄에 관해 그 사실을 안다고 인정되는 자라 함은, 이는 직접 죄를 범했거나 범하려는 자가 아니라 완성된 범죄 사실 또는 예상되는 범죄 사실을 알고 있다고 인정되는 자를 의미한다.[11]

3 불심검문 대상의 판단 기준

불심검문 대상의 판단 기준은 크게 수상한 거동, 주위의 사정 등을 합리적으로 판단하여 정해야 한다.

1) 수상한 거동

수상한 거동에서 수상한의 의미는 비정상적이고 자연스럽지 못한 것을 뜻하며, 거동이란 용어, 태도, 복장, 휴대품 등을 말한다. 예를 들면, 경찰관을 보고 급히 도주하거나 빈집을 몰래 기웃거리거나 혈흔이 묻은 옷을 입고 있는 상태 등을 들 수 있다.[12]

2) 주위의 사정

기타 주위의 사정이란 시간적·장소적 상황이란 말로 바꾸어 표현할 수도 있는데, 이는 앞의 수상한 거동과 합쳐 무엇인가 심상치 않은 상황임을 가리키는 것으로 풀이된다. 예를 들면, 주위의 사람들이 다수인가 소수인가의 여부(인적 상황), 위험한 물건이 있는가의 여부(물적 상황), 주간인가 야간인가의 여부(시간적 상황), 번화한 거리인가 으슥한 골목인가의 여부(장

11) 중앙경찰학교, 『경찰행정법』, 139면.
12) 장영민, 『경찰관직무집행법에 관한 연구』, 71면.

소적 상황) 등은 주위의 사정의 대표적인 예들이 될 수 있을 것이다.[13]

3) 합리적인 판단

합리적인 판단이란 직무를 수행하는 경찰관이 주관적·독단적 판단이 아니라 보통 사람이면 누구나 그와같이 판단하게 될 객관성이 있어야 한다.

4 불심검문의 수단

1) 정지와 질문

경찰관은 거동 불심자를 정지시켜 질문할 수 있다(동법 제3조 제1항). 여기서 정지(停止)란 경찰관 앞에서의 행동을 중지하게 하는 것을 말하는데, 상대방이 정지 요구에 불응하는 경우 어느 정도의 실력의 행사는 허용된다고 한다.[14] 그러나, 폭행에 해당하지 않아야 한다. 또한, 질문은 거동 수상자에게 성명, 주소, 연령, 행선지 등을 묻고, 소지품에 대해 물어보는 방법이다.

질문(質問)은 범죄 수사 또는 범죄의 예방·진압 조치의 전제로서, 특정한 사람에 대해 무엇을 물어 봄으로써 경찰관이 그에 대한 의심을 해소하거나 혹은 경찰 목적상 필요한 사실을 청취하는 것을 말한다.[15] 이때의 질문은 수사의 단서를 얻기 위한 것이므로 피질문자는 답변을 강요당하지 아니한다. 여기서의 질문을 피의자 신문이 아니므로 형사소송법 제200조에 명시된 진술거부권을 고지할 필요는 없다.[16]

2) 임의동행

임의동행(任意同行)이란 원칙적으로 불심검문은 그 장소에서 행해지는 것이다. 그러나 그 장소에서 질문하는 것이 본인에게 불리하거나 교통에

13) 장영민, 『경찰관직무집행법에 관한 연구』, 71면.
14) 한견우, 『행정법(II)』, 279면; 김남진·서정범, 『경찰법』, 324면.
15) 중앙경찰학교, 『경찰행정법』, 140면.
16) 김남진·서정범, 『경찰법』, 324면.

방해가 된다고 인정되는 때에는 본인의 동의를 얻어 부근의 경찰관서로 동행할 것을 요구할 수 있는데 이를 임의동행이라고 한다(동법 제3조 제2항).[17] 임의동행의 목적은 질문을 하기 위한 것이기 때문에 엄격한 요건을 요구한다. 따라서 임의동행은 위해 방지의 목적으로 다른 방법에 의해서는 현장에서 신원 등을 파악할 수 없거나 매우 어려운 경우에 한해 인정된다(대판 1971.12.28, 71도2006).[18]

---

17) "(1) 형사소송법 제199조 제1항은 임의수사 원칙을 명시하고 있는데, 수사관이 수사 과정에서 동의를 받는 형식으로 피의자를 수사관서 등에 동행하는 것은, 피의자의 신체의 자유가 제한되어 실질적으로 체포와 유사한데도 이를 억제할 방법이 없어서 이를 통해서는 제도적으로는 물론 현실적으로도 임의성을 보장할 수 없을 뿐만 아니라, 아직 정식 체포·구속 단계 이전이라는 이유로 헌법 및 형사소송법이 체포·구속된 피의자에게 부여하는 각종 권리 보장 장치가 제공되지 않는 등 형사소송법의 원리에 반하는 결과를 초래할 가능성이 크므로, <u>수사관이 동행에 앞서 피의자에게 동행을 거부할 수 있음을 알려 주었거나 동행한 피의자가 언제든지 자유로이 동행 과정에서 이탈 또는 동행 장소에서 퇴거할 수 있었음이 인정되는 등 오로지 피의자의 자발적인 의사에 의하여 수사관서 등에 동행이 이루어졌다는 것이 객관적인 사정에 의하여 명백하게 입증된 경우에 한하여, 동행의 적법성이 인정된다고 보는 것이 타당하다</u>(대법원 2011.6.30, 선고, 2009도6717). (2) 형사소송법 제199조 제1항은 "수사에 관하여 그 목적을 달성하기 위하여 필요한 조사를 할 수 있다. 다만, 강제처분은 이 법률에 특별한 규정이 있는 경우에 한하며, 필요한 최소한도의 범위 안에서만 하여야 한다"고 규정하여 임의수사의 원칙을 명시하고 있는 바, 수사관이 수사 과정에서 당사자의 동의를 받는 형식으로 피의자를 수사관서 등에 동행하는 것은, 상대방의 신체의 자유가 현실적으로 제한되어 실질적으로 체포와 유사한 상태에 놓이게 됨에도, 영장에 의하지 아니하고 그 밖에 강제성을 띤 동행을 억제할 방법도 없어서 제도적으로는 물론 현실적으로도 임의성이 보장되지 않을 뿐만 아니라, 아직 정식의 체포·구속 단계 이전이라는 이유로 상대방에게 헌법 및 형사소송법이 체포·구속된 피의자에게 부여하는 각종의 권리 보장 장치가 제공되지 않는 등 형사소송법의 원리에 반하는 결과를 초래할 가능성이 크므로, 수사관이 동행에 앞서 피의자에게 동행을 거부할 수 있음을 알려 주었거나 동행한 피의자가 언제든지 자유로이 동행 과정에서 이탈 또는 동행 장소로부터 퇴거할 수 있었음이 인정되는 등 오로지 피의자의 자발적인 의사에 의하여 수사관서 등에의 동행이 이루어졌음이 객관적인 사정에 의하여 명백하게 입증된 경우에 한하여, 그 적법성이 인정되는 것으로 봄이 상당하다. 형사소송법 제200조 제1항에 의하여 검사 또는 사법경찰관이 피의자에 대하여 임의적 출석을 요구할 수는 있겠으나, 그 경우에도 수사관이 단순히 출석을 요구함에 그치지 않고 일정 장소로의 동행을 요구하여 실행한다면 위에서 본 법리가 적용되어야 하고, 한편 행정경찰 목적의 경찰활동으로 행하여지는 경찰관직무집행법 제3조 제2항 소정의 질문을 위한 동행 요구도 형사소송법의 규율을 받는 수사로 이어지는 경우에는 역시 위에서 본 법리가 적용되어야 한다"(대법원 2006.7.6, 선고, 2005도6810).

18) 한견우, 『행정법(II)』, 279면.

임의동행의 요건으로는 첫째, 당해인에게 불리하거나 교통에 방해가 된다고 인정되어야 한다. 둘째, 동의가 있어야 한다. 경찰관의 동행 요구에 따른 본인의 동의가 있어야 하며, 이 경우 동의의 의사 표시는 자의에 의한 것이어야 한다. 따라서 강제로 동행해서는 아니 되며 당해인은 경찰관의 임의동행의 요구를 거절할 수 있다.

임의동행의 절차를 살펴보면, 증표(證票)의 제시→임의동행의 목적·이유 등을 설명→임의동행의 장소→임의동행 후의 조치 순으로 이루어진다.

첫째, 임의동행을 요구하는 경우 경찰관은 자신의 신분을 표시하는 증표를 제시하면서 성명과 소속을 밝혀야 한다. 여기서 신분을 표시하는 증표는 경찰관의 공무원증을 말한다(경찰관직무집행법 시행령 제5조). 둘째, 임의동행 시에 경찰관은 동행의 목적과 이유를 설명해야 하며 동행 장소를 밝혀야 한다. 셋째, 임의동행의 장소는 부근의 경찰서·파출소 또는 출장소이다. 다만 이 규정은 동행의 장소를 예시적으로 열거한 것이라 할 것이므로 본인의 동의가 있는 경우에는 그들 장소 이외의 다른 장소에도 동행할 수 있다.

임의동행 후에는 아래와 같은 조치를 취해야 한다.

① 가족 등에의 고지, ② 변호인의 조력을 받을 권리의 고지, ③ 임의동행의 기간, ④ 신체 구속은 금지된다. 신체의 구속 등은 경찰상의 즉시강제에 의해 행할 수는 없고, 그것이 필요하면 형사소송법상의 절차에 의해야 한다.

피질문자를 동행하여 검문했을 때에는 24시간 이내에 동행검문결과보고서를 작성하여 소속 경찰관서의 장에게 보고해야 한다(경찰관직무집행법 시행령 제7조 제1호).

3) 흉기 조사

경찰관은 질문을 할 때 피질문자에 대해 흉기의 소지 여부를 조사할 수 있다(경찰관직무집행법 제3조 제3항). 흉기 조사는 증거 보존 등을 위한 신체검사에 관해 정한 것이 아니고, 경찰관의 위험 방지, 상대방의 자해 방

지, 범죄 용구 소지 금지 등의 목적을 위해 필요한 한도 내에서만 사용되지 않으면 안 된다.[19]

제 3 절 보호 조치

1 의의

보호 조치(保護措置)란 응급구호의 수단으로서 경찰관이 긴급구제를 요하는 사람을 발견하여 관계 기관에 긴급구호를 요청하거나 경찰관서에 일시적으로 보호하여 구호의 방법을 강구하는 조치를 말한다(경찰관직무집행법 제4조). 다시 말해, 보호 조치는 경찰상 즉시강제 중 대인적 강제에 해당한다. 보호 조치는 정상적인 의사결정 상태나 신체 상태에 있지 못해 자기나 타인의 생명과 신체 등에 위해를 야기할 수 있는 당사자에 대해 위해 방지를 위해 잠정적으로 신체의 자유를 일정한 장소에 제한하는 행위이다.[20]

2 보호 조치의 대상자와 요건

1) 보호 조치의 대상자

보호 조치의 대상자는 ① 정신착란 또는 술취한 상태로 인해 자기 또는 타인의 생명·신체와 재산에 위해를 미칠 우려가 있는 자와 자살 기도자이며(경찰관직무집행법 제4조 제1항 1호), ② 미아·병자·부상자 등으로서 적당한 보호자가 없으며 응급의 구호를 요한다고 인정되는 자이다. 다만, 당해인이 이를 거절하는 경우에는 보호 조치를 위할 수 없다(경찰관직무

19) 중앙경찰학교, 『경찰행정법』, 141면.
20) 류지태, 『행정법신론』, 773면; 한견우, 『행정법(II)』, 280면.

집행법 제4조 제1항 2호). 전자는 강제보호 조치의 대상자이고, 후자는 임의보호 조치의 대상자이다.

2) 보호 조치의 요건

위에 열거한 사람 모두가 보호 조치의 대상자가 되는 것은 아니고, 보호 조치의 대상이 되는 자임이 명백해야 한다. 그리고 긴급구호를 요한다고 믿을 만한 상당한 이유가 있는 자에 한한다.

상당한 이유의 판단은 경찰관 재량적 판단으로서, 객관적으로 방치해 두면 자기 또는 타인의 생명, 신체, 재산에 위해(危害)를 미칠 우려가 있거나 긴급히 구호하지 않으면 생명이 위태로운 경우 등이 이에 해당한다.[21]

3 보호 조치의 방법

1) 긴급구호의 요청

경찰관이 응급의 구호를 요하는 자를 발견했을 때에는 보건의료기관 또는 공공구호기관에 긴급구호(緊急救護)를 요청할 수 있으며, 구호 요청을 받은 관계 기관은 정당한 이유 없이 이를 거절할 수 없다(제4조 제2항). 여기서의 보건의료기관에는 국·공립병원, 시·군보건소 및 사설의료기관(私設醫療機關)으로 위의 요청을 받은 기관은 정당한 이유 없이 구호 요청을 거부할 수 없다. 공공구호기관(公共救護機關)은 부녀자보호소, 양로원, 미아보호소, 갱생원 등 모든 사회보장시설을 의미한다.

2) 경찰관서에서의 보호

피구호자를 보호자나 관계 보호기관에 인계할 때까지 또는 주취 상태에서 깨어날 때까지 경찰관서에 일시 보호하는 것을 말한다. 이 경우 보호 조

21) 중앙경찰학교, 『경찰행정법』, 145면.

치는 24시간을 초과할 수 없다(경찰관직무집행법 제4조 제7항).[22)]

4 무기 · 흉기 등의 임시영치

경찰관은 피구호자가 휴대하고 있는 무기 · 흉기 등 위험을 야기할 수 있는 것으로 인정되는 물건은 경찰관서에 임시영치할 수 있다(경찰관직무집행법 제4조 제3항). 위험물의 임시영치 기간은 10일을 초과할 수 없다(경찰관직무집행법 제4조 제7항). 그리고 소속 관서의 장은 영치 물건을 소지했던 자에게 일정 서식에 의한 증명서를 교부해야 한다.

5 보고 및 사후 조치 · 비용 부담 문제

보호 조치 후에는 가족이나 친족 등에게 신속히 통보하고 인계에 필요한 절차를 밟아야 한다. 그리고 피구호자의 친족, 친지, 연고자가 없을 경우에는 적당한 공공구호기관이나 의료기관에 즉시 인계해야 한다(경찰관직무집행법 제4조 제4항). 피구호자를 공중보건의료기관 또는 공공구호기관에 인계한 때에는 즉시 그 사실을 소속 경찰서장에 보고해야 하며(경찰관직무집행법 제4조 제5항), 보고를 받은 경찰서장은 대통령령이 정하는 바에 의해 피구호자를 인계한 사실을 지체없이 당해 공중보건의료기관, 공공구호기관의 장 및 그 감독청에 서면으로 통보해야 한다(경찰관직무집행법 제4

---

22) "경찰서에 설치되어 있는 보호실은 영장대기자나 즉결대기자 등의 도주 방지와 경찰 업무의 편의 등을 위한 수용시설로서 사실상 설치, 운영되고 있으나 이러한 보호실은 그 시설 및 구조에서 통상 철창으로 된 방으로 되어 있어 그 안에 대기하고 있는 사람들이나 그 가족들의 출입이 제한되는 등 일단 그 장소에 유치되는 사람은 그 의사에 기하지 아니하고 일정 장소에 구금되는 결과가 되므로, 경찰관직무집행법상 정신착란자, 주취자, 자살 기도자 등 응급의 구호를 요하는 자를 24시간을 초과하지 아니하는 범위 내에서 경찰관서에 보호 조치할 수 있는 시설로 제한적으로 운영되는 경우를 제외하고는 구속영장을 발부받음이 없이 피의자를 보호실에 유치함은 영장주의에 위배되는 위법한 구금이므로, 긴급구속 절차를 밟음이 없이 영장 집행을 위한 편의를 위해 보호실에 유치하는 것은 불법구금에 해당한다"(대법원 1999.4.23, 선고, 98다41377).

조 제6항).

피구호자 또는 인수자와의 협의로써 부담할 수 있으나 지불 능력이 없거나 경찰관서 보호 조치 시엔 보호자일시급식규정에 의해 국고(國庫)로 처리할 수 있다.[23] 그러나, 보호 조치가 원칙적으로 강제적이며, 피구호자의 부담을 규정하고 있는 법적 근거도 없으므로 경찰이 그 비용을 부담해야 한다는 견해도 있다.

제 4 절 위험 발생의 방지 조치

1 의의

위험 발생의 방지 조치란 경찰관이 인명 또는 신체에 위해를 미치거나 또는 재산에 중대한 손해를 끼칠 우려가 있는 위험한 사태가 발생할 경우에 그의 방지를 위해 필요한 경고 · 압류 · 피난 기타의 조치를 취하는 것을 말한다(경찰관직무집행법 제5조).

경찰관직무집행법은 위험한 사태로서 천재, 사변, 공작물의 손괴, 교통사고, 위험물의 폭발 등을 규정하고 있으나 이는 예시적인 경우로서 그 밖의 경우에도 존재할 수 있으며, 구체적인 위험 사태의 인정은 경찰기관이 판단하게 된다.[24] 또한, 이는 경찰상 즉시강제 중 대인적 · 대물적 강제에 해당한다고 볼 수 있다.

2 위험 발생 방지 조치의 요건

위험 발생 방지 조치의 요건으로는 '위험 사태의 존재'와 '위험 사태의 절

23) 중앙경찰학교, 『경찰행정법』, 147면.
24) 류지태, 『행정법신론』, 775면.

박성(切迫性)'이 있다.

1) 위험 사태의 존재

위험 사태의 존재라 함은 인명·신체에 위해를 미치거나 재산에 중대한 손해를 끼칠 우려가 있는 위험한 사태가 있어야 한다. 예를 들면, 천재·사변, 공장물의 손괴, 교통사고, 위험물의 폭발, 광견(狂犬)·분마류(奔馬類) 등의 출현, 극단한 혼잡 기타 위험한 사태가 발생한 때이다(경찰관직무집행법 제5조 제1항).

2) 위험 사태의 절박성

위험 사태의 절박성이라 함은 위의 위험 사태가 현실적으로 발생했거나 위험 가능성이 절박한 경우에 한해 경찰권이 행사되어야 한다.

3 위험 발생 방지 조치의 수단

1) 경고 조치

경찰관이 위험 사태가 발생 현장에 집합한 자, 사물의 관리자와 기타 사물의 관계자에게 필요한 경고를 발할 수 있다(경찰관직무집행법 제5조 제1항 제1호).[25]

---

25) "경찰관은 수상한 거동 기타 주위의 사정을 합리적으로 판단하여 어떠한 죄를 범하였거나 범하려 하고 있다고 의심할 만한 상당한 이유가 있는 자 또는 이미 행하여진 범죄나 행하여지려고 하는 범죄행위에 관하여 그 사실을 안다고 인정되는 자를 정지시켜 질문할 수 있고, 또 범죄를 실행 중이거나 실행 직후인 자는 현행범인으로, 누구임을 물음에 대하여 도망하려 하는 자는 준현행범인으로 각 체포할 수 있으며, 이와 같은 정지 조치나 질문 또는 체포 직무의 수행을 위하여 필요한 경우에는 대상자를 추적할 수도 있으므로, 경찰관이 교통법규 등을 위반하고 도주하는 차량을 순찰차로 추적하는 직무를 집행하는 중에 그 도주 차량의 주행에 의하여 제3자가 손해를 입었다고 하더라도 그 추적이 당해 직무 목적을 수행하는 데에 불필요하다거나 또는 도주 차량의 도주의 태양 및 도로교통 상황 등으로부터 예측되는 피해 발생의 구체적 위험성의 유무 및 내용에 비추

이는 우선 경고를 발함으로써 관계자가 스스로의 판단으로 위해 방지의 조치를 취할 것을 기대하며, 가능한 한 강제력의 행사를 피하고자 하는 것이다.[26] 경고를 받은 상대방은 이에 따를 의무를 진다. 만일 이에 불응하면 강제 수단에 의할 수 있을 뿐만 아니라 경범죄처벌법 제1조 제36호에 따른 공무원 원조불응(援助不應)에 따라 처벌된다.

2) 억류 또는 피난 조치

경찰관은 특히 긴급을 요할 때에는 위해(危害)를 받을 우려가 있는 자에 대해 필요한 최소 한도에서 이를 억류시키거나 피난시키는 것을 말한다(경찰관직무집행법 제5조 제1항 제2호). 여기서 '억류(抑留)'라 함은 위험한 장소에 들어가지 못하도록 상대방의 의사에 불구하고 실력으로 저지하는 것을 말하고, '피난(避難)'이란 위험한 장소로부터 물러남을 실력으로 강제하는 것을 말한다.[27]

3) 통행의 제한 · 금지 조치

경찰관서의 장은 대간첩작전 수행 또는 소요 사태(騷擾事態)의 진압을 위해 필요하다고 인정되는 상당한 이유가 있을 때에는 통행을 제한하거나 금지할 수 있다.

접근 또는 통행 제한 · 금지의 주체는 개개의 경찰관이 아니라 경찰관서의 장이다. 통행 제한 조치 등은 다수 국민의 일상생활에 광범한 제약을 가하는 것이므로 신중한 발동을 위해 파출소장 이상의 각급 경찰관서의 장만이 이를 발동할 수 있도록 규정한 것이다.[28]

어 추적의 개시 · 계속 혹은 추적의 방법이 상당하지 않다는 등의 특별한 사정이 없는 한 그 추적행위를 위법하다고 할 수는 없다"(대법원 2000.11.10, 선고, 2000다26807).

26) 장영민, 『경찰관직무집행법에 관한 연구』, 131면.

27) 장영민, 『경찰관직무집행법에 관한 연구』, 133면.

28) 장영민, 『경찰관직무집행법에 관한 연구』, 135면.

4) 위험 방지 조치

위험 방지에 필요하다고 인정되는 조치를 타인으로 하여금 취하게 하거나 경찰관 스스로 그 조치를 취하는 것을 말한다. 예를 들면, 광견(狂犬)이 출현한 경우 사육주 또는 소유주로 하여금 사살을 명하거나 경찰관이 직접 사살하는 행위를 들 수 있다.

4 위험 발생 방지 조치의 사후 조치(절차)

경찰관이 경고, 억류나 피난 조치 등의 위해 방지 조치를 행한 경우에는 소속 경찰관서의 장에게 지체없이 보고해야 하며(경찰관직무집행법 제5조 제3항), 보고를 받은 경찰관서의 장은 관계 기관의 협조를 구하는 등 적당한 조치를 취해야 한다(경찰관직무집행법 제5조 제4항).

제 5 절 범죄의 예방과 제지 조치

1 의의

범죄의 예방과 제지라 함은 경찰관이 범죄가 목전에 행해지려고 하고 있다고 인정될 때 이를 예방하기 위해 관계자에게 필요한 경고를 발하고 또 그 행위로 인해 인명·신체에 위해를 미치거나 재산에 중대한 손해를 끼칠 우려가 있어 긴급을 요하는 경우에는 그 행위를 제지하는 것을 말한다(경찰관직무집행법 제6조). 구체적인 내용은 범죄 예방을 위한 관계인에 대한 경고 조치와 범죄행위 저지에 필요한 행위로 나뉜다. 따라서 이 요건에 해당할 때에는 이러한 개별 조항에 의해서만 경찰권 발동이 가능하고, 경찰법상의 일반 조항에 의한 경찰권 발동은 인정되지 않는다고 보아야 한다.[29]

2 요건

범죄의 예방과 제지의 요건으로 ① "범죄행위가 목전에 행해지려고 하고 있다고 인정될 때," ② "목전에 행해지려고 하는 범죄행위로 인해 인명·신체에 위해를 미치거나 재산에 중대한 손해를 끼칠 우려가 있어 긴급을 요하는 경우"이다.

범죄행위가 목전에 행해지려고 하는 것을 인정했을 때이고 또 그것을 예방하기 위한 경우로, 여기서 범죄행위란 형법에 규정된 범죄는 물론 모든 형벌 법령에 저촉하는 행위까지 포함하며 그것이 구성 요건에 해당하면 유책 여부는 가리지 않는다. 또한, 목전(目前)이라 함은 어떠한 행위가 범죄 구성 요건에 해당하는 행위에 착수하기 직전을 말한다.

목전에 행해지려 하는 범죄행위로 인해 인명·신체에 위해를 미치거나 재산에 중대한 손해를 끼칠 우려가 있고 또한 긴급을 요하는 경우이어야 한다. 여기에서 "목전에 행해지려고 하는"이란 어떤 행위가 범죄 구성 요건에 해당하는 행위 직전의 상태를 말한다. 따라서 이미 범죄가 범해지거나 범죄가 종료된 후에도 본 조에 의한 경고나 제지가 가능하다는 견해도 없지 않으나 타당하지 못하다. 그러한 경우에는 수사 절차에 의해 현행범의 체포나 긴급구속의 법리에 의하고 본 조의 경고와 제지는 범죄행위의 전 단계에서만 인정되는 것으로 봄이 타당하다.[30]

3 예방과 범죄행위의 제지를 위한 수단

1) 경고

경찰관은 범죄의 예방을 위해 관계자에게 필요한 경고를 발할 수 있다.

29) 류지태, 『행정법신론』, 777면.
30) 장영민, 『경찰관직무집행법에 관한 연구』, 141면.

여기서 경고(警告)란 범죄의 예방을 위해 주의를 환기시키는 것으로서 경고에 따르지 않으면 제지하겠다는 뜻이 내포되어 있다. 경고의 방법에는 구두(口頭)·문서·신호·경적·방송·연막탄 발사 등으로 제한이 없으며, 때와 장소에 따라 적절한 방법을 취할 수 있다.

2) 범죄행위의 제지

목전에 행해지려고 하는 범죄행위로 인해 인명·신체에 위해를 미치거나 재산에 중대한 손해를 끼칠 우려가 있어 긴급을 요하는 경우에 강제력을 사용하여 이를 중지시키는 것을 말한다. 제지의 방법에는 특별한 제한이 없으며, 사회 통념에 비추어 타당하다고 인정되는 범위 내에서 행사되어야 한다. 예를 들면, 범죄행위를 행하려는 자를 뒤에서 껴안는 행위, 시위군중에의 방수(放水), 쥐고 있는 흉기를 빼앗는 행위 등이 이에 해당한다고 할 수 있다.

4 소속 경찰관서의 장에게 보고

경찰관이 범죄를 예방, 제지했을 때에는 지체없이 범죄의 예방과 제지보고서를 작성하여 소속 경찰관서의 장에게 보고해야 한다(경찰관직무집행법시행령 제7조 제1항).

제 6 절 위험 방지를 위한 출입

1 의의

위험 방지를 위한 출입이란 경찰관직무집행법 제5조 제1·2항 및 제6조

제1항에 규정한 위험한 사태가 발생하여 인명 · 신체 또는 재산에 대한 위해가 절박한 때에 그 위해를 방지하거나 피해자를 구조하기 위해 타인의 토지 · 건물 또는 선박 내에 출입하거나 대간첩작전 수행을 위해 필요한 때에 작전지역 안에서의 공개된 장소 안을 검색하는 것을 말한다(경찰관직무집행법 제7조). 이러한 출입은 경찰행정상의 필요한 것이고 범죄 수사를 위한 검색이 아니기 때문에 영장을 필요로 하지 않는다고 봄이 타당하다.

2 출입의 종류

1) 긴급출입

경찰관직무집행법 제5조 제1항 제2호 및 제6조 제1항에 규정한 위험한 사태가 발생하여 인명 · 신체 또는 재산에 대한 위해가 절박했을 때이다. 긴급출입을 위한 위험한 사태(경찰관직무집행법 제5조 제1항)란 인명 또는 신체에 위해를 미치거나 재산에 중대한 손해를 끼칠 우려가 있는 천재지변, 공작물의 파괴, 위험물의 폭발이나 대간첩작전 수행 또는 소요 사태의 진압을 위해 필요하다고 인정되는 상당한 이유가 있는 경우를 말한다.

위험 방지를 위한 긴급출입이 위해 방지나 피해자 구조를 위해 부득이하다고 인정되는 바, 여기서 '부득이하다'라고 함은 위해 방지나 피해자 구조를 위한 방법이 긴급출입 외에 달리 없다는 것을 의미한다.[31] 긴급출입의 시간은 주 · 야간 제한이 없으며, 긴급출입은 위해 방지와 피해자 구조만을 목적으로 하므로 범죄 수사의 목적으로는 이용될 수 없다. 또한, 긴급출입의 장소는 타인의 토지나 건물 · 선차 등이다.

2) 예방출입

흥행장, 여관, 요정, 역 기타 다수인이 집합하는 장소의 공개 시간 내에

31) 김남진 · 서정범, 『경찰법』, 335면.

서 범죄의 예방 또는 인명·신체 또는 재산에 대한 위해 예방을 목적으로 해야 한다.

예방출입의 시간은 영업 또는 공개된 시간 내에 한하며, 예방출입 장소는 흥행장 등 다수인이 출입하는 장소이다. 예방출입은 상대방의 동의를 얻어야 가능하지만, 다수인이 출입하는 장소의 관리자나 이에 준하는 관계자 등 상대방은 정당한 이유 없이 출입을 거절할 수 없다(경찰관직무집행법 제7조 제2항). 이때의 다수인이 출입하는 장소라 하더라도 그 시간이 영업 시간이나 공개 시간이 경과한 시간에 출입하고자 할 때에는, 그 근거 규정은 경찰관직무집행법 제7조 제2항에 의해서는 불가능하고 경찰관직무집행법 제7조 제1항에 의해야 할 것이다. 따라서 동법 제7조 제1항의 경우에 준하는 정도의 엄격한 요건 하에서만 인정된다고 보아야 할 것이다.[32]

3) 작전지역 안에서의 검색

경찰관이 대간첩작전 수행에 필요한 경우 작전지역 안에 공개된 장소 안을 검색하는 것을 말한다. 검색의 시간은 주·야간 가리지 않고 할 수 있으며, 다수인이 출입하는 여관·흥행장·음식점·역 등의 장소이다.

그러나 현행법은 간첩작전 수행이라는 특수한 목적의 필요 시에 작전지역 안에 있는 다수인이 출입하는 장소에 대해 영장 없이 행해질 수 있도록 규정하고 있다. 이때의 요건은 간첩대책작전이라는 이유만으로 정당화되고 있으며, 출입행위 시에 요구되는 엄격함을 전제로 하지 않고 있음에 문제가 있다.[33]

3 출입 시 주의 사항

경찰관이 위험 방지를 위해 필요한 장소에 출입하거나 검색할 때에는 그

32) 류지태, 『행정법신론』, 778면.
33) 류지태, 『행정법신론』, 778면.

신분을 표시하는 증표(證票)를 제시해야 하며, 관계인의 정당한 업무를 방해해서는 아니 된다(경찰관직무집행법 제7조 제3항).

4 소속 경찰관서의 장에게 보고

경찰관이 위험 방지를 위한 출입을 했을 때에는 지체없이 소속 경찰관서의 장에게 보고해야 한다(경찰관직무집행법시행령 제7조).

제 7 절 사실 확인·출석 요구

1 의의

경찰관서의 장은 직무 수행에 필요하다고 인정되는 상당한 이유가 있을 때에는 국가기관 또는 공사단체 등에 대해 직무 수행에 관련된 사실을 조회하거나, 사실 확인을 위해 필요한 때에는 관계인에게 출석을 요구하는 것을 말한다(경찰관직무집행법 제8조).

경찰관직무집행법 제8조의 사실 확인행위는 임의적 사실행위로서 법적 효과를 발생시키는 법률행위가 아닐 뿐만 아니라 목전에 급박한 장해 제거를 위한 즉시강제 수단도 아니다. 결국 조회나 확인에 불응하는 경우에 이를 강제할 수도 없으며, 처벌할 근거도 없기 때문에 조회·확인의 성질은 어디까지나 임의적 조치로 보아야 한다. 또한, 이러한 사실 확인행위는 강제집행이나 경찰벌의 대상이 되지도 않는다.[34]

34) 김재덕, 『신경찰법』, 고시각(1992), 323면.

2 사실 조회와 사실 확인의 주체

경찰관직무집행법 제8조 제1항은 사실 조회의 주체로서 경찰관서의 장을 규정하고 있다. 또한, 단서 조항에서 직접 확인의 주체로서 개개의 소속 경찰관을 규정하고 있다. 여기에서 '경찰관서의 장'이란 엄격한 의미의 행정안전부 장관, 경찰청장, 지방경찰청장, 경찰서장 이외에도 해양경찰청장, 시·도지방경찰청장, 각급 전투경찰대장뿐만 아니라 파출소장도 포함된다고 보아야 한다. 왜냐하면 동법의 권한 주체가 대부분 '경찰관'으로서 개개의 경찰관으로 되어 있음에도 불구하고, 동조의 경우에는 '경찰관서의 장'으로 그 권한 주체를 한정한 이유가 개개의 경찰관이 상사의 지시 없이 자의적으로 사실을 조회하는 것과 같은 행정 무질서를 야기하지 않게 하기 위한 것이므로 넓은 의미의 각급 관서장으로 해석해도 문제가 없으며, 동조 동항의 단서 조항이 개개의 경찰관의 직접 확인의 주체로 규정한 것과 균형을 이룰 수 있기 때문이다.[35]

직접 확인의 주체로서 '소속 경찰관'이란 경찰관서장으로부터 수명(受命) 받은 경찰관을 말하는데, 그 수명은 포괄적인 경우도 있고 사전의 지침에 의하는 경우도 있다.[36]

3 사실의 조회·확인, 출석 요구의 내용

사실 조회는 서면 문의 또는 전화 문의에 의하는 것이고, 경찰관서의 장은 직무 수행에 필요하다고 인정되며, 긴급을 요할 때에는 소속 경찰관을 현장에 출동시켜 당해 기관 또는 단체의 장의 협조를 얻어 그 사실을 확인할 수 있다(경찰관직무집행법 제8조 제1항).

경찰관은 미아를 인수할 보호자의 여부, 유실물을 인수할 권리자의 여부

35) 이수일, 『신경찰관직무집행법』, 83면.
36) 장영민, 『경찰관직무집행법에 관한 연구』, 163면.

또는 사고로 인한 사상자를 확인하기 위하거나 행정처분을 위한 교통사고 조사상의 사실을 확인하기 위해 필요한 때에는 관계인에게 출석을 요구할 수 있다(경찰관직무집행법 제8조 제2항). 관계인의 출석을 요구하는 경우에는 출석 이유 · 일시 · 장소를 명확히 한 출석요구서에 의해 출석할 것을 요구할 수 있다.

출석요구서는 ① 출석 요구를 받은 상대방이 불안감을 갖지 않도록 명확하게 '출석을 요구하는 사유'를 표현해야 하고, ② 상대방이 경찰서에 와서 기다리는 등의 시간 낭비가 없도록 '출석을 요하는 시간'을 몇 월 몇 일 몇 시까지 정확하게 기재해야 하며, ③ '출석할 장소'를 어느 경찰서 무슨 과 무슨 계라고 구체적으로 기입해야 하고, 가능하다면 담당 직원의 이름이나 사무실 전화번호도 첨가해야 할 것이다.[37] 특히, 시간의 확정에서는 경찰관의 편의가 아니라 관계인의 사정이 배려되어야 하므로, 관계인의 직업 및 그 밖의 생활 사정을 고려해서 결정되어야 한다.[38]

제 8 절 유치장

1 의의

유치장이라 함은 경찰서 및 지방해양경찰관서에 법률이 정한 절차에 따라 구속되거나 신체의 자유를 제한하는 판결 또는 처분을 받은 자를 수용하기 위한 장소를 말한다(경찰관직무집행법 제9조).

유치장은 적법한 절차에 의해 구속되거나 자유를 제한받은 판결 또는 처분을 받은 자를 수용하는 시설이므로 경찰관직무집행법 제4조에 해당하는 요보호자를 수용하기 위한 보호실과는 구별되며, 원칙적으로 경찰 단계에

37) 장영민, 『경찰관직무집행법에 관한 연구』, 167면.
38) 류지태, 『행정법신론』, 779면.

서의 미결 구금 장소라는 의미에서 검찰이나 법원 단계에서의 원칙적 미결 구금 장소인 구치소와 구별되고, 재판 확정 전의 미결 구금 장소라는 점에서 재판이 확정된 자의 형집행을 위한 교도소와도 구별된다.[39]

여기에서 법률의 절차에 따라 구속되는 자라 함은 형사소송법의 절차에 의거 구속되는 미결 구금자를 말하며, 판결 또는 처분에 의해 신체의 자유를 제한받는 자란 형사소송법 및 즉결심판에 관한 절차법에 의한 판결 및 처분에 의거 형집행이 확정된 구류처분자와 기타 형사 특별 법규에 의한 판결 및 처분에 의거 신체의 자유를 제한받는 자를 말한다.[40]

2 유치장의 관리 책임과 관리 방법

유치장의 유치 업무의 전반적인 지휘 감독은 경찰서장이 진다. 수사과장은 소관 책임자로서 간수경찰관 및 유치관리의 책임을 진다. 야간이나 공휴일에는 상황실장 또는 경찰서장이 지정하는 자가 관리책임자가 된다.

미결수인 경우 형사 절차의 원칙인 무죄 추정의 법리에 따라 일반 시민에 해당하는 인권 보장적 처우를 해야 한다. 구류의 경우에는 무죄 추정의 법리가 적용되지는 않지만 인간으로서의 기본적 권리가 보장되어야 함은 물론이다. 보호실의 경우 영장 청구가 기각되면 신속히 방면해야 하고 입실 시간의 기재를 정확히 해야 한다.[41]

유치장에서 유치인은 물론 간수 근무자도 흡연·음주는 금지된다. 유치인에 대한 사식 반입 시에는 공범자가 통모행위와 독극물 흡입행위 등을 간수 근무자가 철저히 확인 후 반입해야 한다. 의류·의약품 등 모든 물품의 차입은 수사과장의 승인을 받아 엄밀한 검사를 실시한 후 반입하고 비공식 차입은 일체 금지한다. 「피의자 유치 및 호송규칙」은 유아 수용, 유치장 정기검사, 유치인의 용변, 방화기구 설비, 비상구 정비, 유치장 관리 표

39) 장영민, 『경찰관직무집행법에 관한 연구』, 169면.
40) 중앙경찰학교, 『경찰행정법』, 150면.
41) 장영민, 『경찰관직무집행법에 관한 연구』, 171면.

준화 등에 대해 자세히 규정하고 있다.

(1) 유치장의 구조설비

유치장의 설치 및 유지관리에 있어서는 유치인의 도주·자살·통모·죄증 인멸·도주 원조 등을 방지하고 또한 유치인의 건강과 유치장 내에 질서를 유지할 수 있도록 통풍·채광·구획·면적·설비 등을 고려하여야 하며 유치인 보호에 편리하도록 하여야 한다(피의자 유치 및 호송 규칙 제3조 제1항). 유치장에는 경보종, 소화기, 비상구 등을 설치하여 유치인 도주 방지 또는 비상재해에 대비하여야 한다(피의자 유치 및 호송 규칙 제3조 제2항).

(2) 유치장의 관리 책임

경찰서장은 피의자의 유치 및 유치장의 관리에 전반적인 지휘·감독을 하여야 하며 그 책임을 져야 한다(피의자 유치 및 호송 규칙 제4조 제1항). 경찰서 수사과장(이하 "유치인보호 주무자")은 경찰서장을 보좌하여 유치인보호 근무에 당하는 경찰관(이하 "유치인보호관")을 지휘·감독하고 피의자의 유치 및 유치장의 관리에 관한 책임을 진다(피의자 유치 및 호송 규칙 제4조 제2항). 경찰서장이 지정하는 자는 유치인보호 주무자를 보조하여 피의자의 유치 및 유치장 관리에 적정을 기하여야 한다(피의자 유치 및 호송 규칙 제2조 제4조 제3항). 야간 또는 공휴일에는 상황실장 또는 경찰서장이 지정하는 자가 유치인보호 주무자의 직무를 대리하여 그 책임을 진다(피의자 유치 및 호송 규칙 제2조 제4항).

(3) 유치인의 신체검사

유치인보호 주무자는 피의자를 유치함에 있어 유치인의 생명 신체에 대한 위해를 방지하고, 유치장 내의 안전과 질서를 유지하기 위하여 필요하다고 인정될 때에는 유치인의 신체, 의복, 소지품 및 유치실을 검사하고, 유치인의 소지품을 출감 시까지 보관할 수 있다(피의자 유치 및 호송 규칙 제8조 제1항).

신체, 의복, 소지품의 검사는 동성의 유치인보호관이 실시하여야 한다.

다만, 여성 유치인보호관이 없을 경우에는 미리 지정하여 신체 등의 검사방법을 교양받은 여성 경찰관으로 하여금 대신하게 할 수 있다(피의자 유치 및 호송 규칙 제8조 제2항).

유치인보호관은 신체 등의 검사를 하기 전에 유치인에게 신체 등의 검사 목적과 절차를 설명하고, 스스로 제9조의 위험물 등을 제출하도록 하여야 한다(피의자 유치 및 호송 규칙 제8조 제3항).

신체 등의 검사는 유치인보호 주무자가 피의자입(출)감지휘서에 지정하는 방법으로 유치장 내 신체검사실에서 하여야 하며, 그 종류와 기준 및 방법에는 세 가지가 있다(피의자 유치 및 호송 규칙 제8조 제4항).

① 외표검사는 죄질이 경미하고 동작과 언행에 특이 사항이 없으며 위험물 등을 은닉하고 있지 않다고 판단되는 유치인에 대하여는 신체 등의 외부를 눈으로 확인하고 손으로 가볍게 두드려 만져 검사한다.

② 간이검사는 일반적으로 유치인에 대하여는 탈의막 안에서 속옷은 벗지 않고 신체검사의를 착용(유치인의 의사에 따른다)하도록 한 상태에서 위험물 등의 은닉 여부를 검사한다.

③ 정밀검사는 살인, 강도, 절도, 강간, 방화, 마약류, 조직폭력 등 죄질이 중하거나 근무자 및 다른 유치인에 대한 위해 또는 자해할 우려가 있다고 판단되는 유치인에 대하여는 탈의막 안에서 속옷을 벗고 신체검사의로 갈아입도록 한 후 정밀하게 위험물 등의 은닉 여부를 검사하여야 한다.

외피검사와 간이검사의 신체 등의 검사를 통하여 위험물 등을 은닉하고 있을 상당한 개연성이 있다고 판단되는 유치인에 대하여는 유치인보호 주무자에게 보고하고, 정밀검사를 하여야 한다. 다만, 위험물 등의 제거가 즉시 필요한 경우에는 정밀검사 후 유치인보호 주무자에게 신속히 보고하여야 한다(피의자 유치 및 호송 규칙 제8조 제5항).

신체 등의 검사를 하는 경우에는 부당하게 이를 지연하거나 신체에 대한 굴욕감을 주는 언행 등으로 유치인의 고통이나 수치심을 유발하는 일이 없도록 주의하여야 하며, 그 결과를 근무일지에 기재하고 특이 사항에 대하여는 경찰서장과 유치인 보호 주무자에게 즉시 보고하여야 한다(피의자 유치 및 호송 규칙 제8조 제6항).

(4) 가족에의 통지

사법경찰관은 피의자를 구속한 때에는 형사소송법 제87조의 규정에 의한 구속 통지를 피의자를 구속한 날로부터 지체없이 서면으로 그 가족이나 그가 지정하는 자에게 하여야 한다(피의자 유치 및 호송 규칙 제11조 제1항).

경찰서장은 유치인으로부터 신청이 있을 때에는 그 가족 또는 대리인에게 수사상 지장이 없는 범위 내에서 유치인의 신상에 관한 통지를 할 수 있다(피의자 유치 및 호송 규칙 제11조 제2항).

(5) 여자 등의 유치

여자 피의자는 남자 피의자와 분리하여 유치하여야 한다(피의자 유치 및 호송 규칙 제12조 제1항). 여자를 유치함에 있어 친권이 있는 유아의 대동을 신청한 때에는 상당한 이유가 있는 경우 생후 18개월 이내의 유아에 대하여 경찰서장이 이를 허가할 수 있다(피의자 유치 및 호송 규칙 제12조 제2항). 유아 대동 허가를 받고자 하는 자는 유아대동신청서(별지 제3호 서식)를 제출하여야 하며 경찰서장이 이를 허가할 때에는 동 신청서를 입감지휘서에 첨부토록 하여야 한다(피의자 유치 및 호송 규칙 제12조 제3항).

경찰서장은 유아의 대동을 허가하지 아니하는 경우에 그 유아의 적당한 인수인이 없을 때에는 형의 집행 및 수용자의 처우에 관한 법률시행령 제13조의 규정에 의하여 관할 시장·군수 또는 구청장에게 인도하여 보호하게 하여야 한다(피의자 유치 및 호송 규칙 제12조 제4항). 유치장에서 출생한 유아에게도 제2항 및 제4항의 규정을 준용한다(피의자 유치 및 호송 규칙 제12조 제5항).

(6) 유치인보호관의 근무 요령

유치인보호관이 근무에 임할 때에는 반드시 제복을 착용하고 용모 복장을 단정히 하여야 되며 언어, 태도 등을 바르게 하여 품위와 인격을 갖춘 자세로 근무에 임하여야 한다(피의자 유치 및 호송 규칙 제19조 제1항).

유치인보호관은 근무 중 계속하여 유치장 내부를 순회하여 유치인의 동태를 살피되 특히 ① 자살, 자해 또는 도주 기도행위, ② 음주, 흡연, 도박 및 낙서행위, ③ 중범자나 먼저 입감된 자 또는 범죄 경력 등을 내세워 같은 유치인을 괴롭히는 행위, ④ 언쟁, 소란 등 타인의 평온을 해하는 행위, ⑤ 건물, 유치실 시설 내 비품, 대여품 등을 파손하는 행위, ⑥ 식사를 기피하거나 식사 중 혼잡을 고의로 야기하거나 식사한 후 식기, 수저 등을 은닉하는 행위, ⑦ 질병의 발생, ⑧ 지나치게 불안에 떨거나 비관 고민하는 자, ⑨ 유심히 유치인보호관의 동태나 거동만을 살피는 행위, ⑩ 유치장 내외에서 이상한 소리가 들리거나 물건이 유치장 내로 투입되는 행위, ⑪ 장애인, 외국인, 성적 소수자 등을 괴롭히거나 차별하는 행위 등의 유무를 유의하여 관찰함으로써 사고 방지에 노력하여야 하며 특이 사항을 발견하였을 때에는 응급조치를 하고, 즉시 유치인보호 주무자에게 보고하여 필요한 조치를 취하도록 하여야 한다(피의자 유치 및 호송 규칙 제19조 제2항).

자살 또는 도주 우려 등 사고 우려자는 유치인보호관이 근무일지의 인계사항에 적색으로 기재하고 특별히 관찰하여야 한다(피의자 유치 및 호송 규칙 제19조 제3항).

유치인보호관은 유치인에 대하여 차별 대우를 하거나 오해받을 행위를 하여서는 아니 된다(피의자 유치 및 호송 규칙 제19조 제4항). 유치장에는 관계 직원이라 하더라도 필요 없이 출입하여서는 아니 되며 유치인보호관은 경찰서장 또는 유치인보호 주무자의 허가 없이 필요 없는 자의 출입을 시켜서는 아니 된다(피의자 유치 및 호송 규칙 제19조 제5항). 유치실의 열쇠는 응급조치 등에 대비하여 근무 중인 유치인보호관 중 선임 유치인보호관이 보관 관리하여야 한다(피의자 유치 및 호송 규칙 제19조 제6항).

(7) 유치인의 의뢰에 대한 조치

유치인보호관은 유치인으로부터 ① 변호인의 선임 등에 관한 요청, ② 처우에 관한 요청, ③ 환형(換刑) 유치된 자의 가족 등에의 통지 요청, ④ 질병 치료 요청, ⑤ 기타 합리적이고 타당한 요구 등의 요청이나 의뢰가 있을 때에는 지체없이 유치인보호 주무자에게 보고하여야 하며 그 결과를 당해 유치인에게 알려 주어야 한다(피의자 유치 및 호송 규칙 제21조 제1항).

유치인보호관은 유치인의 의뢰 및 조치 사항을 빠짐없이 근무일지에 기재하여야 한다(피의자 유치 및 호송 규칙 제21조 제2항).

제 9 절 경찰장비의 사용

경찰관은 직무 수행 중 경찰장비를 사용할 수 있다. 다만, 인명 또는 신체에 위해를 가할 수 있는 경찰장비에 대하여는 필요한 안전교육과 안전검사를 실시하여야 한다(동법 제10조 제1항). 경찰장비의 종류 및 그 사용기준, 안전교육·안전검사의 기준 등에 대하여는 대통령령으로 정한다(동법 제10조 제4항).[42]

경찰관직무집행법에서 "경찰장비"라 함은 무기, 경찰장구, 최루제 및 그 발사장치, 감식기구, 해안감시기구, 통신기기, 차량·선박·항공기 등 경찰의 직무 수행을 위하여 필요한 장치와 기구를 말한다(동법 제10조 제2항). 경찰장비를 임의로 개조하거나 임의의 장비를 부착하여 통상의 용법과 달리 사용함으로써 타인의 생명·신체에 위해를 주어서는 아니 된다(동법 제10조 제3항).

제 10 절 경찰장구의 사용

1 의의

경찰관은 현행범인인 경우와 사형·무기 또는 장기 3년 이상의 징역이나

42) "경찰관은 범인의 체포 또는 도주의 방지, 타인 또는 경찰관의 생명·신체에 대한 방호, 공무집행에 대한 항거의 억제를 위하여 필요한 때에는 최소한의 범위 안에서 가스총을 사용할 수 있으나, 가스총은 통상의 용법대로 사용하는 경우 사람의 생명 또는 신체에 위해를 가할 수 있는 이른바 위해성 장비로서 그 탄환은 고무마개로 막혀 있어 사람에게 근접하여 발사하는 경우에는 고무마개가 가스와 함께 발사되어 인체에 위해를 가할 가능성이 있으므로, 이를 사용하는 경찰관으로서는 인체에 대한 위해를 방지하기 위하여 상대방과 근접한 거리에서 상대방의 얼굴을 향하여 이를 발사하지 않는 등 가스총 사용 시 요구되는 최소한의 안전수칙을 준수함으로써 장비 사용으로 인한 사고 발생을 미리 막아야 할 주의 의무가 있다"(대법원 2003.3.14, 2002다57218).

금고에 해당하는 죄를 범한 범인의 체포·도주의 방지, 자기 또는 타인의 생명·신체에 대한 방호, 공무 집행에 대한 항거의 억제를 위하여 필요하다고 인정되는 상당한 이유가 있을 때에는 그 사태를 합리적으로 판단하여 필요한 한도 내에서 경찰장구를 사용하는 것을 말한다(경찰관직무집행법 제10조의2 제1항).

"경찰장구"라 함은 경찰관이 휴대하여 범인 검거와 범죄 진압 등 직무수행에 사용하는 수갑·포승·경찰봉·방패 등을 말한다(경찰관직무집행법 제10조의2 제2항). 즉, 경찰관이 직무를 수행하기 위해 사용할 수 있는 물건을 뜻하며, 경찰관직무집행법에서 수갑·포승·경찰봉을 예시하고 있으나 그 밖에도 경적·호신용구·진압장구 등을 포함한다.[43]

2 경찰장구 사용의 요건

① 사형·무기 또는 장기 3년 이상의 징역이나 금고에 해당하는 죄를 범한 범인의 체포와 도주의 방지상 필요한 때이며,
② 자기 또는 타인의 생명·신체에 대한 방호를 위한 때 필요하고,
③ 공무 집행에 대한 항거의 억제를 위해 필요한 경우,
④ 현행범 체포를 위해 경찰장구를 사용할 수 있다.

3 경찰장구 사용의 한계

장구의 사용에는 경찰관의 재량적 판단에 의하되 필요하다고 인정되는 상당한 이유가 있어야 하며, 합리적으로 판단하여 필요한 한도 내에서 사용되어야 한다. 예를 들어 음주 난동을 부려 경찰관서의 기물을 파손하는 행위를 제지하기 위해서는 수갑이나 포승을 사용할 수 있으나, 단순한 경

43) 장영민, 『경찰관직무집행법에 관한 연구』, 177면.

범죄 위반 피의자에게 수갑이나 포승을 사용하는 것은 필요한 한도를 벗어난 것이다.44)

제 11 절 분사기 등의 사용

1 의의

경찰관은 범인의 체포·도주의 방지 또는 불법집회·시위로 인하여 자기 또는 타인의 생명·신체와 재산 및 공공시설 안전에 대한 현저한 위해의 발생을 억제하기 위하여 부득이한 경우 현장 책임자의 판단으로 필요한 최소한의 범위 안에서 분사기(총포·도검·화약류 등 단속법의 규정에 의한 분사기와 최루 등의 작용제)45) 또는 최루탄을 사용할 수 있다(동법 제10조의3 제1항).

2 최루탄의 개념

최루탄이란 최루가스를 발생시켜 일시적으로 신체적·정신적 기능에 장

44) 중앙경찰학교, 『경찰행정법』, 151면.

45) "경찰관은 범인의 체포 또는 도주의 방지, 타인 또는 경찰관의 생명·신체에 대한 방호, 공무 집행에 대한 항거의 억제를 위하여 필요한 때에는 최소한의 범위 안에서 가스총을 사용할 수 있으나, 가스총은 통상의 용법대로 사용하는 경우 사람의 생명 또는 신체에 위해를 가할 수 있는 이른바 위해성 장비로서 그 탄환은 고무마개로 막혀 있어 사람에게 근접하여 발사하는 경우에는 고무마개가 가스와 함께 발사되어 인체에 위해를 가할 가능성이 있으므로, 이를 사용하는 경찰관으로서는 인체에 대한 위해를 방지하기 위하여 상대방과 근접한 거리에서 상대방의 얼굴을 향하여 이를 발사하지 않는 등 가스총 사용 시 요구되는 최소한의 안전수칙을 준수함으로써 장비 사용으로 인한 사고 발생을 미리 막아야 할 주의 의무가 있다"(대판 2003. 3.14. 선고 2002다57218 판결【손해배상(기)】[공2003.5.1.(177),980]).

애(호흡 곤란, 시각장애, 구토 등)를 주어 사람의 행동을 무력화시키는 화학 물건을 말하는 바, 이는 사람의 살상을 목적으로 제조된 무기는 아니다.46)

3 최루탄 사용의 요건

최루탄 사용 요건을 살펴보면, '상황 요건'과 '위해 발생의 억제'로 나누어 볼 수 있다.

1) 상황 요건

범인의 체포와 도주의 방지 또는 불법 집회의 시위, 자기 또는 타인의 생명·신체와 재산 및 공공시설 안전에 대한 중대한 위해 발생의 억제를 요한다.

여기서 범인이란 수사 중의 피의자, 형사 피고인 및 유죄 판결이 확정된 기결수 등을 통틀어 말하는 것으로 물론 현행범도 포함된다. 체포란 형사소송법상의 절차에 따라서 사람의 신체를 국가기관의 통제 아래에 두는 것으로, 여기에는 통상구속·긴급구속·현행범인의 체포가 포함된다. 도주의 방지란 이미 체포·구속된 상태에 있는 자가 그 상태로부터 벗어나는 것을 막는 활동이다.

불법집회·시위의 경우에도 또한 최루탄을 사용할 수 있다. 집회 및 시위는 헌법이 보장하는 국민의 기본권으로 적법한 집회와 시위를 보호하고 공공의 안녕과 질서를 유지하기 위해 「집회 및 시위에 관한 법률」이 있으므로 이를 준수해야 한다.

2) 위해 발생의 억제

경찰관이 범인의 체포, 도주를 방지하기 위해 또는 불법 집회, 시위의 경

46) 김남진·서정범, 『경찰법』, 340면.

우에 자기 또는 타인의 생명·신체와 재산 및 공공시설 안전에 대한 현저한 위해 발생을 억제하기 위해 부득이한 경우에만 최루탄을 사용할 수 있다.

입법론으로는 사전 경고를 요건으로 설정할 필요가 있다. 다만 그로 인해 목적을 달성할 수 없음이 명백한 경우에는 경고 없이 최루탄을 사용할 수 있도록 하되 그 외의 경우는 사전 경고를 통해 최루탄의 사용을 최소화할 필요가 있기 때문이다.[47]

4 최루탄 사용의 방법과 한계

1) 최루탄 사용의 방법

최루탄의 사용 여부는 현장 책임자의 합리적인 판단하여 결정해야 한다. 현장 책임자는 경찰조직상의 지휘, 감독 책임을 지는 것은 당연하며 입법의 의도는 최루탄의 사용 여부를 신중하게 판단하도록 한 것이다.

2) 최루탄 사용의 한계

최루탄은 사람의 신체나 정신작용에 장애를 발생시키는 것이므로, 최루탄을 사용할 때에는 신체에 직접 위해를 가하지 않는 범위 내에서 해야 한다.

제 12 절 무기의 사용

1 의의

경찰관은 범인의 체포, 도주의 방지, 자기 또는 타인의 생명, 신체에 대한

47) 장영민, 『경찰관직무집행법에 관한 연구』, 185면.

방호, 공무 집행에 대한 항거의 억제 등에 필요하다고 인정되는 상당한 이유가 있을 때에 그 사태를 합리적으로 판단하여 필요한 한도 내에서 무기를 사용할 수 있다(경찰관직무집행법 제10조의4).

2 무기의 개념

경찰관직무집행법에서 무기 사용을 규정하고 있지만 동법에서 '무기'가 구체적으로 무엇인가에 관해서는 명확히 규정하고 있지 않아서 이 문제는 해석론으로 해결하고 있었으나, 경찰관의 무기 사용은 생명권의 침해와 신체에 대한 중대한 위험을 초래할 수 있으므로 무기의 개념을 명확히 해야 한다는 주장에 따라 1999년 제6차 개정에서 무기의 개념을 명문화했다.

경찰관직무집행법 제10조의4 제2항에서 무기라 함은 "인명 또는 신체에 위해를 가할 수 있도록 제작된 권총·소총·도검 등을 말한다"고 규정하고 있다.

무기의 개념이 명문화되기 전에 무기의 개념은 해석론에 의해 "사람의 생명을 박탈하거나 중대한 신체적 침해를 주는 것" 또는 "사람을 살상하는 성능을 가진 기구로서 주로 사람을 살상하는 용도에 쓰일 목적으로 제작된 것"이라고 해석하고 있다. 또한 무기의 개념을 사람을 살상하는 용도에 쓰일 목적의 제작된 기구를 의미하는 '성질상의 무기'와 제작 목적은 사람의 살상이 아니나 그 용법에 따라 사람의 살상에 이용할 수 있는 '용법상의 무기'로 분류하기도 한다.

통상의 무기에는 권총·소총·칼 창 등을 들 수 있으나 경찰관직무집행법 제10조의4 무기는 경찰관의 무기 사용에 관한 것이므로 주로 우리나라 경찰관이 직무 수행 중 소지하는 소형 무기를 말한다고 할 것이다.[48] 그러나 본래의 의미에서 무기의 개념에 포함시키기 어려운 수갑·포승·경찰봉 등의 경찰장구와 최루탄 등 화학장비나 살수차, 경찰견, 오토바이 등은 제

48) 이기호, 경찰관의 총기 사용에 관한 법리, 『경대논문집』 제12집(1992), 17면.

10조의4에서 말하는 무기라고 보기는 어렵다.[49] 반면에 경찰장구나 최루탄 등의 화학장비 등이 통상적인 사용 방법을 벗어나 직접적으로 생명·신체에 위해를 주게 되므로 제10조의4 무기에 포함된다는 견해가 있다.[50] 다시 말해, 이 견해는 '성질상의 무기'뿐만 아니라 '용법상의 무기'도 경찰관직무집행법 제10조의4가 규정하고 있는 무기의 범위에 해당한다는 것이다. 그러나 경찰관직무집행법에 경찰장구의 사용(제10조의2)과 분사기 등의 사용(제10조의3)을 독립된 별개의 조문으로 규정하고 있을 뿐만 아니라 무기의 사용은 사람의 생명과 신체에 중대한 결과를 가져올 수 있는 경우를 상정하고 있기 때문에 중대한 결과, 다시 말해 장구의 사용은 경미한 피해를 가져올 뿐 생명과 신체에 중대한 사상을 가져오지 않고 경미한 경우에도 모두 무기로 보는 것은 부당하다고 본다.

3 무기 사용의 요건

무기 사용의 요건에는 위해(危害)를 수반하지 않는 무기 사용과 위해를 수반하는 무기 사용으로 나누어 볼 수 있다.[51]

1) 위해를 수반하지 않는 무기 사용

경찰관이 직무 집행시 무기를 위협적 수단으로 사용하는 경우로서 상대

49) 이기호, 『경찰활동과 무기 사용에 관한 연구』, 한국형사정책연구원(1993), 54면.
50) 경찰대학, 『경찰보안론』, 1991, 126면.
51) "경찰관은 범인의 체포, 도주의 방지, 자기 또는 타인의 생명·신체에 대한 방호, 공무집행에 대한 항거의 억제를 위하여 무기를 사용할 수 있으나, 이 경우에도 무기는 목적 달성에 필요하다고 인정되는 상당한 이유가 있을 때 그 사태를 합리적으로 판단하여 필요한 한도 내에서 사용하여야 하는 바(경찰관직무집행법 제10조의4), 경찰관의 무기 사용이 이러한 요건을 충족하는지 여부는 범죄의 종류, 죄질, 피해 법익의 경중, 위해의 급박성, 저항의 강약, 범인과 경찰관의 수, 무기의 종류, 무기 사용의 태양, 주변의 상황 등을 고려하여 사회 통념상 상당하다고 평가되는지 여부에 따라 판단하여야 하고, 특히 사람에게 위해를 가할 위험성이 큰 권총의 사용에 있어서는 그 요건을 더욱 엄격하게 판단하여야 한다"(대판 2008.2.1. 선고 2006다6713 판결【손해배상(기)】[공2008상,288]).

방에게 위해를 발생시키지 않는 정도의 무기 사용을 말한다. 공포(空砲)와 같은 것으로 ① 범인의 체포·도주 방지를 위해, ② 자기 또는 타인의 생명·신체에 대한 방호를 위해 필요한 때, ③ 공무 집행에 대한 항거의 억제를 위해 필요하다고 인정되는 상당한 이유가 있을 때이다.

2) 위해를 수반하는 무기 사용

경찰관이 무기를 사용하여 사람에게 위해가 수반될 수 있는 경우로서 다음과 같은 요건을 요한다. ① 형법 제21조의 정당방위에 해당하는 경우, ② 형법 제22조의 긴급피난에 해당되는 경우, ③ 사형·무기 또는 장기 3년 이상의 징역이나 금고에 해당하는 범인을 체포하는 경우에 그 항거나 도주의 방지를 위해 필요한 때, ④ 구속영장과 압수·수색영장의 집행 시에 본인이 항거하거나 도주하려 할 때 또는 제3자가 그를 도주시키려고 경찰관에게 할거할 때 그 항거나 도주의 방지를 위해 필요한 경우, ⑤ 범인 또는 소요 행위자가 무기·흉기 등 위험한 물건을 소지하고 경찰관으로부터 3회 이상 투기·투항명령을 받고 이에 계속 불응 항거하여 이를 방지 또는 체포하기 위해 무기를 사용하지 아니하고는 다른 수단이 없는 상당한 이유가 있을 때, ⑥ 대간첩작전 수행 시에 무장간첩이 경찰관의 투항명령을 받고도 이에 불응하는 경우 무기를 사용할 수 있다.[52]

4 무기 사용의 한계

무기 사용의 한계로서 고려되어야 할 기본 원리로는 적합성의 원칙, 필요성의 원칙 및 상당성의 원칙과 보충성의 원칙이 적용되어야 한다. 다시 말해, 경찰 목적 달성에 필요하다고 인정되는 상당한 이유와 사회 통념에 비추어 합리적인 판단에 의해, 필요한 한도 내에서 무기가 사용되어야 할

52) 경찰관의 총기 사용 문제에 대해서는 졸고, 경찰관직무집행법과 경찰관의 총기 사용 문제, 『법률문화연구』, 창간호(1998) 참조.

것이다. 또한, 무기를 사용하지 않고는 다른 수단이나 방법이 없는 최악의 경우에 사용되어야 한다는 것이다.

무기 사용의 판단 요소가 되는 것은 범죄의 종류, 죄질, 태양(態樣), 범인의 태도, 시간과 장소, 제3자의 응원 유무, 위해의 급박성 정도, 저항의 강약, 상대방과 경찰관의 수, 사용 무기의 종류와 사용의 태양 등을 비롯해 상대방과 경찰관 및 주변의 상황 등이 종합적으로 고려되어야 한다.[53]

경찰관직무집행법이 규정하고 있는 무기 사용의 요건을 갖추고 있다 하더라도 가능한 한 무기의 사용을 피하고 경찰장구의 사용(동법 제10조의2) 등의 방법을 통해 경찰작용의 목적을 달성해야 한다. 또한 무기 사용이 허용되더라도 즉시 상대방에게 살상을 주는 방법은 부적당하다.[54] 왜냐하면 인간의 생명은 한번 침해되면 다시 회복이 불가능할 뿐만 아니라 헌법이 상정하고 있는 모든 범죄인에 대한 무죄추정권을 침해할 수 있기 때문이다.[55] 무기 사용은 가능한 한 위해를 주지 않는 공포탄 발사 등으로 상대방을 제압할 수 있는 방향으로 사용되어야 한다.

---

53) 이기호, 경찰관의 총기 사용에 관한 법리, 25면; 장영민, 『경찰관직무집행법에 관한 연구』, 204면.

54) "……흉기를 들고 접근하는 자에 대해 공포 한 발을 쏴보지도 않고 다른 부분도 아닌 가슴에 막바로 총기를 발사한 행위는 과잉방위로 위법하다"(1990.12.12, 90가합54655)와 "……부득이 총을 발사할 수밖에 없었다고 하더라도 하체 부위를 향해 발사함으로써 그 위해를 최소 한도로 줄일 여지가 있었다고 보여지므로 칼빈 소총을 1회 발사하여 피해자의 왼쪽 가슴 아래 부위를 관통하여 사망케 한 경찰관의 총기 사용 행위는 경찰관직무집행법 제11조 총기 사용 한계를 벗어난 것이다"(대판 1991.9.10, 91다 19913).

55) 무죄추정권의 박탈이나 적법 절차의 위배 등의 시각에서 무기 사용의 한계를 논구하고 있는 송달용의 논문은 인권 보장이라는 측면에서 시사하는 바가 크다. 이에 대한 자세한 내용은 송달용, 경찰관의 무기 사용의 한계, 서울대 대학원 석사학위 논문(1984), 134-149면 참조.

제 11 장 즉결심판에 관한 절차법

제 1 절 개요

1 즉결심판의 의의

즉결심판이란 경미한 범죄사건에 대해 정식수사와 재판을 거치지 않고 신속하고 적정한 절차로 심판하여 법원과 검찰의 부담을 줄이고 당사자에게 편의를 주려는 제도이다. 다시 말하면, 경미한 범죄사건일 경우 정식수사와 재판을 거치지 않고 신속한 절차로 처벌을 마침으로써 당해 사건의 당사자에게 편의를 주려는 제도이다.[1] 즉결심판 절차는 즉결심판에 관한 절차법에 의한다. 즉결심판에 관한 절차법은 실질적으로 경범죄처벌법에 대한 절차법으로서의 의미를 가지고 있으나, 형법상의 범죄도 즉결심판의 대상에서 제외되는 것은 아니다.[2]

즉결심판 제도는 1956년 12월 26일 법원조직법의 개정으로 종전의 치안

1) 한상범 · 이철호 외 2인, 『인권수첩』, 현암사(1999), 28면.
2) 이재상, 『형사소송법』, 박영사(1997), 737면.

관 제도를 폐지하고 순회재판 제도를 신설함에 따라 그 절차의 공백 상태에서 오는 혼란을 속히 제거하기 위해 순회재판의 절차를 제정하는 일환으로 1957년 2월 15일 즉결심판에 관한 절차법(법률 제439호)을 제정·시행한 이래 운용되어 오고 있다.[3] 즉결심판에 관한 절차법은 1957년 2월 15일 제정·공포된 이래 6차의 개정이 있었으나 범증(犯證)이 명백하고 죄질이 경미한 범죄사건을 간이·신속하게 처리한다는 기본틀에는 변화가 없다.[4]

2 즉결심판의 목적과 성질

즉결심판 제도는 범증이 명백하고 죄질이 경미한 형사사건을 간단한 절차로 심판함으로써 형사재판의 신속 내지 소송경제를 도모하려는 데 주된 목적이 있다. 경미한 범죄사건이고, 그 증거가 충분함에도 불구하고 사건송치, 공소 제기를 거쳐 정식의 공판 절차에 의해 심리·재판을 한다는 것은 형사재판의 신속을 저해할 뿐 아니라 소송경제에 반한다고 할 것이다.[5]

즉결심판 절차는 법관이 공개된 장소에서 피고인을 출석시켜 실시하는 재판 절차이다. 그러나 이는 공판 기일에서의 절차가 아닐 뿐만 아니라 피고인의 정식 재판청구에 의해 공판 절차로 이행되고, 특히 판사의 기각 결정이 있을 때에는 검사에게 송치함에 그친다는 점에서 형사소송법상 공판 절차가 아니라 어디까지나 공판 전의 절차라고 해야 한다. 다만 약식 절차가 서면심리에 의함에 반해, 즉결심판 절차에서는 공개의 법정에서 일정한 제한 아래라고 할지라도 구두주의(口頭主義)의 직접주의에 의한 심리를 거쳐 재판이 행해진다는 점에서 약식 절차보다는 공판 절차에 가깝다고 할 수 있다.[6] 그러나, 즉결심판의 성질에 대해 약식 절차와 마찬가지로 공판 전(前)의 절차가 아니라는 견해도 있다.[7]

3) 김희옥, 『즉결심판제도에 관한 연구』, 한국형사정책연구원(1993), 19면.
4) 김희옥, 『즉결심판제도에 관한 연구』, 20면.
5) 김희옥, 『즉결심판제도에 관한 연구』, 36면.
6) 이재상, 『형사소송법』, 738면; 김희옥, 즉결심판절차, 『고시연구』(1992.6), 130면.
7) 백형구, 『형사소송법』, 한국사법행정학회(1998), 302면.

제 2 절 즉결심판의 대상

즉결심판의 대상이 되는 범죄는 20만 원 이하의 벌금, 구류 또는 과료에 처할 수 있는 경미한 범죄이다(즉결심판에 관한 절차법 제2조). 예를 들면, 무임승차나 허위신고 등과 같은 경범죄처벌법 위반사범이나, 도로교통법상의 자동차 주정차 위반 금지 위반이나 향토예비군설치법상의 예비군 훈련 불참자 등의 행정법규 위반사건이나 폭행죄·단순도박죄 등 형법 위반 사건이 즉결심판의 대상이 된다.

즉결심판 대상으로 가장 주목되는 것은 경범죄처벌법 및 도로교통법 위반사범들을 들 수 있다. 그러나 즉결심판은 반드시 이러한 범죄에 한정되지 않으며 벌금, 구류 또는 과료가 유일형 또는 선택형으로 규정되어 있는 경우이면 일반 형사범의 경우도 가능하다.[8]

그러나 범죄 사실이 가볍고, 피해자가 없으며 잘못을 뉘우치는 경우에는 경찰서장 등이 훈계하고 방면할 수 있다. 또한, 경범죄처벌법이나 도로교통법을 위반한 사항 중 일정한 범죄행위에 대해서는 먼저 범칙금을 납부하도록 통고처분하고, 위반자가 그 범칙금을 기일 내에 납부하지 아니할 때에 비로소 즉결심판을 청구하게 된다.

제 3 절 즉결심판의 절차

1 즉결심판의 청구권자

즉결심판은 관할 경찰서장 또는 관할 해양경찰서장이 관할 법원에 청구

8) 신동운, 『형사소송법』, 법문사(1993), 936면.

한다(제3조 제1항). 즉결심판을 청구함에는 즉결심판청구서를 제출하여야 하며, 즉결심판청구서에는 피고인의 성명 기타 피고인을 특정할 수 있는 사항, 죄명, 범죄 사실과 적용 법조를 기재하여야 한다(동법 제3조 제2항).

즉결심판의 청구는 실질적으로 공소의 제기에 해당하므로 경찰서장에게 즉결심판청구권을 인정한 것은 검사의 기소독점주의(형소법 제246조)에 대한 예외에 해당한다.[9]

즉결심판청구권을 경찰서장(해양경찰서장 포함)에게 인정하는 현행 입법에 대해서는 그 남용을 방지하고 즉결심판 청구의 적정을 기한다는 관점에서 의문을 제기하고 소추기관인 검사에게 인정해야 한다는 견해가 있고, 현행대로 즉결심판청구권을 경찰서장에게 인정하되 즉결심판의 대상에서 구류에 처할 범죄사건은 제외하자는 견해도 있다.

2 청구의 방식과 관할 법원

즉결심판을 청구할 때에는 사전에 피고인에게 즉결심판의 절차를 이해하는 데 필요한 사항을 서면 또는 구두로 알려 주어야 한다(동법 제3조 제3항). 경찰서장은 즉결심판의 청구와 동시에 즉결심판을 함에 필요한 서류 또는 증거물을 판사에게 제출하여야 한다(동법 제4조). 지방법원 또는 그 지원의 판사는 소속 지방법원장의 명령을 받아 소속 법원의 관할 사무와 관계 없이 즉결심판청구사건을 심판할 수 있다(제3조의2).

3 즉결심판의 심리와 재판

1) 기각 결정 및 송치명령

판사는 사건이 즉결심판을 할 수 없거나 즉결심판 절차에 의하여 심판함

9) 이재상, 『형사소송법』, 739면; 백형구, 『형사소송법』, 302면.

이 적당하지 아니하다고 인정할 때에는 결정으로 즉결심판의 청구를 기각하여야 한다(동법 제5조 제1항).[10] 즉결심판의 청구를 기각 결정이 있는 때에는 경찰서장은 지체없이 사건을 관할 지방검찰청 또는 지청의 장에게 송치하여야 한다(동법 제5조 제2항). 즉결심판을 함에 부적당하다고 인정될 때란 당해 사건이 즉결심판을 하기 위한 실체법상 또는 절차법상의 적법 요건을 구비하지 않은 경우를 말한다. 예를 들면, 20만 원 이하의 벌금·구류 또는 과료에 처할 사건이 아니거나, 관할 위반을 선고해야 할 경우가 여기에 해당한다.

2) 즉결심판사건에 대한 심리의 특칙

즉결심판에 관한 절차법은 심리의 신속·원만 및 간이한 심리를 위해 그 절차에 특칙을 규정하고 있으며, 형사소송법의 규정을 제한적으로 준용하고 있다(동법 제19조).

(1) 심리의 시기와 장소

판사는 즉결심판의 청구가 있는 때에는 청구 기각 결정이 있는 경우를 제외하고는 즉시 심판을 해야 한다(동법 제6조). 즉시 심판을 한다는 것은 즉시 기일을 열어 심판해야 한다는 의미로 보아야 한다.[11] 여기서 즉시(卽時)는 즉일(卽日)이라는 의미로 해석해야 하며 즉일에 심리와 재판이 행해진다는 점에 즉결심판 절차의 특색이 있다.[12]

---

10) "경찰서장의 즉결심판청구에 의하여 선고된 즉결심판에 대하여 적법한 정식재판의 청구가 있는 때에는 형사소송법상의 공판절차에 의하여 심판하여야 하고, 이 경우 경찰서장의 즉결심판청구는 검사의 공소 제기와 동일한 효력을 가지게 되는 것이지만, 즉결심판청구가 즉결심판 담당 판사에 의하여 청구 기각됨으로써 그 효력을 상실하였음에도 즉결심판에 대하여 피고인의 정식재판 청구가 있는 것으로 오인되어 사건기록이 법원에 송부되었다면 이로써 형식상 또는 외관상 피고인에 대하여 공소가 제기된 상태 즉 소송계속이 발생하였으므로, 이러한 피고인의 법적 불안정을 명확하게 해소하기 위하여 피고인에 대하여 적법한 공소 제기가 없었음을 밝혀 주고 사건을 종결한다는 의미에서 형사소송법 제327조 제2호(공소 제기의 절차가 법률의 규정에 위반하여 무효인 때)를 유추 적용하여 공소 기각의 판결을 하여야 한다"(서울지법 서부지원 2002.8.22, 2002고단448, 판결: 확정).

11) 이재상, 『형사소송법』, 740면.

즉결심판은 판사가 경찰서가 아닌 공개된 법정에서 행하되, 그 법정은 경찰관서 이외의 장소에 설치되어야 한다(동법 제7조 제1항). 여기에 대해 경찰서의 구내에서 즉결심판을 하는 것이 입법론상 타당하다고 하는 견해도 있다.[13]

법정은 판사와 법원서기관, 법원사무관, 법원주사 또는 법원주사보가 열석하여 개정한다(동법 제7조 제2항). 판사는 상당한 이유가 있는 경우에는 개정 없이 피고인의 진술서와 제4조의 서류 또는 증거물에 의하여 심판할 수 있다. 다만, 구류에 처하는 경우에는 그러하지 아니하다(동법 제7조 제3항).

(2) 피고인 출석의 요부

즉결심판은 피고인이 출석하는 것이 원칙이다(동법 제8조). 그러나 벌금 또는 과료를 선고하는 경우(동법 제8조의2 제1항)와 피고인 또는 즉결심판 출석통지서를 받은 사람이 불출석 심판을 청구하여 법원이 이를 허가한 경우에는 불출석 재판을 진행할 수 있다(동법 제8조의2 제2항). 불출석 재판의 청구와 그 허가 절차에 관해 필요한 사항은 대법원규칙으로 정한다(동법 제8조의2의 제3항).

즉결심판 절차에서의 불출석 심판청구 등에 관한 규칙에 의하면 불출석 재판을 청구할 수 있는 자는 경범죄처벌법 제8조 제2호에 해당하여 즉결심판 출석 통지를 받은 자와 도로교통법시행령 제76조 제1항 또는 제2항의 규정에 의해 즉결심판 출석 통지를 받은 자에 한하고(같은 규칙 제2조), 불출석 심판을 청구하고자 하는 자는 즉결심판을 청구할 관할 경찰서장에게, 통고처분에 의해 납부했어야 할 범칙금(도로교통법 위반의 경우에는 도로교통법 제118조의 규정에 의한 범칙금)의 1.5배액을 예납하고, 불출석심판청구서를 제출해야 한다(규칙 제3조 제1항). 경찰서장이 즉결심판을 청구함에는 제출받은 불출석심판청구서를 사건 기록과 함께 법원에 제출해야 한다(같은 규칙 제3조 제4항).[14]

---

12) 김희옥, 『즉결심판제도에 관한 연구』, 45면.
13) 백형구, 『형사소송법』, 304면.
14) 김희옥, 『즉결심판제도에 관한 연구』, 46면.

(3) 사실조사 및 증거조사

판사는 피고인에게 피고사건의 내용과 형사소송법이 정하고 있는 진술거부권이 있음을 알려 주고, 변명할 기회를 주어야 한다(동법 제9조 제1항). 그리고 변호인은 기일에 출석하여 증거조사에 참여할 수 있으며 의견을 진술할 수 있다(동법 제9조 제3항).

판사는 신속하고 간편한 심리를 위해 경찰의 조서만을 증거로 삼아 유죄를 선고할 수도 있다. 즉결심판 절차에서는 형사소송법 제310조와 제312조 제2항 및 제313조의 규정은 적용하지 않는다(동법 제10조).

즉결심판 절차에서는 자백의 보강 법칙이 적용되지 않는다. 따라서 보강증거가 없는 경우에도 피고인의 자백에 의해 유죄를 선고할 수 있다.[15]

즉결심판에 관한 절차법은 명문으로 형사소송법 제312조 제2항과 제313조의 적용을 배제하고 있으므로 즉결심판에는 전문 법칙이 적용되지 않는다. 따라서 즉결심판 절차에서 사법경찰관이 작성한 피의자 신문조서는 본인이 내용을 인정하지 않는 경우에도 증거로 할 수 있고, 피고인 또는 피고인이 아닌 자가 작성한 진술서는 성립의 진정이 인정되지 않아도 증거로 할 수 있다.[16]

이와같이 각종 서증을 활용할 수 있도록 한 것은 즉결심판사건의 간이, 신속한 처리를 꾀하기 위한 것이지만, 그 가운데에서 사법경찰관 작성의 피의자 신문조서에 대해 증거 능력 제한을 배제한 것은 경찰관의 권한 남용 소지를 남기는 것으로서 입법론적으로 적지 않은 문제점이 있다고 생각된다.[17]

---

15) 백형구, 『형사소송법』, 305면; 이재상, 『형사소송법』, 741면.

16) 김희옥, 『즉결심판제도에 관한 연구』, 50면; 백형구, 『형사소송법』, 305면; 신동운, 『형사소송법』, 939면; 이재상, 『형사소송법』, 741면.

17) 신동운, 『형사소송법』, 939면.

4 즉결심판의 선고와 효력

1) 즉결심판의 선고 및 고지

판사가 즉결심판으로 유죄를 선고할 때에는 형, 범죄 사실과 적용 법조를 명시하고 피고인은 7일 이내에 정식재판을 청구할 수 있다는 것을 고지하여야 한다(동법 제11조 제1항). 참여한 법원사무관 등은 선고의 내용을 기록하여야 한다(동법 제11조 제2항). 피고인이 판사에게 정식재판청구의 의사를 표시하였을 때에는 이를 기록에 명시하여야 한다(동법 제11조 제3항). 법원사무관 등은 7일 이내에 정식재판을 청구할 수 있음을 부기한 즉결심판서의 등본을 피고인에게 송달하여 고지한다. 다만, 피고인 등이 미리 즉결심판서의 등본 송달을 요하지 아니한다는 뜻을 표시한 때에는 그러하지 아니하다(동법 제11조 제4항).

유죄의 즉결심판서에는 피고인의 성명 기타 피고인을 특정할 수 있는 사항, 주문, 범죄 사실과 적용 법조를 명시하고 판사가 서명·날인하여야 한다(동법 제12조 제1항). 피고인이 범죄 사실을 자백하고 정식재판의 청구를 포기한 경우에는 기록 작성을 생략하고 즉결심판서에 선고한 주문과 적용 법조를 명시하고 판사가 기명·날인한다(동법 제12조 제2항).

2) 유치명령과 가납명령

판사는 구류의 선고를 받은 피고인이 일정한 주소가 없거나 또는 도망할 염려가 있을 때에는 5일을 초과하지 아니하는 기간 경찰서 유치장(지방해양경찰관서의 유치장을 포함한다)에 유치할 것을 명령할 수 있다. 다만, 이 기간은 선고 기간을 초과할 수 없다(동법 제17조 제1항). 집행된 유치 기간은 본형의 집행에 산입한다(동법 제17조 제2항).

판사가 벌금 또는 과료를 선고했을 때에는 노역장 유치 기간을 선고해야 하고 가납명령을 할 수 있다(동법 제17조 제3항).[18] 따라서 가납명령이 있

---

18) 형사소송법 제334조(재산형의 가납 판결) ①법원은 벌금, 과료 또는 추징의 선고를 하는

는 벌금 또는 과료를 납부하지 않을 때에는 환형(換刑) 유치를 할 수 있다.

3) 즉결심판의 효력

즉결심판은 정식재판의 청구 기간의 경과, 정식재판청구권의 포기 또는 그 청구의 취하에 의해 확정 판결과 동일한 효력이 생긴다. 또한 정식재판 청구를 기각하는 재판이 확정된 때에도 같다(동법 제16조).[19]

즉결심판이 확정되면 확정 판결과 동일한 효력이 인정되므로 집행력과 기판력이 발생하게 된다. 따라서 확정된 즉결심판에 대한 불복은 재심이나 비상상고와 같은 비상구제 절차에 의해서만 가능하게 된다.[20]

즉결심판은 정식재판의 청구 기간의 경과, 정식재판청구권의 포기 또는 그 청구의 취하에 의해 확정 판결과 동일한 효력이 발생한다. 또한, 정식재판 청구를 기각하는 판결이 확정된 때에도 확정 판결과 동일한 효력이 발생한다(동법 제16조). 즉결심판은 정식재판의 청구에 의한 판결이 있는 때에는 그 효력을 잃는다(동법 제15조).

즉결심판의 판결이 확정된 때에는 즉결심판서 및 관계 서류와 증거는 관할 경찰서 또는 지방해양경찰관서가 이를 보존한다(동법 제13조).

5 즉결심판의 집행

형의 집행은 경찰서장이 하고 그 집행 결과를 지체없이 검사에게 보고하여야 한다(동법 제18조 제1항). 구류(拘留)는 1일 이상 30일 미만으로서 보통 경찰서 유치장에서 집행하나, 구치소 또는 교도소에서 집행하며 구치소 또는 교도소에서 집행할 때에는 검사가 이를 지휘한다(동법 제18조 제2항).

경우에 판결의 확정 후에는 집행할 수 없거나 집행하기 곤란할 염려가 있다고 인정한 때에는 직권 또는 검사의 청구에 의하여 피고인에게 벌금, 과료 또는 추징에 상당한 금액의 가납을 명할 수 있다. ② 전항의 재판은 형의 선고와 동시에 판결로써 선고하여야 한다. ③ 전항의 판결은 즉시로 집행할 수 있다.

19) 백형구, 즉결심판의 일사부재리의 효력, 『법률신문』, 제3985호(2011.11.21) 참조.

20) 신동운, 『형사소송법』, 941면.

벌금, 과료, 몰수는 그 집행을 종료하면 지체없이 검사에게 이를 인계하여야 한다. 다만, 즉결심판 확정 후 상당 기간 내에 집행할 수 없을 때에는 검사에게 통지하여야 한다. 통지를 받은 검사는 형사소송법 제477조[21]에 의하여 집행할 수 있다(동법 제18조 제3항). 경찰서장이 형의 집행을 정지하고자 할 때에는 사전에 검사의 허가를 얻어야 한다(동법 제18조 제4항).

제 4 절 즉결심판의 불복: 정식재판의 청구

1 정식재판 청구권자

정식재판의 청구권자는 판사의 즉결심판에 불복이 있는 피고인과 경찰서장이다(동법 제14조 제1항, 제2항).

1) 피고인의 정식재판 청구

즉결심판에 의해 유죄의 선고를 받은 피고인(동법 제14조 제1항)뿐만 아니라 피고인의 법정대리인 및 피고인의 배우자, 직계친족, 형제자매, 호주 또는 즉결심판 절차의 대리인이나 변호인은 피고인을 위해 정식재판을 청구할 수 있다(동법 제14조 제4항, 형사소송법 제340조, 제341조 참조).

즉결심판에 불복이 있는 피고인은 즉결심판의 선고·고지를 받은 날로부터 7일 이내에 정식재판청구서를 경찰서장에게 제출하면 정식재판을 받

---

21) 형사소송법 제477조(재산형 등의 집행) ① 벌금, 과료, 몰수, 추징, 과태료, 소송비용, 비용배상 또는 가납의 재판은 검사의 명령에 의하여 집행한다. ② 전항의 명령은 집행력 있는 채무명의와 동일한 효력이 있다. ③ 제1항의 재판의 집행에는 「민사집행법」의 집행에 관한 규정을 준용한다. 단, 집행 전에 재판의 송달을 요하지 아니한다. ④ 제3항에도 불구하고 제1항의 재판은 「국세징수법」에 따른 국세체납처분의 예에 따라 집행할 수 있다. ⑤ 검사는 제1항의 재판을 집행하기 위하여 필요한 조사를 할 수 있다. 이 경우 제199조 제2항을 준용한다.

을 수 있다(동법 제14조 제1항). 이 기간은 즉결심판이 공개 법정에서 선고된 경우에는 선고일로부터, 개정하지 않은 경우에는 심판서 등본이 피고인에게 송달된 날로부터 각각 기산(起算)한다.[22]

피고인은 정식재판청구서를 경찰서장에게 제출해야 하며, 정식재판청구서를 받은 경찰서장은 지체없이 판사에게 이를 송부해야 한다(동법 제14조 제1항). 피고인이 정식재판청구서를 작성할 수 없을 때에는 경찰서장 또는 구치소장은 소속 공무원으로 하여금 대서하게 해야 한다(동법 제14조 제4항, 형사소송법 제344조 제2항 참조).

2) 경찰서장의 정식재판 청구

경찰서장은 즉결심판을 청구한 사건에 대해 무죄·면소 또는 공소기각이 선고된 경우에는 선고 또는 고지를 한 날로부터 7일 이내에 관할 지방검찰청 또는 지청의 검사의 승인을 얻어 정식재판 청구를 할 수 있다(동법 제14조 제2항). 경찰서장이 정식재판을 청구하는 경우에는 정식재판청구서를 판사에게 제출해야 한다(동법 제14조 제2항).

종래에는 법원이 무죄·면소 등을 선고할 경우에 경찰서장이 정식재판을 청구할 수 없어 이에 대한 입법론적 비판이 있었으므로 즉결심판의 적정(適正)을 담보하기 위해 1989년 6월 15일 개정시에 경찰서장을 정식재판청구권자로 신설한 것이다.[23]

즉결심판에는 약식명령에 대한 정식재판의 청구와 달리 검사에게는 정식재판청구권이 없다.

2 정식재판청구 절차

판사는 정식재판청구서를 받은 날로부터 7일 이내에 경찰서장에게 정식

---

22) 신동운, 『형사소송법』, 942면.

23) 김희옥, 『즉결심판제도에 관한 연구』, 67면.

재판청구서를 첨부한 사건 기록과 증거물을 송부하고, 경찰서장은 지체없이 관할 지방검찰청 또는 지청의 장에게 이를 송부해야 하며, 그 검찰청 또는 지청의 장은 지체없이 관할 법원에 이를 송부해야 한다(동법 제14조 제3항).

정식재판 청구에의 효과에 관해서는 형사소송법의 약식 절차에 관한 규정이 준용된다(동법 제14조, 제19조).[24]

정식재판의 청구가 법령상의 방식에 위반하거나 청구권의 소멸 후인 것이 명백한 때에는 결정으로 그 청구를 기각해야 한다(동법 제14조 제4항, 형사소송법 제455조 제1항). 여기서 법령상의 방식을 위반한 경우라 함은 구두로 청구한 경우, 정식재판청구서에 즉결심판이 특정되지 아니한 경우 등을 말하고, 청구권의 소멸 후인 것이 명백한 경우라 함은 청구 기간 경과 후에 청구한 경우, 청구의 포기 또는 취하 후에 청구한 경우 등을 말한다.[25]

즉결심판과 정식재판 사이에도 불이익 변경 금지의 원칙이 적용된다고 해야 한다(형사소송법 제457조의2). 따라서 피고인이 정식재판을 청구한 사건에 대해서는 즉결심판의 형보다 중한 형을 선고하지 못한다. 피고인의 정식재판청구권을 보장할 필요가 있기 때문이다.[26]

정식재판의 청구가 적법한 때에는 공판 절차에 의해 심판해야 한다(동

24) 즉결심판에 관한 절차법 제14조 제1항 및 제2항의 규정에 의하면, 피고인 및 경찰서장은 즉결심판에 불복하는 경우 정식재판을 청구할 수 있고, 같은 법 제19조의 규정에 의하면 즉결심판 절차에서 위 법에 특별한 규정이 없는 한 그 성질에 반하지 아니한 것은 형사소송법의 규정을 준용하도록 하고 있으며, 한편 형사소송법 제453조 및 제457조의2의 규정에 의하면 검사 또는 피고인은 약식명령에 불복하는 경우 정식재판을 청구할 수 있되, 피고인이 정식재판을 청구한 사건에 대하여는 약식명령의 형보다 무거운 형을 선고하지 못하도록 하고 있는바, 약식명령에 대한 정식재판청구권이나 즉결심판에 대한 정식재판청구권 모두 벌금형 이하의 형벌에 처할 범죄에 대한 약식의 처벌 절차에 의한 재판에 불복하는 경우에 소송 당사자에게 인정되는 권리로서의 성질을 갖는다는 점에서 동일하고 그 절차나 효력도 유사한 점 등에 비추어, 즉결심판에 대하여 피고인만이 정식재판을 청구한 사건에 대하여도 즉결심판에 관한 절차법 제19조의 규정에 따라 형사소송법 제457조의2 규정을 준용하여, 즉결심판의 형보다 무거운 형을 선고하지 못한다(대법원 1999.1.15, 98도2550).

25) 김희옥, 『즉결심판제도에 관한 연구』, 71면.

26) 이재상, 『형사소송법』, 744면.

법 제14조 제4항). 이 경우에는 즉결심판이 선고・고지된 사건에 대해 제1심공판 절차가 다시 진행되므로 그 공판 절차에서는 즉결심판의 사실 인정・법령 적용・형의 양정에 아무런 구속을 받지 아니한다. 정식재판 청구에 의한 공판 절차에서 공소의 취소, 즉결심판청구서의 변경이 허용된다고 해석해야 한다.[27]

즉결심판은 정식재판의 청구에 의한 판결이 있는 때에는 그 효력을 잃는다(동법 제15조). 정식재판의 청구에 의한 판결이란 적법한 정식재판의 청구에 의해 새로이 진행된 공판 절차에서 행해진 판결을 가리킨다. 이때의 판결은 확정 판결을 의미한다고 본다.[28]

27) 배형구, 『형사소송법』, 307면.
28) 신동운, 『형사소송법』, 942면.

참고 문헌

국내 문헌

강구철(1991). 경찰권의 근거와 한계, 『고시연구』.

경찰대학 교재편찬위원회(2000). 『경찰경무론』, 경찰대학.

김남진(2001). 『행정법(Ⅱ)』, 법문사.

김남진 · 서정범(1998). 『경찰법』, 화학사.

김도창(1993). 『일반행정법론(하)』, 청운사.

김동희(2004). 『행정법(Ⅰ)』, 박영사.

———(2004). 『행정법(Ⅱ)』, 박영사.

김수진(2007). 행정응원에 관한 연구: 독일 Amtshlfe 법리를 중심으로, 『공법연구』 제36집 제2호.

김용섭(2000). 행정상 공표의 법적 문제, 『판례월보』, 358호.

김재덕(1992). 『신경찰법』, 고시각.

김중권(2008). 최근의 법률 개정에 따른 행정심판제도의 문제점에 관한 소고, 『공법연구』 제36집 제4호.

김철수(1999). 『헌법학개론』, 박영사.

김철용(2010). 『행정법(Ⅰ)』, 박영사.

김춘환(2011). 『경찰행정법』, 조선대출판부.

김희옥(1992). 즉결심판절차, 『고시연구』.

———(1993). 『즉결심판제도에 관한 연구』, 한국형사정책연구원.

류지태(2006). 『행정법신론』, 신영사.

박균성 · 김재광(2010). 『경찰행정법』, 박영사.

박기륜(1998). 『통일한국경찰론』, 육서당.

박상희 · 서정범(1996). 『경찰작용법제의 개선 방안』, 한국법제연구원.

박윤흔(2001). 『최신행정법강의(하)』, 박영사.

백형구(1998). 『형사소송법』, 한국사법행정학회.

서정범 외(2009). 「경찰법연구」, 세창출판사.

석종현(1992). 『일반행정법(하)』, 삼영사.
―――(2001). 『행정법강의(Ⅱ)』, 삼영사.
송달용(1984). 경찰관의 무기 사용의 한계, 서울대 석사논문.
쉔케(Wolf R. Schenke) 지음, 서정범 옮김(1998). 『독일경찰법론』, 세창출판사.
신동운(1993). 『형사소송법』, 법문사.
이강종(2004). 『주요 국가의 경찰 관리』, 유영사.
이기우(1990). 경찰작용법의 체계, 『수사연구』.
이기호(1992). 경찰관의 총기 사용에 관한 법리, 『경찰대학논문집』, 제12집.
―――(1993). 『경찰활동과 무기 사용에 관한 연구』, 한국형사전략연구원.
이명구(2000). 『행정법원론』, 대명출판사.
이상규(1991). 『신행정법론(하)』, 법문사.
이상안(1986). 『현대경찰행정학』, 형설출판사.
―――(1999). 『신경찰행정학』, 대명출판사.
이수일(1983). 『신경찰관직무집행법』, 정문출판사.
이일세(1998). 경찰허가에 관한 고찰, 『강원법학』, 10권.
―――(1999). 허가의 요건에 관한 판례 분석(상 · 하), 『사법행정』 40권 2호.
이재상(1997). 『형사소송법』, 박영사.
이재화(2001). 『행정법의 쟁점』, 문영사.
이철호(1998). 경찰관직무집행법과 경찰관의 총기 사용 문제, 『법률문화연구』 창간호.
이철호 · 남궁승태(1998). 긴급권 남용의 실태와 그 문제점, 『한국법학 50년: 과거 · 현재 · 미래(Ⅰ)』.
이황우(1989). 지방자치와 경찰의 정치적 중립화 방안, 『서재근박사 화갑기념논집』.
―――(2006). 『경찰행정학』, 법문사.
장영민(1995). 『경찰관직무집행법에 관한 연구』, 한국형사정책연구원.
정균환(1996). 『자치경찰』, 도서출판 신유영사.
정진환(1998). 『경찰행정론』, 대영문화사.
조만형(2009). 『경찰행정법(3판)』, 박문각.
조태제(2004). 행정질서벌제도의 문제점과 그 개선 방안: 질서위반법 제정 논의를 중심으로, 『토지공법연구』.
중앙경찰학교(2001). 『경찰행정법』.
한견우(1996). 『행정법(Ⅱ)』, 홍문사.
한상범 · 이철호(1999). 『인권수첩』, 현암사.
홍정선(2005). 『행정법특강』, 박영사.
―――(2004). 『행정법원론(상)』, 박영사.
―――(2004) 『행정법원론(하)』, 박영사.

찾아보기

ㅅ

ㅇ

ㅈ

ㅎ

저자 소개

이철호(李哲鎬)

동국대학교 법과대학 졸업
동국대학교 대학원 졸업(법학박사)
덕성여자대학교, 동국대학교, 대불대학교, 서남대학교 평택대학교 출강
원광대학교 행정대학원 경찰행정학과 강사
한국헌법학회 이사, 한국경찰학회 편집이사 겸 호남지회장
한영대학 경찰행정학과 교수 역임(2001~2005)
현 남부대학교 경찰행정학과 교수(2005~현재)
현 전남경찰청 경찰발전위원회 위원(2010~현재)
현 중앙선거관리위원회 정책정당자문위원회 위원(2010.10~현재)

[저서 및 논문]
『법은 어떻게 독재의 도구가 되었나』(삼인, 2012)
『헌법강의』(21세기사, 2011)
『생활법률』(21세기사, 2007)
『경찰과 인권』(패스앤패스, 2005)
『행정법개론』(푸른세상, 2001)
『인권수첩』(현암사, 1999)
『헌법』(육서당, 1998)
12·12, 5·18재판과 저항권(법률행정연구원, 1997)
한국에서의 위헌적 입법기구에 관한 연구
형사사법과 인권보장
경찰공무원의 법적 지위에 관한 고찰
경찰관직무집행법과 경찰관의 총기 사용
정신보건법과 정신장애인의 인권
헌법상 종교의 자유와 종교문제의 검토
헌법상 직업 선택의 자유와 공직자 취업제한제도 외 논문 다수

개정판

경찰행정법

펴낸날 / 제1판 제1쇄 2008년 8월 31일
제2판 제1쇄 2013년 1월 15일
지은이 / 이철호
펴낸이 / 임춘환
펴낸곳 / 도서출판 대영문화사
주소 / 서울 용산구 청파동 1가 178-2 ㊐ 140-869
등록 / 1975년 12월 26일 제3-16호
전화 / (02)716-3883, (02)714-3062
FAX / (02)703-3839
홈페이지 / http://www.dymbook.co.kr

ISBN 978-89-7644-416-5

〔값 20,000원〕